高等院校新闻传播学专业教学丛书编委会

主任委员： 严三九　华东师范大学

副主任委员： 陆　地　北京大学

委员： 张骏德　复旦大学

黄芝晓　复旦大学

雷跃捷　中国传媒大学

吴　飞　浙江大学

李本乾　上海交通大学

李同兴　华东师范大学

商娜红　广西大学

沈　荟　上海大学

姜智彬　上海外国语大学

邓长荪　南昌大学

高等院校新闻传播学专业教学丛书

Zhongwai
Guanggao Anli
Xuanjiang

中外广告案例选讲

主编 何平华

华中科技大学出版社
http://www.hustp.com
中国·武汉

内容提要

本教材以世界广告策略发展史为理论视角,来分析中外经典广告案例;力求做到中外结合、史论结合,在个案中发现规律,规律中探寻个案。案例内容包括"独特销售主张"案例、"品牌形象"案例、"品牌个性"案例、"定位"案例、"企业形象识别"案例、"整合营销传播"案例和广告"3B原则"案例等。

序

　　新闻传播媒介是社会的中介,发挥着沟通社会各阶级、阶层、团体、个人的桥梁作用。政党的主张要靠它来宣传,企业的产品要靠它来推广,新闻传播媒介的这种作用随着时间的推移越发不可替代。新闻传播推动了社会的发展和进步。随着经济全球化与媒介市场竞争的加剧,新闻传播工作和新闻传播教育面临一系列的挑战和发展的机遇。新闻传播教育工作者和新闻传播工作者只有对此有清醒的认识,抓住机遇,主动迎接挑战,才能使新闻传播教育工作和新闻传播工作在继承优秀传统的基础上,不断创新,与时俱进。

　　近几年,我国媒体发展迅速,特别是新媒体发展更快。同时,高校新闻传播教育的规模迅速扩大,新闻学、传播学、广播电视新闻学、广告学、编辑出版学等专业成为文科最热门的专业之一。根据教育部新闻学科教学指导委员会掌握的数据可知,目前国内有861所高校创办了新闻学、传播学、广播电视新闻学、广告学、编辑出版学等专业;成立了新闻传播院系的高校有657所,每年招收本专科生近11万人。由于新闻学、传播学、广播电视新闻学、广告学、编辑出版学等专业扩展快,而教材更新不快,且好教材不多,因此,急需与时俱进、为高校的新闻传播专业学生提供符合新媒体时代、贴近新闻传播实际的最新教材。这套教材正是在这样的背景下应运而生的。

　　这套教材有以下长处和特点。吸收当前新闻传播学的最新研究成果,以新媒体为新闻传播主要平台作为视角,以实务为基点阐述新闻传播的主要理论,采用大量案例聚焦新闻传播的知识要点,注重实际训练以便培养学生的基本技能,尽量做到理论通俗易懂但不肤浅,教学案例众多且有特色,紧扣新传播技术又尊重传统。

  编写这套教材时,成立了编辑委员会。编辑委员会的成员有教育部新闻学科教学指导委员会委员、各高校新闻传播院系分管教学的副院长、系主任和中青年骨干教师。为了提高教材质量,还聘请所在领域的前辈专家审稿。

  这套教材适合高校新闻学、传播学、广播电视新闻学、广告学、编辑出版学等专业的学生和教师使用,也可作为新闻传播工作者、自学考试考生、新闻传播爱好者等人员的学习材料。

丁淦林

复旦大学新闻学院教授、博士生导师

教育部人文社科委员会委员

2009 年 12 月 6 日

目录

第一章 独特销售主张 (1)
 第一节 "想想还是小的好!"——大众"甲壳虫"汽车广告案 (2)
 第二节 "农夫山泉有点甜"——农夫山泉矿泉水广告案 (13)
 第三节 "独特销售主张"(USP)理论述评 (23)
 本章回顾 (30)
 关键概念 (30)
 案例实训 (30)

第二章 品牌形象 (36)
 第一节 "就这么做!"——耐克与乔丹广告案 (37)
 第二节 "喝了娃哈哈,吃饭就是香"——"娃哈哈"饮料广告案 (46)
 第三节 "品牌形象"(BI)理论述评 (55)
 本章回顾 (61)
 关键概念 (61)
 案例实训 (62)

第三章 品牌个性 (65)
 第一节 从"苹果1984"到"不同凡想"——苹果的个性化传播 (66)
 第二节 "与狼共舞,尽显英雄本色"——七匹狼服饰广告案 (75)
 第三节 品牌个性(BC)理论述评 (83)
 本章回顾 (92)
 关键概念 (92)
 案例实训 (92)

第四章　定位 (97)

第一节　"万宝路之乡"——万宝路香烟广告案 (98)

第二节　"治感冒，快，海王银得菲"——海王银得菲药品广告案 (106)

第三节　定位理论述评 (113)

本章回顾 (119)

关键概念 (119)

案例实训 (120)

第五章　企业形象识别 (122)

第一节　"我就喜欢！"——麦当劳食品广告案 (123)

第二节　"当太阳升起的时候，我们的爱天长地久！"
　　　　——太阳神保健品广告案 (136)

第三节　企业形象识别体系（CIS）理论述评 (147)

本章回顾 (155)

关键概念 (155)

案例实训 (155)

第六章　整合营销传播 (159)

第一节　IBM与360°品牌管家——IBM广告传播及其
　　　　品牌重塑运动案 (160)

第二节　走向大片营销时代——电影《英雄》整合营销传播案 (170)

第三节　整合营销传播理论（IMC）述评 (178)

本章回顾 (185)

关键概念 (185)

案例实训 (185)

第七章　体验营销 (188)

第一节　宜家主义的阅读体验——宜家家居目录广告案 (189)

第二节　"我的地盘我做主"——中国移动"动感地带"广告案 (200)

第三节　"体验营销"（ME）理论述评 (209)

本章回顾 (218)

关键概念 (219)

案例实训 (219)

第八章　广告诉求心理 (223)

第一节　"在时速60英里时，最大的闹声来自电子钟"
　　　　——劳斯莱斯轿车广告案 (224)

第二节　"孔府家酒，叫人想家"——孔府家酒广告案 (233)

第三节　广告心理诉求理论述评 …………………………………(242)
　　本章回顾 …………………………………………………………(252)
　　关键概念 …………………………………………………………(253)
　　案例实训一 ………………………………………………………(253)
　　案例实训二 ………………………………………………………(255)
第九章　广告"3B"原则 ………………………………………………(259)
　　第一节　力士浴皂与美女传奇 …………………………………(260)
　　第二节　"啤酒之王"的动物广告 ………………………………(268)
　　第三节　"立邦漆，处处放光彩"——立邦漆广告案 …………(278)
　　第四节　3B原则理论述评 ………………………………………(284)
　　本章回顾 …………………………………………………………(291)
　　关键概念 …………………………………………………………(291)
　　案例实训一 ………………………………………………………(291)
　　案例实训二 ………………………………………………………(294)
　　案例实训三 ………………………………………………………(295)
参考文献 ………………………………………………………………(297)
后记 ……………………………………………………………………(301)

第一章 独特销售主张

■ 本章导读

今天，当我们在北京、上海这些大城市街头偶尔瞥见一辆五颜六色、状如金龟子的小小轿车奔驰在马路上时，一定会被这种时尚的造型和鲜艳的色彩所吸引，它就是驰誉世界的大众"甲壳虫"汽车。饶有趣味的是，没有多少人知道这款有着独特造型的小汽车的发展历史，却与那位臭名昭著的纳粹总理阿道夫·希特勒相关连，更与一位美国犹太裔广告创意大师威廉·伯恩巴克关系密切。因伯恩巴克，20世纪60年代的"甲壳虫"汽车广告案被美国《广告时代》杂志誉为广告史上最伟大的广告运动之首。"农夫山泉有点甜"是流行于我国20世纪90年代末一句妇孺皆知的广告金句。浙江农夫山泉有限公司的这场广告活动由此揭开了当年我国水饮料市场矿泉水和纯净水谁更健康的一场著名口水战，也把后来居上的农夫山泉推上了我国水饮料市场的第一品牌。从广告传播策略看，以上两个案例的成功，均得益于对广告理论史上"独特销售主张"这一经典理论的出色运用。而21世纪初，我国广东王老吉红色功能饮料的风行，再次表明经典策略永不过时。

第一节 "想想还是小的好！"
——大众"甲壳虫"汽车广告案

案例概述 被誉为20世纪60年代美国广告"创意革命"三大旗手之一（另两位是大卫·奥格威和李奥·贝纳）的威廉·伯恩巴克（William Bernbach）（如图1.1所示）去世后，美国著名杂志《哈泼斯》如此告诉读者："他的去世在美国所引起的震惊，超过了《哈泼斯》在过去130年里介绍过的艺术家和作家，对美国的文化具有极大冲击力。"[①] 这位广告文学派的代表，广告创意的先锋，在20世纪60年代力排众议接手大众汽车公司在美国的"甲壳虫"广告业务前，已经通过为奥尔巴赫商场（Orbach）制作的"我们将给你一个新的女人"、"我发现了琼的秘密"广告，为莱文面包制造商制作的"不是犹太人，也会爱莱文"广告，为以色列航空公司制作的"从12月23日开始，大西洋比原来缩小20%"的广告，而蜚声美国广告界。

作为一名犹太裔美国人，伯恩巴克和他的DDB公司当时为何接受德国大众汽车这家有着纳粹背景的汽车公司广告业务？今天仍是个迷。伯恩巴克不像其他两位广告大师大卫·奥格威和李奥·贝纳那样喜欢著书立说，宣传自己的主张。对自己犹太人出身，他甚至有点矛盾。《广告时代》杂志刊登过他的同事追忆他的文章，文章中说：

"要想了解本贝奇（伯恩巴克）这样做的动机，你先要知道，他是一个多么憎恶不完美的人，哪怕是一丁点的不完美。事情搞不妥帖他就不可能停下来。他讨厌矮胖形象的不完美，也讨厌自己是犹太人——不是出于种族歧视，而是讨厌犹太人的狭隘。他曾对我说过，他在五岁时看到一个金发女孩，就一下子陷入爱河，发誓长大要娶一个基督教女子。"[②]

第二次世界大战以后，德国大众汽车公司的成长历史和纳粹恶魔希特勒之间纠缠不已的政治背景，在美国几乎无人不知。（如图1.2所示）

图1.1 威廉·伯恩巴克

图1.2 希特勒视察大众汽车厂

---

① 魏炬. 世界广告巨擘 [M]. 北京：中国人民大学出版社，2006：36.
② （美）詹姆斯·B·特威切尔. 震撼世界的20例广告 [M]. 上海：上海人民美术出版社，2003：87.

第一章　独特销售主张

1933年1月，当上德国总理的希特勒深知汽车工业在国民经济中的地位，当选10天后，他便在《党的纲领》中宣称："1939年2月10日举行的柏林国际汽车博览会上，将展出德国最经济、最便宜的小轿车。"① 希特勒还期望这款每一个德国普通民众都能买得起的未来汽车必须是，时速达到100 km（62英里），每4.5 L（1加仑）汽油能行驶51.5 km（32英里），发动机是风冷，能够乘坐一家两个成人三个儿童，售价不超过1000马克。豪华跑车保时捷公司的创立者、德国赫赫有名的汽车设计师费尔迪南德·波尔舍（Ferdinand Porsche）博士被指定为该型车的总设计师。

1934年6月22日，大众汽车面世。希特勒亲自试驾，并建议将车的外形改得像甲壳虫。

1936年10月12日，三辆大众VW-1型轿车通过德国汽车协会测试。

1938年5月26日，大众汽车厂在德国中部城市布朗施威克举行奠基典礼。会上，希特勒宣称："工厂要依靠全体德国人民大众的力量来建设，生产的产品应该使德国人民都高兴。因此，这个工厂就叫大众汽车厂"。② 1938年9月16日又更名为"Volkswagenwerk GmbH"。1938年大众汽车厂推出改进型38系列，如图1.3所示。

图1.3　1938年，大众推出改进型38系列，为甲壳虫汽车鼻祖

1939年2月，在柏林国际汽车博览会上，美国《时代》周刊记者在报道中，将大众车讥之为"甲壳虫"（beettle），从此，"甲壳虫"雅号不胫而走，深入人心，沿用至今。

1939年9月1日，第二次世界大战爆发，仅生产了210辆甲壳虫的大众汽车厂很快改为军车生产厂。"二战"结束后，1945年6月中旬，大众汽车公司由英国军政府接管，甲壳虫（Volkswagen Beetle）重新投入生产，1949年英军将汽车厂交还给西德政府。

这种质量过硬、价格不高的甲壳虫汽车，在战后的欧洲废墟上迅速打开了销路，大众汽车公司也一跃成为欧洲第一的汽车公司。但在20世纪50年代整整10年里，进入北美大陆的大众甲壳虫轿车无论拥有怎样的价格优势，市场依然毫无建树，厂商十分纳闷。

显然，北美大陆特定时期的市场环境和政治环境的确对"甲壳虫"的销售产生了相当重要的影响。第二次世界大战的主要战场在欧洲大陆和太平洋地区，而不在美洲大陆。除

———————
①② 胡晓云. 世界广告经典案例[M]. 北京：高等教育出版社，2004：27，28.

日美爆发的珍珠港事件，战火从未在美国本土燃烧。不仅如此，美国大发战争横财，军事工业带动了民用工业；战后的20世纪50年代和60年代，大量的军事工业又向民用工业转化，社会物质财富极大丰富，加上整个美国社会弥漫着一种战后英雄主义情结，社会风尚好大喜功、流行奢华，汽车行业也不例外。通用公司制造的那种既大又长、超级豪华的轿车（如图1.4所示）令人艳羡。甲壳虫既短又小的造型美学怎能适应这种消费潮流？而在政治上，战后对德国纳粹的清算一天也没停止过。大众汽车——这个曾被希特勒一手打造的德国品牌又怎能让战胜国的人们产生种种愉快的心理联想和美好的情感体验呢！

图1.4　20世纪50年代末美国雪弗兰汽车电视广告截图

1911年8月13日，伯恩巴克出生于纽约布朗克斯区一个服装设计师之家。1933年毕业于纽约大学，获文学学士学位。20世纪40年代，著名的麦迪逊广告大道上的从业人员，均是受过良好教育的白人，犹太人和其他种族的人少有机会介入。这样的环境下，"二战"期间服完兵役的伯恩巴克便选择了一家犹太人开的广告公司——葛瑞（Grey）广告，这家公司的客户也大多是犹太人或白人以外的少数族裔。1949年，伯恩巴克和道尔（N. Doyle）及戴恩（M. Dane）在麦迪逊大道共同创办DDB广告公司（Doyle Dane Bernbach，恒美广告）。这家只有13名员工的公司，却有三分之二是犹太人。DDB广告公司服务的最早客户也大都是犹太人，并为它带来最初的广告声誉。

一个以犹太人为主体的广告公司，却要为由纳粹头目一手扶植的汽车集团作宣传，对自己犹太身份有如此清醒意识的伯恩巴克，选择甲壳虫汽车广告业务时，显然经历过内心的挣扎与搏斗。然而，伯恩巴克最终仍然选择了大众汽车。这一选择意味着大众汽车成为DDB的第一家汽车客户，将为公司带来极高的收入，并提高公司的影响力；同时，犹太人为德国人服务这一事件，也引起业界的极度震惊。最终，专业精神战胜了种族歧视。

尽管伯恩巴克以广告创意著称于世，但仍然将创意的花朵置于广泛的调查研究上。在他的指挥下，公司成立了专案组，成员包括市场调查员、文案创作员、艺术指导等。通过大量走访消费者和问卷调查，伯恩巴克获得了丰富的美国汽车消费市场第一手资料。同时，他还带领专案组的所有成员专赴大众汽车生产基地，深入了解和研究甲壳虫生产过程、生产工艺，一切细节都不放过。在沃尔夫斯堡的工厂，他亲眼看着甲壳虫是如何生产出来的。他和装配工人交谈，求教于工程师，和企业主管一起研讨问题。在生产车间，他仔细观察汽车生产的全过程，从最初的金属熔化到最后一个零件装入车中。他仔细察看过甲壳虫所用材料的品质，以及为避免错误工厂采取的令人难以置信的预防措施和投资浩大的检查系统。最后发现：这的确是一款价格不贵、油耗低、马力适中的实惠车，也是一款简单实用、质检严格、性能可靠的诚实车。

这位深谙销售之道、有着惊人创造力的广告大师果然出手不凡、诉求另类，在他的运作下，"甲壳虫"系列广告在美国的主要平面媒体上陆续出现。著名的广告作品如"想想还是小的好"、"我们的车鼻为何那么粗短上翻"、"柠檬"、"这就是我们检验VW的次数"、"已经更换了"、"我们的形象"、"送葬车队"等。这些形式独特、造型夸张、构图简洁、诉求奇特、风格幽默的系列作品，迅速在美国广告界和整个社会刮起震撼的飓风，广告史上一场伟大的广告运动由此揭开。

结果正如我们今天所知，甲壳虫广告创意不仅在美国人心目中掀起一股关于汽车美学观念变革的风暴，改变了美国人对大众汽车公司残存的政治歧视，同时也一举拨开了笼罩在大众汽车北美市场十年间萎靡不振的阴云。

1972年2月17日，大众汽车公司打破了汽车生产世界记录。甲壳虫以15007034辆的记录，超越美国福特汽车公司Model T车型（即公众所熟悉的Tin Lizzy）在1908—1927年所创下的传奇数量。"甲壳虫"爬遍了欧洲和美洲大陆。

至1981年5月15日，第2000万辆甲壳虫汽车在位于墨西哥的普埃布拉（Peubla）工厂下线。创纪录的诞生再次成为汽车工业史上的奇迹。为了庆祝这一伟大成就，大众公司推出"Silverbug"，以答谢那些衷心的追随者。

1994年，新款甲壳虫概念车在美国底特律汽车博览会上与美国观众见面，再度得到消费者的热情反应。1998年，该款车正式面市。这款车的广告代理公司是美国波士顿的阿诺德广告公司。这家小小的广告公司以"招聘司机"、"花儿"、"爱的结晶"等系列主题广告，再次引起人们的瞩目。

新的广告运动中，依然秉承了伯恩巴克当年视觉设计的简洁风格。深情的怀旧、淳朴的生活、令人心醉的爱成为系列广告的主旨，在新与旧的调适中，甲壳虫新广告运动又一次谱写华彩乐章：1998年10月，大众汽车在美国的销售量跃升至68.5%，创美国大众13年来最高纪录。阿诺德广告公司因新甲壳虫广告作品赢得第45届戛纳国际广告节平面大奖，为美国第一次捧回该奖；2000年5月1日，因甲壳虫新广告运动的出色表现，美国纽约营销协会（AMA）授予大众汽车公司"著名营销运动"奖（Prestigious marketing hall of fame）。[①]

案例评析 在广告理论发展史上，尽管20世纪60年代称为美国广告的创意革命时代，伯恩巴克、大卫·奥格威和李奥·贝纳被视为三大创意旗手，但从20世纪整个广告运动发展轨迹来看，这依然是一个理论转型时期。尽管伯恩巴克主张"广告不是一门科学，而是一门说服的艺术"，反对过分依赖市场调查，主张直觉和激情、独创和新奇；但他的甲壳虫广告案依然可以视为一个经典的功能型广告运动，以产品为轴心的诉求策略依然是广告传播活动的出发点，现代广告理论发展初期的传播思想依然强力支撑着他的创意思路。

---

① 胡晓云. 世界广告经典案例［M］. 北京：高等教育出版社，2008：30-32.

"想想还是小的好!"——鲜明独特的利益诉求

伯恩巴克显然对甲壳虫汽车面对的美国市场的残酷性了然于心。20世纪50年代和60年代的美国,是"二战"的胜利国,也是领袖国。战后的英雄情结弥漫于整个国民心中,也催生着社会风尚的转变。那是汽车工业高速发展的黄金时代,底特律汽车工业中心厂房和车间内,整天机器轰鸣,呈现一派繁忙景象。追求汽车空间的宽大舒适、外形威猛豪华成为整个社会竞相追逐的主流汽车美学,美式汽车这种审美潮流至今依然能从我国上海通用汽车的各类品牌中觅得踪影。

对追求阔大的汽车审美风尚,美国学者詹姆斯·B·特威切尔曾描述过一种极端的汽车造型设计情形:"DDB被大众汽车公司选中时候,美国汽车业与其广告业正蒸蒸日上达到顶峰。汽车的外形设计向喷气式飞机靠拢,出现了巨大的直尾翼,还能起到平衡作用。更有甚者,为了纪念它们的空军'表兄',有的车竟被命名为B-58或F-85。1958年,道奇广告公司邀请客户在他们的飞机似的新车型中'起飞',那种车型有着'领先1959年的新车翼……被闪耀的喷气式飞机般的尾灯映衬'。两相对比,1958年的44磅流线型铬钢的别克车型便处境艰难了。"[①]

在美国那种"气宇轩昂"大而阔的汽车面前,甲壳虫明显显得"小而丑",甚至有些"猥琐不堪"。面对此情此景,伯恩巴克并没有被"大"所吓倒,而是将身上犹太人的智慧和聪明发挥到极致。他的目光没有投向别处,而是始终聚焦于广告产品——这种丑小的甲壳虫身上,期望从产品自身找到创意的火花。最后决定,将计就计,大胆果断地将甲壳虫的缺点"小而丑"作为未来广告作品的诉求主轴,试图动摇美国流行的汽车美学,重塑一种新的汽车价值观,由此揭开了一场新的广告运动。

这种以退为进、以守为攻、以己之短攻彼之长,逆市而上的创意思路,极具矛盾辩证法色彩。我国古典哲学和军事文化中对此早已有精深的论述和成功的实践。《老子》一书中便提出了一个著名的哲学命题"反者道之动",表达出矛盾的转化是事物存在的基本规律这一辩证法思想。老子还在书中举出几个有名的例子来说明对立双方的互相转化规律:"三十辐共一毂,当其无,有车之用。埏埴以为器,当其无,有器之用。凿户牖以为室,当其无,有室之用。故有之以为利,无之以为用。"正是因为轮毂、陶器、房室中的空无,才有车轮、器皿和屋宇之用。我国军事史上发生于三国时期的赤壁之战即是一个著名的攻守相易的战例。作为进攻一方的曹操,挥军南下时,本以为在赤壁的江面上将数千只战船首尾相连,使不习水战的北方士兵,在攻击敌方时,能如履平地。殊不知,因为对方采用火攻,而使优势尽失,此役后,不得不再次退守中原。赤壁一战最终形成魏、蜀、吴三国鼎立局面。

伯恩巴克深知大与小这一对矛盾的辩证转化关系,他也了解美国这个以实用主义为行为准则的资本主义国家,只要你的诉求合理,于民有利,美国人就一定能接受你的劝服。围绕着"小"的好处、"小"的优点,伯恩巴克从不同的角度展开诉说。

《想想还是小的好!》是系列平面广告中最经典的一则。(如图1.5所示)

---

① (美)詹姆斯·B·特威切尔. 震撼世界的20例广告[M]. 上海:上海人民美术出版社,88-89.

图 1.5 "想想还是小的好"平面广告作品

想想还是小的好

我们的小车不再是个新奇事物了。不会再有一大群人试图挤进里面。不会再有加油时问汽油往哪儿加。不会再有人感到其形状古怪了。事实上，很多驾驶我们的"廉价小汽车"的人已经认识到它的许多优点并非笑话，如4.5 L（1加仑）汽油可跑51.5 km（32英里），可以节省一半汽油；用不着防冻装置；一副轮胎可跑64370 km（4万英里）。也许一旦你习惯了甲壳虫的节省，就不再认为小是缺点了。尤其当你挤进狭小的停车场时，当你支付那笔少量的保险金时，当你支付一小笔修理账单时，或者当你用旧大众换新大众时，请想想还是小的好！

这幅作品里图案占整体的三分之二，文案占三分之一；小小的甲壳虫汽车置于画面左上角，其余则大量留白。尽管文案仅占三分之一篇幅，但视觉的重心依然把读者的阅读兴趣吸引到文案上来。这篇文案朴实无华，读来亲切，但每一句话里都蕴涵着"小的利益"诉求的丰富信息：因为小，你看不到大汽车因为大而出现众多人塞在一起的拥挤；因为它的加油位置很方便，你也就不觉得它小的形状有什么特别；它省油，防冻，轮胎结实；它停车方便，不需要大场地；它的保险金少，修理起来也不贵；它还有用旧大众汽车换新大众汽车的优惠。伯恩巴克在这里大谈小汽车的好处，没有一句话攻击大汽车的坏处，可是聪明的读者则心领神会：小的优点就是大的不足。

在接下来的广告活动中，伯恩巴克一一细数小小甲壳虫轿车的"缺点"，真正发起了一场向"以大为美"、"以贵为尚"的汽车观念的攻坚战。在这场广告传播的独特语境中，原来攻与守的角色戏剧性地互换了。来看作品《我们的车鼻为何那么粗短上翻？》

我们的车鼻为何粗短上翻?

我们的车鼻为何粗短上翻?VW(Volkswagen)不需要很长的前盖,因为引擎在汽车后部。这比长鼻子车多出几个好处。很明显的,这造成较短的车身。因此你可以穿梭于车流中;同时可在拥挤的停车空间内进出自如。在前进时,撞凹叶子板的机会几乎是零。因为VW的短鼻子,让你看到自己鼻子下面的道路。重要的是,VW上的每项设计都是很有道理的,包括我们做的改变。除非你对VW已注意了很多年,否则你大概不了解我们那换挡的同步装置。或是我们那声音小,马力大的引擎。或是我们那3012项其他改变。由外表看,VW一成不变;在内部,它却日新月异。这正是VW折旧低,并且年复一年决不落伍的原因,包括车鼻子和一切。

这篇作品的诉求策略依然继承了上一篇以退为进的方法。上篇谈"小",此篇谈"丑"。甲壳虫汽车造型"粗短上翻的车鼻"正是美国人不喜欢它的又一理由。伯恩巴克从技术角度再一次细数丑陋车鼻带来的优点:相比长车鼻,短车鼻造成车身小,既能在拥挤的车流中自由地穿梭,又能在狭小的停车场方便泊车;车子前进时,不容易撞坏车盖;关键是"短鼻子"给驾驶员带来良好的驾驶视角,很容易看到车前的路况;此外还有它的自由换挡的同步装置,声音小马力大的引擎,以及3012项新技术的运用;因为追求技术的进步,甲壳虫的折旧率低,永不落伍。

其他作品,如《柠檬》,文案依然用平实的叙事手法,讲述了甲壳虫汽车制造地德国的沃尔夫斯堡,每辆汽车的制造工序上,经历了德国工人怎样细致的质量检验。最后说:"我们剔除了柠檬,而你们得到了李子。"美国俗语中,把十全十美的东西称为"李子",把有缺陷的废品称为"柠檬"。作品《这就是我们检验VW的次数》依然强调"甲壳虫"质量把关之严,文案说:"每一部VW都必须通过342项检查,而不准有一张反对票。"作品《已经更换了》诉求的是甲壳虫汽车面对市场与时俱进,勇于革新的精神。最后说:"当然,我们每年都建造出'完美'的VW。然后,我们就进行一项重大的工作证明我们自己错了。"作品《我们的形象》诉求的是甲壳虫是一辆"实用的车子"。电视广告"送葬车队"则以幽默的方式讲述甲壳虫是价格不贵的汽车,把甲壳虫与美德相比附。

"忘却与永存的区别是艺术技巧"——从"说什么"到"怎样说"

尽管甲壳虫汽车系列广告的创意策略基于产品的功能层次上,但伯恩巴克却是以其系列作品的独特艺术形式而震撼广告界,并确立其创意大师的地位。伯恩巴克没有留下什么理论著作,但他的一些片言只语却反映了他的主要思想。他说:"并不是你的广告说什么感动了观众,而是你用什么方法去说感动了他们","规则正是艺术家所要突破的东西,值得记忆的事物从来不是方程式中来的","忘却与永存的区别是艺术技巧"。[1] 从传播内容到传播形式,从"说什么"到"怎样说"的转变正反映了20世纪60年代广告策略理论发展的重大转向。

1933年,毕业于美国纽约大学,获得文学学士学位的伯恩巴克,其出色的文学功底为日后成为一名文案创作的高手奠定了坚实的基础。奥格威曾不无羡慕地说:"就算我活

---

[1] 魏炬. 世界广告巨擘[M]. 北京:中国人民大学出版社,2006:56.

到一百岁,我也写不出像'甲壳虫'那样的策划文案。我非常羡慕他,我认为他给广告开辟了新的途径。"① 奥格威所谓的广告文案的"新的途径"主要指文案独树一帜的叙事方式——一种能有效地让受众平等而积极参与到文本的叙事情境中来,并自动地接受广告劝服。以作品《柠檬》为例。(如图1.6所示)

图1.6 《柠檬》平面广告作品

柠 檬

这辆甲壳虫未赶上装船货运。

仪器板上放置杂物处的镀层受到损伤,这是一定要更换的。你或者不可能注意到,但检查员克郎诺注意到了。

在我们设在沃尔夫斯堡的工厂中有3389位工作人员,其唯一的任务就是,在生产过程中的每一个阶段都去检查"甲壳虫"。(每天生产3000辆"甲壳虫",而检查员比生产的车还多。)每辆车的避雷器都要检查(决不作抽查),每辆车的挡风玻璃也经过详细的检查。大众车经常会因肉眼看不出来的表面抓痕而无法通过。

最后的检查实在了不起!"甲壳虫"的检查员把每辆新车像流水般送上车辆检查台,通过总计189处的查验点,再飞快地打开自动刹车台,这样每50辆甲壳虫中总会有一辆被人说"通不过"。

对一切细节如此全神贯注的结果是,大体上讲甲壳虫比其他的车子耐用而不大需要维护(其结果也使甲壳虫的折旧较其他车子为少)。

我们剔除了柠檬(不合格的车),你们得到了李子(十全十美的车)。

这篇文案的大标题只有"柠檬"两个字。一种水果的名字,简洁的标题和文案上的那辆甲壳虫汽车一样醒目。这样奇特的标题(它和汽车有什么关系?)立刻吸引读者的视线,作者设置了叙事的第一个大圈套。但接下来文本没有讲述"柠檬"的故事,头一句话却

---

① 魏炬. 世界广告巨擘 [M]. 北京:中国人民大学出版社,2006:47.

是，为什么还有一辆甲壳虫没能赶上装船出厂？这是第二个圈套。这里，故事化的叙事方法调起受众胃口，紧紧将读者拉入叙事情境中。接着详述甲壳虫汽车制造厂内每一辆车的出厂过程是如何接受像克郎诺这样的质检员近乎苛刻式的严格检查。广告文本中，使用一个有名有姓的质检员（是真实的还是虚构的，不得而知），增添了广告叙事的真实感。读完作品才知道，那辆甲壳虫为何不能出厂，因为它是一辆不合格的车，它让人想起"柠檬"这个俚语。再拿电视广告"送葬车队"为例。（如图1.7所示）

图1.7 送葬车队电视广告截图

送 葬 车 队

  画面 隆重的送葬车队
  解说 车中的每个人都是下边遗嘱的受益人
  遗嘱 我——麦克斯韦尔·斯内弗尔，趁清醒时发布以下遗嘱：给我那花钱如流水的太太罗丝留下100美元和1本日历；我的儿子罗德内和维克多把我的每一枚5分币都花在车和放荡女人身上，我给他们留下50美元的5分币；我的生意合伙人朵尔斯的座右铭是

"花、花、花",我什么也"不给、不给、不给";我其他的朋友和亲属从来未理解1美元的价值,我留给他们1美元;最后是我的侄子哈罗德,他常说"省一分钱等于挣一分钱",还说"哇,麦克斯韦尔叔叔,买一辆甲壳虫车肯定很划算"。我呀,决定把我所有的1000亿美元财产都留给他!

  这则电视广告在当时的美国所引起的轰动,也是震撼性的。一方面,20世纪60年代的美国,电视广告投入商业营运的时间还不长,极具感染力的"甲壳虫"电视广告比平面广告更受关注;另一方面,"送葬车队"创意的独特性不仅因其题材新颖——一种较少在大众传媒上传播,令人伤感、悲哀为死者举行的安葬仪式,更因其采用匠心独运的叙事视角。

  配合豪华的送葬车队画面,画外音模仿这位死去的亿万富翁的口吻,庄重地宣告他的遗嘱。故事以第一人称的"我"来告诉电视机前的观众——你和你们,这里叙事的空间和时间的隔阂被消弭了,他把观众也当做送葬车队中的一员,或者他的一位生前好友,来倾诉自己的心思。第一人称叙事法不同于第三人称的全知全能型,读者或观众成为叙事情境中一个假想的参与者,它在审美接受效果上表现出故事的真实感和身份的平等意识。上述甲壳虫系列平面广告典型地使用这一叙事方法。这篇电视广告文案庄谐并重,堪为经典。

  学者特威切尔分析说:"第四堵墙的消除,是大众汽车广告中最具开创性的成就。本贝奇(伯恩巴克)学习剧作家布莱希特和小说家约翰·波斯提出的理论,打破传统的把观众与剧情隔离的第四堵墙,让读者参与故事情节,在广告中也实现了同样的壮举。这里,客户不是被迫去听宣讲,而是自觉地从内心激发起来,参与到活动中。"①

  除了成功的广告叙事外,甲壳虫广告的图案设计今天依然为人们津津乐道。那就是将广告形象设计的简洁之美,发挥到极致。

  当时美国的汽车追求奢华风气同样表现在广告的设计美学上。"1958年以前,几乎美国的所有轿车广告都是千篇一律,经常可以看到的画面是:在一座富丽堂皇的庭院前,一群衣衫翩翩的家庭成员,簇拥在一辆高贵豪华的轿车旁。""画面看起来赏心悦目,标题和文案也是辞藻华丽。"② 由于汽车消费主要以男性为主,大部分广告是"名车加美女"式,连啤酒和剃须水的广告也是如此,以此来暗示一种心理:买汽车,得美女。为了吸引对汽车的关注,设计者通常将汽车置于宏阔的背景中,通过相互映衬,来烘托产品的伟大。

  在华丽风尚的背景下,甲壳虫广告却以设计上的朴素之美横空出世,夺人眼球。以作品《想想还是小的好》和《柠檬》的设计为例。两幅作品在整体上采用上下结构,图案在上、文案在下。图案占整体空间的三分之二面积。两幅作品在空间美学的分布上,图案和文案的布置整体上既符合流行的视觉设计和视觉接受心理规律——对称、平衡以及阅读的先后法则,但又打破习惯,冒犯"以大为美"烘云托月式的设计潮流,使其图案和文案产生独特的视觉张力:彼此呼应,又相互强调。《想想还是小的好》的整个画面上,仅有一辆小小的甲壳虫安排在左上角,和一行极细小的产品名称置于右下角,剩下便是夸张的空间留白。对此,特威切尔评论道:"然而,我们看到的这个广告,却是在广大空旷的空白中,镶嵌着一枚邮票大小的汽车。这样,一种内在的驱动迫使我们要仔细观察汽车,也迫使我们接受广告的新形式。"③ 这种极端的结构图式极似我国明清之际的个性主义画家八大

---

①③ (美)詹姆斯·B·特威切尔. 震撼世界的20例广告[M]. 上海:上海人民美术出版社,90,89.
② 胡晓云. 世界广告经典案例[M]. 北京:高等教育出版社,29.

山人的画风，在巨大的画幅上，仅安排一只鸟、一块石或一枝斜出的枝桠。中国书画独有的讲究留白和空无的艺术哲学却反映在伯恩巴克的广告创意思维中。《柠檬》的画面安排和前者则同中有异。画面中除汽车形象外，不设计任何背景衬托，突出汽车和文案上的标题（标题均采用粗体字），而形成呼应。《柠檬》的区别在：一辆汽车占据整个画面，却没有任何留白。这种极简主义的朴素风格实际上应和了甲壳虫汽车广告运动的整体定位和诉求，那就是，甲壳虫是一种实用而诚实的车子。

图案和文案在伯恩巴克所有的经典作品中，均是重要的构成要素，它们有机统一，相互协调，互为补充。这得益于伯恩巴克在创立 DDB 广告公司后首倡的"广告文案与美术指导协作理论"。此前，美国广告界存在一种文案与美术人员之间互不沟通、彼此轻视的习惯。伯恩巴克在自己的公司内要求艺术设计要和文案以联合的方式进行创作，如此才有出色的作品产生。

简约的风格传统在此后的甲壳虫广告活动中得以继承（如图 1.8、图 1.9 所示）。20 世纪 90 年代末，波士顿的阿诺德广告公司以"招聘司机"为主题的系列平面广告夺得戛纳广告节大奖，该系列作品风格还是以简朴取胜。

图 1.8　当代甲壳虫汽车平面广告

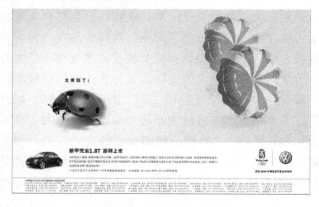

图 1.9　当代甲壳虫汽车平面广告

20世纪60年代甲壳虫广告运动在美国民众心中留下了怎样的印象,对此,特威切尔谈到20世纪60年代的美国人最深刻的记忆时,这样说道:

让他们去回忆大众汽车广告,可真是让人大吃一惊,竟然人人都能忆起!他们能想起广告的大字标题"lemon",想起那些正在发动的车,卵圆形的车,还有"51年,52年,53年,54年……大众汽车"这些广告词。甚至还有轮胎在雪地里碾过的图片,配以"丑陋仅仅是外表"的妙词隽语。人们能记起这些,因为这种独特的广告形式强烈地吸引着他们去琢磨,去研究。大众汽车广告不像同时代的其他广告那样迅速消失,而是像老师布置的作业,让你不得不花时间去用心领悟,直至牢记心间。

了解一下伯恩巴克在谈及甲壳虫广告的创作意图时的话,也许能明白甲壳虫广告为什么能长久留在美国人的记忆中。他曾谈到如果我们对"甲壳虫是一部率直的车"这句话堆上足够的钞票,钱的帮助或许会使这句话深烙于读者的心中。但我们没这个时间,也没这笔钱。我们要让人们大感吃惊,使他们忘不了,叫他们不得不注意我们提出的优点。

● **思考与讨论**
1. 试分析促成甲壳虫广告传播成功的主要因素。
2. 甲壳虫广告传播案例对目前我国的汽车业广告有什么启发?

● **相关知识链接**
ROI 理论 由伯恩巴克和他创立的国际著名广告公司 DDB 广告公司倡导的一种广告创意理论。该理论认为,一个好的广告应当具备三个基本要素,即 ROI:相关性原则、原创性原则、震撼性原则,这三个要素被称为广告的"鬼斧"。实践 ROI 理论,必须具体明确地解决以下几个问题:①广告的目的是什么?②广告做给谁看?③有什么利益点可以做,广告承诺有什么支持点?④品牌有什么特别的个性?⑤选什么样的媒体是合理的?[①]

第二节 "农夫山泉有点甜"
——农夫山泉矿泉水广告案

案例概述 1998年仲春4月,中央电视台播放的一则电视广告分外引人注目:课堂上,一个可爱的小女生因口渴想喝水,她偷偷地拿起一瓶外包装呈红色十分抢眼的矿泉水,当她用力拉动瓶盖时,瓶盖发出的"吧吧"声,在安静的课堂上特别响亮,也立刻吸引上课老师和其他孩子齐刷刷的目光。小女生受到惊吓,表情丰富,而老师的告诫反而增加了那些平时就爱恶作剧、具有逆反心理的调皮学生跃跃欲试的心情,表现出一种意欲喝水的强烈愿望。最后一句广告语:农夫山泉有点甜。这则情节性强、叙事简练、创意巧妙的电视广告和那句诉求独特的广告语在中央电视台一经播出,立刻引起整个社会的极大注目,一种叫农夫山泉的矿泉水和一句"农夫山泉有点甜"的广告口号深深烙在当时国人的心中。这则称为"课堂篇"的电视广告由成立于1996年9月26日的浙江千岛湖养生堂饮

---
① 魏炬. 世界广告巨擘 [M]. 北京:中国人民大学出版社,2006:57.

用水有限公司制作。"课堂篇"的电视广告吹响了"农夫山泉"系列广告战略运动的序幕，"农夫山泉"像一匹黑马突然闯进了中国水饮料市场诸侯争霸的"战国时代"，掀起了市场竞争的血雨腥风。短短数年间，"农夫山泉"一跃成为中国矿泉水的第一品牌。2001年6月27日，千岛湖养生堂饮用水有限公司改制为股份有限公司，更名为"农夫山泉有限公司"。

"农夫山泉有点甜"这句广告语被《人民日报》等新闻媒体评为当年最好的广告语；"农夫山泉有点甜"的广告策划于2000年1月26日，由《经济日报》报业集团下属《名牌时报》社、人民日报社信息中心、《中国商人》杂志社和《商界》杂志社共同评选为"中国跨世纪十大策划经典"之一。专家们认为，面对激烈竞争的市场，养生堂公司制定了差异化行销策略，以优雅的文化品位和超前意识，通过优秀的广告策划及敏锐的广告运作，确立了农夫山泉高档次、高品质、高品位饮用水的品牌形象。

在生产饮用水之前，养生堂有限公司最早曾推出龟鳖丸和朵尔胶囊这类保健药品，并在市场上也获得一席之地。但这类产品，养生堂既不是第一个进入市场，也没有成为行业内最大最具影响力的品牌，而且中国市场上保健品风行的全盛时代已经过去。因而，20世纪90年代末，公司便谋划产品战略转型。"农夫山泉"就在这样的背景下登场了。可是在90年代中期的整个市场环境下，国内的水饮料市场也是群雄并起，竞争激烈。当时国内经营纯净水的厂家稍有规模的也达上千家，更有无数的单位企业拥有自己的小水厂，具有全国性影响的品牌则是乐百氏集团的乐百氏纯净水和娃哈哈集团的娃哈哈纯净水。而娃哈哈本就是浙江杭州以生产儿童乳酸饮料称雄全国的著名品牌，同属浙江省内的竞争对手。

而市场的传播环境则更为恶劣。娃哈哈发挥它一贯的感性诉求广告策略，1996年，娃哈哈以当红歌星景岗山为广告代言人，通过极具流行特色的广告歌《我的眼里只有你》，渲染着青春与激情，博得大批青少年歌迷对娃哈哈的倾心和注目，从而超越众多瓶装水品牌，占据了国内瓶装水第一的宝座。乐百氏则不甘示弱，1997年乐百氏纯净水以"27层净化"为广告诉求点，将理性诉求发挥到极致，成为当年轰动一时的广告金句，迅速占据了当时水饮料广告理性诉求的制高点，乐百氏瓶装水当年即获得2亿元左右销售额的佳绩。娃哈哈和乐百氏两大品牌垄断了当时饮用水市场广告诉求策略资源，筑起了一道难以攻破的"传播防火墙"，使农夫山泉不得不另辟蹊径。

正如诸多广告传播学者和营销专家所认为，农夫山泉是一家深谙营销之道，娴熟地运用广告传播策略的公司。今天看来，传播的差异化和行销的差异化正是农夫山泉在短短的时间内迅速崛起于市场的主要原因，并由此促成"农夫山泉有点甜"成为20世纪90年代末我国广告运动史上的经典之作。

"农夫山泉有点甜"这一广告语借助中央电视台强大的媒体效应传遍祖国的大江南北。这一独特的销售说辞，以产品功能为诉求中心，兼具乐百氏广告的理性诉求特点，又不乏娃哈哈广告感性诉求之长。正是这一句雅俗共赏、看似大俗又极具中国文化意象的"大白话"才在当时一味强调科技含量和微量元素的众多水广告词中脱颖而出，彰显出打动人心的独特魅力，由此拉开农夫山泉和乐百氏、娃哈哈之间品牌形象的差距，在水市场上逐步形成三足鼎立之势。

1998年浙江农夫山泉公司借助"农夫山泉有点甜"广告运动，很快取得全国市场积极反应，其一系列广告活动也逐步深入。农夫山泉于1999年在上海、杭州、宁波等城市销售试水也大获成功。尤其是1999年4月24日，农夫山泉宣布全面停产纯净水，只出品天然矿泉水，这一"惊人"之举，不仅掀起一场全国性的"市场暴动"，以娃哈哈、乐百氏为首的水业巨头纷纷以企业伦理为名，欲在法律层面上讨伐农夫山泉，同时纯净水和矿泉水谁更健康的产品概念之争也引来一场席卷全国的媒体风暴。至此，农夫山泉借助于一场轰轰烈烈的广告运动策划将自己鲜明而独特的产品战略定位战演绎得有声有色。

随着品牌形象的确立，农夫山泉在以后的几年内，通过系列体育营销传播活动和公共形象传播活动，一次次将农夫山泉推到全国舆论的关注中心，其品牌知名度和忠诚度也随之大幅提高。

农夫山泉搭乘体育营销的快车始于1998年世界杯足球赛。大赛期间，结合中央电视台世界杯赛事节目安排，农夫山泉将自己的广告投放在体育频道和中央台一套少儿节目"大风车"栏目高频播出，许多足球迷和体育爱好者对农夫山泉留下深刻印象。同时它还出巨资赞助中央电视台五套世界杯足球赛演播室，使品牌得以更好地传播。1999年，尝到世界杯甜头的农夫山泉认识到体育赛事是一种非常好的传播载体，于是，进一步寻找与体育的结合点，要把农夫山泉优异的品质和中国体育成绩最优秀的运动队结合起来。1999年春夏之交，中国乒协和中国国家乒乓球队实地考察了农夫山泉的水源和生产基地，选择了农夫山泉为乒乓球"梦之队"的合作伙伴。当时正值第45届世乒赛在荷兰举行，中国乒乓球队的完美表现再一次让人们留下了深刻的印象，而农夫山泉也随之提高了知名度，树立了优质饮用水的美好形象。1999年起，农夫山泉连续四年成为中国乒乓球队的主赞助商。2000年，农夫山泉还全力支持中国奥运代表团出征悉尼奥运会，凭借其良好的口碑、优秀的品质成为悉尼奥运会中国代表团训练、比赛专用水。[①] 2000年7月18日，中国奥委会授予养生堂有限公司"中国奥委会合作伙伴\荣誉赞助商"称号，成为首家2000—2004年中国奥委会重要合作伙伴；11月又被授予"北京2008年奥运申办委员会热心赞助商\北京2008年奥申委声援团"称号。

农夫山泉重视公共形象传播最为人称道的案例莫过于2001年的"一瓶水、一分钱"支持北京申奥活动和2002年农夫山泉的"阳光工程"活动。两个"一分钱"活动，被《赢周刊》等媒体连续两年评为年度十大成功营销案例，显示出农夫山泉娴熟的营销公关技巧。

2001年春季，农夫山泉股份有限公司与北京奥申委联合主办了"一分钱一个心愿，一分钱一份力量"活动。公司从2001年1月1日至7月31日销售的每一瓶农夫山泉中提取一分钱代表消费者支持北京申奥事业。申奥形象大使孔令辉、刘璇在电视广告中露出灿烂的笑脸，广告诉求的是："再小的力量也是一种支持。从现在起，你买一瓶农夫山泉，你就为申奥捐出一分钱。"到截止日，农夫山泉的销售量达5亿瓶，为上年同期销售的一倍。对此，《人民日报》等媒体的报道称，"一分钱"做出大文章，并引述营销专家的评论说，企业不以个体名义而是群体利益来支持北京奥运会，"以企业行为带动社会行为，以个体力量拉动整体力量，以商业性推动公益性"，在所有企业支持申奥活动中，农夫山泉是个创举。

继"申奥"活动策划后，2002年3月28日，农夫山泉在北京召开"农夫山泉阳光工

---

① 高定基．农夫山泉，三把"斧头"定江山．中国营销传播网．

程"新闻发布会,继续推出"买一瓶水,捐一分钱"活动,以支持贫困地区的体育教育事业。从当年4月1日到12月31日,每销售一瓶农夫山泉饮用天然水(550 mL装),公司就代表消费者捐出一分钱用于阳光工程,然后汇集所有的钱统一购置基础体育器材捐赠给贫困地区的中、小学。广告的诉求是:"每喝一瓶农夫山泉,你就为孩子们的渴望捐出了一分钱。到2008年,阳光工程将为20万孩子带来运动的快乐!"从4月至9月,农夫山泉通过预提销售利润向24个省39个市、县的397所学校捐赠了价值501万元的体育器材。中央电视台、新华社、《人民日报》、《经济日报》等30余家媒体对新闻发布会作了报道,整个"阳光工程"活动,累计有85个电视频道播出各种报道达449台次,103家报纸刊登各种文章165篇,累计收视\阅读人数达7.88亿人次 。(如图1.10所示)

图 1.10　农夫山泉阳光工程电视广告截图

(g)

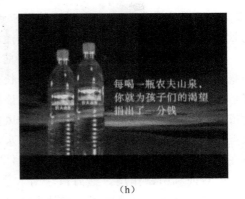
(h)

(i)

续图 1.10

2003年"神舟5号"发射前,农夫山泉有限公司出资1000万元人民币支持中国航天工程,10月12日,中国航天基金会授予农夫山泉"中国载人航天工程赞助商"和"中国航天员专用饮用水"荣誉称号。这是中国航天基金会首次引进的民间赞助。

30年改革开放过程中,"农夫山泉"这一品牌当之无愧成为我国广告传播运动史和营销史上的成功典范,也是我国广告传播学研究不可多得的经典案例。

案例评析 回顾农夫山泉从20世纪90年代末的崛起,到21世纪初近10年发展历程,其成绩赫然醒目。1997年6月,农夫山泉成功登陆上海、浙江等长三角地区的重点城市;1998年,农夫山泉首次在央视投放"农夫山泉有点甜"电视广告,在全国掀起红色风暴,市场占有率跃升到全国第三;1999年至今,瓶装饮用水市场占有率排名全国第一,地位无可撼动;2002年3月,AC尼尔森市场研究公司发布的"中国消费市场调查"结果显示,在瓶装水行业,农夫山泉是消费者最受欢迎的品牌,在所调查洗发水、方便面、牙膏、手机等最受欢迎品牌类别中,农夫山泉是唯一的民族品牌。无疑,以"农夫山泉有点甜"为诉求点的广告运动为品牌的战略定位打下了坚实的基础,也为其后的体育营销传播和公共形象传播的成功开辟了道路。

"农夫山泉有点甜"——双重诉求法的胜利

把优质天然水作为产品营销定位,并以此为传播和创意的基本原则,从而成功找到

"农夫山泉有点甜"这一令人叫绝的诉求点和与众不同的创意视角,今天我们能够从当时的社会风尚、文化传统、市场背景、传播环境等方面寻找到广告成功的基本规律。

首先,在进行全国规模的市场推广前,养生堂公司于1997年6月,以4升装的农夫山泉率先在上海、杭州、宁波、温州等长三角地区的大中城市展开试点销售,市场反馈良好,尤其在特大城市上海,农夫山泉在该市同类产品的市场占有率排名第一。对于中国内地市场,第一大城市上海往往具有市场风向标的作用。农夫山泉由于产自浙江著名的旅游景点千岛湖,自然对上海这个缺少优质水源的城市具有吸引力,更在于上海城市文明的素质在中国城市化运动中具有的典范作用,市民的生活趣味和风尚习惯对整个内地城市产生极大的导向和引领作用。上海市场对农夫山泉的肯定坚定了养生堂的水制品观念——天然、优质、高端,这反映了进步的生活发展观。

其次,"以人为本",强调自然、健康、环保的生活主张在20世纪90年代中期以来,渐成一种生活共识。如家电业对环保健康的重视,1996年新飞电器推出新一代无氟绿色环保冰箱,创维电视提出的广告口号是"不闪的,才是健康的"。秦池酒的口号是"永远的绿色,永远的秦池"。1997年,汇源果汁提出"喝汇源果汁,走健康之路"。而最有影响的广告口号则是1996年世界手机巨头诺基亚提出的"科技以人为本"。20世纪90年代以来,手机在我国人们的心目中,依然是高科技通信产品的象征,是科技的神话,可是诺基亚的诉求却是"以人为本",这句口号给我们的生活观念产生极大震撼。可见,农夫山泉对天然水的重视符合当时的生活潮流和健康观念。

从传播环境来看,当时国内两大水饮料品牌娃哈哈和乐百氏各自通过不同风格的广告传播手法,上演了一场感性诉求与理性诉求的竞争大戏。娃哈哈品牌创立之初,便以一支广为人知的新疆儿歌为基础,向市场推出娃哈哈广告歌曲,从此揭开以幸福甜美欢乐为关键词的感性诉求之路。1996年夏,为配合娃哈哈纯净水上市,娃哈哈公司制定了"明星歌曲路线"传播策略,当红歌星景岗山作为产品形象代言人,以一首《我的眼里只有你》的广告流行歌曲红透江南江北,之后歌星毛宁、王力宏都分别成为娃哈哈的代言人。面对此景,乐百氏则将产品品质作为硬道理,以理性诉求为策略。电视广告表现出蓝幽幽的背景上,一滴滴晶莹的水珠被一层层净化,经过27层净化,乐百氏纯净水才千呼万唤始出来。1997年,在第五届中国广告节上,这则由盛世长城国际广告公司制作的广告获多个奖项。

娃哈哈和乐百氏两大水品牌既在市场上也在传播策略上占尽天时地利,面对两大品牌筑起的强大传播壁垒,如何在其间嵌进一只楔子,深深考验着农夫山泉创意团队。既不能落入娃哈哈时尚青春过于活跃的感性潮流,也不能踏入乐百氏理性有余感性不足的窠臼,终于,"农夫山泉有点甜"破茧而出,它以产品的功能诉求为重心,又兼具心理的满足和情感的想象;它"大白话"式的朴素语言具有广泛的民俗文化基础,又兼具中国传统茶文化的悠远意境,这是一句最具中国特色、中国韵味的广告口号,如此诉求,一经播出,自然博得众口赞誉。

"农夫山泉有点甜"这句广告语从阐释的角度而言,具有两个层次的含义:既是产品制造商对消费者的质量承诺,又是消费者对产品使用后的心理感受。但都紧紧围绕产品质量及其使用效果来表达。"农夫山泉"是产品名称,"甜"是产品的一种功能,换言之,它是一种糖分,是物质的组成成分,有自己特定的分子式和原子式,它和苦是一种对立的物质。在中国茶文化的诸多典籍里，都对泡茶用水的质量、等级有过细致的描述。最著名的莫过于陆羽的《茶经》，在《茶经·五之煮》中描述道："其水，用山水上，江水中，井水下。其山水，拣乳泉、石池漫流者上……其江水，取去人远者。井，取汲多者。"古代中国专门研究水的著作有好几部，如唐代张又新的《煎茶水记》、宋代欧阳修的《大明水记》、明代徐献忠的《水品》、清代汤蠹仙的《泉谱》。欧阳修在《尝新茶呈圣俞》诗中说："泉甘器洁天色好，坐宗拣择客亦嘉。"明代罗廪在《茶解》中说："梅雨如膏，万物赖以滋养，其味独甘，梅后便不堪饮。"以上典籍所载，表明古代中国人对水的品质有独到看法，对质量上乘的水皆用"甘甜"来表达。而地理位置、气候、天气与时间都对茶水的质量产生直接影响。今天，流行在日常生活中，人们对水的赞誉，大都用"水甜""水清"这些词语来表达。可见，无论古今，水的"甜"均是人们对水质的一种积极肯定。换言之，"农夫山泉有点甜"这句广告语其诉求的出发点，依然紧紧围绕着产品及其质量，其传播策略依然以利益诉求为主体、以理性劝服为手段。

"农夫山泉有点甜"这句话还可表达一种受众心理感受。我们从日常生活中经常发现人们习惯用"甜"这个词语来表达一种幸福感、甜美感、满足感以及愉悦和享受。如生活的美满称为"甜美的生活"，形容某人心里高兴，称为"心里甜滋滋的"，这也是修辞学上的一种通感手法。因此，"有点甜"表达了一种产品使用后的感受和状态，它描绘了一种满足的形象感受。从这个角度看，这句广告语又包含了感性的诉求方法。

农夫山泉广告既融合了乐百氏的理性诉求又兼具娃哈哈的感性诉求，这种二重诉求法则通过独特的广告叙事表达出来。当时，无论是娃哈哈的明星广告还是乐百氏的净化水广告，都是直观地展示产品的叙事方式。明星广告是展示产品的消费场景和方式，净化水广告是展示产品的工艺流程。农夫山泉投放的第一支电视广告"课堂篇"，用的是悬念化、情节化、戏剧化的情节广告，这种独特的叙事方法，一经播出，立刻拉开了与娃哈哈和乐百氏广告的差距，并产生明显的品牌区隔。有学者认为：

农夫山泉避开明星效应和对水质的诉求，而是出其不意，采用感性和理性结合的方式，提出"有点甜"的独特销售主张，这在当时的确是一个非常新颖的策略，使消费者耳目一新，把消费者的注意力从水的质感引导到水的口味上，同时这句广告传播语还为后续的传播奠定了很好的基础，使"有点甜"的内涵随着传播内容的演化而不断深化、升华，不仅仅是简单表象上的口味有点甜，其实还是水质的上乘的体现。①

最后，农夫山泉不仅仅通过大众传媒迅速在市场建立起自己的品牌知名度，同时还通过产品名称、产品包装和设计的革命，呼应其在大众传播媒介上的广告诉求，建立起独特的识别体系。

将饮用水取名为"农夫山泉"，显示出创作者独特的匠心。这样一个名字显然是针对1990年以来，我国的市场化、工业化和城市化运动的勃兴，社会陷入一种过渡追求物质享受，轻视社会道德和人文关怀的状况。给人以淳朴、敦厚、实在感觉的"农夫"二字，则为社会的变迁、紧张的工作生活节奏、人情味的日渐淡薄和人际关系的紧张造成现代人孤独荒漠的内心带来些许慰藉。"山泉"则把紧张的现代人带回大自然中。使人觉得远离城市的喧嚣、机器的嘈杂、污染的空气和水源。这是一个具有中国古典田园诗式想象的名字。

---

① 中国企划网 http://www.cnqihua.com.

在产品包装设计上，养生堂公司同样独辟蹊径。1997年养生堂公司在国内首先推出了4升包装的"农夫山泉"饮用水。新颖的包装形式，造成一种水与油等价的观感，使消费者产生一种农夫山泉比一般饮用水高档的印象。1998年初，公司推出运动型包装的农夫山泉，瓶盖的设计与往常旋转开启方式不同，改用"运动盖"直接拉起开瓶法，这就是我们在"课堂篇"电视广告中见到的一幕；瓶标则采用了显眼的红色。除商品名外，版面上印了一张美丽的千岛湖风景照。如此的设计，差异性立刻明显呈现。不但彰显农夫山泉来自千岛湖水源的纯净特色，亮眼的红色商标在当时以蓝色和绿色为主要色彩设计特征的纯净水货架上，特别夺人眼球。农夫山泉的"红色风暴"短短数年，迅速席卷全国。

"好水喝出健康来"——延伸广告主题

1998年，养生堂以"农夫山泉有点甜"的电视广告成功吹响了进军中国庞大水市场广告战略传播运动号角，1999年，其传播主题逐渐从"农夫山泉有点甜"转化到"好水喝出健康来"和"千岛湖的源头活水"上来，这一转变清晰地勾勒出养生堂对农夫山泉广告诉求的深化和广告主题的延伸策略和意图。

从"农夫山泉有点甜"到"好水喝出健康来"和"千岛湖的源头活水"，这一层层推进的诉求策略显示出三者之间互为因果的逻辑关系。换言之，因为有来自"千岛湖的源头活水"，这是天然水、优质水的水源地，因而它是"好水"，因为水好，所以喝起来便体会到"有点甜"的感觉。"有点甜"的农夫山泉让人身体变得"健康"，生活变得美好。农夫山泉的高明之处在于，终于将"有点甜"的诉求与水源、水质和健康联系起来，深层次阐释和挖掘水的本质，把一种平时关心度极低的"低卷入度"产品，慢慢变成一种"高卷入度"产品和品牌。为了强调农夫山泉优良的水源水质，这一时期的广告手段、风格和"课堂篇"以情节、悬念、幽默取胜不同，而是采用理性、分析说明式、专家推荐式、证人证言式风格，甚至用电视广告专题片式介绍方法。从农夫山泉的系列专题片中我们看到了农夫山泉位于全国一级水资源保护地的水源地，北起吉林的长白山，南到广东万绿湖，以及浙江当地著名的旅游胜地——千岛湖风景区。广告片的版本长短不一、诉求各有侧重。有些展现的是农夫山泉现代化的厂房、生产线和制作流程；有些诉求的是水源地水质之好甚至能发现史前微生物水母的生存；有些告诉人们的是矿泉水来自数万年前火山爆发留下的岩溶沉积而成；有些则展示其采水的深度达至地下70多米。1997—2002年，农夫山泉相继在千岛湖和吉林长白山矿泉水保护区建成三座现代化饮用水生产基地，投资总额超过10亿元人民币，成为国内最大的专业饮用水公司。今天，除上述优质水源地外，农夫山泉还建成南水北调中线工程源头湖北丹江口水源地、天山冰川区新疆玛纳斯水源地。（如图1.11所示）

任何其他厂家和品牌都可以轻易地拥有与众不同的包装，从国内外方便地引进一流生产设备，但水资源的控制和拥有却是唯一的。而天然水对水源的要求极为严格，它不像纯净水可以拿其他水作为原水经过渗透、反渗透、臭氧等工艺过滤后，就达到可出售的标准，天然水的水源必须符合一定国际标准的地表水、泉水、矿泉水，取水区域内一般环境清幽、无任何工业污染。因此农夫山泉早期的广告告诉大家"农夫山泉——千岛湖的源头活水"，因为国家一级水资源保护区"千岛湖"的水源是独一无二的，而农夫山泉来源于千岛湖水面下70米pH值（酸碱度）最适宜的那一层。对水源的强调，事实上国外广告

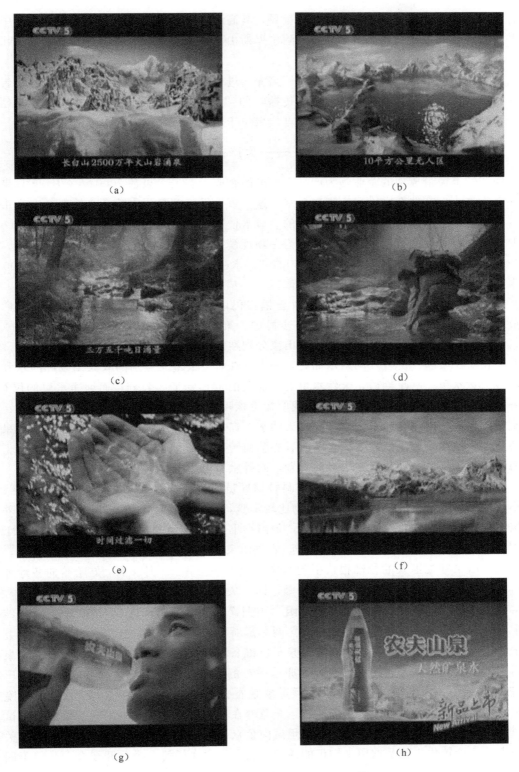

图 1.11　农夫山泉"长白山"电视广告截图

早有先例。法国著名的依云矿泉水驰誉世界,其高端品质来源在几十年来的广告传播中是一贯坚持的,对依云的灌装地来自欧洲阿尔卑斯山下、日内瓦湖畔著名的旅游胜地 Evian-les-Bains 这个风景秀丽小镇的诉求。

农夫山泉广告传播主题的自然拓展、拓深,进一步掌握了整个国内灌装水饮料广告的话语主导权,创意团队娴熟地运用新闻传播学的"议程设置"理论①,并落实在广告创意和广告运动中,从而使消费者的关注点自然聚焦于水的品质、健康和水源地上来。

概念之争——为产品立标准

经营学上说最成功的企业是为产品立标准的企业。农夫山泉在2000年4月24日果断对外宣称停止生产纯净水,只生产矿泉水,这一事件迅速掀起国内整个水饮料企业和市场的一场地震,一场规模空前、弥漫硝烟的"口水仗"也骤然而起。显然,农夫山泉把一次企业产品战略转型的市场战成功地转变为一场规模空前的传播领域的宣传战、舆论战。而1998年的"农夫山泉有点甜"和1999年的"好水喝出健康来"两场广告活动则为2000年的事件营销做足了舆论的铺垫和准备工作。

今天看来,农夫山泉2000年的事件营销案仍堪称经典,把"农夫山泉有点甜"广告案放在一起看,这是一场环环相扣、步步推进、策划严密的广告传播运动。2000年4月底,为强势推出"天然水"概念,农夫山泉分别在中央电视台和地方电视台播出一则"水仙花生长对比实验"广告:两组水仙花,分别养在看上去毫无差别的农夫山泉纯净水和农夫山泉天然水里。一星期后,天然水里的水仙花的根长到了3公分,而纯净水里的仅有1公分。于是,老师说:"同学们,现在我们知道该喝什么水了吧!"同时,字幕上出现:养生堂宣布,停止生产纯净水,全部生产天然水。在宣布不生产纯净水的当天,农夫山泉还邀请浙江大学生物医学工程学院、浙江省心脑血管系统中药筛选与评价重点实验室博士后白海波先生,从专业的角度来告诉消费者,两种水对植物生长的影响。

5月25日,农夫山泉与中国青少年科技辅导员协会联合发起"争当小小科学家"活动,向小学生倡议进行天然水、纯净水的生物比较实验,"让小学生从小树立科学饮水观念,养成珍惜、保护生命之水的良好习惯"。随后,"争当小小科学家"活动在北京、上海、天津等21个城市的2700多所学校展开。5月26日起,农夫山泉在成都拉开全国性对比实验的序幕。

农夫山泉咄咄逼人的行动很快引起纯净水企业的反弹。6月4日,娃哈哈向各地纯净水协会及生产厂家发出了100多封邀请函,即"关于共商反击农夫山泉恶意攻击纯净水、危害纯净水行业健康发展研讨会的邀请函"。6月7日和8日,来自18个省市的69家纯净水生产企业的代表云集娃哈哈与"农夫"两总部所在的城市杭州,全国上百家媒体的数百名记者也纷赴西子湖畔。然而,农夫山泉早已准备应对之道。6月8日当天,农夫山泉在杭州都市快报刊登《有朋自远方来,不亦乐乎》的广告,邀请来杭参加69家纯净水厂家"共商反击农夫山泉"研讨会的记者,顺道参观农夫山泉天然水千岛湖两大水厂。当晚又组织新闻恳谈会,会上向记者当场播放了金鱼养在不同水质里而产生不同后果的科学试验电视广告片。农夫山泉用事实和自己的坦诚向公众表明,希望通过正当的途径把这次关于纯净水的争论转化为普及饮用水知识的活动;表示愿意在任何一个公开场合,与持不同意

---

① 美国传播学者马克思韦尔·麦考姆斯为该理论的主要创始人.

见的纯净水企业代表公开讨论饮用水的发展方向。

这场科学的饮水观念之争在消费者中引起巨大反响。新华社、《人民日报》、《光明日报》、中央电视台、中央人民广播电台、《瞭望新闻周刊》等权威主流媒体陆续刊播有关世纪之交这场令人瞩目的"水战"的新闻报道及文章。6月13日,《人民日报》发表《纯净水之争》的调查背景文章。文章指出:关于水的选择在发达国家已达成共识。在欧美发达国家占极大市场份额的产品均为天然水,美国瓶装饮用水75%以上是天然水源。7月9日,新华社发出的电讯稿报道"专家提醒":"纯净水"不宜大量地长期饮用。其时,在当时国家尚未出台"天然水标准"的情况下,这场"口水战"事实上以农夫山泉的胜利而告终,农夫山泉的品牌知名度并由此大幅提升。

2007年4月,中国商业联合会、中华全国商业信息中心授予农夫山泉股份有限公司荣誉证书,根据全国大型零售企业商品销售调查统计显示:农夫山泉瓶装饮用水连续五年(2002—2006年)荣列同类产品市场销量第一名。

● **思考与讨论**

1. 试分析农夫山泉广告传播运动成功的主要原因。
2. 除农夫山泉矿泉水外,农夫山泉有限公司还推出了农夫果园果汁饮料、尖叫系列功能饮料、农夫茶饮料及果奶饮料等产品,试分析其他产品的广告传播策略。

● **相关知识链接**

饮料及其产业概要 饮料业是快速发展的行业之一,在过去的10余年间,以年均15%~20%的速度增长。数据表明,2001年,碳酸饮料约占50%的市场份额,瓶装水约占25%,果汁饮料约占10%,其余15%被茶饮料、运动饮料、植物蛋白质饮料瓜分。世界人均饮料消费达到50升/年。就各类饮料发展趋势而言,预测认为瓶装水市场发展迅猛,最终将占据饮料市场30%~40%的份额,果汁及运功型饮料份额有所增加,而碳酸饮料所占比例相对减少,预计将逐步降至30%~40%,与瓶装水份额相当。中国市场的各种主要饮料品牌:瓶装水业主要是娃哈哈、乐百氏、康师傅、农夫山泉等国内品牌;果汁饮料主要有汇源、椰树、露露等国内品牌;茶饮料则主要以康师傅、统一、旭日升为代表;而在碳酸饮料业,可口可乐公司麾下的可口可乐、雪碧、芬达等品牌,以及百事集团下属的百事可乐、七喜等品牌占据绝大多数市场份额。[1]

第三节 "独特销售主张"(USP)理论述评

现代广告理论发展史上,第一个对广告行业具有广泛影响并具备一定理论体系的广告策略就是形成于20世纪50年代的"独特销售主张"(unique selling proposition,简称USP)理论。这一理论的产生不仅反映了20世纪上半期资本主义的市场和营销发展状况,也是对19世纪以来自现代广告理论的萌芽至20世纪50年代相关广告创意策略的总结。USP理论提出之初,尽管是一种基于营销学上的以4P为出发点的创意理论,但它也是一

---

[1] 余明阳. 广告经典案例 [M]. 合肥:安徽人民出版社,2003:174.

种随着市场变化而变化，极具生命力的广告理论。

一、USP 理论的基本内涵及其发展

图 1.12 罗瑟·瑞夫斯

明确系统提出 USP 理论的是誉为广告科学派旗手、美国著名广告公司达彼思全球集团的前董事长、总裁，最早获得"纽约广告文案名人堂"五位杰出广告人之一的罗瑟·宽〗瑞夫斯（Rosser Reeves）。（如图 1.12 所示）（其他四位是威廉·伯恩巴克、李奥·贝纳、乔治·葛里宾和大卫·奥格威）

瑞夫斯 1910 年出生于美国弗吉尼亚州的丹维尔镇，毕业于弗吉尼亚大学。1934 年移居纽约，成为麦迪逊大道的广告撰文员。1940 年进入创建不久的达彼思广告公司，负责广告文案的创作工作。自 20 世纪 40 年代至 50 年代，瑞夫斯以总督牌香烟的"两万颗过滤凝气瓣"诉求、李斯特伦漱口药水的"消除口臭"诉求（如图 1.13 所示）、M & M 巧克力豆的"只溶在口，不溶在手"诉求（如图 1.14 所示）、高露洁牙膏的"清洁牙齿，清新口气"诉求、安乃神药品电视广告的"安乃神，医生推荐的缓解头痛的良药"诉求，以及为艾森豪威尔成功竞选美国总统而策划的政治宣传广告而名震广告界。

图 1.13 李斯特伦漱口水"消除口臭"平面广告

图 1.14 M & M 巧克力豆平面广告

瑞夫斯坚定捍卫自己的广告思想，坚持自己的广告信条，并持之以恒地用于实践。USP 理论策略起初是瑞夫斯作为达彼思公司内部职工培训教材内容而公开，随后于 1961 年以《实效的广告》（Reality in Advertising）名称首次出版，并立即产生巨大影响。据称，瑞夫斯与奥格威为姻亲关系，曾为同事，私交甚好，彼此尊敬，但都坚持自己的广告主张。奥格威于 1958 年出版了他的被视为广告界《圣经》的著作《一个广告人的自白》。对两人之间的奇妙关系，有人说道："他们两个都把对方当作伟大的私人推销员，但是两个人又都摇着脑袋说对方在浪费客户的钱……他们进行私人和专业的竞争，他们在广告的

团体中，用彼此钦佩的态度竞争着。"①

关于 USP 的基本内涵。瑞夫斯认为，这是一个有关理想销售概念的理论，是简明扼要一句浓缩的话，它使广告活动发挥得更有效，是使成千上万广告活动成功的一个秘诀。他将这一内涵作了进一步的阐明。

1. 明确的消费主张

广告必须对消费者有一个销售主张，它不仅仅是一些文字，也不是针对商品的夸大广告，更不是一般橱窗展示式的广告，而是必须对受众说明：买这样的商品，你将得到特殊的利益。

2. 消费主张的独特性

这一项主张，必须是竞争对手无法、也不能提出的。它必须具有独特性，是一个品牌或者诉求的独特个性，而不仅仅是在广告方面的主张。

3. 消费主张的普遍性

这项主张必须很强烈，足以影响上百万的社会大众，也就是能够将新的顾客拉来买你的商品。

简言之，瑞夫斯的 USP 理论核心就是发现产品独一无二的好处和效用，并有效地转化成广告传播的独特利益承诺、独特购买理由，进而诱导消费者，影响消费者的购买决策，实现商品的销售。

瑞夫斯将自己总结的这一套 USP 理论带进达彼思公司，并贯彻于公司的上上下下。达彼思公司的安乃神药品电视广告和 M&M 巧克力豆广告被评为 20 世纪最成功的两个广告案例。在瑞夫斯的领导下，达彼思从一个小小的广告作坊一跃成为世界最大的广告公司之一。达彼思广告公司也因其持之以恒的具有鲜明特色的广告经营理念和为客户带来丰厚的利益回报，而在近年美国营销协会会员调查中，影响力位列第一，其选票比第二位高出一倍。

20 世纪 90 年代以来，达彼思公司将瑞夫斯时代以产品为核心创意点的 USP，提升至品牌的高度。强调 USP 创意来源于对品牌精髓的挖掘，并通过强有力的手段来证实它的独特性，且重申 USP 的三个要点。

首先，USP 是一种独特性。它隐含在一个品牌自身深处，或者是尚未被提出的独特的承诺。它必须是其他品牌未能提供给消费者的最终利益；它必须能够建立一个品牌在消费者头脑中的位置，从而使消费者坚信该品牌所提供的最终利益是该品牌独有的、独特的和最佳的。

其次，USP 必须有销售力。它必须对消费者的需求有实际和重要的意义；它必须能够与消费者的需求直接相连；它必须导致消费者采取行动；它必须是有说服力和感染力的，从而能为该品牌引来新的消费群或从竞争品牌中把消费者赢过来。

最后，每个 USP 必须对目标消费者提出一个主张——一个清楚的令人信服的品牌利益承诺，而且这个品牌承诺是独特的。

可见，达彼思相信品牌是真正影响消费者的东西，并把 USP 当做是传播品牌独特承诺最有效的方法。USP 创意揭示了品牌的各要素，并且更有力地证实了品牌的独特性。

---

① 魏炬. 世界广告巨擘 [M]. 北京：中国人民大学出版社，2006：317.

近些年，国外又流行一种倡导式广告。企业以一种企业公民身份对某些重大社会问题、政治问题等公共议题发表观点，提出主张，形成自己独特的意见和诉求，从而引来社会关注，塑造自己的企业形象。如意大利著名服装品牌贝纳通就是一个最早自觉地运用这种方式来传播品牌形象的企业。它的关于民族平等、宗教自由、种族和谐、和平主义、关心贫穷、艾滋病、死刑、环境污染等主题的广告作品引起全球关注和广泛的争议。我们也把这类广告称为"观念的 USP"。

从"产品的 USP"到"品牌的 USP"，再到"观念的 USP"，反映了 USP 理论是一个不断调适自身，应对现实，有着旺盛生命力的广告理论，而它早期的理论核心——对产品自身功能及其独有的竞争力的重视和传播在任何时代和环境下，都闪烁着真理的光芒。

二、USP 策略形成的现实基础及理论背景

20 世纪 50 年代畅行于广告界的 USP 理论和 60 年代初《实效的广告》的问世，既有其产生的特定时代背景，也有其赖以产生的理论基础。

第二次世界大战以后，美国大发战争横财，国力强盛，整个社会经济迅速从 20 年代的大萧条阶段进入到一个经济全面繁荣时期。战争阶段的军事工业在战后纷纷向民用工业转化，从欧洲到美洲，以及太平洋沿岸，经济飞速发展，市场进入恢复期，各种新产品层出不穷地问世，品牌竞争日趋激烈，市场开始由战前的卖方市场转变为买方市场，面对琳琅满目的新商品，消费者的购买选择权较战前大大地增强了，但产品的新卖点也为广告诉求提供了创意的契机。

而当时市场上充斥着那种空洞虚假"橱窗展示式"的说明体广告已完全无法吸引受众的注意，打动消费者的心。实际上，这种说明书式的广告依然秉承了 19 世纪后期盛行于美国的秘方药广告风格。美国广告学者杰克逊·李尔斯认为，秘方药广告的文体形式受当时美国新教伦理的影响，"到了 19 世纪中期，许多秘方药广告叙事的模式像极了日常的对话。证明书的运用就是直接采用了福音教派的文化模式手段"[1]。显然，20 世纪中期，广告文本继续采用宗教宣讲式、教义罗列式的叙事策略已不合时宜了。

如果说美国战后的市场状况为 USP 理论的产生提供了现实背景，那么美国 20 世纪初期和中期的广告理论、营销理论和文化心理理论则为该理论的产生提供了理论继承的直接源头和学术支撑。

论及 USP 理论，我们首先不得不将理论的源头追溯到 20 世纪初期以约翰·肯尼迪（John Kennedy）、克劳德·霍普金斯（Claude Hopkins）、阿尔伯特·拉斯克尔（Albert Lasker）为代表的"广告是印在纸上的推销术"这一理论主张上。

广告史上最早的一个著名的口号"广告是印在纸上的推销术"是约翰·肯尼迪提出的。芝加哥杰出广告人肯尼迪自己并没有留下任何关于广告的理论篇章，而是由他的公司同事霍普金斯和拉斯克尔在日后的著作中转述出来。拉斯克尔回忆他在托马斯广告公司第一次见到肯尼迪时，肯尼迪告诉他"什么叫广告"时的情形。

肯尼迪这样问我："你知道广告是什么吗？"我告诉他："我想我知道。"我给他讲了我研究查尔斯·H·富勒公司的广告的事，我说我认为广告就是新闻。其实，这和航海家认

---

[1] （美）杰克逊·李尔斯. 丰裕的寓言——美国广告文化史 [M]. 上海：人民出版社，2005：101.

识地球一样。过去的航海者和天文学家以为地球是平的，而且就是由于他们认为地球是平的，于是，他们构造出一个系统，靠着这个系统，他们构筑了自己的世界。然而，哥伦布出现了，向他们证明地球是圆的。肯尼迪正是给了我这样的教益。

他说："不对。新闻是一种陈述（presentation）的技巧，而广告只是一种非常简单的东西。我用3个字就能说明白。"

"快说吧，"我说，"我太想知道了。是哪3个字？"

他说："纸上推销术！（salesmanship in print）"

"纸上推销术！"以前从没有任何词典或其他工具书这样给广告下定义。1905年肯尼迪告诉我的就是这句话。实际上，在别人告诉我之前广告就是这种东西，而且将来也是，不会是别的。①

克劳德·霍普金斯则是"推销术"理论的发扬光大者。他在影响深远的广告名著《我的广告生涯·科学的广告》中，明确地阐述了这一核心主张："广告是推销术的一种，它的基本原则就是推销术的基本原则。在这两个领域里，成功或失败的原因都差不多。所以每个广告问题也应该按推销员的标准来解答。""广告是多元化的推销术。推销员与一个顾客打交道，而广告则诉求于成千上万的人。"②霍普金斯创作的广告无数，其中喜力滋啤酒的"喜力滋啤酒是经过蒸汽消毒的！"和固特异轮胎的"自由边框轮胎"均是这一思想的经典案例。

无论是肯尼迪还是霍普金斯或拉斯克尔，都是广告"推销术"理论的坚定倡导者和实践者，他们一致认为，广告必须向消费者给出一个切实的销售理由和购买原因，后人称他们为"原因追究法派"或"硬性销售派"。

"原因追究法派"的广告主张显然直接开启了瑞夫斯后来提出的USP理论观点。在《实效的广告》中，瑞夫斯称肯尼迪为广告史上"第一位重要的理论家"③。谈到肯尼迪关于广告的那个著名定义时，他说："如今这个定义听起来很粗糙，而当时它却是革命性的。"④ 在自己的专著中，瑞夫斯表现出了自己鲜明的理论倾向。他一再声称：广告"只不过是个人推销的一种替代方式——是大声吆喝自己商品的商人之延伸，它能把先前需要用嘴说的话快速印出（或上广播和电视）"，"广告的真正作用恰恰正是第一位制造商雇佣的首位推销员的作用"⑤。霍普金斯在他的著作中谈及直邮广告一条重要原则是"预先占用权"，瑞夫斯则把它发展为"率先得到USP"。

其次，20世纪上半叶市场营销学和60年代马斯洛心理学的发展也为USP理论的形成提供了学术启发和理论支撑。

20世纪初期，世界性的经济危机促进了市场学的兴起，产品过剩的市场状况，使学术研究的重点开始放在产品的销售促进上，广告也被看成促进销售的重要方法之一。50年代，美国市场的繁荣，进一步拓宽了市场营销学的研究视野。美国市场学家奥尔德逊和科克斯，在其著名的《市场学原理》一书中强调市场不仅是生产过程的终点，更应成为起点。市场学的研究范围，突破了流通领域，而深入到生产领域和消费领域。而今天营销学

---

① 阿尔伯特·拉斯克尔．拉斯克尔的广告历程［M］．北京：新华出版社，1998：20．
② 克劳德·霍普金斯．我的广告生涯·科学的广告［M］．北京：新华出版社，1998：180．
③④⑤（美）罗瑟·瑞夫斯．实效的广告［M］．呼和浩特：内蒙古人民出版社，1999：201-202，201-202，239-245．

的著名"4P"(Product,产品;Place,营销渠道;Price,价格;Promotion,促销)组合理论已开始受到营销学家的密切关注。至60年代中期,美国哈佛大学教授鲍尔和市场学家麦克塞教授正式提出该理论。此外,美国著名社会心理学家马斯洛的"需要层次论"观点也从另一理论维度为USP理论提供了学术支撑。"需要层次论"的核心观点是马斯洛1943年在著名的《心理学评论》杂志上发表的《人类动机论》中提出的,20世纪60年代是该理论影响的全盛时期。马斯洛认为决定人类需要有五种基本层次,而物质层面的需要则是最基础的一种,并起着决定性的作用。

三、USP广告传播理论的实质及策略的局限性

USP理论作为20世纪中期出现的第一个具有广泛影响的广告传播理论,具有鲜明的时代特征和时代意义。它既真实又典型地反映了20世纪前期资本主义特定发展阶段的经济状况和营销特点,也在一定程度上呼应了当时经济理论、传播理论以及社会心理理论的发展水平;既有时代的典型性,又有历史的局限性。

作为广告科学派的忠实卫道士,瑞夫斯的USP理论同样反映了他对广告这一本质属性的基本看法。广告科学派的始作俑者是克劳德·霍普金斯,他第一个明确地将广告看做一种有规律的科学活动,将自己的书名取为《科学的广告》,就广告的性质问题,他在"广告法则是怎么建立起来的"一节里阐述道:"终于,经过无数人的努力,广告发展成了一门科学。它以固定的原则为基础,并且具备合理的准确性。因与果,全都经过仔细的研究,直到得到满意的解答。正确的程序和方法已经得到求证和确立。我们知道什么最有效,我们依据基本原理行事。"[1] 瑞夫斯把霍普金斯看作人生的导师,他曾说:"大卫·奥格威和我都是霍普金斯的信徒……霍普金斯制定了许多基本的原则,不论怎样变化,这些原则是不会变的。"[2] 瑞夫斯认为,广告要专业化,要讲求"实效",广告只有实现了销售,才算有"实效"。他批评广告中所谓的"原创性",认为是"广告中最危险的字眼儿"。因此,他重视市场调查、广告试验、数据统计。他曾谈到达彼斯公司为一个药品广告寻找USP的情形:"我们有四位职员都是医生,由一位医学博士担任主管,他负责与外界顾问联络工作。上次我算了一下,我们与198位独立执业的专家一起工作。我们请他们来,撰文人员与医生们都在研讨会上坐下来讨论产品,从讨论中产生一个的构想。有时候,如果我们对产品所知不够多,而无法确定它是否能做我们想要它做的事,我们就推荐开放式的临床研究,去找出这产品中到底有什么。"[3] 这反映出瑞夫斯不仅对广告性质持科学的看法,也表现出做广告的科学态度。

其次,USP理论依然是一种重视生产环节,以4P营销理论为基础,以产品为中心的传统广告传播策略。在《实效的广告》中,瑞夫斯认为:"广告的一切魔力都同产品本身密切相关。""因为如果一个产品值得买,它就值得注意。消费者不必非要受到震惊或通过娱乐才注意到它。作者必须让产品本身引发人们的兴趣。否则,他的大部分天才和创造力都将用于开发骗局,而这只会降低广告功效,不会提高。"[4] 又说:"广告或许只有一个基

---

[1] 克劳德·霍普金斯.我的广告生涯:科学的广告[M].北京:新华出版社,1998:175.
[2] 魏炬.世界广告巨擘[M].北京:中国人民大学出版社,2006:304.
[3] 张金海.20世纪广告传播理论研究[M].武汉:武汉大学出版社,2002:104-105.
[4] (美)罗瑟·瑞夫斯.实效的广告[M].呼和浩特:内蒙古人民出版社,1999:240,196.

本规律。数不尽的广告公司,成千上万的制造商和众多的破产者都会站出来证明其真实性。这一规律是,如果产品不能满足消费者现有的某些欲望或需求,那么其广告终将失败。"① 可见确立广告产品的"独特销售主题",必须建立在产品自身基础上,必须由产品自身所具有的功效发展出来的,而非广告人的主观反映。"产品中心论"、"传者中心论"这反映了早期市场学和传播学的基本观点。

最后,USP 理论最核心的价值部分是强调广告诉求的"独特性"。"独特"即差异性和个性。我国学者认为:"罗瑟·瑞夫斯可以说是在广告学领域里,在广告诉求的问题上,追寻个性化和差异化的第一人。"② 差异化理论实际上也是今天现代营销学和广告传播学理论的重要内容。在此后的广告理论发展中,奥格威的品牌形象理论、艾格的品牌个性理论、特劳特的定位理论均能找到 USP 理论关于"独特性"这一观点的影子。例如,瑞夫斯关于"率先得到 USP"的论述。他认为任何产品一旦率先得到 USP,其他同类产品就"不能仅凭广告词窃取的",他举出霍普金斯的关于"蒸汽消毒"的啤酒广告、"除去牙垢"的牙膏广告、"治愈口臭"的漱口水广告、"祛除体味"的肥皂广告等案例,都是率先得到 USP 而成功的范例。③ "率先得到 USP"的论述也直接启发了后来的定位理论,定位理论的一个基本方法是"领导者定位",也即首次或第一次定位法,又叫"强势定位"。瑞夫斯所举的例子,如高露洁牙膏、固特异轮胎、棕榄牌香皂也是特劳特认可的例子。

瑞夫斯以产品为中心、以功能为创意出发点的 USP 理论今天来看又显示出一定的历史局限性和理论局限性。从营销角度而言,过度局限于产品、生产环节一头,则忽视了消费环节和消费者一头。今天的市场环境和营销环境,已发生翻天覆地的变化,完全功能型的广告已不能满足消费需求的日益多元化。同时,生产力的进一步发展,科学技术的普及,许多曾经拥有专利技术的产品,已经失去了技术优势,因而也导致其产品"卖点"不再;从传播角度而言,过分倚重信息的发布环节,而忽视了接受环节,容易造成沟通上的自说自话现象;此外,从诉求策略上而言,过分注重诉求内容、传播信息,而忽视传播技巧、媒介特点,则容易造成产品和品牌给人以落后保守印象,降低传播的功效。

USP 理论——这个广告史上最早的一个具有广泛影响的创意理论,尽管经历半个多世纪风雨,依然显示出强大生命力。我国 20 世纪 80 年代的许多成功广告,如"农夫山泉有点甜"的农夫山泉矿泉水广告、"27 层净化"的乐百氏纯净水广告,堪称成功运用 USP 的典范。进入新世纪以来,广东王老吉凉茶再度祭起 USP 这面创意大旗,谱写了又一个品牌成功的神话。

● 思考与讨论
1. 试分析 USP 理论产生的现实基础和理论背景。
2. 以产品为中心的 USP 理论有哪些局限性?

● 相关知识链接
达彼斯广告公司(Ted Bates & Company)及其发展 1940 年,毕业于美国常春藤盟

---
① (美)罗瑟·瑞夫斯.实效的广告 [M].呼和浩特:内蒙古人民出版社,1999:232.
②③ 张金海.20 世纪广告传播理论研究 [M].武汉:武汉大学出版社,2002:108,32.

校的达彼斯带着两个主要客户离开 Benton & Bowles 公司,创建达彼斯广告公司。同年罗瑟·瑞夫斯加入达彼斯,他被雇佣为策划经理。公司随着瑞夫斯的 USP 理论发展而发展,并迅速成为美国知名的广告公司,1986 年达彼斯成为全美第三大广告公司。瑞夫斯"USP 理论"的发展影响一直持续到 1966 年他从达彼斯退休。达彼斯公司总部现设在美国纽约,全球营业额超过 8 亿美元,在 72 个国家设有 165 家分公司,全球有 7000 多名员工。2003 年 8 月,达彼斯公司总部被 WPP 集团收购。达彼思广告 1992 年进入中国,10 多年来成为中国成长最快和最有活力的 4A 广告公司。1996 年 10 月,达彼斯与盛世长城广告公司合作,在北京成立中国实力媒体购买公司。555 牌香烟、太太口服液、通用别克、诺基亚、力波啤酒广告案均是达彼斯在中国的力作。

■ 本章回顾

本章第一节讲述了 20 世纪 60 年代美国广告创意大师威廉·伯恩巴克的经典案例"想想还是小的好"。概述了德国大众甲壳虫汽车的发展历程,重点分析了该案成功的主要原因——它的异乎寻常的诉求方法和时代的审美背景、市场环境等。第二节讲述了 90 年代中后期由浙江养生堂有限公司策划的著名广告"农夫山泉有点甜"。重点分析了该案诉求的传播策略及其成功的市场背景、文化环境等。第三节介绍和评述了与上述案例相关的广告史上最早的广告传播理论 USP 的主要内容、现实基础和理论发展及其背景。

■ 关键概念

"想想还是小的好"　"甲壳虫"汽车　威廉·伯恩巴克　"农夫山泉有点甜"　养生堂　USP　罗瑟·瑞夫斯　达彼斯广告

■ 案例实训

王老吉的红海与蓝海

"凉茶始祖王老吉,创于清朝道光年间,已逾百年历史。王老吉凉茶依据传统配方,选用草本植物材料,运用先进科学方法制成,老少皆宜。"

这段印刷在红罐王老吉产品包装上的醒目文字,揭示了一个有着近 180 年历史的老字号老品牌的过去和今天。

过去的王老吉,传统、低调、小众,是广东地区特有的一种去热气的凉茶,年销售几百上千万;今天的王老吉,时尚、高调、大众,被媒体赞誉为中国未来的可口可乐,年销量节节飙升,10 位数大关已轻松突破。据统计,短短几年工夫,王老吉销售额激增 400 倍。

于是赞誉和质疑的声音铺天盖地一起涌来。当我们点击 Internet 搜索关键词"王老吉"后发现,赞誉的观点无非是说王老吉一招天下鲜,凭借"怕上火喝王老吉"这一营销思路的重新定位而一举征服市场;质疑的观点认为,一个功能型定位即使真的有如此神奇的市场效果,那也难以保持长久,王老吉现象会不会就此昙花一现?

事实上,经过了几年的突变,红罐王老吉的今天更像是一片声势浩大的红色海洋,波浪一个接一个打来,红海一天接一天扩大,这其中的突变基因何在,谁不想知道点内幕?

王老吉成功的秘密是什么？作为广东加多宝饮料食品有限公司目前主要广告合作伙伴之一的广州智在广告公司，我们自有看法。

概括地讲，智在广告认为别人眼中的王老吉红色大海，事实上是一片蓝色的海洋。

让我们想象下，当我们把整个市场想象成海洋，而这个海洋又是由红色海洋和蓝色海洋组成，红海代表现今存在的所有产业，这是我们已知的市场空间；蓝海则代表当今还不存在的产业，这就是未知的市场空间。

"红海"是竞争极端激烈的市场，但"蓝海"也不是一个没有竞争的领域，而是一个通过差异化手段得到的崭新的市场领域，在这里，企业凭借其创新能力获得更快的增长和更高的利润。

王老吉的成功核心，就在于差异化市场战略的核心定位及有效的执行。

很多人都听说过这么一种说法，一家企业的成功，30%靠战略，40%靠执行力，另外的30%则是运气。运气无法教，但战略和执行力可以言传。

王老吉是什么？

回顾王老吉的传播，我们发现它曾有过这样一条广告片：一个小男孩为了打开冰箱拿一罐王老吉，用屁股不断地蹭冰箱门。这条广告的传播主题是"健康家庭，永远相伴"，打亲情牌的广告策略背后，是一个显而易见的红海营销战略思维。事实证明，在凉茶市场竞争高度集中的华南区域，这种不温不火的定位并不能给王老吉带来质的提升。

2002年到2003年这两年时间，是广东加多宝饮料食品有限公司发生质变的两年，首先，对王老吉确定了"怕上火，喝王老吉"这一战略主题，开创功能性饮料新品类的市场定位，让王老吉得以和竞争对手区隔。为此，王老吉终于摆脱了单纯的凉茶概念，把自己定位于"饮料"的一员，在竞争尤其激烈的饮料红海中，开始着意开辟出一条"凉茶"饮料的蔚蓝海洋。进而脱离了地域的局限，开始走出两广，向北方和全国挺进。

时间证明，这一差异化战略确实为王老吉迎来了黄金发展机遇。

今天，王老吉已经不再是广东人传统意义上消暑解火的凉茶，王老吉成为大众饮料的一员，并且拥有了自己独特的细分市场，甚至当面对可口可乐、百事可乐这些国际品牌的时候也不再示弱，中国人独创的这一功能性饮料焕发出百年生机，在红海蓝海这无边的商海中游刃有余。

王老吉的蓝海演义

2003年末，伴随蓝海战略的确定，王老吉开始围绕这一起点全方位部署，从空中的广告到地面的终端，王老吉始终坚持"累积成功经验"、"放大成功法则"，通过"变与不变"的精微细节，将蓝海战略从理论到实践演绎得淋漓尽致。

在市场上，红罐装王老吉除了将自己明确定位为饮料，并借"预防上火"之势水到渠成地进入超市等卖场外，更将销售点逐步扩充到易上火的湘、川菜馆和西餐等饭店，以及网吧酒吧等夜场，完全改变了把传统凉茶当成药饮产品的经营模式。

在广告中，红罐装王老吉一定和火锅、烧烤等容易上火的餐饮场合挂钩，一定和烈日炎热等户外运动挂钩，一定和熬夜看球、加班工作等夜场挂钩。力图使消费者产生这样的一种潜意识：有热气的餐饮场合就一定要喝王老吉；有烈日汗水的户外运动场合就一定要喝王老吉；有熬夜加班的深夜场合就一定要喝王老吉。

于是，红罐装王老吉开始具备了可口可乐、百事可乐、康师傅等所不具备的特性，成功定义了红罐王老吉的市场细分，开创了一个功能性饮料新品类，完成了红罐王老吉和其他饮料的品牌区隔。

新的广告运动

时间来到2005年，这真是一个瞬息万变着的世界，市场调查表明，王老吉2003的旧版主题电视和平面广告都显得有些落伍了。要不要拍新片和怎么拍成为了当务之急。

新机遇来临时，王老吉的高层再作果断决策，2006年是世界杯年，也是王老吉再次飞跃的一个契机，新的广告战役箭在弦上。于是，一次全面的广告运动拉开了帷幕。

考验广告公司的时刻到来了。创意和执行，当一系列要求摆在我们的面前时，我们认为强化王老吉品牌的关键还是如何定义品牌与消费者之间的关系，并如何用简单清晰的语言给予表达。

于是，关于创意方向双方很快达成一致，继续保持"怕上火，喝王老吉"这一品牌概念不变，延续通过特定情境消费表现这一单纯而直接的沟通方式，而在制作和执行上采用更潮流和时尚的表现形式。

这一方向的及时确定，使双方的工作迅速走上了正轨，正如加多宝集团阳爱星副总在认真倾听完各方意见后所言："虽然王老吉品牌历史悠久，但红罐王老吉还是一个初生的婴儿，现阶段我们需要的不是质变，而是量变积累。"

给观众新鲜的视觉体验，同时又能保持王老吉的既定形象，变与不变之间，策略清晰，执行力成为关键。

电视广告的创意执行

新版电视广告片创意，如何执行到位？我们还是在变与不变之间选择。

首先，组成"怕上火，喝王老吉"这一情境消费的30秒结构不能变，但每一情境必须重新演绎。于是，分析原片中的吃麻辣火锅、熬夜看球、情侣吃炸鸡腿、野外烧烤等四个场景，我们提炼出饮食上火、身体精力上火、情绪上火、天气炎热等四大上火诱因。

饮食上火的诱因无论如何都是占首位的，但如果一个场景能结合多个上火诱因（比如情绪上火）则更有效率，于是我们提出的机场接机吃炸鸡的情境成为被采纳为场景之一。

结合2006年世界杯的主题，时尚运动成为了影片的又一重点。酒吧看球、足球比赛、球迷活动等先后被枪毙，最后，遍及全国的网吧足球联网游戏进入视野，同时年轻人最热门的郊野旅行烧烤和沙滩排球也最终入选。

这四个场景的选择，每一个都结合了多个上火诱因的暗示，有效结合了王老吉市场渠道通路中的餐饮、户外和网吧，并获得了市场调研数据的科学支持，能够让当今的中国消费者可以在不经意间慢慢感受到这个有着178年历史的王老吉品牌年轻时尚化的一面。

电视广告的制作执行

好的创意一定需要好的执行来加分，王老吉对于执行环节的严谨态度在这里再次得到体现。而我们对影片制作环节的沟通、协调、反馈、责任等四大关键基因的严格把控，也保证了执行力的贯彻实施。

基于对企业的了解和专业能力的把握，最终选择香港的何董上先生为导演，他也正是王老吉多条广告片的执行导演，凭借双方对王老吉的了解和认识，在变与不变之间，我们与何导演及客户三方反复沟通，一条条执行思路很快理顺清晰。

　　第一个场景，饮食上火的内容不变，但场景由火锅店变成郊野出游中的湖边烧烤，演员也增加到 32 人。

　　第二个场景，情侣双人的美食戏变成了机场候机厅等候亲人的喜悦和焦急，这个场景更需要动用 38 名演员扮演空姐、乘客和相聚的亲人家庭。

　　第三个场景，熬夜看球的实质不变，改成一批更年轻网吧战士在打联网足球游戏，由于场景中需要出现联网足球游戏，所以在与 FIFA 等游戏发行商讨论过版权问题后，决定自行设计制作若干组三维动画镜头，并动用 34 名演员参与拍摄。

　　在三维制作过程中创意人员遇到了一个难题，我们发现制作的动作草稿总是显得动感不足，于是大家在参考了上百段足球射门集锦后发现，电视中的射门镜头和电子游戏中的进球回放有一个本质的区别：电视中的射门可以有多角度的回放，但难以像游戏中采用的动态镜头跟拍，找到原因之后问题很快迎刃而解，虽然在最终的广告成片中这个游戏射门的画面只是稍纵即逝，但我们却一丝不苟地制作了上百格画面。

　　最后一个沙滩排球场景更需劳师动众，制片人员先将广东沿海的知名海滩一一跑遍选景并结合预算确定最合适的外景地，并动用近 120 名演员参与拍摄。

　　影片的主题曲不变，但演唱方式和音乐编曲要重新来过，希望更时尚潮流。

　　为更好地提升影片中的运动场面和产品的特写视觉表现，导演要求使用高速摄影，于是我们找来香港唯一一家提供高速摄影器材的公司，花高价租用其最高每秒能捕捉 5000 格的高速摄影设备，在拍摄现场随拍随即在电脑上采集画面，所有人无不啧啧称奇。显然，最后得到的细节特效也都无法用金钱所能衡量，高技术的制作带来的是高品质的执行效果。

　　当然，其他还有无数关于服装、道具、化妆、交通、统筹、平面跟拍、后期录音等等项目，想必业内人士都会有所考量，这里就不再一一赘述。

　　所有这一切，通过三方的精心统筹调配按部就班地执行到位，最后，又经过香港第一金牌剪辑师吴锋霖的亲手操刀，王老吉 2006 版本的系列全新广告片诞生了。（如图 1.15 所示）

<h3 style="text-align:center">平面执行</h3>

　　比较起电视广告的完美表演，在主平面上，智在广告同样经过数轮不同方向的提案，在变与不变之间权衡，找到了依托原有画面、重新设计执行的答案。

　　这个看似简单的画面其实得来不易。为了得到完美的执行效果，在加多宝设计总监邓希先生的支持下，我们毅然决定把拍摄好的素材委托香港一专业后期公司进行修图完稿，经过反反复复 10 多次的推敲调整，终于将画面中包括红罐王老吉包装上每个字体的位置以及每一滴水珠、每一个冰块、每一层阴影的张力都在瞬间定格。

　　细节，是力量；执行，是成败关键。在智在与王老吉每一次合作过程中，沟通、协调、反馈、责任这四大执行关键点都得到了反复验证。（如图 1.16 所示）

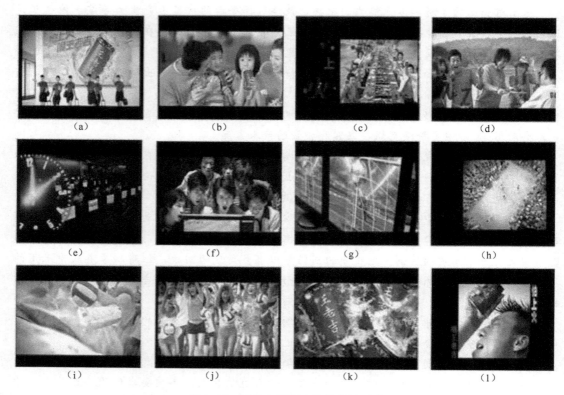

图 1.15 王老吉影视广告作品截图选

图 1.16 王老吉平面广告作品选

结语：和王老吉一起遨游蓝海

通过蓝海战略，令王老吉这一百年老字号获得了新生的机会；用广告传达出代表新品类的品牌最强音，差异化的广告策略和执行更加事半功倍。

如今，我们面对的红海愈发浩大，而过去的蓝海随时都可能成为红海，差异化永远存在被同质化的可能，事实上，市场上对于王老吉怀疑的声音一天也没有停止过。

永远寻求创新突破，而不是玩弄华而不实的花招；永远不放弃成功的经验，并朴实地用于实践。从实效出发，通过"沟通、协调、反馈、责任"这个看似普通、而在智在人的眼里蕴涵着四步九法的蓝海创意秘籍，智在广告终于可以大声地宣告：你有创新思维的客户，我就有帮你创新财富的可能。

　　差异化的市场战略，不仅仅是企业需要的，在我们智在广告的手上，它同样是一把遨游商海、创造奇迹的指南针。

（材料引自《广告实战案例·创意》第三辑，中国人民大学出版社）

● 思 考 题

　　1. 阅读以上材料，试以 USP 理论分析"怕上火，喝王老吉"广告传播案例。

　　2. 试从电视广告创意的角度分析王老吉电视广告是如何表达"怕上火，喝王老吉"这一诉求特点的。

第二章 品牌形象

■ 本章导读

  在美国，与成年人渴望拥有名牌跑车相类似，约有高达七成的青少年的梦想是有一双耐克鞋。无论是在田径场、大学的运动服和运动员的帽子上，还是在无休止的广告中，随处可见耐克的勾状符号。十几年来，耐克和迈克尔·乔丹始终统治着空中飞行形象设计的理念空间，尽管他们现在都回到了地面上，耐克所创造的伟大的品牌神话仍被人们所津津乐道。而在我国，由一个起步时仅有三个人、14万元贷款的校办经营部发展到今天，成为目前中国最大的食品饮料生产企业，全球第五大饮料生产企业，仅次于可口可乐、百事可乐、吉百利、柯特这4家跨国公司的杭州娃哈哈集团有限公司创造了巨大的民族奇迹。大卫·奥格威所提出的品牌形象理论，在这两个案例的发展过程中发挥着重要的作用。而近些年来，脑白金的销售神话再次验证了品牌形象理论的经典意义。

第一节 "就这么做！"
——耐克与乔丹广告案

案例概述 有人说："没有耐克就没有乔丹，没有乔丹也就没有耐克"。

在 2008 年 9 月 19 日美国《商业周刊》杂志与国际品牌集团（Interbrand）共同发布的"2008 全球最佳品牌排行榜"中，耐克排名第 29 位，在同类品牌中遥遥领先，把老对手排名第 69 位的阿迪达斯远远地甩在了后面。

从 20 世纪 60 年代创建之初的一家规模甚小，随时都有可能倒闭的小公司，发展到今天品牌价值达 126.72 亿美元的世界运动用品第一品牌，耐克公司的成长神话令精明自负的华尔街投资商和分析家们迷惑不解甚至难堪。他们中的许多人在 20 世纪 80 年代以前一直不看好耐克公司，还声称："耐克没有多少发展的基础和前景。"而他们现在只能对自己的失误解嘲道："上帝喜欢创造神话，所以他选择了我们意想不到的耐克。"

耐克神话真的是上帝所赐的吗？耐克公司总裁菲尔·耐特回答说："是的，是'消费者上帝'。我们拥有与'上帝'对话的神奇工具——耐克广告。"

1964 年 1 月，俄勒冈州大学（University of Oregon）的一名田径运动员菲尔·耐特（Philip Knight）（如图 2.1 所示）和他的教练比尔·鲍尔曼（Bill Bowerman）创建了蓝丝带体育公司（Blue Ribbon Sports），这是耐克公司的前身。当时，蓝丝带体育公司主要是作为经销商代销日本运动品牌 Onitsuka Tiger 的产品。

1972 年，随着蓝丝带体育公司和代销的日本品牌合作终止，两位创始人决定开发并制造自主设计的鞋。他们把制作任务承包给劳动力廉价的亚洲工厂，把品牌名称定为耐克（Nike），还确定了它的勾状商标。

当时的员工约翰逊（Johnson）在一场梦境中，浮现出希腊胜利女神的形象。因此，他们取了"Nike"（耐克）这个名字（古希腊胜利女神，即名为 Nike）。当地的一个女学生凯洛琳·戴维森（Caroline Davidson），收取了 35 美元的费用，为他们设计了这个勾状符号，成为耐克的新标志。这个标志一开始并不讨人喜欢，因为它既不像阿迪达斯的标志那样，具有支撑脚底足弓的修饰作用，也不像彪马的标志可以修饰支撑足部的圆形部位，只有纯粹的装饰功能。"Swoosh"（指"嗖"地飞过去）成为了耐克的绰号，而这个勾状符号成为全世界最知名的标志，对于耐克公司的成功，意义重大。（如图 2.2 所示）

图 2.1　耐克创始人菲尔·耐特

图 2.2　耐克平面广告

1976年,耐克公司销售额为1400万美元。迅猛的发展势头引起了老牌运动鞋公司阿迪达斯的注意。阿迪达斯利用自身雄厚的经济实力使得耐克公司遭到重创。耐克公司的发展陷入低谷。

1980年以来,耐克公司一直没能和真正的大牌篮球明星签约。很不景气的耐克公司在股票市场已经跌到只剩一半——1984年的股价只有6美元左右。耐克公司将改变整个运动鞋市场的全部赌注押在一个人身上——迈克尔·乔丹(Michal Jordan)。

回忆起与耐克签约的内幕,乔丹说:"当初我并未想到跟耐克签约,因为从上中学时起,我就对阿迪达斯有好感,事实上,我连耐克的面都不想去见。"而当时急需一艘"旗舰"以帮助产品在篮球场上站稳脚跟的耐克公司为邀请乔丹花费了很多心思。经过多次筹划之后,耐克公司向乔丹和他的父母赠送了一笔出人意料的厚礼——一小盘制作精美的电影胶片。伴随一首名为《跳跃》的歌曲,乔丹在篮球场上优美潇洒的身姿动作被制作成精美的画面。乔丹第一次真正意识到,自己在篮球场上的身姿动作是多么激动人心,多么富有感染力。他第一次深深地被自己打动了。也正是因为这盘电影胶片,乔丹决定与耐克公司签约。

1984年,耐克与乔丹签订了一份为期5年的合同,开出了非常优厚的条件,不仅包括每年提供25万美元用于奖金、年金和专利权费用,还包括赠予耐克的股票,以及前所未有的礼遇——在耐克运动鞋下使用乔丹的名字。这份合同的实际总价值高达每年100万美元。

这个价目是阿迪达斯和匡威开出的价钱的5倍。阿迪达斯和匡威都认为乔丹不过是又一个产品代言人而已,却从未想到有一天他会成为一个市场战略,甚至是整个运动鞋、运动服生产线的核心。美国《财富》杂志也曾刊登过一篇醒目的报道,认为就耐克当时的财务状况,签订这样一份合同实在是个大错。

结果却证明,耐克与乔丹的这次合作是个"完胜"的交易。耐克以此为契机成为全球最大的体育用品公司,乔丹也成为了拥有个人运动鞋品牌的第一人。

乔丹不仅是个有吸引力的篮球选手,而且还有多方面的感召力,从而保证了耐克鞋被各种各样的消费群体接受。

对此,Rebook的副总裁戈迪·李不无后悔地说:"当他走出本部门的时候,每个人都知道乔丹将会成为一个有感染力的选手,但没有想到乔丹会有那么大的能量。在带动业务发展方面,几乎无人能与乔丹匹敌。"

耐克的广告随着乔丹的成名和其所在的公牛队的不俗战绩,势不可当地迅速风行全球。人们对于乔丹的喜爱甚至到了痴迷的程度,对于耐克这个品牌的认知也逐渐上升到最直接的崇拜,认为耐克就是力量和生命的象征。

在1980年的莫斯科奥运会上,耐克鞋首次超过阿迪达斯鞋,而在1981年,美国的篮球界100%都穿上了耐克鞋。耐克公司的代表成为不少运动会的赞助商。

1992年,在巴塞罗那奥运会上,耐克公司为飞人乔丹打出一幢大楼高的巨幅广告。就在当年,随着乔丹领衔的美国篮球"梦之队"一路所向披靡并最终获得冠军,耐克公司也在与老对手阿迪达斯的广告大战中取得完胜。这个胜利一方面来自于乔丹的个人魅力;另一方面,来自耐克抓住体育明星在体育市场上的人格魅力使其品牌和产品更加深入人心。

1994年10月,乔丹宣布退出篮坛,这对耐克公司造成了一场新的冲击。在乔丹与耐克公司合作的短短的九年时间里,耐克公司在乔丹身上花的钱可以说不计其数,乔丹的成功离不开耐克的支持。当然，也正是乔丹的成功才使得耐克成为世界体育运动用品品牌之王。乔丹使篮球成为一门艺术，也使得耐克公司从一个默默无闻的小公司成为体育运动用品品牌霸主，"乔丹系列"的产品占到了耐克全部产品的十分之一。

乔丹就是金钱，在乔丹身上最起码蕴含着20亿美元的市场潜力。乔丹运动生涯中有667场季内比赛、111场季后比赛和不计其数的表演赛、练习赛，无论是什么样的比赛，只要乔丹出场，一定是毫无例外的盛况空前。很长一段时间之后，人们逐渐在心里形成了一种思维定式：乔丹就是篮球，乔丹就是胜利，乔丹就是耐克。

然而，就在无论是乔丹个人还是耐克公司的事业都处于如日中天的时候，电台、电视台宣布了乔丹隐退的消息，这对耐克公司是一个致命性的打击，公司的股价急速下跌。

乔丹的退出，不仅意味着20亿美元市场的丧失，而且也给那些一直对耐克公司虎视眈眈的投资者和经营商们创造了可乘之机。面对困境，耐克公司经过冷静思考，充分认识到过分依赖一个人的弊端。乔丹虽然退出篮坛，但仍是耐克的签约运动员，他不打篮球，但是还会做别的运动，无论他做什么样的运动，耐克公司继续为他设计相应运动的运动服和运动鞋，这样就又形成了对其他运动领域的一次良好进军的机会。

案例评析 许多人认为，耐克和乔丹的结合，是现代商业和体育最完美的"婚姻"。

耐克广告的灵魂人物是美国俄勒冈州波特兰市"威登 & 肯尼迪广告公司"的丹·威登，他被誉为美国现代广告的四位巨人之一。他重视创新，决不因循旧的传统模式，在对时尚和社会心理的准确把握之下，塑造出品牌强烈的个性形象，从而引导消费者对耐克产生兴趣并最终对这个品牌拥有良好的态度。

以传统的广告标准加以衡量，耐克的广告看上去仅仅要么是明星个人生活的真实写照，要么是单纯为了娱乐观众的视频片断。事实上，耐克一直在坚持不懈地树立并巩固体育精神，正是这样的品牌的理念，使得耐克与消费者不断取得情感上的沟通和认同，并以此保持自己在市场上的领先地位。

丹·威登创意的耐克广告是革命性的创新。它跳出了传统产品广告特别是体育用品广告的桎梏，通过借用体育明星们所具有的独特的人格魅力和耀眼的夺目光芒，来让人们认同耐克品牌所具有的内在精神本质，以纯粹的体育精神与人们建立情感上的沟通，而且是深层次的情感沟通与认同，从而把耐克的品牌形象潜移默化地根植在顾客的心里。

1980年，菲尔·耐特对丹·威登首次评论："我是菲尔·耐特，我恨广告。"在那以后，他目睹了耐克广告的发展，逐渐认识到耐克公司真正卖出的是广告，而广告又是一种品牌，鞋子只不过是品牌的副产品而已。

在美国的报纸上，曾刊登过这样一组漫画：夫妻俩在读晨报，丈夫想看体育版，于是他对妻子说："亲爱的，能递给我耐克那部分吗？"耐克的总裁菲尔·耐特特意把这幅漫画剪下来，镶上镜框，认为这是最好的表扬。

耐克把品牌忠诚度演变成一种新的信仰，运用广告把体育明星"神化"，其独树一帜的广告语令人难以忘怀。在今天，耐克品牌不仅仅是代表运动鞋，更重要的是代表体育运动，代表体育精神，代表体育文化。

耐克品牌的营销策略十分注重利用广告对品牌精神和体育精神进行全方位的诠释，而正是广告对品牌精神的演绎成为了耐克产品的灵魂。有了灵魂的耐克是强大的，不可战胜的。耐克广告是耐克神话的缔造者。

必须是这双鞋

乔丹的经纪人法尔克一时想到的"空中飞人乔丹"最终被确定用来命名耐克公司的新产品。"空中飞人"不仅可以体现这双新鞋的制作工艺和风格,而且也可以反映出乔丹打球的个人风格。法尔克的这一灵感不仅给耐克鞋取了个好名字,无意中也给乔丹取了个非常形象的雅号。自此,"空中飞人"成为了乔丹的代名词。

为了让"飞人"真正起飞,耐克找来年轻的黑人导演斯派克·李来为这款鞋拍了一个电视广告,乔丹成为了从阿拉丁神灯中飞出的神人,而让他能够飞翔的理由就是穿了"空中飞人乔丹"鞋。为配合耐克公司为乔丹设计的第二双"空中飞人乔丹"鞋,导演斯派克·李为乔丹又拍摄了一个广告片。片中有这样一个镜头,乔丹站在篮筐下面,镜头从他的双脚慢慢推至上身,以慢镜头手法表现乔丹直跃而上,将球灌于篮筐中的一连串动作。镜头外配上的解说词是:"10月15日,耐克创造了一双具有革命意义的篮球鞋。"

不过,这只能算是耐克公司大规模促销战术的一个起点。从1984年到1986年,耐克公司共投入了500万美元宣传"空中飞人乔丹"鞋。

第一部在全国播放的广告于1984年感恩节前后推出。数以百万计的电视观众在黄金时段看到了这样一组镜头:一个篮球迅速地朝着露天球场一端的一位穿着非常宽松短裤的黑人小伙子飞去;只见这个小伙子轻易地用他那双穿着彩色运动鞋的脚将球勾入手中,然后,小伙子开始移动;在球场柏油地面的另一端,喷射机引擎发出刺耳的声音,正加速运转准备起飞,当引擎咆哮声达到顶点时,只见小伙子一飞冲天,直上云霄;慢动作生动地描绘了他在空中向外伸展的四肢,创造出神奇的延伸效果,最后将球准确地投入篮筐里。同时,画外音响起:"谁说他不是在飞!"(如图2.3、图2.4所示)

图2.3 耐克电视广告截图

图 2.4　耐克电视广告截图

露华德·怀特是耐克公司运动员联络官，他对拍摄这部广告片的情景至今记忆犹新："人们围在栏杆外面观看，不断有人忍不住激动，翻越栏杆挤入场中。当时我们是在郊区一所女子教会学校的校园内拍摄这组镜头的，我们不得不一再地把那些女孩子拉出场外，你可以看到拍摄现场像着了火一样的热闹。"

这段广告虽然仅有短短十秒钟，但却给观众留下了深刻的印象。即使是那些从未看过任何篮球比赛的观众也对乔丹的空中漫步印象深刻，为其神奇的力量所倾倒和叹为观止。他那飞鸟般的神奇力量与那双彩色的运动鞋之间的联系深深地印在了大人小孩的脑海里。人们纷纷好奇，这个人是谁？这双鞋子又是什么牌子的？可以肯定地说，在这段广告播放之前，大部分美国人从未听说过乔丹，更没有人会想到他日后会成为身价千万的世界篮球明星。而自从这段广告播出之后，乔丹和耐克鞋一起走入公众视野。

尽管这部广告远没有乔丹后来出演的广告影响大，但却帮助乔丹树立了形象。使人们认识到乔丹不仅是个运动员，更是个艺术家。1985年3月此广告开始在全国播放，结果当年"空中飞人乔丹鞋"的销售额就达到了1.3亿美元。如果"空中飞人乔丹"鞋自立门户的话，它将是当时世界上第五大运动鞋公司。到第二年9月，这种鞋已售出230万双。

在乔丹之后出演的另一则空中飞人系列广告作品中，球迷马尔斯·布莱克姆作了总结性发言——"必须是这双鞋"。许多年轻人都对此深信不疑，这一品牌几乎影响了一代人。一时间，全国各地的空中飞人乔丹篮球鞋商店门前都排着长长的队伍，人满为患，青少年们甚至旷课拼命去抢购空中飞人乔丹篮球鞋。由于商品供应有限，甚至有一些头脑发热的青少年犯下凶杀案，目的只是为了得到一双心爱的空中飞人篮球鞋。（如图2.5所示）

图 2.5　第一代乔丹鞋

香港《信报财经月刊》曾报道：美国纽约市一些鞋店店主纷纷向当局提出申请，请求批准使用枪支自卫以保护人身财产的安全。文章评论说，近年来，许多十几岁的青少年，因倾慕耐克，不惜铤而走险去盗窃甚至杀人，恶性事件时有发生，万般无奈中，店主只好寻求如此"自我保护"。有些人认为消费者如此青睐一双运动鞋简直就像天方夜谭般。但是，事实上，耐克公司的确拥有这样的消费神话。全球各地的众多消费者，特别是青少年都因穿着空中飞人乔丹篮球鞋而感到骄傲。

虽然乔丹已经退役，但直至今日，空中飞人乔丹篮球鞋仍拥有众多的消费群，此外，还有人专门收集各款空中飞人乔丹篮球鞋以作珍藏。

Just do it

"Just do it"是耐克公司早期的一句著名的广告语，反映出当代社会年轻人想要摆脱压力、追求享受、放纵以及自我主张。社会变化日趋剧烈，竞争压力也逐渐增大，在生活状态高度紧张的时候，人们，特别是年轻人极力需要摆脱颓废低落的消极心理，希望能够回归自我。他们渴望在激烈竞争的生活中充分张扬与表露自身的个性与自我的价值，不顾一切，只为一时激情所至而产生的行为举止正源于此。"Just do it"恰是这种单纯冲动的最佳表露。

区别于功利性过于强烈的广告，耐克的广告仅仅是演绎一种纯粹唯美的体育精神，没有功利性与强迫感，与人们内心的那份渴求相通，并且每一个人都可以对这句广告语做出不同的解释。

服役于芝加哥公牛队的美国NBA超级球星迈克尔·乔丹是"Just do it"的头号品牌代言人。他不仅被认定是一个伟大的篮球运动员，并且广泛地被商界公认为具有无限的影响力和巨大的市场驱动力。他凭借独特的风格、富有魅力的个性以及良好的职业道德，深受人们的尊重和喜爱。他传奇式的职业生涯与耐克始终紧密联结在一起，十多年来一直是体育爱好者所热衷的话题。（如图 2.6 所示）

图 2.6 飞人乔丹在比赛场

乔丹有着篮球体坛无人能及的荣誉——两枚奥运会金牌、三枚总冠军戒指和三届 NBA 最有价值运动员的称号。而在这些荣誉之外，乔丹伟大的人格魅力也是其深受欢迎的重要原因所在。

多年前的一场美国 NBA 决赛中，皮蓬独得 33 分，超过乔丹 3 分，成为公牛队中比赛得分首次超过乔丹的球员。比赛结束后，乔丹与皮蓬紧紧拥抱着，两人泪光闪闪。

这里有一个鲜为人知的故事。当年乔丹在公牛队时，皮蓬是公牛队最有希望超越乔丹的新秀。他时常对乔丹流露出一种不屑一顾的神情，还经常说乔丹某方面不如自己，自己一定超过乔丹之类的话。但乔丹却没有把皮蓬当做潜在的威胁而排挤他，反而对他处处加以鼓励。

一次，乔丹问皮蓬："我俩的 3 分球谁投得好？"皮蓬说："你明知故问什么，当然是你。"因为那时乔丹的 3 分球成功率是 28.6%，而皮蓬是 26.4%。但乔丹微笑着说："不，是你！你投 3 分球的动作规范、自然，很有天赋，以后一定会投得更好。而我投 3 分球还有很多弱点。我扣篮多用右手，习惯地用左手帮一下，而你左右都行。"这一细节皮蓬自己都不知道，他深深地为乔丹的无私而感动。

乔丹不仅以球艺赢得所有人的拥护，更以他坦然无私的胸襟赢得所有人的尊重，包括他的对手。备受人们拥护和尊重的乔丹出现在"Just do it"系列广告中，他所具有的强大号召力毋庸置疑，取得良好的传播效果也是意料之中的。

耐克曾经在生活时尚类杂志上刊登过这样一段广告文案：

"在你一生中，有人总认为你不能干这不能干那。在你的一生中，有人总说你不够优秀不够强健不够天赋，他们还说你身高不行体重不行体质不行，不会有所作为。他们总说你不行！在你的一生中，他们会成千上万次迅速、坚定地说你不行，除非你自己证明你行！"这则广告获得了巨大的成功。

乔丹曾经在电视上演绎一则广告准确诠释了上段文案。乔丹走进一座黑暗的房间里，远处 30 多米高的地方有一个篮球筐高高地悬挂在那里，在播出了有关鞋子的必不可少的特写镜头之后，乔丹开始向着篮球筐运球，动作幅度越来越大，速度越来越快，突然间，他离开地面渐渐升空，高高地飞翔，两只手猛地一扣，篮球慢慢地落到地面上。"Just do it"广告语适时而出。极富冲击力的画面，与直达人内心的广告语交织在一起，使观众产生强烈的共鸣，对耐克这一品牌留下了极为深刻的印象。

谁杀了兔子乔丹

耐克公司拓展市场的主要突破口是青少年市场。针对青少年具有热爱英雄、崇拜英雄等共同特征，耐克公司发起"明星攻势"策略。深受广大青少年喜爱的乔丹成为实施这一策略的头号人选。

在广告片《谁杀了兔子乔丹》中，篮球飞人迈克尔·乔丹和另一个深受人喜爱的卡通角色巴格斯·本尼（兔子乔丹）先后出现在片中。广告开始的镜头是本尼正在地洞中呼呼大睡，突然地面上传来剧烈的震动，把本尼弄醒了，他爬出洞一看，原来是四个家伙在玩篮球，本尼抱怨了几句，但却受到那些人的攻击，他们把本尼像球一样在空中抛来抛去，本尼大叫："这是与我为敌！"这时，飞人乔丹出现了，前来帮助他的卡通朋友兔子，一场篮球大赛随即开始……在这个电视广告片的画面上，几乎没有出现耐克产品的身影，没有像其他广告那样宣扬产品、陈述卖点，只是用受人注目的飞人乔丹和兔子本尼演绎了一场游戏或者说是一段故事。

此外，20世纪90年代耐克公司还专门设计推广了一种电脑游戏，让参与者可以在游戏中与球王乔丹一起打篮球。耐克掌握了十几岁青少年厌恶说教、独立意识强的特点，充分发挥和迎合他们的想象力与自我意识，从"乔丹"意识到"热爱运动的我"，从"穿着耐克鞋的乔丹"联想到"穿着耐克鞋的我"……在一连串的消费者自我想象、对比中，就自然而然地形成耐克公司与其目标市场的沟通，使耐克品牌形象逐渐深入人心。

广告的根本目的是说服消费者去购买商品和服务，广告可以是抽象的，可以是注重艺术感的，但广告最后的落脚点应该是卖商品和服务。因此，为了赢得人气，占领市场，耐克采取了屡试不爽的明星策略。相对于前面列举的"虚化"手法，这种明星策略可以说是"实化"手法，为难以言传的精神找到了合适的表现对象，可以说是事半功倍的。

跳动在"神"与"人"之间

耐克广告始终在"神"与"人"之间跳动，在体育明星精湛的技艺和平凡人物对体育运动的渴求之间进行"对话"，对于平凡人来说，耐克给了他们一个"梦想的理由"（如图 2.7 所示）。而耐克公司善于变革的能力、明星造市的策略、体育精神的打造以及大规模的赞助和宣传都是耐克立于长胜不败地位的重要原因。因此，正如 Virginia 大学某位研究人员所说："耐克显然栖息在体育文化的金字塔尖上，（持续时间）比任何公司梦想的更长。"

图 2.7 乔丹艺术照：跳动在"神"与"人"之间

在耐克广告中，明星并不是"花瓶"。耐克着重表现的并不是明星俊朗的外表，而是展现明星的才干，他们不怕挫折、不怕失败、勇敢拼搏的精神世界，以此来获得消费者对明星的崇拜，达到认可耐克、崇拜耐克的目的。

乔丹曾表示，在他拍过这么多广告当中，他最喜欢的是1997年描述他投篮没进和输球的广告片:"我曾经投球投过9000次没进,曾经输过300场比赛,曾经有26次大家期待我带领球队赢得胜利,但是我却让大家失望。"乔丹说,他想让大家知道,现在大家看到的成功,其实是他克服无数挫折才得到的结果。

第一次退出NBA之前,乔丹的年收入已达3600万美元。1995年复出,仅广告收入就激增至4000万美元。1996年,乔丹以年薪3000万美元与公牛队续约一年。1998年最后一个赛季,乔丹共获得工资3314万美元。

据美国《福布斯》杂志统计,连续多年蝉联世界体育运动员"首富"的迈克尔·乔丹,包括广告收入在内,其总收入已经接近2亿美元,而且他的财富在退役后还将继续增加,在他有生之年估计会增至7.5亿美元。

成为亿万富翁的乔丹,并不只是独善其身,他把体育明星的效应发挥得淋漓尽致,给NBA篮坛、公牛队、赞助商、广告公司、电视转播业等所带来的财富更是不胜枚举。耐克与乔丹的合作就是体育营销最完美的典范之一。

作为一个运动员明星,乔丹十分爱惜自己的荣誉,他诚实守信,对隆重推出自己的耐克公司无比忠诚,无论参加什么样的比赛,他都会严守承诺:在众目睽睽之下,郑重其事地换上一双新耐克鞋。只要是乔丹参加的比赛,无论是主场还是客场,观众席都场场爆满。耐克鞋在乔丹的广告效应之下,每年的利润额都保持着直线上升的态势。

商家做广告无非是为了增加销售,获取利润,这是众所周知的事实。但是,从以上所举的例子不难看出,耐克广告很少赤裸裸地叫卖商品,它是真正从消费者内心出发,做到与消费者进行情感交流。耐克深谙现代消费者心理,如同它的勾状标识那样,总是迅速地闪现在时尚最前列,有时候甚至引起争议,但决不会损害在消费者心中的形象。

乔丹之后,耐克公司又先后与一些大名鼎鼎的体育明星签约,如巴克利、阿加西、泰格·伍兹等等,利用这些明星在目标消费群体中的说服力在广告片中与消费者进行沟通,同时也在不停地强化耐克在消费者心目中的品牌形象。(如图2.8所示)此外,耐克公司还在世界范围内赞助40多名优秀田径运动员,称之为"耐克田径运动队",要求他们在比赛时都穿上耐克鞋。这样一来,无论是在销售业绩上还是市场知名度上都得到了大大的提升。

图2.8 耐克美国篮球梦之队

● 思考与讨论
1. 耐克的品牌精髓是什么？
2. 耐克与其他同类运动品牌相比，在广告策略上有何不同之处？
3. 耐克的成功对中国的运动品牌如李宁、安踏品牌等有何启示？

● 相关知识链接

耐克代言人

篮球：乔丹、掘金的坎比、马刺的芬利、斯塔德迈尔、马里昂、詹姆斯、科比、诺维茨基、安东尼、小奥、马布里

足球：罗纳尔多、罗纳尔迪尼奥、小小罗、伊布、菲戈、范尼、卡洛斯、马奎斯、马克莱莱、费迪南德、普约尔、吉拉蒂诺、罗宾森、德罗巴、卡纳瓦罗、阿德、朴智星、马晓旭

网球：费德勒、纳达尔、莎拉波娃、小威、阿加西

高尔夫球：泰格·伍兹

自行车：阿姆斯特朗

田径：史蒂夫·普里方丹、刘翔

耐克赞助球队

足球的国家队：美国国家足球队、荷兰国家足球队、葡萄牙国家足球队、巴西国家足球队、韩国国家足球队

足球俱乐部：阿森纳、曼彻斯特联、国际米兰、尤文图斯、巴塞罗那、马德里竞技、多特蒙德、山东鲁能、广药中一、上海申花、博卡青年、浦和红钻

第二节 "喝了娃哈哈，吃饭就是香"
——"娃哈哈"饮料广告案

图 2.9 宗庆后

案例概述 1987年，娃哈哈的前身——杭州市上城区校办企业经销部成立，娃哈哈创始人宗庆后带领两名退休老师，靠着14万元借款，靠代销人家的汽水、冰棒及文具纸张一分一厘地赚钱起家，开始了创业历程。（如图2.9所示）1988年，宗庆后得到了一个纯天然食品成分的新营养液产品的配方，之后他们想要生产营养液。

市场调查情况显示当时的中国市场已有38种营养液，市场供求几乎饱和。这对于当时已做好一切准备的宗庆后来说，无疑是一个巨大的打击。仔细分析了市场的内在运行规律之后，宗庆后突发奇想："我们可不可以给产品进行定位？国内38种营养液都属于老少皆宜的全能型产品，我们与其生产第39种这样的营养液，不如去生产第一种儿童专用的营养液。"

巧合的是，《杭州日报》、《钱江晚报》在头版头条刊登了这样一则新闻："中国学生营

养促进会会长、著名营养学家于若木先生在目前的一次研讨会上透露，全国 3.5 亿儿童和中小学生中有 1/3 营养不良。仅浙江省 8～12 岁儿童中就有 47% 的人营养不良。于若木等有关专家呼吁请家长注意儿童的营养均衡。"

抓住这一契机，宗庆后马上去向工商局申请注册"娃哈哈儿童营养液"商标的生产经营权。1988 年 10 月 20 日，"娃哈哈儿童营养液"终于投入批量生产。

正在为儿童营养不良而焦虑不安的家长们发现：小孩吃了"娃哈哈"儿童营养液以后，食欲增加，脸色红润，个个长得白白胖胖，并没有任何副作用。"娃哈哈"一时之间成了抢手货。

随后，宗庆后建立了一套严格的产品质量检验、监测措施，力求进入市场的产品 100% 合格。他深知：产品要在市场上站稳脚跟，并进一步拓展市场，就一定要是高质量、货真价实的好产品；产品要想拥有更广阔的市场，除了高质量、货真价实的好产品形象之外，还得依靠好的营销策略。

宗庆后是中国最早和最成功地利用媒介来树立品牌优势的有限几个人之一，他几乎充分利用了媒介所有的商业促销功能，并发挥到出神入化的地步，从而牢牢地在消费者心目中树立起"娃哈哈"这一品牌形象。

深思熟虑之后，宗庆后制定了"权威＋媒介，树立品牌形象"的营销策略。首先，他策划了一次"娃哈哈"儿童营养液效果的研讨会，请专家鉴定。经过测试，专家们肯定了"娃哈哈"的营养价值，专家们的权威意见，使得消费者安心，同时也为"娃哈哈"在媒体上的快速传播做好了准备。

1988 年 11 月，宗庆后与杭州两家电视台签下了 21 万元的广告合同。当时，"娃哈哈"儿童营养液刚刚上市不到一个月，他的账户里的存款只剩下 10 万元。

电视屏幕上开始出现如下的广告画面：

几个孩子端着锅举着叉子，高声吆喝："谁要馒头？"

一群孩子又吵又嚷，蹦蹦跳跳："我要！我要！"

"谁要米饭？"

"我要！我要！"

孩子们的吵嚷，"吵"出了电视画面的精美盒状包装，包装上几个大字"娃哈哈儿童营养液"。

一位母亲看着对身边的众多食品毫无兴趣的瘦弱的儿子，声音近乎绝望："小祖宗，你可让我怎么办呀？"

孩子们蹦着跳着，"吵"出了答案："喝了娃哈哈，吃饭就是香！喝了娃哈哈，吃饭就是香！"

"娃—哈—哈。"

"娃哈哈"三个字都是开口呼，声音响亮，嘴越张越大，又是平声调，节奏悠扬，呼吸从容，能够越传越远。这个名称既入耳又上口，听着舒服，且容易记忆。

自从 1988 年以来，在央视每晚《新闻联播》开始前几分钟内，"娃哈哈"的广告一定会在电视屏幕上播出，数年如一日。此外，在其他时间里，"娃哈哈"还会播出多遍。

广告播出后的第一个月，杭州市市场反馈回来的需求量便突破 15 万盒，第二个月更高达20万盒,并连锁带动起浙江的其他城市市场,还逐步扩展到海外市场,"娃哈哈"至此一炮而红。

此后,宗庆后逐渐形成了自己的促销风格,他自称为"宇宙流",即集中资金全力投放一个市场,力争在最短时间内以相对集中的资金和人力投入达到突破一点,辐射全局的效果。

每开发一个市场,宗庆后必定亲自坐镇。在一个月之内,整个城市的大小媒介几乎每时每刻都在不厌其烦地向你讲述:"喝了娃哈哈,吃饭就是香"。"娃哈哈"的销售量随之直线上升。这种被称为"地毯式轰炸"的推销术令同行的销售人员不寒而栗,广告商则热烈欢迎。

"娃哈哈"在郑州开发市场时,宗庆后在街上逛了3天之后,径自找到当地的交通和教育部门,提出为郑州的5万小学生定做黄帽子,这样放学过马路就醒目多了。正在为交通拥挤学生过马路危险一事伤脑筋的有关部门当即同意。一周之后,郑州满大街都是印着"娃哈哈捐赠"的小黄帽,众多媒体纷纷报道。"娃哈哈"的公益形象大增,宗庆后也多了5万个"流动广告员",一举数得,仅以15万元的促销费就成功征服了郑州市场。

1989年,"娃哈哈"向成都进军,恰逢一年一度的全国糖烟酒会在此举行,各路商贾云集,广告大战硝烟四起,宗庆后出其不意地请外国人给"娃哈哈"做广告,成都市民纷纷开始议论"娃哈哈",销量猛增。用钱不多,而广告效果却远远超过那些在订货会上花大价钱做的广告。

到了1990年,短短的两年时间之内,"娃哈哈"儿童营养液走出杭州走向全国,成为畅销品。

1991年底,宗庆后又在杭州掀起一场"甜甜的、酸酸的"公关大行动。"娃哈哈"果奶研制成功首次投放市场,并在当地报纸上登了三天广告,宣布可凭这则广告免费领取果奶一瓶。当天的报纸成了杭州最抢手的"商品"。从免费到购买,引起了始料未及的轰动。

1991年在杭州市政府的支持下,仅有100多名员工却有着6000多万元银行存款的娃哈哈营养食品厂,毅然以8000万元的代价有偿兼并了有6万多平方米厂房、2000多名员工,并已资不抵债的全国罐头生产骨干企业之一的杭州罐头食品厂,组建成立了杭州娃哈哈集团公司。从此娃哈哈逐步开始步入规模经营之路。

"娃哈哈"名气越来越大,越来越强,胃口也越来越大。在集团公司的蓝图上,"娃哈哈美食城"、"娃哈哈大厦"已经出现,到1993年3月,"娃哈哈美食城股份有限公司"已经吸纳资金2亿多元。

推出果奶之后,"娃哈哈"实现了战略上的大转移,曾一度陷入方向紊乱。1993年到1995年,在果奶旺销的前提下,娃哈哈进行了多次尝试性的新产品推广活动,相继推出过平安感冒液、酸梅汤、燕窝、关帝牌白酒乃至娃哈哈榨菜等近十种产品,并前后投入巨额广告费用进行推广,可是均没有取得预期中的市场反应。

1996年,公司将部分固定资产作投入与世界500强、位居世界食品饮料业第六位的法国达能集团等外方合资成立五家公司,并坚持合资不合品牌,由中方全权经营管理,一次性引进外资4500万美元,先后从德国、美国、意大利、日本、加拿大等国家引进大量具有20世纪90年代世界先进水平的生产流水线,通过引进资金技术发展民族品牌,"娃哈哈"再次步入了高速发展的快车道。

在多次尝试未果之后,他们又试探性地推出娃哈哈纯净水,在市场上取得了良好的反响。在纯净水持续旺销的前提下,1998年,娃哈哈经过两年多的精心研制,推出"中国人自己的可乐——娃哈哈非常可乐",在饮料界主动扛起了向国际大品牌挑战的民族品牌大旗。自1998年5月投产以来,非常可乐异军突起,现年产销量已超60万吨,与可口可乐、百事可乐形成三足鼎立之势,打破了非常可乐推出市场时一些人的"非常可乐,非死不可","非常可乐,非常可笑"的预言,也打破了可口可乐不可战胜的神话,鼓舞了广大民族品牌参与国际竞争的勇气和信心。非常可乐的开发、推广成功进一步稳固了娃哈哈的发展基石,提高了娃哈哈的知名度和美誉度,为娃哈哈的新世纪发展开辟了崭新的领域。

2002年,"娃哈哈"继续秉承为广大中国少年儿童带去健康和欢乐的企业宗旨,选择了与孩子们生活、成长紧密相关的童装业作为跨行业发展的起点。引进欧美的设计人才,以一流的设备、一流的设计、一流的面料,高起点进入童装业,按国际"环保标准"组织生产,并采取零加盟费的方式吸引全国客商加盟,在全国首批开立了800家童装专卖店,一举成为中国最大的童装品牌之一,初步显示了娃哈哈跨行业经营的信心和决心,为开创企业发展新支点,进一步向多元化企业进军奠定了基础。

如今,娃哈哈集团生产销售乳饮料、瓶装水、碳酸饮料、茶饮料、果汁饮料、罐头食品、医药保健品、休闲食品八大类近300个品种的产品,2007年销售额达200多亿元,占据中国饮料业产量的六分之一,是中国饮料业当之无愧的老大。娃哈哈每年的新品销售贡献率平均达20%～30%,涌现出营养快线等多款经典产品。在某种程度上说,娃哈哈的成功是产品广告策略的成功。

案例评析　"喝了娃哈哈,吃饭就是香"红遍全国,"娃哈哈"一举成为妇孺皆知的品牌,十几年来,"娃哈哈"的产品遍布大江南北,并开始走向国外,在全国27个省市建有100余家合资控股、参股公司,在全国除台湾外的所有省、直辖市、自治区均建立了销售分支机构,拥有员工2万余名,总资产达178亿元。"娃哈哈"的成功主要来源于其品牌形象与广告策略,尤其是有声形象更具特色。

娃哈哈——一首儿歌,一生的记忆

新疆民歌《娃哈哈》是一首流传于大江南北脍炙人口的经典儿歌,相信每一位在幼儿园度过快乐童年时代的人们永远难忘。这首歌的作词、作曲为石夫,歌词:

我们的祖国是花园
花园里花朵真鲜艳
和暖的阳光照耀着我们
每个人脸上都笑开颜
娃哈哈 娃哈哈
每个人脸上都笑开颜
大姐姐你呀快快来
小弟弟你也莫躲开
手拉着手儿 唱起那歌儿

我们的生活多愉快

娃哈哈 娃哈哈

我们的生活多愉快

  起初，工厂与有关院校合作开发儿童营养液这一冷门产品时，关于取名一事就耗费了很大精力，他们并没有想到这首儿歌的名字。他们通过新闻媒介向社会各界广泛征集产品名字，然后组织专家对数百个应征名进行了市场学、心理学、传播学、社会学、语言学等多学科的研究论证。由于受传统营养液起名习惯的影响，人们的思维多在精啊、素啊、宝啊之类的名兜圈子，当时国内市场的营养液也大都是这类名字。厂长宗庆后却独具慧眼地看中了源自一首新疆儿歌的"娃哈哈"三个字。他的理由有如下三个方面。

  其一，"娃哈哈"三字中的元音a……，是孩子最早最易发的音，极易模仿，且发音响亮，音韵和谐，容易记忆，因而容易被他们所接受。

  其二，从字面上看，"哈哈"是各种肤色的人表达欢笑喜悦之情的字。

  其三，同名儿歌以其特有的欢乐、明快的音调和浓烈的民族色彩，唱遍了天山内外和大江南北，把这样一首广为流传的儿童歌曲与产品商标联系起来，人们很容易熟悉它、想起它、记住它，从而提高了它的知名度。

  这样一个商标名称，可大大缩短消费者与商品之间的距离。"娃哈哈"在产品尚未投产的时候，便先行做了商标注册，同时，基于市场竞争的现实，集团又相继注册了系列防御性商标"娃娃哈"、"哈哈娃"、"哈娃"，而且陆续在相关商品类别上注册"娃哈哈"和它的"兄弟姐妹"商标。别致易记的品牌名称，再加上朗朗上口的广告歌曲，通过中央电视台高密度全覆盖式的媒介传播，以声音为特色的品牌形象识别符号体系的建立，使得人们容易认识并记住"娃哈哈"这个品牌名字。（如图2.10、图2.11、图2.12所示）

图2.10 娃哈哈商标1

图2.11 娃哈哈商标2

  不仅"娃哈哈"这个品牌的商品命名非常有特色，娃哈哈集团的另一个品牌名字也很有特色，这就是"非常"系列。如"非常可乐"、"非常柠檬"、"非常甜橙"。"非常"是中国人在日常用语中惯用的词汇，作为一种程度副词，极尽夸张和渲染。这个词汇同样响亮、大气、时尚、优越、欢乐，能产生宽泛的联想，有非常好的传播心理基础。

  除品牌名称之外，娃哈哈纯净水所使用的"明星歌曲策略"则是娃哈哈以声音——音乐为特色的品牌形象识别符号体系在广告语和广告歌曲方面的具体体现。

  为使娃哈哈纯净水迅速在市场上立足，在对当时的市场状况进行了详细的分析之后，娃哈哈把目标对象确定为青少年，采取了"明星歌曲策略"，开拓出了一条情感诉求路线。先是以青春偶像、当红歌星景岗山做形象代言人（如图2.13所示），并连续5个月在22个省级城市进行纯净水与磁带连环签售活动。当年在青少年中广为流行的那首青春浪漫、

图 2.12　娃哈哈商标 3　　　　　　　图 2.13　景岗山："我的眼里只有你"

脍炙人口的歌曲《我的眼里只有你》，同时也是娃哈哈的广告语"我的眼里只有你"娃哈哈纯净水很快就深入到广大青少年心中，产生了巨大而持久的广告效应。

　　娃哈哈广告部部长杨秀玲曾经作客 TOM 经理人在线实录，她谈到用歌星景岗山做广告代言取得的广告实效时说："可以说在中国用形象人，特别是歌星做食品饮料广告我们是第一家，而且把这个广告第一家在中央电视台播放，当时很多的消费者都给我们来电话，包括有一些领导的家属，说你们干嘛把帅哥的眼睛蒙一半呢。然后我们觉得不管怎么样，说明这个广告引起了消费者的关注，切实来讲，随着《我的眼里只有你》的歌，景岗山当时也唱红了一段时间，把我们的娃哈哈纯净水也唱出来了，现在我们的很多市场上，年轻人找对象，男孩很难表达的时候就给她一瓶纯净水，就是我的眼里只有你，或者说我的心中只有你，或者说爱的就是你。"由此说明：一方面景岗山的视觉形象引起了消费者的关注；另一方面，广告歌曲起到了不可替代的传播作用。

　　1998 年，娃哈哈制定的销售目标是 1996 年的 10 倍。为完成这一目标，娃哈哈选定了另一位广受欢迎的歌手——毛宁作为新的形象代言人，广告语上升为"心中只有你"，效果同样惊人。

　　1999 年，台湾歌手王力宏成为了"娃哈哈"纯净水新的形象代言人。大范围的现场推广，广播、电视、报纸广告大密度传播，以及媒体对明星的跟踪采访，再加上歌迷的歌曲点播，一时间，王力宏这首《爱你等于爱自己》娃哈哈纯净水广告歌曲传遍大街小巷。（如图 2.14 所示）

　　品牌，广告语，广告歌曲，娃哈哈广告充分利用以声音为特色的品牌形象识别符号体系，不仅使得娃哈哈这一品牌深入人心，还使得以广告语、广告歌曲为代表的娃哈哈产品深入人心。

　　娃哈哈的成功除得力于特色鲜明的声音符号传播识别体系外，使用权威媒体、注重广告实效、采取感性诉求方式以及注重广告的整合性，都是其品牌传播成功的要素。

　　宗庆后认为，在市场竞争异常激烈的形势下，小打小闹无异于拿钱打水漂。因此，他采用集中人力和资金，全力进攻一个市场，力争在最短的时间内突破一点，辐射全局的策略。娃哈哈每开发一个市场，宗庆后必亲自坐镇，集中人力，集中资金，集中时间，调动当地的广播、电视、电台、报纸、杂志，全方位推出娃哈哈，实行"地毯式轰炸"，"空中（电视、电台），地面（报纸、杂志），间接的，直接的，一起动作，追求"立体效应"。只

图 2.14　王力宏："爱你就等于爱自己"

要你看电视、读报纸、听广播，你就必须接受娃哈哈这种"地毯式轰炸"，你就不能不记住娃哈哈。

　　宗庆后重视对权威媒体的使用。娃哈哈较早地使用了央视广告，央视极高的权威性、独此一家的垄断性、发布的统一性决定了其传播力。娃哈哈的广告重点集中在央视，高频率播放。例如，娃哈哈纯净水上市后，面对众多地方强势品牌，娃哈哈在业内第一家在中央电视台打水广告，打造全国性品牌，景岗山的"我的眼里只有你"广告及其在 20 多个城市开展的"现场促销"活动取得了很好的效果，娃哈哈纯净水迅速进入公众视野并为公众所了解和喜爱。

　　娃哈哈注重广告的实效。很多人认为娃哈哈的广告土，不洋气、不大气。事实上，娃哈哈的广告美学确实不叫好，但却十分叫卖，有力地实现了销售的提升。现代广告之父奥格威极力提倡广告的促销性，娃哈哈的广告恰好与奥格威的这一理论相契合。

　　娃哈哈一贯注重广告的投入，但同时坚持明确的广告策略：经济有效、树立品牌的个性。健康快乐，正是娃哈哈孜孜以求、努力塑造的品牌个性。

　　1996 年 4 月娃哈哈纯净水面市时，市场上已有众多纯净水品牌。这些品牌都以纯净、健康、卫生为诉求点。娃哈哈纯净水为在众多纯净水品牌中脱颖而出，独辟蹊径，开拓出了一条情感诉求路线，以青春、时尚为基调，以"明星歌曲策略"为重要特点。从景岗山《我的眼里只有你》，到毛宁《心中只有你》，再到王力宏《爱你就等于爱自己》，虽然广告代言人一直在变，但代言人之后，娃哈哈所一贯坚持的"健康、青春、活力、纯净"这一品牌核心内涵始终保持不变，并日益显现。

　　广告最重要的是要能为大众所接受，能吸引消费者，启动市场，虽不够好看但注重实效的娃哈哈广告符合这一点。

　　感性的诉求方式——以青春时尚为基调，以明星歌曲为特色。娃哈哈一直致力于加强与消费者的情感沟通，无论是"我的眼里只有你"的娃哈哈纯净水，还是"有喜事当然非常可乐"的非常可乐都体现了娃哈哈产品极富亲和力的情感诉求。

　　有些产品，特别是饮料这一类的产品没有多少高科技含量，产品同质性较强，在广告诉求方式上如果采用理性诉求，很难说清楚什么，也无法说服消费者买你的产品。在这种情况下,感性诉求则是最好的选择。1996年夏,娃哈哈纯净水的成功上市正是依赖于使用流行歌曲作为载体,启用明星作为产品形象代言人的"明星歌曲路线"策略的有效实行。这也充分体现了娃哈哈纯净水广告的感性诉求方式。这一创意新颖的招数也使得娃哈哈作为后起之秀却能一跃走在同类产品的前列。

娃哈哈注重广告的整合性。他们将广告连续推进,注重节奏,并注重与其他促销手段的配套。例如,从2001年9月份开始,随着新一轮的媒体广告启动,大红礼品袋喜庆包装的产品10月全部进入通道,12月进入超市,在农村乡镇营造"条幅海洋"、"红色海洋",广告渲染出一种喜庆的氛围。"婚礼篇"更是运用了很多的乡土传统元素,再加上"中国人自己的可乐"的主题诉求,在农村市场占有优势。2002年春节期间,非常可乐的销售量上升了67%。

娃哈哈纯净水在短期内迅速攀升为公认的全国第一品牌,得益于正确的广告策略。这种广告策略的成功的意义不仅在于它显著的广告效果,更为重要的是体现在娃哈哈广告创意和广告战略上的整合性、流行性、延续性。这是产品生命力不断增强并得以延续的基础。

<h3 style="text-align:center">娃哈哈品牌传播成功之基础</h3>

娃哈哈品牌传播的成功还有赖于企业正确的经营目标、准确的产品定位、可靠的产品质量及强大的销售网络。

以大众化为目标的经营理念 "娃哈哈"始终坚持大众化的品牌追求。娃哈哈经营理念的本质是:生产真正有使用价值的产品;做大众化品牌;代表健康、快乐的形象,让娃哈哈产品遍布全国各地,消费者在什么地方都能看得见、买得到又消费得起,真正做到了"想消费者之所想"。

准确的产品定位 只有对产品进行准确的市场定位才能更符合市场的需求,产品才能适销对路;只有把产品做大、做好,也才能产生品牌效应。娃哈哈品牌的发展历程正说明了这一点。(如图2.15所示)

图2.15 娃哈哈儿童营养液:"喝了娃哈哈,吃饭就是香"

1992年,"娃哈哈"品牌已誉满全国,适时地推出了果奶,并坚持用"娃哈哈"这个品牌名称。虽然当时国内市场上的同类产品很多,但是娃哈哈针对市场的需求、凭借娃哈哈营养液的影响、利用销售渠道和规模生产的优势,加强质量、口感和广告攻势。"甜甜的,酸酸的,味道好,有营养"这首广告词歌唱遍了大江南北,新产品一上市就产生了轰动效应,很快风靡全国,迅速被广大消费者接受、喜爱。10年来,娃哈哈从娃哈哈果奶到一代和二代AD钙奶、维E钙奶、铁锌钙奶、乐酸乳等十几个品种规格的含乳饮料,根据市场的发展和需求在不变中求变化,适时契合并领先市场,稳健经营。(如图2.16、图2.17所示)

图2.16 娃哈哈果奶饮品:"妈妈我要喝!"

图2.17 娃哈哈纯净水

一流的产品质量 品质是品牌的灵魂。娃哈哈之所以能够深得消费者的信赖,成为中国食品饮料中的第一品牌,与娃哈哈一直坚持"走质量兴企的道路,打造一流产品质量"的方向分不开。娃哈哈主要从四个方面着手提高产品质量。一是从硬件着手,引进先进的技术设备,确保产品的质量。先进的设备是优秀标准化生产的保证。二是强化软件管理,完善质量检验体系,加强在线检测能力,实行全员全过程的质量管理体制。三是对原料严格把关。对每一种产品的原材料和配料严格把关,坚决做到真材实料,绝不掺假造假。四是建立良好的售后服务体系,并开展爱岗敬业教育。娃哈哈通过严格控制产品质量,使消费者对其产品的品质认知度进一步加深。

强势的销售网络 娃哈哈在全国31个省市选择了1000多家能控制一方的经销商,组成了几乎覆盖全国每一个乡镇的联合销售体系,形成了强大的销售网络。

娃哈哈非常注重对经销商的促销努力,公司会根据一定阶段内的市场变动情况、竞争对手的行为以及自身产品的配备而推出各种各样的促销政策。针对经销商的促销政策,既可以激发其积极性,又保证了各层经销商的利润,因而可以做到促进销售而不扰乱整个市场的价格体系。娃哈哈采取返利激励和间接激励相结合的全面激励措施,对经销商进行激励。娃哈哈通过帮助经销商进行销售管理,提高销售效益来激发经销商的积极性。娃哈哈各区域分公司都有专业人员指导经销商,参与具体的销售工作;各分公司派人帮助经销商管理铺货、理货以及开展广告促销等业务。

● 思考与讨论

　　1. 娃哈哈的品牌形象主要表现在哪些方面？
　　2. 与同类产品相比，娃哈哈的成功主要得益于哪些方面？

● 相关知识链接

　　乳酸饮料介绍　　乳酸饮料，是以鲜奶或乳制品（如奶粉复原乳）为原料，加入水、糖液、酸味剂（柠檬酸、腊酸、苹果酸、工业乳酸等调酸剂）进行工业化生产调制而成的制品。业内对此加工生产方法简称为调配型方法。它的生产原理是，原料在发酵时利用乳酸菌发酵乳糖，从而使产品发生乳酸。这种产品能给人体带来或产生有味觉上的酸味而已。这一类的产品，大多数都经过灭菌处理，它的保质期比乳酸菌饮料要长久得多。

　　目前市场上的各种乳酸保健饮料品牌繁多，大致可以分为两大类：一类是配制型乳酸饮料，即在牛奶中加入柠檬酸或乳酸及其他营养物质调配制成的配制型饮料；另一类是以牛奶经乳酸发酵添加其他营养物质而制成的发酵型乳酸饮料。

（资料来自百度百科）

第三节　"品牌形象"（BI）理论述评

　　20世纪60年代，被称为美国广告史上的"创意革命时代"，也被称为品牌形象至上的时代。这一时期的广告理论，在继承和沿袭传统广告理论的基础之上，从单纯的诉求走向全面创意，开始了新的探索。其中，大卫·奥格威（David Ogilvy）（如图2.18所示）提出的品牌形象理论（Brand Image），是这一时期广告理论的典型代表。

图2.18　大卫·奥格威

一、品牌形象理论的产生

　　20世纪60年代，全球经济迅猛发展，商品品种空前丰富，真正意义上的买方市场逐渐确立。一方面，随着生产设备的改进、生产技术的提高和普及，产品的同质化现象越来越严重；另一方面，以广播电视为代表的大众媒体迅速发展，大众传媒日益增长，媒介环境日益复杂。与此同时，运用广告参与市场竞争的企业和商品越来越多，市场广告信息激增。

　　早期的广告理论，集中解决的是关于广告有效诉求的探寻，即"说什么"的问题。无论是早期的"硬推销"理论所主张的理性诉求、"软推销"理论所主张的情感诉求，还是之后较为成熟的"USP"理论，关于广告理性诉求内容的科学方法的建立，对广告理论的发展都有着重大的历史贡献；在当时特定的历史条件下，对广告实务的发展，都曾发生过巨大的推动作用。

　　然而，随着市场竞争环境的变化，传播环境随之改变，之前的理论已经不能适应当前的市场环境以及传播环境，局限性逐渐显现。在新的历史条件下，即使对"USP"理论进行丰富和补充，也很难实现实质性的理论突破和变迁。在这种情况下，广告从注重产品独特的功能走向注重富有个性的品牌形象是必然的。

品牌形象理论（Brand Image）是 20 世纪 60 年代由大卫·奥格威提出的，是广告创意策略理论中的一个重要流派。而奥格威最突出的理论贡献，就是关于品牌形象理论的提出。品牌形象理论产生的直接市场动因在于日趋激烈的商品竞争和日趋严重的产品同质化现象。

本来，"科学派"的奥格威最擅长用事实说话的理性广告，即挖掘产品内在的利益点与细节来做理性诉求。例如，他为"劳施莱斯（Rolls-Royce）"汽车所做的广告，标题是"这辆新型'劳施莱斯'在时速 18 千米时，最大的闹声是来自电子钟"，在正文中，详细列出了该车 19 种细节性事实。他认为以事实所做的广告比过度虚张声势的广告更能助长销售。

但后来，当他承担一些如威士忌酒、衬衫等产品的广告时，发现这些产品之间并没有什么特别明显的差别。最初，他曾设法用理性的事实说服消费者购买某一品牌的威士忌酒、衬衫，但未取得显著效果。之后，他不得不转而寻求品牌形象。

奥格威在早年承接的施威普斯（Schweppes）柠檬水广告案中，就曾用业主的形象来建立品牌形象。后来的哈撒韦（Hathaway）衬衫广告案，则成为品牌形象理论的经典案例，并标志了品牌理论的产生。

为了能让很难创出品牌的衬衫显得高档，奥格威苦思冥想，想出了 18 个穿哈撒韦衬衫的人物形象，最后采用了第 18 个戴眼罩男人的形象，模特儿由 Baron Wrange 扮演。在广告中，一位中年男子穿着哈撒韦衬衫，右眼上戏剧性地戴着一个黑色的眼罩。在随后一系列的广告中，他出现在不同的场景中：指挥交响乐、演奏双簧管、临摹名画、开拖拉机、击剑、驾驶游艇、购买雷诺阿的画作等，但无论在哪里，他都是那么出众和风度翩翩。在当时，一位英俊的男士戴上眼罩给人以浪漫、独特的感觉。每个见到这则广告的人都会被这个充满神秘、叛逆的独眼男人所吸引。广告暗示人们只要也穿哈撒韦衬衫，你也会像广告中的那个戴眼罩的男人一样风光。广告推出后，哈撒韦衬衫的销量暴涨 160%。数月之内由默默无闻一下子名噪全国。（如图 2.19 所示）

从 1951 年到 1990 年，奥格威为哈撒韦衬衫策划的广告风行近 40 年，衬衫公司发了财。同时，围绕眼罩的非凡创意和对模特儿的合适挑选使得"哈撒韦男人"成为广告史上最成功的形象代言人之一。这一经典案例体现了广告由浅层次的利益诉求到形象的视觉传达的理论转向。

二、奥格威品牌形象论的主要观点

早在 1923 年，霍普金斯（Claude Hopkins，广告科学派的鼻祖）在《科学的广告》一书中就已经察觉到品牌形象的重要性，书中"个性化"一章，集中讨论的就是这一问题。30 年之后，也就是 1953 年，奥格威开始鼓吹品牌形象理论的重要性。品牌形象这一理论概念的正式提出，则是在奥格威 1961 年撰写的《一个广告人的自白》一书中。

奥格威首先把品牌与形象作为两个概念分别提出，然后再合成品牌形象这一完整的概念。奥格威并没有明确界定什么叫品牌，但从他对这一概念的使用中可以看出，品牌既与产品相联系，又与产品相区别，品牌不是实际的产品，但又作为实际产品的代名词。而对于形象，奥格威不仅重视产品或品牌自身的形象，而且重视产品或品牌在公众心目中的形象。

(a) (b)

图 2.19 哈撒韦衬衫广告作品

具体来讲，奥格威的品牌形象理论主要有以下几个基本观点。

1. 品牌形象的市场利销性与竞争力

"品牌和品牌的相似点越多，选择品牌的理智考虑就越少"；"致力在广告上树立明确突出性格品牌形象的厂商会在市场上获得较大的占有率和利润"。

随着科学技术的发展与普及，同类产品的差异性逐渐变小，品牌之间的同质性逐渐增大，消费者选择品牌时所使用的理性思考就越来越少，品牌的知名度高低就越来越显示出重要性。这时的消费者选择哪个品牌的产品不再是因为产品的好坏，而是要看哪个品牌的产品知名度高。因此在广告活动中，塑造并传播品牌形象远比单纯强调产品的具体功能重要得多。

奥格威曾设法用理性的事实说服消费者购买某一品牌的威士忌，却行不通。因为消费者并不会去理会可口可乐广告中说它含有60%以上的可乐果子。针对这种情况，本来非常擅长理性广告的奥格威采取了为品牌树立一种突出的形象的策略，即品牌形象策略，从而为产品在市场上获得较高的占有率和较大的利润。

2. 品牌形象的个性特征

绝大部分厂商都希望他们的品牌既适合男性也适合女性，既能适合上流社会也适合广大群众。结果他们的产品就什么个性都没有了，成了一种不伦不类、不男不女的东西。阉鸡绝不能称雄于鸡的王国。"

广告最主要的任务就是为树立品牌和营销产品服务，如何树立并维持一个高知名度的品牌形象是重中之重。对此，奥格威指出，产品和人一样，要有个性。产品的个性是由许多因素决定的，如产品的功能、名称、包装、价格等。所以设计广告时首先要考虑的是广告创意是否与产品的个性相符，能充分彰显产品的个性并为大众所接受。

奥格威认为形象指的是个性，最终决定品牌市场地位的是品牌的个性，而不是产品间微不足道的差异，恰当使用可使产品在市场上屹立不倒，使用不当则会让产品在市场上站不住脚。因此，如果品牌既适合男性也适合女性、既能适合上流社会也适合广大群众，那么品牌就成了一种不伦不类、不男不女的东西，什么个性也没有了，这样的品牌在市场上是根本无法立足的。

3. 品牌形象树立的长期性和一致性

"每一则广告都应该看成是对品牌形象这种复杂现象在作贡献"，是对"品牌的性格的长期投资"，"坚持统一的风格却是很需要点勇气"，"一个厂商要是能在自己的广告宣传上在一段长时间里保持前后协调的风格那将是何等的奇迹！"

品牌形象的树立是一个长期的过程，同时，每一则广告都是对品牌的长期投资。因此，广告必须保持一贯的风格与形象，从而维护品牌形象的长期性和一致性。

奥格威说过："胡乱更改广告是极其容易的事情。但是金光灿灿的奖杯却只颁给对塑造协调一致的形象有远见而且能持之以恒的广告主。"

树立品牌形象是一种长期的战略。因此，广告的推出绝不能仓促凑合。同时，长期性的存在还使得改变一个多年形成的老形象，成为一种极不容易的事。与其改变老面孔，不如换一个新牌子来得更容易一些。

4. 影响品牌形象的因素多种多样

奥格威认为，影响品牌形象的因素有很多，而且是各式各样的，包括产品的名称、包装、价格、广告的风格、赞助过什么电视演出、投放市场的时间长短等。这已表露出在20世纪90年代末才正式提出的"整合传播"思想的端倪。

一向注重调查研究的奥格威还提出一些关于品牌广告的秘诀。比如广告的前10秒内使用牌名，利用牌名做文字游戏可以让大众记住牌子；以包装盒结尾的片子较能改变品牌偏好，而歌曲、太多的短景对品牌偏好及效果较差。幽默、生活片段、证言、示范、疑难解答、独白、有个性的角色或人物、提出理由、新闻手法、情感诉求是改变消费者对品牌偏好度的10大良好表现方法。

5. 品牌形象的成长

品牌形象的树立，并不是一劳永逸的事。

奥格威认为，一旦成功地塑造了产品的品牌形象，就像拿到了一张通往高档品牌的通行证，尤其是对于那些感性色彩浓厚的产品更是如此，如服饰、化妆品、酒、饮料、汽车等。任何一则广告都是对品牌的长期投资。

从长远的观点看，广告决不能因追求短期的利益而牺牲自身品牌形象，一个具有较高知名度的品牌一定要尽力去维护它。例如，有些企业由于某种原因造成一批产品质量有问题，尽管该产品出售也能收回资本，甚至还有利润，他们宁愿毁掉这批产品。他们这么做，目的很简单，就是为了维护产品品牌形象，而不只是看眼前的、局部的利益放弃长远的、全局的、整体的利益。相反，没有眼光的企业往往只顾眼前利益，最终企业办不下去而倒闭。

奥格威说过："靠打折促销建立不起无法摧毁的形象，而只有无法摧毁的形象才能使你的品牌成为人们生活的一部分。"①

他告诫客户,目光短浅地一味搞促销、削价及其他类似的短期行为的做法,无助于维护一个好的品牌形象。而对品牌形象的长期投资,可使形象不断地成长丰满。这反映出了品牌资产累积的思想。

三、品牌形象的理论意义

奥格威所提出的品牌形象理论,与后世经过不断发展变化之后形成的品牌形象理论相比,要显得简单和粗略。虽然理论阐释并不充分,但它已经涉及品牌形象理论的几个最基本的问题。

20世纪60年代,产品高度同质化,竞争异常激烈,传统的"USP"理论受到很大的限制,品牌形象理论在这种情况下发展起来。它作为一种划时代的理论,不仅仅适应并有力指导了当时广告的发展,同时实现了对传统广告理论的革命性变迁,具有重大意义,它标志了如下的特征。

1. 广告传播从产品到品牌的转变

早期的广告理论关注的是产品本身。第二次世界大战以后至20世纪60年代,随着市场环境、传播环境的改变,广告理论关注的重点转向了品牌。

20世纪60年代初,产品同质化日益严重,产品之间的竞争日趋激烈。生产商为了应对批发商的对抗,同时也为方便消费者对商品的选择和记忆,开始尝试通过给产品附上商号或标记的办法,以使自己的产品与别的生产商的产品区别开来,这就是最早的产品标识意识。在后来的不断发展中,产品标识被产品经营者广泛采用,进而形成完整的外在的识别系统,并与品牌结合,成为品牌与消费者沟通的重要元素,这才真正成为品牌理论的重要构成。②

2. 广告传播从产品功能到品牌形象的转变

在产品高度同质化而又竞争异常激烈的情况下,产品之间功能的差异不再明显,传统的以产品的功能作为主要诉求的广告理论受到了很大的限制。在这种情况下,广告传播从注重产品功能走向注重品牌形象。

哈撒韦衬衫广告的成功,证明了奥格威的至理名言:"全力用他们的广告建立最受欢迎的形象——界定最鲜明性格(personality)的制造商,就是得到最大市场占有率与最高利润的人。"③ 比如,过去买电视机是买质量最好的,而现在则倾向于买品牌最有名的。

3. 从产品独特的功能到品牌形象独特个性的转变

奥格威认为:"最终决定品牌的市场地位的是品牌总体上的性格,而不是产品间微不足道的差异。"

传统的广告理论从产品的功能出发,着力寻求产品独特的功能以作为"卖点",来满足消费者的实际利益追求。品牌形象理论则从产品或品牌的形象出发,展示出一个富有个性的产品或品牌形象,以满足消费者的心理感受。

奥格威在为霍普金斯《科学的广告》所作的序中提到:"在品牌形象得到广泛的关注

---

① 大卫·奥格威. 一个广告人的自白 [M]. 林桦译. 北京:中国友谊出版公司,1991:89-92.
② 张金海. 20世纪广告传播理论研究 [M]. 武汉:武汉大学出版社,2002:115.
③ (美)大卫·奥格威. 一个广告人的自白 [M]. 林桦译. 北京:中国友谊出版公司,1991,92.

之前,他已经察觉到它的重要性。他说:'给予每一位广告主一种可塑的风格,能创造一种正确的个性化,就是大大的成功。'"① 霍普金斯《我的广告生涯·科学的广告》一书中"个性化"一章,集中讨论的就是这个问题。

4. 从满足消费者的实际利益需求到满足消费者的心理感受

根据马斯洛需要层次理论,在消费者的物质生活水平达到一定层次后,他们便会追求更高级的需要,如爱与归属的需要、尊重的需要、自我实现的需要。奥格威敏锐地发觉这一点,并运用到广告制作中。他指出消费者购买时所追求的是"实质利益+心理利益",对某些消费群,广告尤其应该重视运用形象来满足其心理的需求。如我们常常能在一些奢侈品广告中看到广告主人公事业有成,获得社会的认同,同时又能忙里偷闲,享受休闲的生活,这些情景都是广告的目标受众,即潜在奢侈品购买者对自己的心理期望,消费者购买时所追求的是"物质利益和心理的满足"。对有些消费群体甚至物质利益已不是第一位,而满足心理需求则上升到首要位置,所以广告应尤其重视运用形象来满足其心理的需求。

品牌形象反映购买者的自我意象。比如,啤酒、香烟和汽车,这些用来表现自我的产品,如果广告做得低俗、恶劣,便会影响销售,因为谁也不想让别人看到自己使用低格调的产品。不同品牌的威士忌,如 Jack Daniel's、Grand Dad 或 Taylor 由于形象不同而产生不同的消费群体。

5. 成为广告理论历史发展的重大转向

奥格威提出的品牌形象理论,在当时就得到罗瑟·瑞夫斯的高度评价:"它是一种颇具价值和魅力的理论,人们为此已做了大量工作,这一理论值得密切关注。"

瑞夫斯对比了品牌形象理论和 USP 理念之后,认为:"品牌形象理论中真正有价值的部分是它强调了视觉符号。在这一问题上,品牌形象主义者很正确,因为没有人否认视觉符号能激起人们深藏的心潮。"他又指出:"USP 是表述的科学,品牌形象是感受的哲学。"②

USP 理论与品牌形象理论存在着重大差异:前者着眼于产品功能的诉求,实际事实的陈述,后者着眼于产品形象的塑造,情绪意象的营造;前者着眼于实际功能的独特,后者着眼于意境形象的个性;前者着眼于消费者实际利益,后者着眼于消费者的心理感受。③

从产品到品牌的转变,从产品功能到品牌形象的转变,从产品独特的功能到品牌形象独特个性的转变,从满足消费者的实际利益需求到满足消费者的心理感受的转变,品牌形象理论的提出成为广告理论历史发展的重大转向,标志着广告理论发生了划时代的重大的历史变革,同时也是现代广告理论发展的新的理论起点和基本的理论趋向之一。

这是一种观念的变迁,而不只是方法与技巧的创新;这是一种理论视点的转移,而不只是概念的更新和观点的丰富。它为后世广告传播及其理论的发展开辟出一个全新的空间,指示出一个全新的方向。④

在广告传播领域,在奥格威之后,人们用了几十年的时间,不断补充、丰富和发展并

---

① (美)克劳德·霍普金斯. 我的广告生涯·科学的广告 [M]. 焦向军等译. 北京:新华出版社,1998:2-3.
② (美)罗瑟·瑞夫斯. 实效的广告 [M]. 张冰梅译. 呼和浩特:内蒙古人民出版社,1999:133-199.
③ 张金海. 20 世纪广告传播理论研究 [M]. 武汉:武汉大学出版社,2002:11-60.
④ 张金海. 20 世纪广告传播理论研究 [M]. 武汉:武汉大学出版社,2002:11,55,60.

完善品牌形象理论。定位理论、CI 理论以及整合营销传播理论等影响 20 世纪后半世纪广告传播的经典理论，也都与"品牌"、"形象"相联系。

奥格威品牌形象理论的提出，不仅标志着广告传播及其理论发展观念的变迁、视点的转移和形态的改变，更预示着广告传播及其理论发展的新的时代的到来。

● 思考与讨论
　　1. 品牌形象理论的理论意义主要有哪些？
　　2. 依据品牌形象理论，增强品牌形象的传播策略主要有哪些？

● 相关知识链接
　　大卫·奥格威（David Ogilvy，1911—1999）　出生于英国的大卫·奥格威，是现代广告业的大师级传奇人物，获美国"纽约广告方案名人堂"荣誉的五位广告人之一。他一手创立了奥美广告公司，开启了现代广告业的新纪元。他确立了奥美这个品牌，启蒙了对消费者研究的运用，同时创造出一种崭新的广告文化。

　　奥格威被《时代》周刊称为"当今广告业最抢手的广告奇才"，被《纽约时报》称为"现代广告最具创造力的推动者"。美国重要的广告行业刊物《广告周刊》说："奥格威以他敏锐的洞察力和对传统观念的抨击照亮了整个广告行业，令任何广告人都无法企及。"法国一家著名杂志称他为"现代广告的教皇"，并将他与爱迪生、爱因斯坦等并列为对工业革命最有贡献的人物。

　　大卫·奥格威更将他对广告以及整个行业的睿智见解见诸文字。他著名的广告著作《一个广告人的自白》、《热血、头脑和啤酒》（中文译为《大卫·奥格威自传》）和《奥格威谈广告》影响深远，是广告从业者必读的经典之作。

■ 本章回顾
　　本章主要介绍了品牌形象理论（Brand Image）。前两节分别介绍了具有典型意义的"耐克与乔丹"广告案和"娃哈哈饮料"广告案，之后对品牌形象理论进行了详细的梳理。第一节首先介绍了耐克的发展历程，然后分析了耐克的品牌形象与广告策略，最后解读了耐克品牌成功的关键。第二节首先介绍了娃哈哈的成长历程，然后分析了娃哈哈的品牌形象与广告策略，最后解读了娃哈哈品牌成功的关键。第三节首先介绍了品牌形象理论的产生背景与发展过程，然后重点分析了品牌形象理论的主要观点，最后阐明了品牌形象理论的理论意义，并在对品牌形象理论进行梳理的过程中介绍了品牌形象理论的创始人——大卫·奥格威。

■ 关键概念
　　"就这么做！"　　"娃哈哈"　　BI

■ **案例实训**

土广告怎么打下了大市场——脑白金广告策略分析

在很多人看来，脑白金广告一无是处，更有业内人士骂其毫无创意、"土得令人恶心"。有趣的是，就靠着这在网上被传为"第一恶俗"的广告，脑白金创下了几十个亿的销售额，在 2001 年，更是每月平均销售额高达 2 亿，"巨人"史玉柱也翻了身，再次踌躇满志地重出江湖。土广告打下大市场，不是用偶然性能解释的。对其广告策略进行剖析，对我们一定能有不少启示。

定位礼品 VS. "曲线救国"

20 世纪 70 年代，A·莱斯和 J·屈特提出了奠定他们营销大师地位的广告定位论。他们认为，广告应该在消费者心智上下工夫，力争创造一个心理独有的位置，特别是"第一说法、第一事件、第一位置"等，创造第一，才能在消费者心中造成难以忘记的、不易混淆的优势效果。而"今年过节不收礼，收礼只收脑白金"的广告语就抢占了这么一个独一无二的定位——既与传统中用来送礼的烟酒等"不健康礼品"立有高下之分，又从主要把目标市场锁定在寻求保健效果者本人的其他保健品中突显出来！正是这充满霸气地同礼品之间划上的等号，塑造出脑白金与众不同的形象，使得消费者想到礼品，就想到脑白金。在我们这样一个礼仪之邦，礼品市场有多大？这个等号的价值又有多大？其实，脑白金敢于划这个等号也只是洞悉了一个简单事实：由于我国经济发展水平的限制，保健品本就存在"买的不用，用的不买"的购买者与使用者分离的现象，保健品需求变成购买力在很大程度上是间接的。至于功效颇有争议的脑白金，走直接道路更加困难，所以礼品定位真是不得不走的"曲线救国"之路。

启示：定位可以说是广告的灵魂，相比之下，设计不过是躯壳而已。一旦确定了有优势的定位，先就把握几分胜算了。

感性路线 VS. 理性路线

因为是保健食品的缘故，按法律规定，脑白金不能在广告中宣传治疗功效。所以，脑白金除在软文广告中打打擦边球以外，其他广告对功用的宣传力度都很小。作为不可避免的结果，脑白金购买者对其持信任态度的仅为 6.2%。也就是说，大部分消费者怀疑其功效却还趋之若鹜。态度与行动背离的这种现象用传统的"广告→认知→态度→购买行为"的消费者行为学模型是无法解释的。是消费者不理性？非也！美国营销学家米盖尔·L·雷认为，对某些产品，消费者没有获取其信息的动机或缺少分析产品信息的能力，在这种消费者低参与度的情况下，广告就能超越态度改变而直接诱发购买行为，即"广告→认知→行为"。用于礼品的脑白金，购买者往往关心的是其档次、蕴含的祝福，甚至于包装等，对其功效反而并不太关心了。这很容易理解，俗话说礼到情意到，礼品送出去就发挥了对购买者的价值了，至于到了最终使用者那里如何，就是厂家的责任了。况且，对于这些医药保健药品，普通老百姓也确实没有能力参详透彻。所以脑白金作为消费者低参与度产品，出现态度与行为的分离也就不奇怪了。

启示：做广告策划，一定要了解产品属于消费者高参与度还是低参与度产品，然后对症下药。消费者高参与度的，就要通过广告使消费者清楚了解产品，打理性牌。消费者低参与度的，则要使用感性武器，用名人代言的效果都远远好过说教。譬如脑白金，做广告就不能当成给消费者上医学知识普及课。

集中诉求 VS. 升华卖点

广告之父大卫·奥格威一直告诫广告人，广告一定要谨守单一诉求。可惜许多广告人总是置其忠告于不顾，只恨不得把商品的一切卖点都罗列于广告之上。经验已经证明，成功的广告总是只向消费者承诺一个利益点，因为消费者从一个广告里只能记住一个强烈的概念。如英国政治家丘吉尔所言：说得愈多，领悟得愈少。少说些、锁定焦点，才能带来较高的广告效果。脑白金广告虽简单，却也谨守了这一金科玉律，只通过姜昆、大山以及后来的老头、老太太等的表演，形象地传递出以脑白金为礼物可达到收礼者开心的效果。想想看，如果脑白金广告中不仅宣传自己是送礼首选，还孜孜不倦地讲解自己改善睡眠、畅通大便的好处，消费者恐怕也难以清晰地记得"收礼只收脑白金"了。

启示：广告必须提出购买商品后可获得什么利益的主张，并且这个主张一定是强有力的，聚集于一个点上的，这样才能集中打动、感动和吸引消费者来购买商品。

频频亮相 VS. 有效展露

重复是记忆之母。刘易斯·卡罗尔的《猎鲨》中有这么一句："我已经说过三遍了，无论什么，只要我说过三遍，就是真的！"这用来描述广告的投放效果似乎也很合适。广告专家艾尔文·阿肯保姆曾在1977年提出了有效展示（effective exposure）的概念，指出广告展示存在一个下限，低于这个下限，广告信息与消费者就无法建立牢固的联系，广告就会浪费。研究同时发现，同样的广告播放多次会增加20%～200%的记住率。特别对于消费者低参与度的产品，广告展示的频次需要更高才能达到诱发购买的目标。脑白金绝对是认识到了这一点，极有魄力地一年就在广告上甩出十几亿。显然，没有媒体上的高投入、高投放，其广告显然达不到满意的效果。但是重复也要注意时机和次数的适当。据研究，广告展示的频次增加到一定程度，很可能引发消费者的负面心理，反而拖产品销售的后腿。如脑白金在1999年3—6月保健品淡季，也疯狂加大电视投入，费用花了一亿多元，可销售并未相应增加，反而引起消费者的普遍反感，真是弄巧成拙。

启示：如何安排媒体投放，在广告管理中的重要性决不低于设计。只有合理安排广告投放的媒体以及投放密度，才能保证广告最大程度地发挥作用，使广告主的钱落在实处。

阳春白雪 VS. 下里巴人

常有商贩以"洋气"来形容自己卖的衣服设计超凡脱俗、卓尔不群。这也是许多广告人追求的目标，"土气"则成了大忌。在消费者被浩如烟海的信息包围的今天，平庸单调的广告是很难引起消费者注意、达到广告效果的。故而有些广告人就沉溺于别出心裁、哗众取宠的效果，结果往往是消费者记住了广告，却忽视了是什么产品的广告，广告创意人的声誉提高了，产品的销售却不升反降。以世界级的CLIO大奖为例，历届大奖作品的广告主中，将近一半在获奖后破产或是更换了广告人，因为设计太过阳春白雪的广告并没有帮助销售。还是奥格威说得好："广告为什么一定要像广告呢？如果能卖出东西，我希望消费者记住广告中的产品而不是记住了广告本身。"创意必须与广告接受者的欣赏水平、审美观、消费心理等相适应，即必须有度，过了度让广告接受者不知所云，就只能孤芳自赏了。按"黑猫白猫，能抓住老鼠就是好猫"的说法，我们也可以说，"洋广告土广告，能促进销售就是好广告"。衡量创意好坏得用市场说话，千万别用专家的眼光替消费者做判断，毕竟广告是服务于产品的。脑白金的CF片，无论是"大山版"，还是"老头版"，都是直白、俗气，演员一副娘娘腔调，市侩形象十足，但却很有生活气息，易于理解，成为促进销售最好的力量。（如图2.20、图2.21所示）因而从广告服务产品的角度说，脑白金广告是成功的。当然，若由主张处理方式同内容同等重要的广告大师威廉·伯恩巴赫评判，恐怕他还会要求脑白金广告在创意上多下点工夫，以取得更好的效果。

图2.20　脑白金平面广告作品1

图2.21　脑白金平面广告作品2

启示：创意对广告能否给消费者留下深刻印象起着重要作用，但广告不是纯艺术，所以创意决不能只用艺术的标准评价，不要忽视消费者的眼光，评价创意的最终标准是市场。

脑白金的广告并不完美，应该说存在很大缺陷。在几年的市场开拓中，没有注意培养品牌的内涵价值，知名度高而美誉度不高，导致缺少忠诚消费者。如今市场上出现愈来愈多企图在礼品市场瓜分蛋糕的公司，脑白金的定位优势已经大大减弱。如海王金樽在春节前喊出了"不送礼品送新意"的口号、某PDA厂家叫着"送礼就送短讯王"等等，无疑是针锋相对地向脑白金叫板。海王金樽或许正击在脑白金的软肋之上，因为崇尚时尚性的礼品市场，总是喜新厌旧的。在众多新品的冲击下，脑白金还能凭借它的土广告坚守住阵地么？

（材料引自《企业文化》2002年第08期）

● 思考题

阅读以上材料，从品牌形象理论出发分析思考脑白金取得成功的原因。

第三章 品牌个性

■ **本章导读**

当你想买电脑时，你的脑海里立刻会浮现出几个品牌？手机你用的是诺基亚、摩托罗拉、三星还是索爱？当这一个个的牌子诵读在人们的口中时，它们不仅仅是一个牌子而是像一个个隐形的伙伴，有着强大的生命力，陪在我们身边，编织一串串温馨美好或不幸的记忆。不同的品牌构成了不同的个性，使用者借此来表达不同的性情。苹果是一种被很多人仰望的世界品牌，让人联想到一个追求个性、具有强烈的反抗意识和挑战权威的精神内涵的时尚数码产品，这一切离不开苹果1984广告的塑造和苹果的独特传播手段。中国是一个纺织品大国但却不是服饰品牌大国，每年出口的服饰数以万计，深受外国人的好评，但是中国的明星们还是乐此不疲地去法国、意大利购买古孜（GUCCI）、迪奥、香奈儿、范思哲、瓦伦蒂诺。中国的服饰业欠缺品牌，而七匹狼男装的出现却是个异数。公司深挖其独特的"狼族文化"个性内涵，将狼的智慧与狡猾、温情与凶残、协作与独立融入到品牌个性中，逐渐让中国的服饰走向世界。

第一节 从"苹果1984"到"不同凡想"
——苹果的个性化传播

案例概述 1976年,21岁的斯蒂夫·乔布斯(Steve Jobs)(如图3.1所示)与斯蒂夫·沃兹尼亚克(Steve Wozniak,简称沃兹)合作创立苹果电脑公司。1977年,苹果第二代机器成为计算机走向家庭的开端。苹果的销售额从1978年的780万美元上升至1980年的1.17亿美元。1980年,苹果成功上市,乔布斯当时25岁。但1984年,在计算机行业,苹果电脑已经不再拥有个人电脑霸主的光环,更高兼容性的IBM电脑成为人们选购计算机的首选,几乎90%的个人电脑用户使用相似的架构,IBM已经成为了个人计算机行业的老大。(如图3.2所示)

图3.1 乔布斯在演讲

1984年,受苏联和美国冷战的影响,几乎所有国家都在进行斗争。美国小说家奥维尔创作的小说《1984》描述了这一时期:

在当时,专制政府掌握大权,看不到和平平等的迹象。但普通民众并没有完全被专制思想控制,他们游离于政府之外,宣扬'怀疑权威'的思想。然而不久,那些斗争的人们就成为了警察调查的对象,政府通过麦克风和电视媒体宣讲,想把所有的人统一到相同的思想体系中,政治统一性粉碎了所有个性存在的幻想。1984年的美国,表面的民主气氛

第三章 品牌个性

(a)

(b)

图 3.2　苹果 LOGO

依然令人乐观，但在商场上，垄断和独裁似乎已经形成。①

　　面对日益萎靡的市场表现，苹果公司推出了开创个人电脑历史新篇的新机型——配有鼠标的"Macintosh"。Macintosh 改变了计算机原有的人机对话系统，历史性地将冰冷的光标和毫无人情味的英文指令变成了一张微笑的人脸和可以用鼠标进行轻松操作的现代图形界面。乔布斯施行的改革措施中，还有一项对后来产生了深远影响的是，终止了与 BBDO World wide 公司的合作——苹果曾与该公司合作达 11 年之久——转而与 TWBA Chiat/Day 签订了价值 8 000 万～9 000 万美元的广告合同。为此，TWBA 全力以赴，先后为苹果公司策划制作了一个和 Macintosh 一样堪称经典的电视广告片《苹果 1984》。

　　这个广告片制作出来后，苹果公司内部反应巨大，领导层怕引来不必要的麻烦，不赞成播出这则电视广告，但 TWBA 公司坚信自己的广告创意和广告作品非常了不起。就在公司准备撤下这则广告时，美国超级杯橄榄球举行了，这是美国人非常喜欢的一个赛事，其火热程度并不亚于 NBA。于是，这个 60 秒长的广告在苹果公司举棋不定的情况下，TWBA 决定在此次大赛中播出。在 1984 年 1 月 22 日，《苹果 1984》电视广告在美国超级杯橄榄球大赛的电视转播中播出了一次，造成了空前的轰动，《苹果 1984》广告受到了广告人对这则广告赞赏，在 2000 年被《广告时代》评为"百年经典广告"之一。而苹果电脑的竞争者对它嗤之以鼻，砸碎 IBM 演讲的苹果被认为是太孤芳自赏，骄傲自大。这则电视广告播出一次立刻停止，但是这则广告通过那个不屈不挠的姑娘将带有强烈反抗意识和挑战权威的"嬉皮精神"四处扩散，已经为苹果的 Macintosh 打出了更为响亮的名声。

　　"然而正当苹果借助 Macintosh 在全球个人电脑市场势如破竹的时候，1985 年因为乔布斯个人的决策失误，苹果公司出现了财政危机，乔布斯也不得不离开他亲手创办的苹果公司。此后，尽管苹果公司更换了几任总裁，终究没有能够找回昔日乔布斯创造的苹果盛世。于是在 1997 年，乔布斯回到了苹果。回到苹果之后，乔布斯开始对公司进行全面彻底的改革，他集中公司资源开发 Macintosh 的一款新机型 iMacintosh，这款个人电脑秉承了苹果电脑一贯的独特风格。TWBA 公司首席创意官、号称广告界'亚里士多德'的李·克劳为苹果公司设计了和《苹果 1984》一样堪称经典的《不同凡想》系列广告。从 1998 年

---

①　从苹果品牌 1984 广告战略说起 http://wangyuzhou.ycool.com/post.740369.html.

开始,苹果凭借这款个人电脑重振旗鼓。"①

20世纪90年代后期,正当人们认为苹果帝国将要东山再起的时候,苹果电脑的销售量出现了下滑,并且苹果公司出现财政危机。业内普遍认为这虽然和世界PC工业的整体萧条有关,但也有苹果电脑本身的原因,其Power Mac G4等新产品无法对消费者构成足够的吸引力。苹果公司迅速进行产品的改革,提出行销新主张:将产品的定位从专业化办公电脑调整为个性化个人电脑。苹果公司通过技术改进和不断开发的新型应用软件,推出了多元化的个人IT系列用品②,苹果再次获得巨大的成功。

下面是《苹果1984》广告的梗概。

在一个未来的场景中,有一群理着光头的人,他们的脚上戴着沉重的铁链,目光呆滞,行动僵硬。他们迈着像公式一样整齐划一的步伐,踩着如同电脑键盘一样的地面,走到了一面巨大的屏幕墙前,极为局促地坐了下来,听着电影屏幕中同样是理着光头的男人的大声的训斥:

"今天,我们在这里庆祝'信息净化指令'(Information Purification Directives)光辉的一周年。因为在人类历史上,这是第一次……成为了一个纯洁意识形态的、花园般的世界……"

画面扫过整齐的人群,他们的眼光里毫无生气,只是凝视着电视,认真地听着Big Brother的训斥。

忽然,画面切换到一个穿着运动背心和运动短裤正在朝大厅奔跑的年轻女子,她手里拿着一个巨大的铁锤,她身后是正在追赶她的身着重装、荷枪实弹的警卫。

画面切换回大厅内的场景,男人仍在训话:"这里,每个人都可以舒缓自己,让自己远离充满了矛盾因素的真理。我们的统一思想(Unification of Thought),是一种比地球上任何一支军队更加强大的武器。只有一个愿望、一个决定、一个理想。我们的敌人才极度地恐慌,他们将因为他们的混乱葬送自己,我们最终会获得胜利。"

画面切换到年轻女子,她已经大步跑进了大厅。

特写:年轻女子像一个专业运动员投掷铁饼那样抡起铁锤,朝着巨大的电视砸了过去。

特写:屏幕在令人炫目的强光下爆炸,强光席卷了那些像机器人一样僵硬的人们,他们目瞪口呆、不知所措。

画面出现广告语:"在1月24日,苹果电脑将推出Macintosh,你将会明白为什么1984将不再是1984。"③(如图3.3所示)

案例评析 在广告中,苹果并没有以苹果电脑本身的技术功能为诉求点,而是通过一反传统电脑广告的广告风格,突显品牌个性为受众引入了一种关于个人电脑的全新观念。显而易见,苹果电脑把自己标榜成了广告中那个年轻的女子,用铁锤击碎了所有此前关于计算机的旧事物,唤醒了浑浑噩噩的那些人们。它告诉受众,所有关于个人电脑的旧事物,将因为苹果电脑的推出而发生深刻改变。这既赋予了苹果独立于传统之外的品牌个

---

① ③ 特立独行的苹果 http://blog.sina.com.cn/s/blog_4e1499ff01000cbe.html.
② 瞧,"苹果"是怎么卖掉的 http://www.globrand.com/2006/17090.shtml.

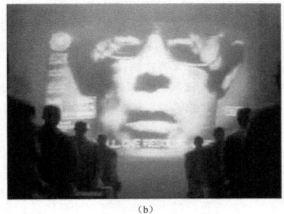

图 3.3 《苹果 1984》电视广告截图

性,又能够引发消费者的好奇,对他们产生足够的吸引力。《苹果 1984》为苹果树立了打破传统、不拘一格的品牌个性,这是苹果电脑品牌形象中最重要、最核心的特质。《苹果 1984》由此成为了苹果电脑个性化的标志。

苹果这则广告中利用政治恐怖诉求和文化现象联姻,再结合双关文字的做法,体现了广告的文化性。文字，在这则广告中贯穿始终，独裁者的演讲稿，使用恐怖的诉求，似乎在告诉人们，蓝色巨人的计算机正在吞噬整个个人电脑市场，消费者即将进入没有选择空间的电脑时代。"在奥维尔的小说《1984》中，一旦专制的政权得到巩固，采用现代的方法加强统治，人们终将失去斗争的意志，小说的结局是悲剧性的。但苹果用挥锤子的女性告诉大家，在当代悲剧不会重演，因为有一个特立独行的苹果品牌，自由终将冲破束缚，1984不会成为小说《1984》那样。"①

品牌个性就像人的个性一样，品牌个性具有独特性和整体性，它通过品牌传播赋予品牌的一种心理特征，是品牌形象的内核，它是特定品牌使用者个性的类化，它隐含着品牌使用者心中的情感附加值和特定的生活价值观。苹果的通过反击的女性把品牌个性深入到消费者的心中。对于苹果的品牌个性可以做以下分析。

性别上 采用女性形象为广告主角，一反传统：当我们想到一个人时，首先是用性别、年龄、收入或社会阶层来加以描述。同样地，品牌通常也能被认为是男性化的或女性化的、时髦的或过时的，因为品牌个性是特定品牌使用者个性的类化。这则广告的主人公是一个年轻女子。她穿着运动背心和运动短裤，朝气蓬勃，充满希望，象征着新的一代。她正在朝大厅奔跑，她手里拿着一个巨大的铁锤，如同一个战斗者。苹果广告敢冒天下之大不韪，使用女性为广告主角，让人佩服。然而，这则广告一方面表现的是挑战IBM独裁者的权威；另一方面是苹果重视女性消费者的崛起，通过女性挑战男性权威，宣扬女性的解放，获得了广大女性的好评。

广告创意独特 在大多数广告中，女性担当主角的广告一般是一些日用品、化妆品、药品、洗涤用品的广告。女性充当家庭主妇，体现的是照顾家人；充当白领时表现的是休闲娱乐，护肤美容等主题。另外在一些汽车、房产、酒水等广告中，表现的是一种依附性，衬托男性成功的、被照顾的角色，很少担当创造和冲锋陷阵的角色。在《苹果1984》广告中，完全颠覆了以往女性在广告中的形象。这个手拿大铁锤的女性宛如法国著名的油画《自由引导人民》中那个英雄的女子，不屈不挠地和独裁者作斗争。著名詹妮弗·艾柯综合研究提出了5个品牌个性因素，即"真诚"、"兴奋"、"能力"、"复杂性"和"单纯性"。而苹果则让人联想到"酷"、"魅力"、"不拘一格"，使得消费者执著追求苹果品牌所带给他们的信念。这也让苹果的品牌更与众不同。

在广告的拍摄手法上，这部片子的导演雷德利·斯科特（Ridley Scott），曾成功地导演了科幻电影《异形》和获得奥斯卡奖的史诗电影《角斗士》，因此，被苹果电脑的广告代理夏\戴公司（Chiat\Day）看中，拍摄了这则震惊全球的60秒广告。

这则影视广告是发生在一个昏暗封闭的空间里，给人的感觉是狭窄、局促的。总体上色调是灰暗的、沉闷的，音乐不是愉快的、是走调的，让人不安。在这个封闭的大屋子里，成排地坐着许多没有表情的年轻人，这些人抬头看着屏幕，表情呆板。他们前面的大屏幕上，一个男人正在机械而喋喋不休地讲着什么是计算机。突然，一个身穿白色背心红色短裤的女子跑来，画面色彩对比强烈，她的后面是紧紧追过来的荷枪实弹的警卫，姑娘跑到了屏幕前停下来了。如同一个铁饼运动员一样，她将手中的铁锤挥了3周向屏幕砸去，电视屏幕"轰"地一声爆炸了。广告情节越来越快，音乐也越发的紧张，让人记忆深

---

① 从苹果品牌1984广告战略说起 http://wangyuzhou.ycool.com/post.740369.html.

刻。整个广告让人震撼，充满了叛逆的激情。

产品形象塑造　从苹果电脑一贯的工业设计风格来看，把苹果的产品定位为女性角色是再恰当不过的，她绚丽，活泼。相反，黑色的，刚毅外观的IBM则扮演着男性角色，在苹果的观点来看，是旧时代的男性。苹果的女性是坚强的，有活力的，独立的。全如广告中出现的那位女性所表现出来的，自由而热情真挚。苹果在这则广告中没有让自己最为骄傲的产品露脸，甚至没有提到它所采用的先进技术，连价格也只字未提，只是这样一个坚强的女子，在苹果看来，就足够重塑苹果的形象。

苹果品牌个性的深化

重回苹果之后的乔布斯开始对公司进行全面彻底的改革，他集中公司资源开发新机型iMacintosh。TWBA公司首席创意官、号称广告界"亚里士多德"的李·克劳为苹果公司设计了和《苹果1984》一样堪称经典的《不同凡想》系列广告。这一系列广告不仅给苹果带来了辉煌的业绩，更为重要的是，它提高了消费者对苹果电脑的忠诚度。另外，广告获得了第45届嘎纳广告节上招贴和报刊两项平面金狮奖和影视银狮、铜狮奖，另外，还获得纽约美国营销协会（AMA）最高Effie大奖（Grand Effie）。（如图3.4所示）

图3.4　苹果《不同凡想》系列平面广告

《不同凡想》广告的创意延续了《苹果1984》广告，为苹果树立的品牌价值：《不同凡想》影视广告的主角是爱因斯坦、毕加索等人。这一个个伟大的人依次出现，风格简单、平和，不像《苹果1984广告》那么紧张激烈。而这一广告系列不变的广告语"Think different"更是将苹果的品牌个性发挥到了极致。在《不同凡想》系列的平面广告中，画面除了主角之外，只有苹果公司的企业标识和一句短短的广告语："不同凡想（Think different)"。这个出色的广告策略使苹果公司又一次在世界IT市场创造了奇迹。

"这里,苹果把自己当做一种解放的武器,苹果是为那些英雄主义的、具有独立思考能力的人而存在的。用苹果自己的话说:这是些狂热的人。有不合时宜者、有反叛者、有制造麻烦者。这些人就像方孔里的圆螺丝钉。他们对事物有与众不同的看法,他们不喜欢循规蹈矩,他们不迷信权威,你可以引述他们的话,或不同意他们的观点,或尊敬或诋毁他们,但你决不能忽视他们。因为他们可以改变世界。他们推动了人类社会的进程。有人把他们当做疯子,但我们认为他们是天才,因为他们狂热地认为可以改变世界,事实上,他们确实做到了。"[1]

苹果《不同凡想》系列广告成功地在消费者和苹果品牌之间建立了一种感觉联系。有学者认为,在快速和高压状态中生活的人们,决策和判断会变得越来越感性,越来越依赖于一种感觉。而广告就是一项经营感觉的活动,就是要在消费者心里建立一种稳定的品牌感觉。这就是品牌带给消费者的熟悉感、安全感、形象感、高品质感和高价值感等内容。这些正是《不同凡想》在做的。

在《不同凡想》系列的影视广告中,通过旁白表达了与众不同的想法,并大胆地将这些想法付诸实践。同时,广告中的第三人称口吻,又将消费者纳入了"不同凡想"的主角的行列。让消费者觉得他们可以像广告中那些头脑狂热、离经叛道的人物一样,在各自的领域中突破框架的束缚,以他们的创造力,最终使得他们自己区别于一般的PC用户。借此,苹果再次在消费者心中树立了地位,通过在《不同凡想》的主角们身上找出一种与众不同的感觉,让苹果的用户们感觉到苹果与众不同的价值,也感觉到他们自身与众不同的特点。至此,苹果不再是简单的PC,而是他们与众不同的"标签"。而出现在《不同凡想》系列影视广告中的旁白也就成为了消费者内心的宣言:决心表现得与众不同。

就在《不同凡想》正演绎得如火如荼的时候,苹果的经营决策也像广告中一样与众不同。苹果宣布了一个惊人的消息:微软将在苹果公司注入1.5亿美元的资金。多年来,微软一直是苹果公司的宿敌,苹果公司一直与其对抗。在当时,尽管这项举措让一部分忠实的苹果迷们有些无所适从,但学者指出,这项举措甚至可以堪称是《不同凡想》系列的个案之一,它表达出了一种情感信息:苹果重新拾回了《苹果1984》中表现过的独立和不同凡想,将苹果和苹果的用户一起塑造成"不同凡想"的英雄。

苹果品牌个性的矗立

苹果公司从《苹果1984》的Macintosh电脑广告确立的不拘一格的品牌个性开始,到《不同凡想》系列广告,再到iMac、iPhone系列广告,一直都在树立其"酷"、"个性化"、"不同凡想"的品牌个性。因此塑造品牌个性就成为企业的重要任务。苹果电脑在进军消费市场的时候,产品的外观、性能等多方面因素发生了根本性的改变,使之更能够适合于消费者的需要。随着终端销售场所的设立,苹果公司将展示、体验因素都融入到销售终端中,消费者可以更直接、更有效、更深入地了解苹果,体验苹果带给他们的激情享受。在每一个细小环节,苹果电脑都是力图让消费者真正了解苹果品牌所倡导的"不同凡想"的

---

[1] 特立独行的苹果 http://blog.sina.com.cn/s/blog_4e1499ff01000cbe.html.

品牌主张。从台式电脑到"i"系列的所有产品在设计上都是一脉相承,始终让消费者感受到公司在保持"不同凡想"的品牌个性方面所作出的努力。

苹果电脑制定新行销策略的基础,源自乔布斯为苹果电脑制定的品牌主张去装备那些有创造力的、充满激情的人们,给他们想要的,让他们去改变世界。苹果电脑深深地明白,苹果产品面对的消费者是一群"数字发烧友",而不是普通人。他们会标新立异、会特立独行。但是他们却是社会的榜样,同样也是最具有消费能力的群体。这些消费者需要的,绝对不是一台个人计算机这么简单,他们需要的是一套完整的生活感受,"在他们的眼中,苹果电脑是他们自身的写照与标志,是他们达到生活追求的保证"。在判断了目标消费群体的存在之后,苹果电脑需要用强大的技术与无与伦比的优越性质征服他们。根据这一思想,苹果电脑制定了全新的、符合品牌个性的品牌主张。那就是如今展现在消费者面前的、一个崭新的、充满活力的、统一的新苹果形象——Think Different(不同凡想)。

产品强调音乐和电影等多媒体功能　　从 iMac、ibook 到 iPod、imovie,苹果电脑刻意增强了其产品的音乐和电影等多媒体功能,产品非常智能化、个性化,为消费者提供了比较全面的多媒体 IT 生活产品。苹果公司还专门开发了 iDVD 和 iMovie 两款数码视频剪辑软件。

用户可以把数码摄影机中的资料直接传输到硬盘中,将影片片断剪辑和安排成剧情,把不需要的部分剪掉,并且可以用转场效果和动态的画面文字增强视觉冲击,甚至还可以加上音乐或其他特效,并经由配备的可擦写光盘驱动器用户可以将自己剪辑制作的电影刻录在一片 DVD 影音光盘上,而所用这些都只需要拖动鼠标。而且通过 iMovie 还能制作出能够通过网站、电子邮件或是 CD-ROM 播放的影片。由此,苹果电脑推出了系列个人 IT 用品,从 iMac、ibook 到 iPod、imovie,为消费者提供了比较全面的多媒体 IT 生活产品。(如图 3.5 所示)

图 3.5　苹果 I 系列数码产品广告

广告宣传延续苹果个性鲜明的特点 在上面的平面广告中,我们可以看到苹果大多会用比较鲜艳夸张的色彩和简洁极端的手法表现,给人以新颖、独特的视觉冲击感受。苹果网站也很有别于其他的网站,整个网站文字很少也很小,图片非常大,富有个性和冲击力。给人留下深刻的记忆。

苹果公司的 iMac、iBook、iPod 产品虽然上市年限不同,但这些产品的平面、影视广告中使用的颜色及风格等方面给消费者的感觉非常接近。从 iMac 台式电脑到 iPod 产品,都采用了独特的苹果白为标志色、简洁的外形曲线、质感柔和的材质、操作方便的功能键等,也就是说苹果公司无论通过什么样的产品,所传达给消费者的信息始终是一致的。[①] 其企业文化很另类,个性十分鲜明、突出。现在当人们看到苹果的 LOGO 时,一般会想到苹果代表的核心价值理念——"酷"、"魅力"、"狂热的崇拜"等。

● **思考与讨论**

1. 苹果公司与 IBM 公司都是全球领先的计算机企业,却有着不同的企业形象,请比较苹果与 IBM 公司的品牌个性的差异性。

2. 联想公司作为国内个人电脑的领先企业,自收购 IBM 笔记本业务后虽然取得一定的发展,但与苹果、戴尔、惠普公司相比,其国际化水平还比较薄弱,品牌个性还没有真正建立。试对联想品牌个性的发展提出自己的想法。

● **相关知识链接**

斯蒂夫·乔布斯 苹果公司创始人。1976 年,21 岁的斯蒂夫·乔布斯(Steve Jobs)与斯蒂夫·沃兹尼亚克(Steve Wozniak,简称沃兹)合作创立苹果电脑公司。1977 年,苹果第二代机器成为计算机走向家庭的开端。苹果的销售额从 1978 年的 780 万美元上升至 1980 年的 1.17 亿美元。1980 年,苹果成功上市,乔布斯当时 25 岁。1983 年,乔布斯说服百事首席执行官 John Sculley 加入苹果,说服力是"除了卖糖水,你是否还想改变世界"。1985 年,乔布斯被 John Sculley 和董事会赶出苹果。1985 年,30 岁的乔布斯重新创业,创立了 NeXT 电脑公司。1996 年 12 月,苹果首席执行官 Gil Amelio 以 6 亿美元的价格收购了 NeXT。乔布斯回到了苹果。当时,他回忆"1985 年事件"(被赶出苹果)时,感慨自己雇佣错了人。1997 年 8 月,苹果首席执行官 Gil Amelio 离职,乔布斯成为过渡期的苹果首席执行官。此前两年,苹果亏损了 18.6 亿美元。2000 年 1 月,乔布斯成为苹果永久首席执行官。

TBWA 成立于 1970 年,由 Tragos、Bonnange、Wiesendanger、Ajroldi 四个来自不同国家、背景,拥有不同经验范畴的广告人合力组成的欧洲广告组织,TBWA 现在是全球最大的传播集团 Omnicom 的子公司,在业内以创意出名。

1996 年李岱艾广告与 TBWA 结盟,组成了强大的发展网络。在中国 TBWA 的译名叫做"李岱艾",是因为进入中国的时候与香港的一间公司合并,这一家公司叫做 Lee Davis Ayre,初期 TBWA 中国叫做 TBWA \ Lee Davis,后期已经把 \ Lee Davis 去掉,但中文译名依然叫做"李岱艾广告"。TBWA 的线下(BTL)公司叫做 TEQUILA \ ,包括

---

① 企业战略决定产品的工业设计 http://www.zhiyin.com.cn/zy/ca21983.htm.

CRM，Event Marketing，网络行销等各种新媒介的非大众广告。

TBWA 的主张 DISRUPT\ON，即颠覆性创意，意思是寻找市场、消费者、沟通中的惯例（Convention），然后试着去保留或者颠覆（Disruption），然后达到品牌和企业的愿景（Vision）。另外，TBWA 坚持 CONNECT\ON，以圆盘的图示表达通过各种接触点与消费者密切接触。所以"\"也成为了 TBWA 的图腾。

现在 TBWA 的广告客户有 Adidas、NISSAN、Apple、Sony Play Station、Chivas。[①]

第二节 "与狼共舞，尽显英雄本色"
——七匹狼服饰广告案

案例概述 七匹狼原是福建的一个地区性服装品牌。从 20 世纪 90 年代到现在，七匹狼集团走过了近 20 年的历程。公司最初生产七匹狼男性服装茄克，后来随着声名远播，公司在男装上奠定了自己独特的地位；公司不断扩大业务，囊括服装、香烟、啤酒业、皮具、茶叶、白酒等产品。最后公司又把主要精力集中在男性服装上，逐渐发展到今天家喻户晓的七匹狼男性服装品牌系列。七匹狼发展历程具有传奇色彩。

1990 年，七个怀揣理想与激情的年轻人在福建晋江金井镇——有着浓厚商业传统和"爱拼"精神的著名侨乡，创办了晋江制衣公司，这是七匹狼的前身，后来取名"七匹狼"，（如图 3.6 所示）1992 年，七匹狼服饰表现出众，荣获福建省第一批"福建省著名商标"称号；1993 年，七匹狼集团全面导入 CIS，沿用至今；1994 年，七匹狼被评为"中国名牌产品"；1995 年起，导入特许经营理念，设立专卖店；

图 3.6　七匹狼 logo

1996 年，推出了高档香烟；1997 年，七匹狼酒业有限公司成立，实现了跨行业经营的第二次重大转变；1999 年，"七匹狼"被评为影响中国服饰市场的十大男装品牌；2000 年，七匹狼发展股份公司成立，标志着七匹狼向规范化经营的现代化企业迈进。同年，七匹狼进军白酒市场，策划推出七匹狼白酒；2001 年，福建七匹狼实业股份有限公司成立，"七匹狼"成为最受中国消费者欢迎的休闲类服装品牌第一名；2002 年 2 月，布什访华，"七匹狼"被外交部选为国礼馈赠品。3 月，著名歌手齐秦出任"七匹狼"品牌的形象代言人，推出系列品牌形象广告。至此，"七匹狼"以其至情至酷的"男性文化"内涵所展现的纯粹男性品牌形象，深入人心，并成为中国男性群体时尚消费生活的领导品牌。同年，七匹狼被国家工商局认定为"中国驰名商标"，创始人周少雄评为"影响中国服装业的 50 人"之一；2004 年，七匹狼事业股份有限公司在深圳中小企业版上市。2009 年新春，七匹狼与亚洲巨星张震首度联袂，全新诠释"男人不只一面"的品牌理念。

今天，七匹狼品牌逐渐演绎形成独有的男性族群文化定位，其品牌特征与狼族文化有着天然的内在联系。

七匹狼公司注重品牌培育经营，从狼文化、狼故事的传奇中一路走来，演绎成功男人的故事，体现奋斗中男人的衣着生活状况，设计了全新的生活方式。七匹狼为他们提供了

[①] TBWA 广告公司 http：//wiki.mbalib.com/wiki/TBWA%E5%B9%BF%E5%91%8A%E5%85%AC%E5%8F%B8.

丰富的产品,更提供了一种文化,一种精神,一种品位,一种生活方式。崇尚个性,鼓励创新,提倡奋斗无止境的企业精神。七匹狼品牌的核心就在于它使狼性和男性达到完美的契合。

品牌资产的核心是产品与消费者之间的关系,它决定该品牌在未来市场的影响力,来源于品牌客户价值和企业价值的整合与互动。掌握品牌精髓,把握品牌个性,是成功地进行品牌资产建设和运营的关键所在。

案例评析 品牌个性是品牌与消费者沟通的最高层面,是从标识、形象到个性的不断深化过程。品牌个性本质是品牌的人性化。任何品牌创意都是居于此文化特征的。也就是说,任何生活形态方面的细节都可能成为沟通的基点,一个富有个性化的品牌形象,又代表着特定的生活方式、价值取向和消费观念。只有这种为引起消费者共鸣而进行的生活方式的设计和消费观念的倡导,才能通过产品与消费者建立起一种情感上的沟通和联系,进而激发消费者的欲求与联想。

动物个性与品牌内涵

狼是一种复杂的动物,它凶残的一面代表了拼搏与进取,狡诈的一面代表了智慧与机灵,冷漠的一面代表了孤独与寂寞。因此七匹狼的个性化之路,只能以"狼"为品牌形象的主体,并把品牌人格化。企业发掘的品牌内涵是"狼的智慧——无止境的生命哲学",代表着团队挑战、个性、执著、忍耐、时尚、成熟、朋友、忠诚、锲而不舍、善于交流、正视失败。因此,七匹狼擎起男士族群的精神旗帜,以勇猛挺进、顽强拼搏、笑看沧桑的男士精神感召成功和正在走向成功的男性,拥抱光荣,完成自我,成就自我,展现自我。

研究发现,在现代社会的竞争环境中,男士的世界是一个"群狼混战"的世界。男士面临巨大的社会压力,包括家庭责任、社会关系、事业成败等。生存本身意味着沉着机警,不懈奋斗。而追求不懈奋斗的男士部落在表面和潜质上兼具狼的性格:孤独、荣辱胜败、勇往直前、百折不挠、精诚团结,这些是男性中追求成功的人士必经的心灵历程。成功和走向成功的"男士族群"大多数时候只是表面的辉煌灿烂,更多折射一种在人生旋涡里,激流勇进、百折不挠、积极挑战人生的英雄气概,一种在冷静中思考,在负重中专注,在豪迈、自信、慷慨甚至不羁反叛中充分展示自己的理想人格。这一时期,七匹狼的广告语:与狼共舞,尽显英雄本色。(如图3.7、图3.8所示)

显然,现代男人个性张扬的时代已经过去,更为内敛的精神内涵和群体合作成为新追求。这是一种个人英雄主义和传统集体主义并重的精神综合体。它正契合了七匹狼的品牌个性的内涵,也是成为企业文化内涵之所在,更构成品牌个性延伸方向。由此七匹狼个性的提升必须使狼性和男性完美契合,遵循两个基本点:第一,以"狼"为品牌形象主体,作为其个性的表达语言;第二,深化形象认知,提升"狼"的男性世界文化,沟通品牌个性。

为表现坎坷奋斗的特质,七匹狼为品牌代言人制定了六条标准:①代言人不能是年轻时尚的,因为没有类似的经历,不足以代表目标群,不能唤起认同感;②当提到狼的时候,他应是消费者脑海中的第一联想;③代言人本身应是常人眼中的成功者,但他仍在不懈地奋斗;④代言人的性格应与七匹狼的品牌个性和文化内涵相符;⑤代言人的元素应该

图 3.7 七匹狼平面广告 1

图 3.8 七匹狼平面广告 2

能够将目标消费者带回旧日奋斗的时光,能够引起认同感;⑥代言人相似的艰难奋斗经历能够触动目标消费者心中最柔弱的部分。

狼的孤独沧桑、狼的荣辱胜败、狼的勇往直前、狼的百折不挠、狼的精诚团结,这些都是成功人士的心路历程,也是七匹狼的文化精神内核所在,这些非常容易引起奋斗中男人的共鸣。台湾歌手齐秦身上恰巧也具备这样的因素,他与企业的匹配找到了共鸣点,企业与明星联动,目的是终端发力,同时带动品牌深入人心。

台湾歌手齐秦,他的个人经历、独特个性与七匹狼品牌的诉求定位相近,他出任七匹狼的代言人,他的形象与品牌之间能产生较好的联想和记忆。在 7 年的代言中他与七匹狼共同演绎一部经典的、感性又不失理性的"都市森林"。该广告获得全广展的铜奖,齐秦也被列为最受欢迎的品牌代言人,这说明了七匹狼沟通的效应。(如图 3.9 所示)

亚洲影帝张震与七匹狼品牌内涵相符。2009 年开始,由他代言七匹狼,全新诠释"男人不只一面"的品牌理念:因自信突显不凡品味,用奋斗不断追求成功,于刚柔有度之间演绎浑然天成的智慧。

把品牌个性融入企业文化之中 文化意蕴挖掘为我们找到一条塑造形象差异的具有真正生命力的途径——创造品牌的性格而非特征。七匹狼对品牌进行全面的梳理与整合,提出"JUST FOR MAN"的理念,公司提供的是至情至酷的男士用品,而公司品牌则是一个纯粹的男性品牌,将七匹狼涉及服装、香烟、酒类等产业蕴涵在"男性文化"之中,重新打造个性鲜明的"男士精神"品牌,最终取得中国男性群体时尚消费生活的代言人地位。

图3.9 七匹狼电视广告截图

七匹狼积极探求市场区隔，创造品牌机会。深谙80/20法则[①]和10多年来在中高档市场打拼中与消费者结下的关系，七匹狼的品牌运作和市场运作一直保持品牌的中高档形象。这是七匹狼的市场盈利基点，所以七匹狼把目标消费者牢牢地锁定为私营企业主、政府官员、公司职员等20～50岁的社会主流消费群体，核心群体为28～35岁的已经成功和正在走向成功的男性，他们购买的是成熟、热情、个性、品位、男子汉气，他们也是忠诚、稳定的品牌消费群体。

七匹狼的品牌就是多维度建立起来的，它的每个产品虽然都有自己独特的品牌主张，但都服从于"男性"的大概念，而不同的性格传递给消费者统一的信息：男人与男人的关系是你生活的舞台。同时，目标消费者需要一个能够代表他们并表达出他们没有说出的心事的人或事件，品牌传播就必须在高度整合的基础上，创造一种全新独特的符号。这个符号的特质必须结合产品的核心利益、品牌规划和目标消费心理。七匹狼公司旗下产品类型多样，为达到更佳更精妙的沟通效果，于是对各类产品进行定位开发，规划不同产品的属性特征使之相互区隔，又互为统一，共同融入母品牌个性之中，使每个产品的调性（tone）与母品牌的个性吻合，最终丰富母品牌个性。

一个成功的品牌个性营销准则　这个准则是独特的市场区隔与定位＋成功的品牌延伸，创造忠诚、稳定的品牌消费群。为了更加专注自己的文化承诺和品牌质量，早在2000

[①] 又叫最省力法则、不平衡原则、帕累托法则。这个原理是由19世纪末期与20世纪初期的意大利经济学家兼社会学家维弗利度•帕累托所提出的。他发现，在意大利80%的财富为20%的人所拥有，并且这种经济趋势存在普遍性。它的大意是：在任何特定群体中，重要的因子通常只占少数，而不重要的因子则占多数，因此只要能控制具有重要性的少数因子即能控制全局。http：//baike.baidu.com/view/50175.htm.

年，正当其他企业热衷于通过多元化扩张规模，盲目追逐国内市场因转型期的各种不确定的机会时，七匹狼却做出让业界震惊的决定，毅然转让七匹狼香烟的股权，中止啤酒和茶叶的经营，专注于男性服装。更难能可贵的是，没有放弃对一切关于品牌的运作监控。

七匹狼服饰在销售策略上利用直营、区域特许经营系统，应用零售网络相互配合、协调的分销方式。在运作中为保证事业的成功，在公司内部建立了特许经销七大体系：品牌运作、行销管理、商业培训、支持、督导、VIS和整合推广体系。在促销策略上、不是单一依赖广告或其他促销手段，而是将人员推销、广告、销售推广和公关策略以及品牌文化延伸进行组合性运用，增强整体促销合力，为七匹狼品牌的顺利延伸与发展提供了广阔的发展空间。①

七匹狼的多维传播

七匹狼的广告生动地体现了七匹狼的品牌内涵，将七匹狼男装渗透到男人生活中的方方面面，塑造和强化了七匹狼的品牌个性。

品牌标识 品牌标识不仅有助于品牌的识别，同时可以烘托准确的市场定位和深厚的品牌文化。原来公司的logo是一匹卧狼，后来七匹狼标志图更改为一头向前奔跑的彪狼，它整体呈流线型，充满动感与冲击力，给人勇往直前的感觉，象征着企业不断开拓的进取精神。这款金黄色的奔狼型设计已成了七匹狼的"代言人"。

七匹狼的"七"是一个吉祥数字，与闽南方言"七个人"谐音，又寓有当地民俗中"七成八败九厉害"对于"七"这个数字的吉祥象征，代表一个由奋斗产生的团队，又蕴含创业者的美好愿望；英文是"SEPTWOLVES"，是"七"和"狼"的组合，是创建品牌的七个人，寓意一个团结的整体，他们的故事就是七匹狼文化的精神内核。名称指向明确，便于后来的国际传播。

七匹狼广告语 "七匹狼男装，相信自己，相信伙伴"体现自信、端重、团结的一面；"与狼共舞，尽显英雄本色"体现至酷、潇洒、英雄的一面；"奋斗无止境"体现奋斗的一面；"挑战人生，永不回头"体现豪放、进取的一面。将男士主要性格特征提炼出来，在男性（狼）个性之中注入尚真、尚淳、尚朴、尚淡的新流行文化，将21世纪中国男性自信心与豪放的个性、深刻而博大的人文精神进行全面的注释，使更多消费者在感悟七匹狼男性族群文化的过程中，升华自己的性格魅力和人生含义。

影视广告 在七匹狼的网站上有着不同时期的影视广告，这些广告虽然不同，却都延续了七匹狼的品牌内涵。

"男人有N面"的广告 在这部广告片中，体现了男人的温柔面、英雄面、孤独面和领袖面等。几乎囊括了男人生活的主要方面：生活、爱情、事业、道德等，在每个典型的场景中，男主角都会穿着不同的七匹狼男装。尽管没有正面地介绍七匹狼的服饰，但是却更为深刻地体现了品牌的内涵。七匹狼作为中高档男装，消费群体是男性，服装对于男性远不如对女性的吸引力大，因此如何将服饰赋予独特的品牌内涵显得尤为重要。七匹狼广告通过把服装投射到男人生活的各个方面，在赞叹男人的各种表现时也暗示了七匹狼男装

---

① 品牌个性，我们抓得住——七匹狼品牌管理个案回放
http：//www．ppzw．com/Article_Show．asp？ArticleID＝81864＆ArticlePage＝1．

的独特魅力。广告片的最后，主题跃出：今天你要秀哪一面？体现了七匹狼男装对于衬托男人各种形象的重要性。

七匹狼三防裤广告　电影院中一女士因剧情的悲怆而痛苦流涕，无意中把身边一位男士的裤子都抓皱了，而且泪滴还不断地滴落在男士的裤子上，男主角提示女士，并绅士地说："没关系，不妨事。"他从容地一抹裤子，裤子又平展干净如新。此时旁边的一个小偷手伸入男主角的裤子口袋，手却出不来了。男主角笑道："你就不能不防了。"广告语：防污、防皱、防盗。广告以轻松的生活场景体现了三防裤的性能，在裤子的功能性上独树一帜。品牌的个性需要产品本身的功能创意来支撑。

广告深入刻画了七匹狼的目标消费群心灵。他们一生动荡，经历过国家政策的变革，个人工作生活方式的改变，时时面对压力，只有他们了解自己所经历过的一切；他们从不将疲倦和失败的一面示人，但是他们也渴望人的理解；他们需要一个能够代表他们的人或事来表达出他们没有说出的心事。

借力体育提升品牌　体育运动在当今社会生活中正扮演着越来越重要的角色。越来越多的现代企业认识到，当今的消费者拥有无上的权力，他们不但希望产品提供应有的功能，更希望从产品中得到感性体验。而体育营销恰恰以其特有的公益性、互动性和成本效益优势成为消费者和商家共同青睐的品牌传播方式。而同样的资金投入为体育赞助企业带来的回报是常规广告的三倍。七匹狼深谙体育营销的奥妙。2003年赞助国际豪门球队——皇家马德里队首次中国行的七匹狼一鸣惊人，这也代表着国内服装业第一次迈开了国际化的步伐，而由2005年七匹狼再次牵手皇家马德里队，更可以看出中国服装品牌的发展脉络和未来趋势。（如图3.10所示）

图3.10　七匹狼平面广告3

七匹狼体育营销的成功，关键是在选择的"体育事件"与自身品牌的内涵相一致。作为中国服装行业最早的品牌，七匹狼经历了从单一到系列化、从模糊到清晰的过程。随着细分市场的趋势和客户差异化需求，七匹狼被定位为"性格男装"的中高端品牌，并开始涉足体育行销，从省运会、全运会、中国警察汽车拉力赛到国际马拉松，七匹狼品牌的文化内涵借助体育一步一步提升。七匹狼广告中的主打口号也从"与狼共舞，尽显英雄本色"到"相信自己，相信伙伴"。经过不断细化市场、丰富内涵，"性格男装"的中高端定位得到市场认同。众所周知，足球比赛是一项对抗性很强的激烈运动，队员如果没有狼一般坚毅的性格和战斗中的团队精神，在绿茵场上就没有立足之地。足球之所以能成为世界第一运动的原因之一，是因为它比任何运动赛都要讲究团队精神，十一位队员团结奋进、相互信任、互相协作，为了胜利甚至不惜粉身碎骨。七匹狼选择足球，"个性男装"的品牌定位无疑将在绿茵场上得到最完美的展现，"相信自己，相信伙伴"也经典地诠释了足球——这一需要高度团队协作的运动。七匹狼的品牌核心理念与足球精神真是天作之合。七匹狼把皇家马德里队的群星们、包括皇家马德里队主教练卢森博格在内，都请进了七匹狼的专卖店，共同推广品牌理念。这一举动，无疑大大深化了七匹狼品牌内涵，真正拉近了七匹狼与足球之间的距离。

七匹狼的网站极具特色　黑色的主色，是男性偏爱的颜色，网站中心突显品牌 logo。整个网站的视觉效果大气深邃，每个子菜单的命名都别有情趣：品牌朗诵调、文化咏叹调、服装永叙调、服务宣叙调、加盟七重唱、会员间奏曲等。桌面的静物都是可以一一点击进入以上对应的子菜单。整个网站呈现帷幕效果，在点击七匹狼广告时，出现的影院大厅的景象，给受众有身临影院现场看广告的感受。

网站上的功能比较完善，还有休闲游戏和品牌壁纸。休闲游戏是各种七匹狼相关元素的牌面，如狼的图像、各色男装等，游戏要求玩家在限定的翻牌次数里为所有牌配对。游戏的原理和QQ游戏看起来很类似，都要求玩家有比较强的记忆能力，但这个游戏设计使得玩家在休闲的同时，无意识地加深了对七匹狼服饰的了解。如果玩家游戏失败，页面则会显示：挑战失败。狼族永远不会向困难低头！请继续开始！可见网站的每个细节都在注意灌输七匹狼的品牌个性，加深受众对品牌的印象。七匹狼对网站这种对媒体的重视，是很多国内企业需要学习的。

走进七匹狼的生活馆，你将亲身体验品牌文化。当今时代，光靠单一的媒介手段来传播和塑造品牌形象已经不再可能，需要综合运用多种手段来立体展示品牌内涵（如图3.11所示）。作为中国休闲服饰领导品牌的七匹狼，在2009年CHIC展会展位中引入生活馆概念，把大店搬到了展会现场。以 New Fashion New Life 为主题，七匹狼生活馆展区面积近千平方米。内部通道被七匹狼特别设计制作的红色电话亭、铁艺街灯以及靠背长椅打造成了极具异国情调的街景。中西经典文化碰撞的火花，仿佛在此凝聚，带给人们一种别样的体验。

步入七匹狼生活馆展馆，来到中庭，立刻可以感受到浓郁的欧美时尚生活气息，同时又赋予中国传统生活情调。四周的橱窗里整齐地陈列着从男装、女装到童装共六大系列的产品，恰到好处地表现出七匹狼生活馆为消费者创建宽敞、舒适、独特的"一站式"购物平台的特色，更通过独具匠心的卖场设计和超强的人文理念传达生活的概念。

七匹狼将其品牌精神立足于对时代精神深刻理解的基础之上，通过对异国经典文化的吸收，对中国传统文化的挖掘，创造出一种适应中国人文特质的创新之作，一种全生活形态的经典时尚体验。

图 3.11 七匹狼男士服饰生活馆

这种体验表现在产品方面。在七匹狼生活馆展区中我们可以看到休闲系列、商务系列、青春时尚系列、女装系列、童装系列、国际设计师系列六大系列悉数登场,每一个系列所表现出风格各异的文化形态和生活追求,满足人们在生活各个层面的不同需要,又最终统一于"经典、时尚、优质"的精神内涵。

这种体验也表现在生活馆这个终端的概念方面。在整个七匹狼生活馆展示当中,所传达出来的是一种希望累积个体人生价值观的自我实现,从而在社会价值观层面树立良好风尚,助推时代的进步和崛起。

从此可以看出,是独具魅力的狼文化成就了七匹狼品牌,所创造的狼文化是七匹狼品牌个性的核心。文化充实品牌的内涵,使品牌有了活的灵魂。品牌文化从某种意义上来说就是凝结在品牌中的经营观、价值观、审美观等观念形态以及经营行为的总和。它不是产品本身,而是产品体现出的文化情愫氛围的人文精神;它不是质量,而是产品中体现出的质量意识;它不是服务,而是凝结在服务中的服务理念和服务艺术;它也不是营销策略,而是指导策略制订和实施的经营理念、道德。没有文化的滋养,品牌终将失去内涵,以致枯萎。随着物质生活水平的提高,人们在求得服装有御寒保暖实用功能的同时,对文化的需求越来越高,成为丰富人们精神世界的物质载体。七匹狼正是抓住了文化这一品牌战略的关键。

服装市场已经从传统的单一竞争、区域竞争走向了多层次、全领域的竞争,由以设计理念竞争为主转向以品牌服务竞争为主。七匹狼公司注重品牌培育经营,从狼文化、狼故事的传奇中一路走来,演绎成功男人的故事,体现奋斗中男人的衣着生活状况,设计着全新的生活方式。七匹狼为他们提供了丰富的产品,更提供了一种文化、一种精神、一种品位、一种生活方式。崇尚个性,鼓励创新,提倡奋斗无止境的企业精神。

经过十多年的品牌个性的建立过程,七匹狼已经成为国内尽人皆知的名牌,独树一帜的"狼文化"所特有的独具魅力使它成为男士族群文化的代名词。2006 年,七匹狼皮具成立10周年之际，公司领导提出建造"世界级皮具知名品牌"新的战略思想，七匹狼下一步的工作是如何继续在国际上建立起响亮的"狼"品牌。

● **思考与讨论**

1. 七匹狼服饰是怎样打造其企业品牌个性的？
2. 七匹狼服饰是怎样进行其品牌个性维护的？

● **相关知识链接**

服饰文化概观　不同的国家有不同的服饰，服饰具有差异性和民族性。"东西方服饰在经过漫长的社会发展，形成了各具民族特色的服饰形态。东方服饰以其端庄、文雅的风格，通过款式、色彩和图案的暗示，蕴含着对宇宙万物的主观理解，形简而意赅，宛如一首朦胧诗，似流畅的富于变化的衣纹表现出东方艺术的气韵与灵动；西方服饰十分注重表现人的体态，以极科学的态度去塑造具有三维空间的立体造型，繁复又强烈，好似一支爵士乐，以几何形体的完美组合构成了西方艺术特有人体美，其服饰文化属于多元文化的范畴，彰显个性。"[1] 另外，服饰具有民族性，不同的民族，人们的性格不同，体现在服饰上也很不同。比如：美国人很热情奔放，追求个人自由，美国的服饰比较随便、轻松；英国人一向以严谨、稳重著称，英国的服饰透露出的是一种严谨，这在古代的服饰上体现得更为明显；法国人比较多情、浪漫，法国的服饰也异常的典雅。

第三节　品牌个性（BC）理论述评

一、品牌个性理论的基本内涵及其发展

奥格威很早就有品牌个性思想的萌芽，他的名言"每一个广告都应是对品牌长期个性的贡献"[2]，至今仍给人启迪。1955年，他在对美国4A会员的一次演说中，曾经说："厂商若能致力运用广告为他们的品牌建立最有利的形象，塑造最清晰的个性（personality），必能获取市场最大的占有率，进而产生最高的利润。最让我们记住，正是品牌的整体个性而不是琐细的产品差别，决定了它在市场上的最终地位。"

李奥贝纳在20世纪五六十年代就开始进行品牌个性的塑造工作了。李奥贝纳当时及后来塑造的几个著名品牌形象，如万宝路硬汉、绿色巨人蔬菜的绿色巨人乔列、食品类的老虎托尼等，都是富有人性化特征的鲜明个性形象，个个荣登美国《广告时代》评选的20世纪10大品牌形象排行榜。

作为实务界专家的林恩·阿普绍认为："品牌个性是指每个品牌的向外展示的个性……是品牌带给生活的东西，也是品牌与现在和将来的消费者相联系的纽带。它有魅力，也能与消费者和潜在消费者进行感情方面的交流。"[3]

---

[1] http://zhidao.baidu.com/question/40218919.html.
[2] 原文为：Every advertisement must contribute to the long-term personality of the brand.（1955）
[3] 林恩·阿普绍. 塑造品牌特征[M]. 北京：清华大学出版社，1999：14.

巴茨等人认为:"品牌个性即整体品牌形象内的联系,它包括(但不限于)与品牌特色、标识、生活方式及使用者类型的联系,这些品牌个性联系创造了品牌的综合形象……"[1] 这个定义倾向于把品牌个性看成是一种独特的整体联系方式。该定义启发我们,在塑造品牌个性时,应该将影响品牌个性的各种因素有机整合起来,一起朝一个总的风格、总的形象努力。

詹妮弗·艾克作为品牌个性研究的知名学者,给品牌个性下了一个明确的定义,即品牌个性是指与品牌相连的一整套人性化特征[2],并指出:和产品相连的属性倾向于向消费者提供实用功能;而品牌个性倾向于向消费者提供象征性或自我表达功能。詹妮弗·艾克的定义比品牌人格、品牌性格更能恰当地适应对实际的品牌人性化特征的描述或塑造。

综上所述,品牌个性有以下几层含义。

第一,品牌个性是以品牌定位为基础的,是对品牌定位的战略延伸。首先,品牌定位是品牌个性的基础。因为品牌定位确定了品牌长期的基本目标群。品牌个性应该以品牌的基本目标群的共同特质、"社会性格"、共同的生活态度和价值观为基础,作为品牌个性的"塑造平台",再加以创造性发挥,而不能违背这种基础;其次,品牌个性又具有相对的独立性。现实中,相似的品牌定位,却可能有两种差异较大的品牌个性。这是因为,品牌个性的"塑造平台"内涵丰富,而不同的品牌对它的理解会有所不同,侧重点会不同,对它们随时代的变化而变化的敏感度不同,加之在塑造品牌个性上整合传播的水平不同,以上种种,导致同一个平台,会延伸出差异较大的品牌个性;再次,和品牌定位一样,品牌个性也属于品牌创建的战略层面。品牌定位如果不变,以其为平台塑造的品牌个性一般不宜轻易改变;一旦品牌定位改变了,则品牌个性往往要随之改变。

第二,品牌个性往往用人性化特征来表达。企业品牌个性是以心理学的个性概念为基础的,指和品牌相连的一套人性化特征,而不是以哲学的个性概念为基础、和共性相对而言的个性。此外,品牌个性,不仅包括品牌的人格、性格,还包括品牌的人口统计特征,如年龄、性别、职业、阶层、地域等。因而,对品牌加以人性化改造,符合时代发展的趋势。一个品牌被人性化了,就有了灵气,有了人情味,就能和"感性"的消费者进行深层次的情感沟通,这十分有利于形成较高的品牌忠诚度。对品牌进行人性化,并不否定从产品的实用功能出发来塑造品牌个性的广阔舞台。但是,即便如此,从产品的实用功能来塑造的"品牌个性",对之添加进人性化的内涵也是有益的。例如,以"安全"、"耐用"为独特卖点和个性的沃尔沃品牌,也可以添加进"令人信赖、放心、稳重、成熟"等人性化的个性特质。

第三,品牌个性是品牌形象的核心部分和最活跃的部分。品牌形象是消费者对品牌的所有联系进行综合加工后在其头脑中的反映,这种联系可以分为表面的、浅层的联系,以及内在的、深层次的联系。两者都可以制造品牌形象,但前者只能形成表层的、无生命的品牌形象;而作为内在的、深层次的联系,品牌个性能制造鲜明的、有生命的品牌形象。由此也可看出,从有无个性来看,品牌形象可分为两大类:一类是无个性的、浅层的品牌形象;另一类是有个性、有生命的品牌形象。

---

[1] 巴茨等.广告管理[M].赵平等译.北京:清华大学出版社,1999:218.
[2] Brand personality is defined formally here as the set of human characteristics associated with a brand. Aaker Jennifer L. Dimensions of Brand Personality [J], Journal of Marketing Research, 1997 (34): 347.

第四，分清品牌个性与品牌个性目标的关系很重要。所谓品牌个性目标，简而言之，就是品牌管理者策划、期望的品牌个性。它是品牌个性塑造工作努力的目标和方向，常常用一些描述人的个性的形容词来界定。品牌个性目标还是一个主观的美好的设想，须通过洞察消费者心中所想，通过正确的品牌传播活动，才有可能达到设想的目标；而品牌个性是存在于消费者脑海中的，像品牌形象一样，它是客观和主观的统一体，既有客观事实为内容，又有因人而异的主观性。通过发起含有新事实的广告、公关、赞助等品牌传播活动，提供新的品牌联系。（如图 3.12、图 3.13 所示）

图 3.12　意大利国际服装品牌：
　　　　　范思哲平面广告

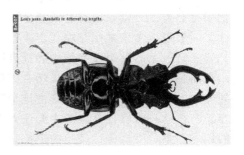

图 3.13　美国知名牛仔服饰：
　　　　　李维斯平面广告

二、品牌个性形成背景和发展阶段

追求个性，标榜自我这一现象最早出现在欧美，变化体现在人的思想上，然后才是企业、产品。这一现象的出现是有其特定的政治和经济背景的。

第二次世界大战后，以美国和苏联为首的大国将世界划分为社会主义和资本主义两大阵营，双方冷战。20 世纪 70 年代以后，后工业社会的来临，社会逐渐进入了多元化的时代。在 80 年代，美苏在经济政治和军事上对峙愈演愈烈，长期在这两种势力压抑下的人们愈来愈不满美国与苏联竞争的社会现状，希望打破垄断和专制，渴望自由与个性。对个性的推崇和追求也越来越强烈。

经济上，随着欧美社会经济发展迅速，商品更加丰富，传统的广告服务于塑造产品或品牌形象，市场竞争日益激烈。但是商品同质化现象严重，导致了商品的功能差别逐渐消失，企业的产品和服务如果想在同类产品的海洋里突出重围，光靠质量、包装等因素已经没用了。因为产品的物理属性功能上的差异容易被弥补或替代，故而不得不从超越于产品以外的东西上去寻找去创造不可替代的附加值，从而诞生出品牌个性概念。

品牌个性的起源可以追溯到 20 世纪 50 年代。当时已经有一些广告公司和企业开始对品牌的内涵进一步挖掘。美国精信（Grey）广告公司提出了"品牌性格哲学"，这是 BI 理论的雏形；后来，日本小林太三郎教授提出了"企业性格论"，从而形成了广告创意策略中的另一种后起的、充满生命力的新策略流派——品牌个性论（brand Character）。该策略理论在回答广告"说什么"的问题时，认为广告不只是"说利益"、"说形象"，而更要

"说个性"。由品牌个性来促进品牌形象的塑造,通过品牌个性吸引特定人群。这一理论强调品牌个性,品牌应该人格化,以期给人留下深刻的印象;应该寻找和选择能代表品牌个性的象征物,使用核心图案和特殊文字造型表现品牌的特殊个性。

品牌个性的形成共分为三个阶段。在品牌个性形成的初期,经过品牌的前期创建,有些品牌已经"熟悉了自身",树立了未来目标,例如,确定了品牌定位,也对自己的传播经验、包括传播风格有一定的总结。因而,到了这个阶段,在较清晰的自我意识的指导下,能够策划、制定品牌个性目标,并以品牌定位和个性目标为指导,进行品牌整合营销传播活动,从而产生对其品牌个性的形成影响较大的一两次品牌传播活动。这些品牌传播活动使品牌个性得以初步形成。

第二阶段是品牌个性的鲜明化阶段,这是一个品牌能否成为强势品牌的一个极其重要的阶段。当一个品牌有了初步的个性后,在品牌的广告、赞助等传播上对它加以巩固和鲜明化很有必要。否则,很容易被竞争对手及自己的泛滥的信息淹没,丧失来之不易的初步个性。一般可以考虑采用品牌代言人和品牌象征物来深化、发展品牌的个性。

第三阶段是品牌个性的维护和提升阶段。进入这个阶段的品牌,一般是强势品牌或名牌。在品牌个性形成后,品牌虽然有了较好的发展基础,但此时面临一个同样、甚至更艰巨的任务,就是"品牌个性的日常维护"。要做到坚持品牌个性"圣旨"、进行日常维护并不容易。在这一阶段,品牌的主要任务就是围绕这些已经形成的鲜明个性特质来寻找高质量的创意,多角度地传达品牌的定位和品牌的这些稳定的人性化特征。

三、品牌个性要素及塑造的原则和策略

(一)五大个性要素

在对品牌个性目标进行决策时,可以参考和利用大卫·艾克的品牌个性尺度工具,见表3-1。① 这其实就是詹妮弗·艾克在其跨文化传播研究中也证明总体有效的"品牌个性的五大尺度"。

表3-1 品牌个性的五大尺度

五大个性要素	不同层面	词语描述
纯真(如康柏、贺曼、柯达)	淳朴	家庭为重的、小镇的、循规蹈矩的、蓝领的、美国的
	诚实	诚心的、真实的、道德的、有思想的、沉稳的
	有益	新颖的、诚恳的、永不衰老的、传统的、旧时尚的
	愉悦	感情的、友善的、温暖的、快乐的
刺激(如保时捷、绝对牌伏特加、班尼顿)	大胆	极时髦的、刺激的、不规律的、俗丽的、煽动性的
	有朝气	冷酷的、年轻的、活力充沛的、外向的、冒险的
	富于想象	独特的、风趣的、令人惊讶的、有鉴赏力的、好玩的
	最新	独立的、现代的、创新的、积极的

---

① 何佳讯. 品牌形象策划——透视品牌经营[M]. 北京:复旦大学出版社,2000:308-309.

续表

五大个性要素	不同层面	词语描述
称职（如 Amex、CNN、IBM）	可信赖	勤奋的、安全的、有效率的、可靠的、小心的
	聪明	技术的、团体的、严肃的
	成功	领导者的、有信心的、有影响力的
教养（如凌志、奔驰、露华浓）	上层阶级	有魅力的、好看的、自负的、世故的
	迷人	女性的、流畅的、性感的、高尚的
强壮（如李维氏、万宝路、耐克）	户外	男子气概的、西部的、活跃的、运动的
	强韧	粗野的、强壮的、不愚蠢的

（二）品牌个性塑造的策略

品牌个性的认知会受消费者与品牌直接或间接的联系方式的影响，即品牌个性主要有直接和间接两大表现形式。前者是指品牌本身的产品服务、品牌使用者的形象、品牌生产者的形象，以及品牌推荐者的形象可以直接让消费者感知品牌个性。后者是指品牌个性主要通过与产品相关的一些细节要素来间接地让消费者感知品牌个性。

1. 品牌个性的直接塑造

（1）产品及服务差异化。在激烈的市场竞争中，产品之间的同质化现象严重，产品、服务、销售渠道、促销手段、新技术等都在同行业中越来越快地普及，如何让自己的品牌在众多品牌中脱颖而出，产品与服务的差异化是最有效的手段。如中国老字号中药品牌"云南白药"，围绕止血这一核心功能，进行了一系列产品创新，开发出白药膏、气雾剂等众多止血类衍生产品，塑造出老品牌、新技术的产品形象，而品牌个性也由此演化为"经典的、创新的"。

（2）包装及视觉风格。包装被称为是"无声的推销员"。对品牌包装的造型、标志、图形、字体、色彩等各种手段的综合运用，都有助于品牌个性的塑造与强化。如柯达与富士的包装，一个以鲜艳夺目的黄，一个以温暖清新的绿为标准色。前者展现了品牌的温馨个性，后者体现了活力热情的个性。

（3）产品代言人。产品代言人的选择必须慎重，要考虑代言人的本身个性、形象、经历是否与品牌要传达的个性相符，是否有内在的一致性和联想性；否则，效果只会适得其反，混淆品牌个性。如中国移动选择华语乐坛上小天王周杰伦作为其动感地带的代言人，使其品牌与个性从此紧密联结在一起，使得动感地带成为年轻人追捧的对象。又如"雪碧"请了当红的"亮晶晶"组合：田亮与郭晶晶为其产品代言，两位体育名将将雪碧的"清新、自然、活力、健康、运动"的个性表现得淋漓尽致。

（4）文化内涵。文化内涵常常是品牌背后的历史赋予的，是几十年上百年历史沉淀的结果，不是每个当代品牌都有如此天生的优势。如法国顶级酒庄波尔多的拉图酒庄，其出产的红酒、葡萄酒，以250年的制酒历史，赋予其品牌以"经典的、奢华的、优雅的、迷人的"等拟人化的个性，并使其进入全球奢侈品牌中。而中国"九芝堂"强调其历史久远，绍兴"会稽山"黄酒宣传其为"250年来唯一持续经营及盈利的品牌"，都有异曲同工之妙。

2. 品牌个性塑造的间接方式

品牌个性的塑造也会通过与产品相关的一些细节要素来间接地让消费者感知，如价格、广告方式、公关赞助等，看似毫无相关，却在不经意间塑造消费者对品牌的个性认知。

(1) 价格。价格是顾客最能直观感受到和最敏感的商品的特性之一，所以不同价格能够给顾客带来不同的品牌感受。有些品牌习惯以经常的折扣或价格促销手段来吸引顾客，而有些品牌却奉行"永不打折"的原则，这必然会留给顾客以不同的品牌感受。比如，美国西南航空以一贯的低价，但并不低廉的服务而赢得了大众市场，在消费者心中留下"价廉、质优"的形象，折射出的是"亲切、贴心、平民"的个性特点。再如中国著名家电品牌"海尔"，在家电行业争相打折时执行从不折价销售，却透出"独立、固执、值得信赖"的特性。

(2) 广告风格。品牌的推广离不开广告宣传，不管是平面广告、立体广告，不管是通过杂志、电视还是电台、报纸等渠道，成功的品牌都会选择统一的与自身品牌形象相符的广告风格，并一直坚持遵守这个风格，使品牌形象清晰而不被混淆。如宝洁坚持其广告以"客观、理性、科学、诚实"为基础，其旗下的品牌"高露洁"、"潘婷"、"海飞丝"等均以对产品效能质量的客观描述为主，留下"权威的、创新的、诚实的、健康的"等品牌个性。而菲利浦广告则一向以精简著称，其最新的平面广告语："精于形，简于心。"简短并朗朗上口，容易记住并留下印象。短短几个字折射出与众不同的品牌个性：简单、清新、富于内涵的、充满幻想的。

(3) 公关赞助。一些国际品牌的公关赞助非常有针对性和连续性，用以建立某种一致的个性。如奥运会赞助历年都是被世界几大巨头所垄断，如麦当劳、索尼、三星等，能够成为奥运会的全球赞助商，已经成为很多品牌梦寐以求的事，因为一旦成功，不仅能让世人更为熟悉其品牌，而且容易给消费者留下"已经跻身于世界品牌之列"的印象，是一种身份地位的象征。前面成功的例子：三星因为赞助奥运会从一个韩国国内品牌跃升为世人熟悉的世界品牌，其品牌个性也加上了"成功的、大胆勇敢的"标签。

除了一般的商业赞助外，品牌积极介入慈善活动也有利于塑造其鲜明的个性。最典型的例子莫过于全球知名的雅芳公司。它以"关怀女性"为己任。在世界各地，支持女性在经济、文化和体育等方面的发展。一系列的慈善活动，将雅芳与女人的健康联系在一起，其"亲切、友好、负责、值得信赖"的个性成功地传递给了广大消费者。

(三) 品牌个性塑造的原则[①]

1. 简约不失深刻

广告之父大卫·奥格威也一直告诫广告人，广告一定要单一诉求，消费者从一个广告里只记得住一件事或一个强烈的概念。整合营销传播之父唐·E·舒尔茨教授认为大众对信息的接受模式是：遗忘、过滤99%，只能记住1%。大多数国际知名品牌的品牌个性大多是三到四项特点，所以品牌个性一定要简单。

尽管追求简约的品牌个性，但必须对消费者产生心灵感触，从而印象深刻，这就要求品牌个性应与消费者所期望的品牌个性相匹配，从而建立忠诚牢固的品牌关系。例如，法

[①] 周建庆，梁鑫，魏振宇. 论品牌个性的塑造原则. 商业时代. 2007, (50).

国的米其林轮胎以其憨态可掬的"法国米其林轮胎人"的卡通形象，使乏味的轮胎显得趣味盎然，让人们在欢笑中对米其林品牌产生了深刻的印象。历经百年，法国米其林轮胎已经以绝对的实力成为世界轮胎领域的佼佼者。

2. 个性又不失共性

奥尔波特[①]（Allport）把人的个性特质分为两类：一类是共同特质，指在某一社会文化形态下，大多数人或一个群体所共有的、相同的特质；另一类是个人特质，指个体身上所独具的特质。一个企业的品牌个性也是如此，在塑造品牌个性的过程中，必须有自己的独特个性，但同时也不能有违反大多数人或一个群体所共有的、相同的某一社会文化形态下的共同特质。首先，品牌个性中必须有竞争品牌的个性中所没有的内容。其次，独特不是奇特，不是不顾目标群现实或渴望的个性，为奇而奇，而应该是有效的独特。评判品牌个性的独特是否有效的基本依据，是看它是否深深吸引、打动了目标群，引起情感的共鸣。这就要求品牌塑造者必须深入挖掘目标群的内心情感世界，洞察目标群的价值观及其变化。再次，"独特"不是要求品牌的整体个性的各个方面一定都要和竞争品牌完全不同。由于竞争的品牌的目标群基本相同，而品牌个性要能反映目标群的总体个性或他们的社会性格。所以，竞争的品牌在个性上有相同的部分是合理的，不足为奇。

3. 丰富又不失统一

品牌个性的塑造工具多种多样，可以是包装、广告、公共关系等。但是，所有的工具在使用过程中又必须保持风格的统一性，也就是说，所有的传播工具，要坚持围绕品牌的个性标准，进行品牌的整合传播活动。从形式上说，就是指品牌传播的语句、风格、图文、音色、品牌代言人、品牌象征物等应该与品牌的个性紧密相关，共同反映并塑造一个统一的品牌个性。但是品牌是一个整合的概念。坚持品牌形象和品牌个性的统一，就是要整合所有资源都向同一个方向努力。从企业声望、媒介舆论、大众口碑到广告气质、设计风格，以及每一个品牌行为都应是对品牌个性的积累和沉淀。通俗地说，品牌个性的塑造过程，其实就是由品牌的看法（包装）、说法（广告）和做法（公共关系）向同一个品牌个性方向所积累和沉淀的过程。

4. 持久又不失变化

对品牌而言，正是品牌的外在"言行"长期自觉一致，才塑造出品牌的个性。同时，品牌发展的历程也是一个不断"变脸"、不断打造品牌新形象的过程。实践告诉人们，关键在于要引入品牌个性时间管理机制，把握好"持久"与"变化"之间的平衡点。

"持久性"是指对符合人性本质和终极意义、在时间的冲刷下可以历久弥新的品牌内涵应该保持一定的内在稳定。在时间的长河里，坚持统一的品牌形象，持之以恒地进行品牌个性的锻造，也是一些国际品牌走向成功的不二法门。一个成功的品牌形象，的确是依赖于一如既往的坚持和宣传。例如，坐拥百年辉煌的可口可乐，上百年来一直强调它是"美味的、欢乐的"，从未改变；可口可乐的核心配方、传递的美国文化，历经一百多年的沧桑也不曾有大的改动；它的传统红底色一直不变，品牌核心形象一直在延续。"变化性"则是为适应时代的潮流和文化的演变、保持品牌的价值和活力、保持消费者对品牌的忠诚度和新鲜感，要求品牌的塑造要把握时代的脉搏和消费者的观念转变。时常"变脸"以摆

---

① 美国著名社会心理学家，于1937年首次提出了人格特质理论，又叫个性特质理论。

脱品牌老化的尴尬是企业品牌个性道路上的一个永恒的主旋律。

5. 富有人性化

在"感性消费的时代",人性化营销是通行的营销理念。为什么要对品牌进行人性化塑造?那是因为人性化的品牌能使消费者对品牌产生情感乃至为之自豪,这时品牌已成了消费者的朋友和情感的依托。消费者已经不再满足于对商品和服务的物质意义的追求,而更加注重心理需求的满足。人性化营销,就是要求企业依照人性来进行品牌理念设计,通过充分满足人性的需求来达到企业经营的目的。"以人为本"已经成为很多企业的理念。比如说,海尔的"真诚到永远"、诺基亚的"科技以人为本"、全球通的"沟通从心开始"等。

四、品牌个性理论与品牌形象理论的联系与区别

人们虽已发展出整合传播及品牌识别等新主张,但品牌形象、品牌个性并未过时,而是被糅合在各大广告、营销公司对于品牌的培育、管理、运作的全过程中。品牌个性与品牌形象不同,关于这两个概念,当代品牌策略大师大卫·艾格有极为精辟的表述:"如果说品牌形象是指消费者如何看待这个品牌,那么品牌个性便是你希望消费者如何看待这个品牌。"

(一)品牌个性理论与品牌形象理论的联系

首先,品牌形象和品牌个性都是以"品牌"而不是以"产品"(如 USP)或"企业"(如企业识别理论)作为概念的核心和出发点。美国硅谷品牌管理大师李吉思·麦基纳说:"如果一个品牌领先其他对手的原因是产品的属性,那么这个品牌迟早会被别的品牌抛在脑后。"事实上,正是由于产品的物理属性功能上的差异容易被弥补或替代,故而不得不从超越于产品以外的东西上去寻找去创造不可替代的附加值,从而诞生出品牌形象与品牌个性概念。另一方面,如果说产品体现的是在物理功能上对于消费者的有用性,那么品牌则是体现出与消费者更广阔的沟通关系,前者是来自于车间、重质重量的客观存在,后者是形成于整个营销组合环节,重传播的消费者的认知中的东西。也正是这样的基础导致了品牌个性与品牌形象在塑造中的共同指向。

其次,品牌形象和品牌个性都以品牌定位作为塑造的基础及其不断培养、成长过程中的参照物。由于建立品牌的核心目的依然是通过销售产品,追求利润(无形资产不在此论列),故而产品生产出来后,其销售对象必须有一个基本明确的市场或者顾客区隔角,并必须设法将焦点转移到潜在顾客身上去,而这正是品牌定位的基本工作。"品牌定位的关键目标,就是找出能和消费者产生共鸣的优越点"。在这个基础之上,赋予产品生命与个性,则是达到在千万个品牌中引起顾客注意,与顾客沟通的手段。

从著名的格雷(GREY)品牌性格生长模式中,可以准确把握品牌定位与品牌个性的关系,并从而演绎品牌定位、品牌个性、品牌形象三者的关系。品牌性格=产品(产品是什么→你是什么)+定位(你的竞争对手、你的目标顾客、你为何更优越、销售方法)+个性(你是谁),在这个公式中,假设品牌面对的是一个对其有高度认知(较为准确地接收、识别了传播者给予的信息)的消费者,那么,我们就可将通常所说的"品牌形象"取代"品牌性格"并将此公式推而广之。

(二) 品牌个性理论与品牌形象理论的主要区别

品牌个性理论与品牌形象理论的主要区别表现在以下六个方面。

(1) 形象理论基于产品同质化市场背景；个性理论基于价值多元化社会背景。

(2) 品牌形象是人们对品牌由外而内的整体评价及印象；品牌个性是品牌自然流露的精神气质，是品牌的价值观体现和主张。

(3) 品牌形象以视觉心理为出发点，造成人们的注意与认知；品牌个性以个性心理和文化学为出发点，造成人们的忠诚与崇拜。

(4) 品牌形象包含品牌个性，但后者构成前者的核心意义，并决定品牌之间的真正区别。

(5) "形象"与人们之间形成浅层沟通；"个性"则形成深层沟通。

(6) "形象"是静止的，防守的；"个性"是动态的，进攻的。

具体说来，品牌形象就是消费者对品牌具有的联想，即一提到品牌消费者便会想到的东西。这种联想可能是功能、物理实质等硬性属性如价位、外观、材料等，也可能是软性的属性，如趣味、严肃、温柔等特征。而品牌个性则只能是其中的软性属性，典型的品牌个性更是软性属性中最能体现出与其他品牌的差异，最富有人性的部分。

以产品或服务提供者的形象张扬品牌个性：1976年，艾妮达·罗狄克创办美体小铺，宣扬'再生概念'，反对浪费，崇尚天然，以'目标与价值和产品、获利同等重要'的与众不同的观念塑造出美体小铺的灵魂，获得了不少顾客的忠诚和好感。

以使用者形象张扬品牌个性：耐克始终强调其使用者的运动形象，用体育明星，如乔丹、巴克利等充满攻击性又取得了巨大成功的人士作为代言人，充分展示出耐克鞋战无不胜的个性。而欧莱雅有关人士选用巩俐作为其形象代言人，因为她成功、有名、富有、美丽、幸福，完全符合欧莱雅品牌'高贵优雅'的形象。

以产品或服务本身的形象：哈雷机车（Hartley-Davidson）粗犷流畅的车型，刺激夺目的色彩，特有的机车骑士服和鞍囊，以及老鹰的商标，产品构成的每一部分都在展示一种精神，展示一种凝聚着粗野和个人自由的个性。[①]

在内涵上，品牌形象对品牌个性具有包含性，而对品牌个性的进一步揭示可以明确其在打造品牌形象中的激励性与生命力。品牌个性的特征概括如下。

(1) 不可模仿性与持续性。在品牌形象的硬体属性中，无论是产品的外观还是其伴生的功能，都是可以被模仿的。随着知识和技术的进步，产品的物理差异越来越小。但对于体现了品牌独特内涵的软性属性即品牌个性，即如同人的个性一样难以模仿。

(2) 揭示性。一方面，品牌个性不会脱离产品本身孤立存在，恰当的品牌个性是在经过准确有效的品牌定位后，对产品功能和属性的有效揭示及演绎；另一方面，正是品牌个性的隐喻揭示出了品牌与顾客之间的双边关系。

(3) 保护性。在茫茫的产品世界中，品牌由于被赋予了个性而脱颖而出。首先，它展示出品牌形象；其次，它使品牌由于其忠诚顾客分众的存在，在竞争面前不易受到新品牌或同类品牌的攻击；再次，它保护了在生存环境中，品牌延伸或次品牌策略的实施。[②]

正是以上三个属性，赋予了品牌形象活力，使品牌有了生命，有了成长的基础。

[①②] 张晓舒. 品牌形象与品牌个性：品牌的生命基因. 慧聪网.

● **思考与讨论**
1. 试分析品牌个性理论产生的背景与原因。
2. 试分析品牌个性理论与品牌形象理论的差异。

● **相关知识链接**

大卫·艾格 大卫·艾格，被称为品牌和品牌资产领域里的"品牌资产运动之父"。其著作《管理品牌资产》、《创建强势品牌》和《品牌领导》，被喻为"品牌创建和管理三部曲"。在品牌研究领域，艾格相继提出"品牌资产"、"品牌识别"和"品牌领导"三个概念。

艾格认为品牌资产是公司最有价值的资产，是"与品牌名称和符号相联系的附加在产品或服务上的品牌财产"，而这些财产从消费者的认知角度可以分为5个方面：品牌知名度、品牌认知度、品牌联想、品牌忠诚度和其他独有资产。同时，艾格还拓展了传统的品牌名称、标识等有关品牌符号的概念。他在品牌识别的基础上提出了"品牌识别策划模型"，奠定了他在全球品牌管理领域无人可及的地位。

■ **本章回顾**

品牌就是产品，是企业、是人、是象征。从 BI 到 BC，对广告的认识也在不断深入，广告不仅是对企业形象的积累，广告更要塑造企业独有的特性，这期间太多的广告人已经进行了探索。本章选取了两个经典广告案例：国外的《苹果1984》广告案和国内七匹狼广告案，分析各自的视觉传达、影视广告及平面广告的广告诉求，并结合品牌发展各个阶段的营销策略等方面来分析企业的品牌形象到品牌个性的确立。

品牌形象虽能造成消费者对于企业品牌的认同，但是品牌个性却可以造成崇拜。这就是企业重视品牌个性建设的根本所在。《苹果1984》电视广告树立了苹果特立独行、反叛、不拘一格的品牌个性，而狼族文化的正确定位也让七匹狼实业宏图大展。

■ **关键概念**

品牌个性论　品牌识别　大卫·艾格　苹果1984　七匹狼服饰

■ **案例实训**

中兴百货另类个性的后现代广告文案

正因为有大灰狼，小红帽必须有更妖娆的小红帽/
欲望森林/盛装的女人/令群狼失去威胁性/
当她擦香水/当她掀开衣柜/当她主动放电/
她才不需要讨好谁/而男人自投罗网/
对魅力的自觉/让她感到愉快/两性不再决定/弱肉强食/
它根本是/女人的地盘/
对我而言/花五个钟头穿着打扮/或/是爱一个人/都不过分

这则《小红帽篇》不是一首诗，而是一则广告文案，是台湾中兴百货1996年周年庆的一则广告，荣获第20届台湾《时报》奖最佳平面广告金奖文案，人们耳熟能详。

　　台湾中兴百货成立于1985年，刚开始是个占地面积只有3500平方米的中小型百货公司。公司的早期经营理念是"精致生活文化"，将商品与生活精致串联，塑造优质之消费文化楷模。但20世纪80年代的台湾，经济持续下滑。在百货业，除了SOGO百货外，台北市的中兴、远东、诚品等综合百货公司基本上经营惨淡，举步维艰。百货公司的广告流于一种自卖自夸、叫卖式的境地。1988年，日系崇光百货公司进入台湾，更是加重了百货业的困局。

　　中兴百货决定请台湾意识形态广告公司来进行营销策划。中兴百货与意识形态公司的合作，使得二者在广告界都成为经典案例，真正的双赢。（如图3.14、图3.15、图3.16所示）中兴百货的规模扩大了28倍。在"台湾百货业的广告史上，从来没有一家百货业者和广告公司合作长达15年以上，也从来没有一家百货公司的广告可以年年获奖，还有文学讨论的空间……"这是广告界对中兴百货与意识形态广告公司多年合作的众多评价中的一句。

图3.14　中兴百货平面广告1

图3.15　中兴百货平面广告2

图3.16　中兴百货平面广告3

民族美学自觉及风格

1989年，意识形态广告公司帮助中兴百货全面改革，包括企业识别系统（CIS）、商品结构和行销定位。在其平面广告文案《中兴改装全新开幕》中有所体现：20世纪90年代，当我们这个社会开始为贫乏的人文素养、饥饿的精神内涵和失落的民族美学而反思的时候，中兴百货也在此时，以"中国创意文化"为新的企业使命，全新出发。借着这一份生活提案，我们希望可以带动一种现代中国的生活方式：高品质而不是高消费，重视创意、培养具有品位的流行感度；更重要的是，找回从容婉约、细腻优雅的中国美学自信。为能实践这份使命，我们将倾力支持中国设计师及艺术家从事创作；为了替消费者塑造一个真正具有国际视野的购物环境，我们更引进数十个顶尖国际品牌，使长期以来把眼光放在巴黎、米兰、东京的消费者，不再以出国购物为时尚，他们将发现，中兴是第一家具有民族美学自觉及风格的国际级百货公司，我们深信，中兴百货的全新出发，将改写国内百货公司的经营史。从此刻起，"百货公司"再也不代表旧有的意义，它再也不只是购物场所，而将全面地介入您的生活情境，扮演着生活美学顾问、国际创意情报媒介、文化活动推动者等诸多角色，丰富中国人的生活创意。中兴百货台北公司的改装开幕，献给全国一份中国创意生活提案。①

从1989年到1994年，中兴百货在很长的一段时间里，把创意点上溯到中华民族绵延漫长的历史与文化中。中兴百货还首开百货公司每季展演服装秀之先河，奠定领导流行之典范。

例如1990年的《端午》广告："当暴涨的历史洪流，冲刷掉一切美好可信的事物，诗人屈原愈益清明地端详自己，乃至于生命，纵身完成个人与时代的辨证……他造就了清芬的端午节。端午，诗人节，值此纷扰不安的年代，中兴百货与您，共同坚持一种完美的理想典范。"这里采用的主体是屈原，每过端午时候我们必定会想起的历史人物。

又如1992年《辞岁折扣》广告："水仙花是男性，年糕是女性，耍猴戏是男性，年画是女性，皮件是男性，珠宝是女性……"这里采用的主体是过年时候常见的一些特色物品与事件。

文字如此，中兴百货在广告画面上采用的主要元素更是极力渲染民族元素，如书法艺术，能唤起岁月回忆的元素，频繁地出现在中兴百货的广告中：1990年的秋千，1991年的折花与剪纸，1992年的年画、老照片和穗结，1993年的年糕印模，1994年的招贴画，1995年的笔与砚，等等。

后现代意识流广告

从1995年到2000年，台湾经济已经发展到新的阶段，眼花缭乱的物质欲求的膨胀，个性主张成为时尚，个人对精神价值与人文关怀已经不再有特别的情感触动，之前的"中国创意文化"为企业使命的诉求，成为了一种包袱。所以这一时期中兴百货广告的诉求也开始转变风格。中兴百货采用了很多的题材来表现现代人没有自我的生活，画面表现的主

---

① 当消费文化成为流行——看中兴百货如何进行广告诉求 http://hi.baidu.com/and%5Flife/blog/item/2453fc958f27790f7bf480de.html。

体很多时候运用了民族传统的一些元素,而在文案中,已经逐渐地远离了民族美学,诉求方向也从百货公司的"自言自语"转到了以消费者为主体,大量运用了诸如欲望、浪潮、自由、勾引、性别等的词汇,采用的元素之中也融进了大量的西方美学的元素,比如齿轮、卷发、壁画等。文字上运用一些松散的语言关联,广告成为消费者主体模糊性、散漫性、反叛性等意识的张扬。

中兴百货在这个时期也创造出了一些流行语句,比如"把身体当风景看,不要当皮尺量"(1995年),"消费与道德无关,折扣与诚信绝对有关"(1995年),"三日不购物,便觉面目可憎"(1995年),"你可以买得到流行,不一定买得到态度"(1996年),"衣服是这个时代最后的美好环境"(1998年)等(参见表3-2)。

表3-2 中兴百货发展历史[①]

年 份	企 业 历 史
1985年7月16日	中兴百货业股份有限公司/精致生活文化
1989年10月	台北中兴百货全新改装开幕
1989年10月27日	新竹中兴百货业股份有限公司成立/中国创意文化
1991年1月1日	中盛股份有限公司成立
1997年	中兴批发仓储成立分店。为了整合集团内四大企业的形象而做的广告,中兴百货仍然以美学态度作出发点
1998年11月	中兴B馆品饕食坊新开幕
1999年10月	台北中兴百货全新改装开幕
2000年5月	接手明德春天百货
2002年6月	原中兴百货台北店更名为中兴百货复兴店。中兴百货台北复兴店占地面积3000 m^2,规划主要以流行、文化、精致、独特创意为经营特色,塑造优质消费文化楷模。主要引进当红流行名牌男女服饰、童装以及精致生活用品、家饰精品,并特辟品饕食坊,汇集世界美食,提供精致饮食休闲文化。 明德春天百货更名为中兴百货信义店
2004年7月	中兴百货信义店结束营业。中兴百货新竹店转型更名为新竹中兴百货生活馆,新竹店规划占地面积7000 m^2。1993年7月转型再出发,引进灿坤3C第七代旗舰概念店,搭配中兴生活家用品的强项,锁定科技人及年轻消费族群的休闲与体育用品,搭配各式主题餐厅及优质电影院,打造符合科技族群消磨休闲时光好去处,赢得风城科技新贵青睐

从单纯的形象推广到消费者培育,中兴百货跨越出了品牌经营的步伐,它所提倡的生

---

① 品牌影像窥探社会[EB/OL].[2009-5-8]. http://ccs.nccu.edu.tw/UPLOAD_FILES/HISTORY_PAPER_FILES/87_1.pdf.

活态度与价值取向与目标消费者在意识形态领域取得默契，可以说是百货业历史上的一次颠峰，而台湾百货，在某种意义上说，正是在中兴百货的引领下，实现了台湾百货的辉煌。仁爱、远东、SOGO百货在各自的CIS、商品结构、行销定位上都有了清晰的方向。

● 思 考 题

1. 阅读以上材料，试以 BC 理论分析中兴百货广告传播案例。
2. 试从广告文案创意的角度分析中兴广告文案的美学特点。

第四章 定 位

■ 本章导读

　　菲利浦·莫里斯烟草公司的万宝路香烟，行销全球180个市场，在美国拥有38%的占有率，同时也是世界烟草产品的销售冠军。在全球消费者心目当中，万宝路无疑是知名度最高和最具魅力的国际品牌之一。不论人们是否吸烟，万宝路的世界形象和魅力都能给人们留下深刻的印象，令人难以忘怀。而在人们主动性越来越强的传播时代，海王银得菲始终乐意倾听人们的声音，努力找出与之交流沟通的心灵桥梁，然后对症下药，制定出适当的传播策略和传播主张。在我国一片白热化竞争的感冒药市场上崛起，并很快攻占了主导品牌的地位，这便是海王银得菲的震撼！从这两个案例的成功，我们不难看出它们都出色地运用了广告理论史上"定位"这一经典理论，为自己的品牌创造了辉煌。

第一节 "万宝路之乡"
——万宝路香烟广告案

案例概述 菲利浦·莫里斯烟草公司生产的万宝路香烟已连续多年成为全美香烟销售冠军。1954年以前，菲利浦·莫里斯烟草公司仅是当时美国六家主要香烟公司中最小的一家。后来，在烟草行业发展遭遇瓶颈的市场环境中，它眼光独到，掌握了成功的契机，从而一跃成为全美第一香烟公司。从销售而言，全球平均每分钟消费的万宝路香烟就达100万支之多。这是一个惊人的数字，只有在万宝路所缔造的烟草神话里被体现得淋漓尽致。（图4.1、图4.2）

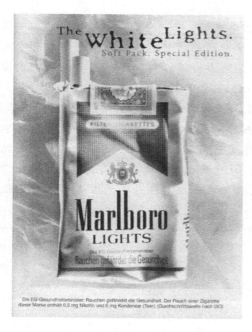

图4.1 软盒万宝路广告

图4.2 硬盒万宝路广告

万宝路的由来

在第一次世界大战之前，欧美的妇女还是很少和香烟打交道的。如果哪位妇女吸烟，她难免会给别人留下堕落、放纵，甚至淫荡等不好的印象。早在17世纪，荷兰的画家就在他们的作品中描绘过吸香烟的妓女。到了19世纪的维多利亚女王时代，色情摄影作品中常会用香烟作为渲染气氛的道具。后来第一次世界大战爆发，女性烟民逐渐开始增加，而她们吸烟的现象也日趋普遍，导致这种变化发生的主要原因有两点。首先，卷烟生产技术得到大力发展，原来的手工卷烟被机器卷烟所替代。这样一来，人们认为香烟越来越卫生、便宜而且易用，因此对女性消费者也产生了极大的吸引力。其次，处于萌芽期的女权主义运动得以开展，妇女不再甘心做男人的附属品和家庭的牺牲品。许多妇女开始规划自己的教育，并去从事一直是男人在承担的职业，争取与男人平等的权利。欧美烟草公司向来嗅觉敏锐，紧紧抓住妇女社会经济地位的变化趋向，极力宣扬女性是可以合理吸烟的，并将这种宣扬与妇女解放联系在一起，将争取平等的吸烟权作为女权主义运动的一个强力象征。

万宝路香烟发源于维多利亚时代的英格兰，并且是妇女专用香烟品牌之一。1847年，菲利浦·莫里斯在伦敦邦德大街开办了烟草销售商店，30年后规模逐渐壮大而发展为公司。菲利浦公司先后推出了几种名牌香烟，并且这些名牌都带有"尊贵"的内涵。"Blues"暗示贵族血统；"Cambridge"取自伦敦区地名；"Derby"代表上流社会热衷的赛马会；"Marlborough"是指马尔博罗市的地名，该城是以菲利浦·莫里斯的好友马尔博罗公爵的封号命名的。因为公爵一直受命支持菲利浦·莫里斯公司，为感谢公爵就将其封号（也是市名）作为香烟商标的一个名称。出乎意料的是，该品牌的香烟销量在当时的英国最高。受时代背景的影响，这些香烟品牌都是很清淡的女士香烟。1902年，总部设在伦敦的菲利浦·莫里斯在纽约开设分公司，并销售包括万宝路在内的香烟品牌。1924年，万宝路被宣传为女性的香烟，宣传口号为"像五月的天气一样温和"（Mild As May）。

刚开始，万宝路怀着对女性烟民的诱惑意图，想在她们中间开辟一块属于自己的市场，然而随着时间的慢慢流逝，有着悠久历史与优秀品质的万宝路品牌，并未如它所期望的那样在广大烟民中产生强大的号召力。莫里斯开始认真地思索原因，终于，他发现万宝路之所以不足以打动人心是因为这个阶段的品牌只关注现实需求，并且品牌形象过于"温和"。现代人都是生活在狭窄拥挤的城市中，四周布满的是钢筋水泥。人们向往那一望无际的蓝天、宽广辽阔的草原、奔驰有力的骏马以及强壮矫健的骑马者。于是，一种有力的想法呼之欲出，那就是让万宝路也摇身变成牛仔，骑上骏马，自由地奔跑起来。自那以后，温文尔雅的万宝路不见了，替代它的是一个粗犷豪放、野性不羁的万宝路。

曲折的发展

第一次世界大战后，伴随着一些新技术的突破与革命，美国靠着在战争中积累下的雄厚资金，在全国掀起了一股更新生产设备、扩大生产规模以及采用新技术的热潮。与此同时，美国还大力推行"工业生产合理化运动"。这在无形中刺激了民用工业的发展，使得战前占主导地位的军用工业开始向民用工业大力转化。垄断资产阶级还加强了工业部门的科学研究工作，从而推动了新技术在工业生产中的应用，促进了经济的迅速发展。此时的资本主义世界处于相对稳定时期，英、法、德在经历第一次世界大战后，经济处于停滞或恢复状态，而美国经济势力却在极力向外扩张。当然，在夺取新的海外市场的同时，也没有忽略掉重要的国内市场。这一时期，垄断资产阶级更是绞尽脑汁，用各式各样的方法扩大广告宣传来刺激日用生活品的消费。

美国20世纪20年代曾一度被称为"令人迷惘的时代"。经过第一次世界大战的冲击，许多青年都自认为受到了战争的创伤，因为他们中的大多数人曾怀着民主的理想奔赴欧洲战场，结果却目睹了人类空前的大屠杀，经历了种种苦难，深受"民主"、"光荣"、"牺牲"等口号的欺骗，对社会、人生都大感失望。所以，战后他们认为只有拼命享乐才能将这种创伤冲淡。他们要么在爵士乐的包围中尖叫，要么沉浸在香烟的烟雾缭绕当中。无论男女，他们嘴上都会异常悠闲地衔着一支香烟，雅致地吞云吐雾。女士们尤其注意自己的红嘴，并且会精心地化妆，挑剔衣饰的颜色，感慨红颜易老，时光匆匆。上帝在创造女性的时候就赋予了她们爱美的决心和力求完美的意志，因此她们开始经常抱怨白色的香烟嘴沾染了她们唇膏的色彩。

正是契合了这种有利的环境，"万宝路"出现了。"MARLBORO"其实也是"Man Always Remember Love Because Of Romance Only"的缩写，意思是"男人们总是忘不了女人的爱"。其广告口号是"像五月的天气一样温和"，用意在于争当女性吸烟者的"红颜知己"。为了表示对女烟民的关心与体贴，莫里斯烟草公司把万宝路香烟的烟嘴改为红色。策划者们的意图是，通过这种无微不至的关怀来感动无数爱美的天使，从而拓展销路。然而几年的时间晃眼而过，莫里斯心中期望的销售热潮始终没有出现。20世纪30年代，万宝路也同其他消费品一样度过了由经济危机所带来的大萧条岁月，这时它的名字鲜为人知。第二次世界大战爆发以后，烟民数量急剧上升，并且香烟过滤嘴开始出现。它告知消费者过滤嘴可以将有害的尼古丁阻挡在身体之外，这样烟民们可以放心大胆地抽自己喜欢的香烟。莫里斯公司也忙着给万宝路配上过滤嘴，希望以此能获得转机。万宝路把最新问世的过滤嘴香烟重新搬回女士香烟市场并推出三个系列：一种为简装，一种为白色与红色过滤嘴以及广告语为"与你的嘴唇和指尖相配"的那种。当时美国香烟消费量每年达3820亿支，平均每个消费者要抽2262支之多，然而万宝路的销路仍然不佳，吸烟者中很少有人抽万宝路的，甚至知道这个牌子的人仍然极为有限。

奇迹的诞生

莫里斯深深感受到了状况的糟糕，为解决这样一个令人担忧的问题，1954年他向当时非常著名的策划人李奥·贝纳求救。贝纳需要为他解决的关键问题只有一个：如何让更多的女士购买万宝路香烟？首先，要针对公司面临的资源处境：既定的万宝路香烟产品、包装等；接着，需要完成这样的任务：让更多的女士熟悉、喜爱从而购买万宝路香烟。贝纳对香烟市场进行了仔细深入的分析和考察之后，决定完全突破莫里斯烟草公司限定的资源和任务，对万宝路进行全新的"定位手术"。他大胆提出：将万宝路香烟改变为男士香烟，不再是淡口味香烟，而是加重口味，增加香味含量。同时对其形象进行一系列的大胆改造。如在产品品质不变的基础上，包装采用当时首创的平开式盒盖技术，并将名称的标准字"MARLBORO"尖角化，使之更富有男性的刚强，并以红色作为外盒的主要色彩等。

广告上发生了令人惊讶不已的重大变化。万宝路香烟广告开始强调硬铮铮的男子汉气概，不再以妇女为主要诉求对象，以浑身散发粗犷、豪迈、英雄气魄的美国西部牛仔为品牌形象，吸引所有喜爱、欣赏和追求这种精神的消费者。菲利浦公司开始使用了马车夫、潜水员、农夫等作为具备男子汉气概的广告男主角。但最终还是将理想中的主角形象落到美国牛仔的形象上。一个目光深沉、皮肤粗糙、浑身散发着粗犷、豪气的英雄男子汉出现在画面里，他的衣袖高高卷起，露出多毛的手臂，总是夹着一支正冉冉冒烟的万宝路香烟。（如图4.3、图4.4、图4.5所示）这种透出浓厚男人刚强味道的广告于1954年问世，给万宝路开辟了极大的有效的市场。仅1954—1955年间，万宝路销售量就提高了3倍，进而一跃成为全美第十大香烟品牌；1968年其市场占有率更是上升到全美同行第二位；后来，万宝路发展到每年在世界上要销售香烟3000亿支，其品牌价值日益提升。有分析家指出：世界上每抽掉4支烟，其中就有一支是万宝路。

图 4.3　万宝路平面广告 1

图 4.4　万宝路平面广告 2

图 4.5　万宝路平面广告 3

案例评析　万宝路的成功除得益于香烟滤嘴、独特的外包装外，更得益于优秀的广告传播策略。为了使广告效果逼真，在万宝路香烟广告、海报中出现的人物，都是传播者找来的地道的美国西部牛仔，而非专业模特。代表自由、粗犷的男性牛仔和听来令人印象深刻的配乐结合得十分成功。在全世界贯彻一致性的广告传播策略，奠定了万宝路香烟在各个国家消费者心目中的统一、完整、深刻形象的基础，而菲利浦·莫里斯公司也因此创造了最大的广告效果和营销效益。

从女性到男性的变身

万宝路从 1924 年面向市场，一直到 20 世纪 50 年代其营销效果并不理想。刚开始，它的广告形象过于柔和，因此并没有给广大女士们留下什么深刻印象。因为，"像五月的天气一样温和"显得如此文雅，而且似乎是向女性身上特有的温柔气质靠拢，所以失去了大批潜在的男性消费者。将产品定位为女式烟，在当时来说的确是蕴含了特殊的传播策略，或许女性烟民本身就是一个特殊的消费群体。这样的一种广告定位虽然突出了品牌的个性，同时也很明确地表示了对某一类消费者特殊的关爱，不仅没有为它的发展带来明显促进，反而导致它的消费群受到限制。首先，女性对服装的热情要远远胜过她们对烟的爱好；其次，她们在变成贤妻良母之后就不会再放纵自己，也不允许自己的孩子抽烟。女性往往还会出于爱美的心理而害怕因为过度抽烟而使牙齿变黄、面色受到影响等，所以在抽烟之前她们要比男性烟民考虑得更多也节制得更多。

在女性市场上的挫败使得万宝路陷入了细致的思考中，就在紧要关头，李奥·贝纳给万宝路带来了重生的力量，他将美国西部文化注入到万宝路的广告里，使之转而进军男性市场。西部亚文化的特征主要表现为自由探索、勇于开创以及不畏冒险，而且很好地体现了淳朴的自然性与人性之间的交流。在这块文化土壤上生长的主人公就是帅气慷慨的牛仔，他们稳重豪迈，强悍洒脱，粗犷不羁。这样的魅力正是万宝路征服男性烟民所需要的气质。

于是，广告画面上出现了一位地地道道的牛仔，他在点燃一根万宝路香烟时所表现出来的那种满足感，深深触动了广大的烟民。

自此之后，万宝路与牛仔结下了不解之缘，其品牌也具备了超越烟文化的内涵，那就是专属于自己的西部文化价值和独一无二的产品个性。注入了亚文化特性的广告，正是这样赋予了万宝路品牌的核心价值。

传播者们并没有止步于已获得的成效，尽管万宝路已经展现出巨大的活力，但它的牛仔运动开始呈现出城市文化与西部文化不伦不类的混合特点。当牛仔与华尔街或好莱坞圆形竞技场等典型城市地标呆在一起的时候，它们之间总少了一份交融的感觉，也显得极其不协调。在认真地分析和思量之后，传播者得出了这样的结论：牛仔还是应该回到大自然里面去。不同的亚文化之间难免存在隔阂与阻碍，因此不能机械地结合两个不同的文化载体，而应该靠文化本身的感染力与渗透力。

广告形象仍然采用大草原上的牛仔，品牌内涵仍然锁定西部文化价值，而传播过程由牛仔运动变成了"万宝路故乡"。其经典的广告语"今夏无论你走到哪里，无论去哪一个州，你都会置身于万宝路故乡"更是极好地展示出这一变化的内在魅力。

故乡，一个听着就让人觉得温暖与留恋的地方，而故乡的文化正是哺育着孩子长大的精神财富。这种发自内心的话语已经在万宝路和人们之间成功地搭起了一座沟通桥梁，通过这座桥梁万宝路稳固地走向每一位烟民，从而使自己得到广泛认同与接受。居住在城市里的人每天工作烦累，渴望一个安静的空间，想要轻松的生活情调，重温孩提的美好时光。那么，抽一根万宝路香烟，它仿佛就让你在吐出的烟雾中看到了自己的牛仔形象，看到了自己遥远的故乡，看到了自己往昔熟悉的亲人。这一切，在"万宝路的故乡"里都是如此安稳，不受任何打扰。

当然，孩子总归要迈出家门去见识外面的世界，就好比万宝路也是时候去征服本国以外的烟民以获得更大的市场。贝纳创意小组又开始竭力思考了，一场新的品牌定位革命发生，"万宝路的世界"被他们提出。

正如这一阶段的广告语所说："驰骋纵横，尽情奔放，这里是万宝路的世界！欢迎您加入万宝路的世界。"很显然，广告的意境有了质的提升，对牛仔和西部文化的刻画也更加富有灵性和人情味。（如图4.6、图4.7所示）

在之前提出的"故乡"基础上，这次"世界"概念的提出就更加具有亲和力，透露出一种淳朴真诚的感情，抹掉了外国广大烟民心中的距离感，仿佛大家都可以超脱现实而步进万宝路迷人的世界里。民族的便是世界的。在世界大文化的舞台上，不同地区的文化形

第四章　定　　位

图 4.6　"万宝路之乡"平面广告 1

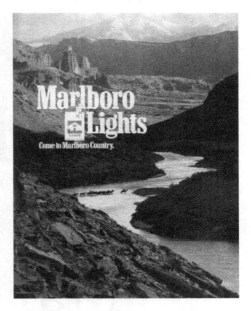

图 4.7　"万宝路之乡"平面广告 2

态除了互相摩擦，互相交流，也是可以互相融合的。只是在这个融合的过程中他们需要一个相同的介质和一个相同的栖息地。广告告诉人们，万宝路香烟正是这种介质，不同地方的人通过它看到彼此口中的烟雾。而"万宝路的世界"正是这样一个栖息地，各地的人们通过它结成新的文化形态——万宝路文化。在这片新的文化中，香烟似乎成了高于生活中的英雄，人们的眷念在大草原和牛仔的奔腾声中得到淋漓尽致的渲染。谁选择了万宝路香烟，就意味着选择了一个崭新的世界，它蕴含了勇敢奋进，毫不畏惧的开创精神。

醒目的品牌识别体系

美国金融权威杂志《富比世》专栏作家布洛尼克在 1987 年与助手们调查了 1546 位万宝路香烟爱好者。该项调查表明：许多被调查者坚定地说喜欢万宝路是因为它的味道好，烟味浓烈，使他们身心都感到非常愉快。但是，布洛尼克怀疑真正使人着迷的并不是万宝路与其他香烟之间那微乎其微的口味差异，而是万宝路广告给香烟建立的品牌识别体系。他做了一个试验：向每个自称热爱万宝路香烟味道和品质的瘾君子以半价提供香烟，虽然这些简装烟外表看不出牌号，但的确采用真货，保证质量同商店出售的万宝路香烟完全一样，结果只有 21% 的人愿意购买。布洛尼克解释这种现象说："烟民们真正需要的是万宝路包装带给他们的满足感。"调查中，布洛尼克还注意到这些万宝路爱好者每天要将所抽的烟盒拿出口袋 20~25 次。可以看出，广告赋予万宝路的形象已经像服装、首饰等各种装饰物一样成为人们身份的一种独特象征。

烟盒上耀眼的红色徽章与黑色字体的精心搭配，所有这些色彩都经过了色彩研究协会所做的消费者调查，证明是最佳配合，醒目突出。吸烟者当然愿意将它拥入怀中，并能从烟盒下方的恺撒大帝名言中找到一种所向披靡的感觉，仿佛自己是一个尚武的征服者。（如图 4.8 所示）

广告画面上那只吸烟的手并没有显示出强健的肌肉，只是手背、手腕都布满了纹身。

图 4.8　万宝路 LOGO 设计

纹身暗示：一个成功的男人总是选择该品牌的香烟。那么，对于女人来说，它暗示了一段浪漫的过去。品牌的特性一下彰显出来，如果你选择了它，那它也就代表了你的形象。（如图 4.9 所示）

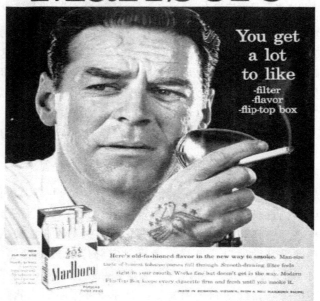

图 4.9　万宝路早期平面广告

人们购买万宝路的真正动机是出于对西部大草原和硬朗的男子汉个性的向往，带着亚文化内涵的传播极好地诠释了品牌定位，也迎合了人们渴望骑上骏马，摇身成为牛仔的个人英雄心理。

突出品牌定位，重视文化价值

当信息如海水般涌进人们的大脑时，传播活动该如何应对从而达到自己预期中的良好效果？很显然，一个独特的小众化的传播时代已然来临，市场不再一味接受千篇一律毫无新意的传播符号。传播者需要对人们进行全方位的了解，从而对自己所要传播的内容做出准确的判断与定位。著名传播学者郭庆光曾提出：在传播活动进行时，使整个过程顺畅成立的重要前提之一，是传授双方必须有共通的意义空间。在广义上来说，这种意义空间指人们大体一致或接近的生活经验和文化背景。由此不难看出，了解文化特性对传播效果的影响力是可见一斑的。然而，随着经济的发展和社会的进步，现代社会的人们都分属于不同的群体和组织，因此各自身上所带有的文化特征都不尽相同。我们把这种在主流文化背景下所产生的与其相对应的集体文化称为亚文化。亚文化是某一区域或某一特定人群所特有的观念和生活方式，它是一个相对的概念，是总体文化的次属文化。

广告作为一种极具代表性的传播活动，与亚文化之间的联系也日趋紧密。无论是什么样的广告，它里面都包含了各种各样的亚文化因素，但往往是其中一个最重要的因素占据主导地位，承托广告与产品的核心价值。亚文化在使消费者的行为越来越深奥时，也给广告提供了多元化的定位渠道。如果广告的诉求能很好地迎合其受众亚文化的特质，那么这场传播活动便可以引起极大的共鸣，进而取得良好的成效甚至出现奇迹。无疑，万宝路的广告正是这种成功的典范，它非常巧妙地抓住了美国西部文化这一亚文化特质，对向往它的人群展开极富魅力的说服，将万宝路的成功之路描画得如此合理、如此自然。

万宝路的成功之路走得很艰辛，但却不是偶然。它那出色的广告赋予了品牌奇迹的关键力量，一次又一次地给予它准确无误的产品定位。从柔弱的女性到强悍的牛仔，从城市中心到西部大草原，从西部的牛仔到世界的勇者，万宝路的定位始终扣住文化的核心价值来包装自己从而引起人们的共鸣。万宝路的广告里充满了想象的旋律，也充分地展示了品牌的个性，毕竟，在价值观念越来越多元化的时代，万宝路只有个性鲜明才会深受烟民的青睐。作为烟草行业中的佼佼者，它不仅在商业上取得了巨大的成功，还构建了令人不容忽视的"万宝路"文化。而这种文化如今正在猛烈冲击着各类商业文化，甚至强力地渗入到人类文明之中。这一场伟大的广告活动已经堪称一种艺术，并逐渐影响到了我们的认知与思维，这种影响有时会比万宝路香烟更快地被传播到世界各地。当然，正是由于它赋予了万宝路这种多元化的设计，从而打造出了一个极具立体感的品牌神话，值得令人细细品味。

● **思考与讨论**

1. 万宝路在定位为女性香烟时，其传播效果和销量都不甚理想。在注入了西部文化的核心价值之后，奇迹出现了，一跃成为烟草行业的领导者。如何看待文化对传播活动的影响力？

2. 从万宝路两个截然不同的定位以及充满戏剧性的效果分析，广告在塑造品牌形象，以及保持传播效果的过程中是如何发挥作用的？

3. 目前烟草广告被相关政策严格限制，而且四大传媒也都禁止做烟草广告。那么，在这样的社会环境中，有没有可能再诞生出如万宝路或骆驼一样的烟草品牌神话？

● **相关知识链接**

李奥·贝纳 李奥·贝纳（Leo Burnett，1891—1971）于1935年创立的李奥·贝纳广告公司，如今在全美13家年营业额超过10亿美元的大型广告公司之中名列前茅，年营业额在20亿美元上下。李奥·贝纳最伟大的成就是替万宝路香烟做的广告。一次他在谈到自己的创作方式时提到:"我的方法就是把自己浸透在商品之中。我深信,我应该去面对实际,对我要卖给他商品的人们,做极有深度的访问,设法在心中把他们是哪一类人勾勒出一个轮廓。他们怎样使用这种商品,以及这种商品是什么。虽然他们不告诉你这么多,但你一定要发现并启发他们购买某种东西或者对某一类事情产生兴趣的动机。"李奥·贝纳广告公司与菲利浦·莫里斯公司和睦相处近40年,从未出现过危机,这种合作关系是如此的融洽。在双方的密切配合之下,万宝路香烟广告佳作迭出。除此之外,李奥·贝纳还与许多广告客户建立密切的合作关系。正因为如此,美国电报电话公司、麦当劳、P&G公司都选择李奥·贝纳作为他们的广告代理。李奥·贝纳在广告创作上的出色表现,使他成为最早获得纽约文案俱乐部所颁发的"杰出撰稿人"之一。

过滤嘴的发明 在20世纪20年代,由绉丝纸制成的卷烟过滤嘴首次引进欧洲卷烟市场。但是,直到20世纪50年代,随着醋酸纤维的开发,过滤嘴卷烟才开始得到消费者的广泛认可。20世纪六七十年代,英国生产的所有卷烟都使用过滤嘴,在过滤嘴末端还有一层装饰纸。随着KDF2——乙酸酯过滤嘴制造商的出现,对纸张的使用大大减少了。绉丝纸尽管比醋酸纤维有更强的去除焦油和尼古丁的能力,但它有"纸张的味道",消费者往往不喜欢这一点。而且,纸张较软,在吸烟的过程中污染严重,因此不宜直接作为过滤嘴使用。Lyocell是一种再生纤维素,是由Accordis公司于20世纪90年代末开发的。当它转化为一种纸用来制成过滤嘴时,它可能是最有效的过滤嘴。与传统的绉丝纸和醋酸纤维的效率相比,Lyocell的纤维组织非常多,大大提高了去除烟雾的效率。卷烟过滤嘴的三种主要功能包括直接拦截、惯性压紧和扩散沉淀。最普遍的是直接拦截过滤嘴,也就是说焦油小滴从烟雾中分离出来后,当它们到达过滤嘴材料的表面时就附着在上面。

第二节 "治感冒,快,海王银得菲"
——海王银得菲药品广告案

案例概述 深圳海王药业有限公司是海王生物上市公司旗下专门从事处方药和OTC药品研究、生产和销售的子公司。它成立于1989年,是深圳市首批高新技术企业和863计划成果产业化基地,现已获准成立企业博士后工作站。海王药业拥有一套独立的现代化生产制造体系,通过国家药品生产GMP认证;拥有完备的市场营销体系,建立了以大城市为中心、以市场策略创新为特色的多层面和立体化的营销网络;拥有较成熟的产品体系,包括抗肿瘤系列、心脑血管系列、抗感冒系列、抗生素系列等药品。海王银得菲的品名叫做双扑伪麻片,成分主要有扑热息痛、盐酸伪麻黄碱和扑尔敏,主要功能就是快速解除感冒早期的各种症状:鼻塞流涕、打喷嚏、发热、头痛等。

打开市场大门

据权威机构——中国非处方药协会的统计,在中国常见病症的自我诊疗比例中最高的是感冒,占常见病症的89.6%,高出第二位30个百分点。如此之高的自我诊疗率使得众多感冒药的目标消费者不再去医院治疗感冒,而是去药店自行买药。因此,在中国药品零售市场中,感冒药的销售额约占药品零售总额的15%左右。按照中国OTC市场销售额为

200亿元来计，感冒药的市场份额约为30亿元，且年增长速度在20%以上。诱人的市场空间吸引了众多医药企业纷纷涉足感冒药领域，争抢这块巨大的市场蛋糕。在我国多家制药企业中，有1 000多家在生产不同种类的感冒药，激烈的市场竞争使各感冒药生产企业在广告方面不惜投入重金，促销手段也多种多样。尽管消费者熟知的感冒药品种至少有二三十种，但调查显示，占据着感冒药市场绝大部分份额的是康泰克、白加黑、速效、感康等几个品牌，并且这几个品牌的销量以较大的优势领先于其他品牌。通过它们的市场销售情况可以看出，感冒药市场已经被领先品牌所控制，感冒药的竞争已进入品牌竞争时代。[①]

中美史克的感冒药一直以高人一筹的营销手段、强大的品牌号召力独占半壁江山，令其他生产感冒药的企业只能望之兴叹。然而，2000年11月5日，中国国家药监局发布紧急通知，要求停止销售内含PPA的感冒药物，并同时公布了内含PPA成分的药物名单。康泰克首当其冲，因此全面退出市场。基于这种环境，其他各种感冒药品牌终于等来了一个出人头地的机会，因为内含PPA的感冒药物的退出给它们提供了一个扩大市场销售额的极好时机。然而，这一事件发生时，深圳海王药业公司还在对其内部进行调研，正处在海王品牌规划的初期，并没有涉及具体的产品推广，所以等到推广海王银得菲的时候，"PPA事件"的影响基本已经过去了。对于高价位的感冒药市场，因康泰克退出而留出的空隙还是有的，尽管海王银得菲失去了第一反应时间的机会，有些遗憾，却丝毫没有影响它迈开的通向成功之路的步伐。

推广与巩固

聪明的传播者从不会抛开"市场"进行有限的思考活动，他们会重视原始数据的采集，会仔细分析市场上任何有价值的现象，正如海王银得菲的推广者。可以说，将银得菲的诉求定位为"快"，这一个独特之处是由市场决定的。在中国，极大多数人把感冒只看作是一般的小毛病，觉得医治与否都无关痛痒，所以很少有人会因为它而迫使自己的工作或学习中断，除非是患上了病毒性的重感冒。然而，事实上感冒虽是小病，可它往往有极强的拖延能力，能断断续续地进行好几天甚至几十天。市场上已经出现的很多药品尽管能减缓感冒所引起的咳嗽、鼻塞之类的症状，但疗效却很慢，这也成为许多人感冒了不会买药治疗的原因。因此，银得菲的出现刚好迎合了市场的潜在需求：人们需要治感冒"快"的药品。只有将这个新品牌的诉求定为"快"，才能传达给目标受众一个这样的信息：不要再忽视感冒，同时也不要再担心感冒，大家有了一种新选择，而这一选择将会让感冒很快地从你身上消失。无论如何，这给广大的受众树立了一个体贴的品牌形象，令人刮目相看。

2001年可以说是"海王广告年"，尽管这一年广告的投放并没有多于其他竞争对手，因为实行了企业品牌策略，所以只要接触海王的产品便能够接触到海王这个品牌。海王知名度的提升在很大程度上依赖于这个策略的成功运作，也使得海王非处方药市场的销售额出现了大幅的增长。海王的广告创意总监叶剑提及：广告是品牌运动和塑造中非常重要的一部分，是品牌树干上的一大片绿叶，它展现了品牌的一部分，并且为品牌保持活力作出了巨大的贡献。品牌是企业的核心价值，广告有很多类型，有时候广告就像表皮上的细

---

① 左亮. 中国感冒药市场分析及2004年市场预测. 中国营销传播网.

胞，会不断生长也会不断脱落，而企业品牌是长期存在的。广告要达到两个要求：为企业品牌服务，为产品销量服务。从这个角度上来说，海王的广告所走的辟新之路是很成功的。首先，他们明确了品牌的方向，并用正确的策略去表现，一次又一次地重复，最终在消费者心目中建立起明确的品牌联想。重复是关键的一步，正是因为它赋予了广告创作一种浑然一体的主旋律，进而引发了受众的震撼与共鸣。量总是给人一种强势的感觉，而量的塑造通常有两种手段：一是大量的媒介投入，二是系列化的广告表现。前者靠的是费用的额度及费用使用的技巧，但后者则是一种强劲的心理战术。不难看出，海王银得菲的系列化广告放大了品牌在消费者心中的形象，暗示了这个品牌的厚积薄发，在无形中增加了品牌的影响与感染力。此外，海王拥有一个优秀的品牌管理小组和管理机制，这些品牌管理者经常审视品牌，检验品牌，对品牌策略做出调整，并建立了一个品牌的回馈系统，等等。

最后能够认识到，海王银得菲的广告创意和海王的企业精神有着高度的内在联系。传播者将"关键时刻"这个创意理念放到一个获取健康的表现环境中，借此表现出企业的总体精神。海王集团的企业概念是"健康成就未来"，健康是生活的基础、事业的基础以及美好未来的基础，健康是一切的保证。这是海王对健康问题的总体看法，对健康问题的解释，并具体到用广告语来表达这种意念，那就是"关键时刻会影响未来。只有健康才让一切努力成为可能"。"关键时刻，怎能感冒"，强调快治感冒快速夺回健康体魄的意义，从本质上秉承了海王的企业总体精神。而银得菲的广告创意也给海王族群品牌的延伸预留了灵性的空间。运用企业品牌策略，最大限度地利用品牌的杠杆力，使每一次的传播都能够为同一个品牌服务，其累计的效应是难以估算出的。在传播前，有着统一企业品牌的核心理念，各个子品牌都是在为共同的目标努力奋斗，产生的传播效果可想而知要比单一作战更好。在海王的企业文化里可以看到："健康是成就事业、成就幸福、成就人生、成就未来的基础，是人类永远的追求与梦想。海王所从事的正是维护人类健康这样一项光荣的事业，贡献优质的产品和服务，努力改善人们的生活质量，这是我们进步和发展的唯一目标。"海王银得菲的表现概念与这个理念是完全交融，并为之服务的。如果在生活中的关键时刻发生各种尴尬，有时候令你必须承担因此导致的后果，但海王银得菲的出现，能够帮你快速解决感冒症状，让你远离麻烦，远离误会，自然成就健康，你的明天也变得更加美好了。

案例评析 在整个传播活动发展的潮流下，人们在传播过程中的作用越来越受到重视。购买者是积极主动的信息寻求者，他们按照自己的兴趣去寻求各种信息，以满足自己的需求。购买者会对外来信息进行"选择性接触"，而这一举动对传播的过程与效果都具有明显的制约作用。因此，研究购买者心理对于顺利开展一系列传播活动是极为重要的。尤其是在市场经济条件下，品牌竞争处于相当激烈的状态，只有紧扣市场环境与购买者心理，才能制定出精准可靠的发展战略，从而为品牌打下坚实的基础。海王的广告传播者并没有一味地以自己为中心，他们重视每一个购买者，重视购买者的心理，所以海王在制定方案之前进行了大量的定性座谈，搜集购买者发出的声音线索。当"独特的诉求"与"优秀的创意"遇到一起，这两者双剑合璧所产生的传播效果是不容小视的，而海王银得菲将这一招数运用得恰到好处。

独特定位——"快"

对海王银得菲进行的市场定位是"快",但在确立这一产品定位的过程中遇到不少艰辛之处。首先,需要解答这样一个问题:究竟什么人追求快速治疗感冒?毋庸置疑是追求效率的人,而只有追求生活质量的人才会追求效率,只有工作繁忙的人才会注重效率,因此海王银得菲将目标受众锁定为18~40岁的人,尤其是他们中的中高收入、追求生活情趣、希望生活充满变化、并能够突破传统尝试新鲜事物的人,他们拥有自己的想法主张以及年轻的心态。当时市场上有很多感冒药的广告,比如"白加黑"的诉求点是白天服用白片不瞌睡,康必得的诉求点是中西药结合,康泰克的诉求点是缓释胶囊。这样,第二个"艰辛"产生,那就是如何顶住压力创意并超越它们?在广告表现策略上,每个品牌都有自己的诉求主张,因此海王银得菲一开始就要尽量避免概念表现和其他品牌的重复或重叠,必须做出独特而醒目的表现以从大堆的感冒药广告中突围出来,进而引发消费者的关注。

国内感冒药市场竞争已经非常激烈,不乏一些有着较好市场基础的产品,并且名牌产品还不少。据权威统计,2001年中国感冒药电视广告投放总额为23.8亿元,高居所有药品广告量榜首。PPA事件令国内感冒药市场份额重新分配,在这个关键时刻挖掘并确立产品的独特卖点显得尤为重要。在研究海王银得菲的产品功能后,传播者发现海王银得菲治感冒的特点首先就是"快",尤其是针对鼻部症状。于是,"快"成为了广告的创意源头,变成了银得菲产品功能的诉求点,同时它为产品的定位指明了方向。那么,接下来就需要解决如何将"快"转变成表现概念的问题。

在对大量的实际情况进行考察之后,创意者发现:在感冒早期的症状中,打喷嚏是非常常见的,但却最容易被人忽视,然而医生指出在打喷嚏时就服用感冒药效果是最好最迅速的。紧接着他们又仔细分析已有的众多感冒药广告,结果是,在许多感冒药广告的表现中,还没有以打喷嚏作为表现症状的,大多是以头痛、发热、鼻塞流涕、咳嗽等症状为主,比如康泰克——流鼻涕,易服芬——发热,泰诺——发热,白加黑——全面解决感冒症状等。同时,他们在市场调查中发现在感冒早期治疗过程中,自己买药的人约占80%,这个时候医生还未介入治疗过程,因此取决权完全在患者手里,而海王银得菲的特点就是在感冒早期治疗时见效快。基于这些观察所得,在广告创意初期,传播者把"快"的概念和产品联系在一起,并为产品的表现增加戏剧性。由于海王银得菲的购买者定位比较年轻,所以夸张的广告创意并不会阻碍传播效果,而是会给人们留下深刻独特的印象。[①]

关键时刻,获取创意

至于关键时刻的视觉表达如何体现?这的确困惑了创作者的大脑。在确定早期的广告表现以打喷嚏为创意点之后,就进入了表现概念的阶段,而大多时候创意的表现概念和表现手法都是同时产生的。怎样寻找一个大的创意概念,独特醒目,并使得品牌表现具有延续性呢?广告总监在接受采访时提到了这样一个小插曲,他说:"从接到银得菲的案子到做出广告表现到广告片制作完成,总共就用了25天,我几乎是日夜在工作,包括走访市场、消费者座谈、竞争资料收集、制定市场策略、研究创意策略、审批药品广告等,其中

---

① 叶剑. 海王银得菲广告策略及广告语创作访谈录. 中国营销传播网.

很多流程都是在交替着进行。其间我去了一趟外地出差,在火车上,随着火车的节奏,紧张的心情忽然就放松下来了,许多思路也慢慢变得更加灵动了。在车厢里,我的对面坐着一位健谈的老教授,忽然,看报纸的老教授打了一个响亮的喷嚏,紧接着又打了一个。报纸破了一个大洞,这时我透过大洞看见了教授尴尬的表情。当时我满脑子都在思考如何寻找好的形式体现'关键时刻'这一创意,没想到正是这个喷嚏激发了我的灵感,脑中忽然就闪现这样的一句话'关键时刻,怎能感冒?'于是,我马上跟团队讨论,结果大家都非常兴奋,觉得它是一个非常好的创意概念,也非常符合我们前面做出的策略。"

那么,究竟在什么时候打喷嚏是最尴尬的呢?他们从喷嚏引发的两种表现形式出发:声音和气流,这样,创意的表现就变得容易了。打喷嚏的声音当然是在安静的时候引发更大的尴尬,比如说在图书馆的阅览室、宝宝睡着的时候、打猎的时候、偷听的时候等。而打喷嚏的气流引发尴尬就更有意思了:敬茶的时候、开会的时候、吹生日蜡烛的时候等。下面以电视广告——生日篇为例。

过生日的时候,在大家都期待你吹灭蜡烛准备狂欢但你却打了一个喷嚏,不仅把蜡烛弄灭了,还把感冒细菌送到了生日蛋糕上,这样关键的时刻怎么不令你倍觉尴尬?创意的声音从开始是唱生日歌,借此引发受众的关注,特别是当天过生日的人。广告片最后画面一黑,也更加突显了创意的张力。另外,传播者放弃拍摄 30 秒广告,而只拍 15 秒的广告,因为一方面最终投放最多是 15 秒的广告,另一方面创意概念的简洁和戏剧化用 15 秒来表现更为合适,并将媒介计划也全部安排用 15 秒,以及用系列广告同时投放的方式更增强创意的趣味性。

海王银得菲的广告极富有吸引力,并且让人感觉诙谐幽默。"关键时刻,怎能感冒?"这一创意概念不仅有很大的发挥空间,还具有时空的无限延伸性。这个创意为银得菲挖掘出很大一批以前感冒了从不吃药的消费者。这些人过去都认为感冒是小病,挺挺就没事了,但银得菲的一系列广告片却能够使他们的态度发生转变。广告片里清晰地表现出因为喷嚏而引发的尴尬与麻烦,而往往这些误会是没有必要发生的,所以使得广大受众开始认识到及早治疗感冒的重要性。既然已经知道感冒需趁早医治,那么药品的选择就应具有针对性,这时银得菲以专业的姿态现身,告知大家它是治感冒见效"快"的最佳药品,再加上定位明确的标识:治感冒快,海王银得菲,以及简洁有力的广告语:关键时刻,怎能感冒?这一系列的传播过程在受众心里不仅留下了特殊深刻的印象,而且产生了非同一般的传播效果和影响。

其中"生日篇"的影响也最大,如今很多人在唱起生日歌的时候会刻意模仿广告片中的动作,打个喷嚏来吓唬别人,而周围的朋友们也都能很快地反应,"关键时刻,怎能感冒?"会从他们的嘴里脱口而出(如图 4.10 所示)。这种生动的广告片在给受众传达信息的同时,也在缓解他们的压力,使他们迅速忘记了生活工作的烦闷,让人的心情为之变得轻松许多。如同海王银得菲的效用,会帮助大家在病菌侵入的最初阶段对抗它们,从而轻松地驱散感冒病菌,使身体得到最有保证的健康。在系列广告投放 2 个月后,在全国 4 个城市进行调查,结果显示知名度为 89%,而投放前 10% 都没有达到,这样的传播效果毫无疑问是给海王银得菲注入了一粒强心剂。下面是海王银得菲系列广告创意。

《生日篇》

生日蜡烛已经点燃,突然一个喷嚏,蜡烛倒是灭了,蛋糕也给糟蹋了……关键时刻,

 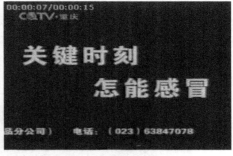

(a)　　　　　　　　　　　　　　(b)

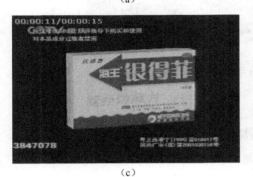 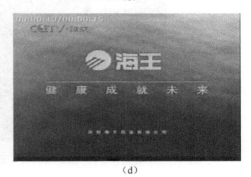

(c)　　　　　　　　　　　　　　(d)

图 4.10　海王银得菲"生日篇"电视广告截图

怎能感冒？——治感冒快，海王银得菲！

《剃头篇》

明天有一个重大演出，发型可是塑造形象的关键。就差最后一点，发型师突然一个喷嚏，全毁了……关键时刻，怎能感冒？——治感冒快，海王银得菲！

《中奖篇》

买彩票都买了快一年了，时来运转，今天终于中奖。女友跟着激动万分，突然一个喷嚏，彩票消失在萧萧狂风中……关键时刻，怎能感冒？——治感冒快，海王银得菲！

《宝宝篇》

使尽浑身解数，终于哄得宝宝入睡，突然一个惊天动地的喷嚏，惊醒了宝宝，哭声顿起……嗨，都是感冒惹的祸！关键时刻，怎能感冒？——治感冒快，海王银得菲！

每个关键时刻均有快治感冒的要求，但并未出现感冒患者形象，一声"啊欠"将感冒情形交待得一清二楚，既表现出感冒需治，同时也准确地传达给受众治感冒要"快"的信息，产品核心价值体现得如此巧妙。每一个情节的设计，每一个细节的处理，都经过反反复复的精心安排，可谓功夫花得不露声色，却令人不言而喻。

备受好评的包装

银得菲商品包装上那只蓝色箭头是创意者的极好发挥，是铸就产品影响力非常重要的一个元素。之前的包装不够独特醒目，并且偏于温情，在货架上比较容易被其他竞争对手的品牌淹没，另外也不利于对购买者进行心理暗示。产品包装不仅要为品牌的核心功能和定位服务，还必须有自己独特的视觉符号，让消费者过目不忘，从而选择你的产品。一个蓝色的醒目的箭头，是"快"的视觉化符号，与品牌核心价值自成一体的同时也给了购买者一种较强的心理暗示，仿佛这个箭头便是通往健康的快速通道，它似乎在说明：一旦拥有银得菲，这个箭头便能很快为你找到健康的方向。这种传播理念是蕴含独到之处的，获得不同凡响的传播效果也就可想象了。在终端的摆放效果和在对消费者的包装测试中，大家都反馈比原有的包装好很多（如图4.11、图4.12所示）。

图4.11　海王银得菲包装设计

图4.12　海王银得菲包装

● 思考与讨论

1. 医药企业在实行多品牌战略时，成功地树立了统一的品牌形象的公司或集团并不多见。海王集团在品牌运作以及广告创意方面有哪些成功的经验？

2. 有人说海王银得菲的成功是打了一场漂亮的受众心理定位战。如何看待这一说法？它的成功之路给其他医药品牌留下了怎样的启示？

● 相关知识链接

什么是PPA？

PPA是盐酸苯丙醇胺（phenylpropa—nolamine）的英文缩写，俗名"去甲麻黄碱"

或"美沙芬"。某些感冒药处方中的成分之一。性状为白色或几乎白色结晶性粉末，微具芳香味道，易溶于水、乙醇，难溶于氯仿，不溶于乙醚和三氯甲烷，性质稳定。国外药典描述：口服后迅速完全吸收，血浆达峰时间1~2小时，主要由尿液排泄。其作用与麻黄素相似，对皮肤黏膜和内脏血管呈现收缩作用，但中枢神经兴奋作用较少，口服可以治疗鼻充血。用于感冒，缓解鼻充血（鼻塞）、打喷嚏、咳嗽症状。偶见中枢神经兴奋伴震颤，其他可见头痛、视力模糊、头晕、焦虑、失眠、暂时性血压升高、心悸等。心脏病、糖尿病、高血压及甲亢患者以及对本品过敏者禁用。

10月19日，美国食品和药品局的一个顾问委员会紧急建议：应把PPA列为"不安全"类药物，严禁使用。因为一项研究结果表明，服用含有PPA的制剂容易引起过敏、心律失常、高血压、急性肾衰、失眠等严重的不良反应，甚至可能引发心脏病和脑出血（中风）。我国国家药品监督管理局负责人于2000年11月16日向社会发布了一条紧急消息，告诫患者立即停止服用所有含PPA的药品制剂。

第三节　定位理论述评

1969年，阿尔·里斯（Ries Al）和杰克·特劳特（Trout Jack）（如图4.13所示）在美国《产业行销杂志》上发表题为《定位是人们在今日模仿主义市场所玩的竞赛》的文章，首次使用了"定位"概念；1972年，他们为专业刊物《广告时代》撰写了题为"定位时代"的系列文章，从那以后他们为世界各地16个国家的广告团体做了500多场关于定位的报告，并且散发了超过12万份的"橘黄色小册子"，里面重印了发表在《广告时代》上的系列文章；1981年，第一本著作《定位：广告攻心战略》一书面世，书里集中反映了他们的一些观点和理论；1996年，特劳特整理了25年来的工作经验，出版了《新定位》，更加符合了时代的要求，但其核心思想仍然源自他们于1972年提出的定位论。

图4.13　"定位之父"杰克·特劳特

一、定位理论产生的背景

定位（Positioning）理论的产生，也是源于人类各种信息传播渠道的拥挤和阻塞，科技进步和经济社会的发展，几乎把消费者推到了无所适从的境地。由于人们过分地运用传播来解决大量的商业和社会问题，结果正常的传播渠道被堵塞，而真正到达人脑的只是全部信息当中很小的一部分，可能还不是最重要的那部分信息。

特劳特在《定位：广告攻心战》里归结出以下几个方面。首先是媒体爆炸，即我们的信息流失的一个原因，那就是我们为传播需要而发明的媒体数量太多。电视分商业、有线和付费电视；电台分中波和调频；报纸分晨报、晚报、日报、平日版和周日版；杂志分通俗类、高雅类、癖好类、商业类、行业类；等等。其次是产品爆炸，各式各样的创造发明被寄托在产品上，从耐用消费品到日用品都给人以眼花缭乱的感觉。然而科学家发现，人只能接受有限量的感觉,过了某一极限大脑就开始变得迟钝,失去正常的功能。最后是广告爆炸,尽管广告的效用在下降,它的使用率却在上升,不仅反映在数量上,还反映在广告使用者的人数上。像医生、律师、牙医、会计师等都在涉足广告领域,甚至连教会和政府也开始做起广告来了。而广告的形式也多样化,电视广告、广播广告、报刊广告、街头广告等,真可谓无孔不入。因此,在这样一种传播过度的社会,定位的必要性突显了出来,它是帮助人们在大脑中找到"窗"的一个有组织的体系。它的基本概念是,传播只有在合适的环境中和合适的时间里才能实现。

此外,20世纪50年代市场营销的观念大行其道,60年代传播学理论发生从"传者本位论"向"受者本位论"转移,而70年代众多传播者将消费者视为研究前提。定位论作为一种具体的传播方法,与整个传播学发展的背景是密不可分的,从它诞生的年代看,20世纪70年代,传播学的效果研究从最初的魔弹论经历了适度效果论、有限效果论发展到宏观效果论,以"使用与满足理论"为代表,受众从被动变为主动,掌握了信息处理的主动权,媒介则由一个发号施令者变成了一个服务者,它从受众方面看待传播活动,特别强调受众的作用,突出受众的地位,认为受众通过对媒介的积极作用,从而实际上制约着整个传播过程。定位论最基本的起点也是它最精髓的思维所在,把受众的观念当做现实来接受,然后重构这些观念,它把注意力倾注到预期客户的大脑上而不是产品本身的特性及功能上,从受众身上寻找解决问题的方法,是典型的"受众第一论"。

早在20世纪50年代,广告处于产品时代。从许多方面来看,那都是美好的旧日时光,你只需要拿出"新产品"并且有钱推销它就行了。因为在那个年代,广告人追求的是可供其宣扬的某种特色或利益。后来,他们则靠大量的广告往人们的头脑里灌输这个概念。接下来是形象时代,成功的公司发现,在产品销售中,声誉或者形象比任何一个具体的产品特色都更加重要。形象时代的建筑师是大卫·奥格威(David Ogilvy)。他在一次以此为主题的著名演讲中说:"每个广告都是对某一品牌之形象的长期投资。"并且将哈撒韦牌衬衣、劳斯莱斯轿车和其他产品的广告项目用来证实他的观点。但是,正如仿效产品毁掉了产品时代,拾人牙慧的公司同样毁掉了形象时代。每个公司都想建立自己的声誉,但结果是只有相对较少的公司取得了成功。在那些成功者当中,大多数主要靠的是突出的技术成就而并非引人注目的广告宣传,旗乐和宝丽莱就是其中的两家。

到了20世纪70年代,广告业整体步进了一个新的时代,在这个时代里,创新已不再是通向成功的关键。现实情况是异常的残酷,企业要想在这个传播过度的社会里取得成功,必须使自己在预期客户的头脑里占有一席之地。这个一席之地不仅包括企业的长处和短处,还包括其竞争对手的优点和弱点。广告业进入了一个战略至上的时代,也就是"定位"的时代。在这个有趣却竞争激烈的时代里,光靠发明或发现新东西是不够的,甚至可能没它也行,但必须第一个打入预期客户的大脑才行。如同IBM并没有发明计算机,但IBM却是在预期客户头脑里获得了第一家计算机生产商的地位。

二、定位的基本观点与方法

阿尔·里斯与杰克·特劳特认为,定位,是从产品开始,它可以是一件商品,一项服务,一家公司,一个机构,甚至于是一个人,也可能是你自己。定位并不是要你对产品做什么事情,而是你对产品的潜在顾客要做的事,换句话说,你要在预期客户的脑海里给产品确定一个合理的位置。所以说，把这个概念称做"产品定位"是不正确的，好像你在对产品本身做些什么似的。定位并不是不包含变化在内，它也要变，不过，那只是名称上的变化，产品的价格和包装事实上都丝毫未变。变化基本上是表面的，旨在确保产品在预期客户头脑里占据一个真正有价值的地位。在这个传播过度的社会里，想要解决说话有人听的问题，定位同样也是首选的思路。（如图 4.14、图 4.15 所示）

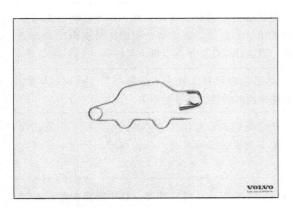
图 4.14　沃尔沃轿车"安全定位"平面广告

图 4.15　七喜汽水"非可乐定位"平面广告

关于"脑中的小阶梯"，定位的观点是，人们的头脑是阻隔当今过度传播的屏障，会把其中的大部分内容拒之于门外。通常来说，大脑只接受与先有知识或经验相适应的东西。为了用广告改变人们的想法，不知浪费了多少金钱。人们的想法一旦成型，就几乎无法改变，凭着广告这样的微薄之力肯定不行，"别用这些东西来迷惑我，我已经有了决定"，这就是大多数人的生活方式。为了应付产品爆炸，人们学会了在脑子里给产品和品牌分类。要想直观地体会这一点，最好的办法也许是设想人脑里有一组梯子，而每个梯子代表一类产品，每一层上有一个商标品牌。心理研究对于理解大脑运行机制非常有用，因此广告就是"实践中的心理学"。

关于"进军大脑"，定位论认为，我们相互传播信息的方式令人眼花缭乱，传播的内容量也在呈几何级数增长。媒体本身不可能是信息，但它确实对信息具有巨大的影响。媒体不是一个传播机制，而是像一个过滤器，因此只有极小部分的原始材料最终会进入受众的头脑。此外，我们所接受的东西还要受到我们这个传播过度的社会特性的影响。要在预期客户的头脑里寻找解决问题的方法。换句话说，既然用什么办法都不能使别人接受你的信息，那就别去管传播这一头了，注意方向放在接受方身上，集中研究一下预期客户的观念而不是产品的现实情况。如果你想让你的信息为另外一个人的大脑所接受，就别无选择。谁说从局内向外看就比从局外向内看更加准确？改变一下方法，把注意力放在预期客户而不是产品身上，简化你的选择过程。还要学会那些有助于你大幅提高传播效率的原则和概念，并且重构观念。真理与之无关，重要的是人们头脑里现存的观念。定位思维的精髓在于，把观念当做现实来接受，然后重构这些观念，以达到你所希望的境地。后来称这种方法为"兜底式"思维。

表 4-1 是定位论提出的一些常见方法。

表 4-1 定位论常见方法

方法	说明
强势定位	处于领导地位者,要以另外的新品牌来压制竞争者,因为每一个品牌都在其潜在顾客心目中安置了独自所占据的一个特定处所。这是作为市场领导者所要采取的策略,因此,在各种场合宣传自己第一的形象自然就在情理之中。
比附定位	使定位对象与竞争对象(尤其是已占有牢固位置的)发生关联,并确立与竞争对象的定位相反的或可比的定位概念。
进攻定位	既然现有的产品和服务在消费者心目中都有一定的位置,如果这种定位对企业有利的话,就要反复向人们宣传这种定位,强化本企业的产品在消费者心目中的形象,也就是自己的特色,而这种强化必须是实事求是的。
避让定位	寻求消费者心目中的空隙,然后加以填补。其中有价格高低、性别、年龄、一天中的时段、分销渠道、大量使用者的位置等各种空隙。
类别品牌定位	当一个强大的品牌名称成了产品类别名称的代表时,必须给公司一个真正成功的新产品以一个新的名称,而不能沿袭公司原有产品的名称。因为一个名称不能代表两个迥然不同的产品。
再定位	也就是重新定位,即打破事物(例如产品)在消费者心目中所保持的原有位置与结构,使事物按照新的观念在消费者心目中重新排位,调理关系,以创造一个有利于自己的新的秩序。这意味着必须先把旧的观念或产品搬出消费者的记忆,才能把另一个新的定位装进去。

三、定位理论的发展及意义

由于定位论对整个营销的重大影响,定位已经上升到战略的高度,成为与市场细分、目标市场并列的营销战略基本要素之一。以往的 USP 理论、品牌形象论都是围绕产品或公司进行的,而定位论不仅适用于产品、公司,而且对于每个人、一项服务、一个机构,甚至是政治的、宗教的、组织的各方面都至关重要。因此作为一种新的沟通方法,定位被视为获得成功的战略,被广泛应用于一切需要传播沟通的场合。《为一个国家——比利时定位》、《为一个岛屿——牙买加定位》、《为你自己及你的生涯定位》、《为你的事业定位》都体现了定位在广义营销领域的应用。

定位的观念一旦被接受,"如何寻求好的定位"就成为核心问题,定位在实践运用中的难点是定位路径或角度的选择。《新定位》的出版将定位理论进一步发展与完善,创新地从受众角度寻找答案,并深入地挖掘基于消费者角度的定位,分析了消费者的五大思考模式。

(1) 消费者只能接收有限的信息。在超载的信息中,消费者会按照个人的经验、喜好、兴趣甚至情绪,选择接受哪些信息或记忆哪些信息。因此,较能引起兴趣的产品种类和品牌,就拥有被消费者记忆的优势。

（2）消费者喜欢简单，讨厌复杂。在各种媒体广告的狂轰滥炸下，消费者最需要简单明了的信息。广告传播信息简化的诀窍，就是不要长篇大论，而是集中力量将一个重点清楚地送入消费者脑海中，突破人们痛恨复杂的心理屏障。

（3）消费者缺乏安全感。由于缺乏安全感，消费者会产生从众心理以不被孤立，多数情况下会跟随别人买同样的东西。所以，人们在购买商品前（尤其是耐用消费品），都要经过缜密的商品调查，而广告定位传达给消费者简单又易引起兴趣的信息，正好使自己的品牌易于在消费者中传播。

（4）消费者对品牌的印象不会轻易改变。虽然通常认为新品牌有新鲜感，较能引人注目，但是消费者真能记到脑子里的信息，还是耳熟能详的东西。

（5）消费者的想法容易失去焦点。虽然盛行一时的多元化、扩张生产线增加了品牌多元性，但是却使消费者模糊了原有的品牌印象。品牌在盲目延伸时，往往容易使消费者失去对其注意的焦点，从而让竞争对手乘虚而入。

20世纪的传播环境呈现出纷繁的状态，各种传播理论相继诞生。其中，被行业评为最有价值的理论贡献不是"独特的销售主张"、"品牌形象"等，而是里斯与特劳特共同提出的"定位"理论。在定位的理念出现之后，广告的本质发生了变化，并且开始重视受众在传播过程中的主动性作用，不再完全以传播者为中心。因此这种新的传播方法对人们开展各类传播活动都产生了重要的影响。

传播不仅仅要告诉人们产品是什么，有什么用，而且应该深入受众的脑海里面，让其对产品有反应和认知。广告在传播中占据一定的位置，但是，体验以及与客户沟通的过程是定位的关键。沟通有三种：基于日常知识传播的沟通，基于一种心灵的沟通（这是一个较高层次的沟通，要求传播者必须熟练掌握人们的心理），而第三种沟通是给予理想的沟通，它升华了传播的境界，可以说是完全的传播到位，就算不再传播也可以达到效果了。产品本身除了功能诉求之外还有更深的内涵，或者说产品已经不再是产品，而是带有感情和精神的载体。大多数的公司都在分析消费者的需求层次，但不管哪一种消费者，其消费的只是产品的形式，而整个消费背后一定存在更复杂的思维、情感的决策过程。这些深层次的过程叫做情感需求，所以，产品定位就应该增值为一个情感需求的定位。情感产品是可以通过更深层次的沟通进行传播的，因为消费者购买产品的过程同时也是满足情感需求的过程。

定位打破了以往营销传播由内向外看的眼界，它由外而内（从传播对象出发）的思考方式决定它是更高层面、战略性的。它必定先于具体的营销传播策划，因为所有营销活动要在它的指导下进行。由于它的目标是传播对象心目中的位置，而不是具体的传播物（如产品、公司等），不会随传播物的更新、更换而迅速转变，因为传播对象的心智不会轻易改变，因而定位是长期的行为。这就决定在营销活动中，USP、品牌形象论等广告策略理论都服务于它。定位论是立足于战略层面的理论，更加高瞻远瞩。

四、定位理论的局限性

作为广告和营销的定位战略，畅行于20世纪70年代，但也逐渐显示出战术层面的局限，这表现在策略的运用、受众沟通及适用性诸方面。阿尔·里斯后来续写了一本《公关第一，广告第二》著作，表明作者就广告方面所持的某些观点，开始产生动摇。

关于策略的简单性 由于阿尔·里斯与杰克·特劳特都是广告人出身,他们的定位理论往往局限于一种广告传播策略,强调让产品占领消费者心目中的空隙。目前,定位理论对营销的影响远远超过了原先把它作为一种传播技巧的范畴,而演变为营销策略的一个基本步骤。这反映在营销大师科特勒对定位下的定义中。他认为,定位是对公司的提供物和形象的策划行为,目的是使它在目标消费者的心目中占据一个独特的有价值的位置。因此,"营销人员必须从零开始,使产品特色确实符合所选择的目标市场"。科特勒把阿尔·里斯与杰克·特劳特的定位理论归结为"对产品的心理定位和再定位"。显然,除此之外,还有对潜在产品的定位。这就给定位理论留下了更为广阔的发展空间。

关于沟通的强效性 定位的重要性本身已经深入广大受众的心里,通过恰当运用定位理论也产生了很多成功的案例。然而,在市场发展到一定程度的今天,定位已经不具备以往那无所不能的魔力。有一些人提出了这样的疑问:定位过于处在一种静止状态里,很多定位本身没有失败,但过于讲究定位导致忽视了传播沟通。那么,可以清晰地看出定位有如下两个缺陷。①受众对一些产品标榜的定位不怎么感兴趣。大部分受众认为,定位只是传者主观地将自己的想法赋予产品,这是一种强加的个人理念,因此很难被快速识别,进而主动、准确地进入消费者的心智中,整个过程都没有让受众觉得产品是首先拥有了好的定位,然后了解到这个定位是真正适合我的。所以,过于静态的方式对于中小企业,特别是缺少广告投入的企业来说是很难取得成功的,不难看出传播成为了企业定位成功的关键。②定位本身是在进行一场攻心战,并且随着变化而不断升级跳跃,而不是恒久不变。例如,产品形象需要随着目标客户群的成长而变化。毕竟人们喜欢新鲜的东西,喜欢不断创新的事物,故定位不能反复重播一些已有的陈旧气息,它必须符合潮流,与时俱进。要想保持这种效果,源源不断地进行传播是相当有必要的。

关于发展的适用性 在对产品的定位过程里,传播的本质是让受众产生更快、更长久的以情感为基点的条件反射,创造出产品背后消费者的情感需求。因此,定位一定不能只基于产品形式和功能,更应该从情感的层面上进行细分和定位,这一点应该受到传者的重视。一个新的概念"传播定位"也因此产生,就是说企业要把重点放在传播运营上,定位只是成功的第一步,传播定位才是要走的重要过程。传播定位中有一个制高战略点,就是说传播势能所达到的最高峰。任何事物、产品本身都具备了一定的能量,传播的速度与效率主要是由其能力决定的。那么,在有了精准的定位之后,就应该去寻找传播定位的功能,即势能。

在传播的过程中,传者展开的一系列活动以及传递的信息必将引起受众在心理和情感上的反应。从某种角度看,定位与大众化之间似乎有着一定的矛盾,所以在细分市场达到极致的如今,只要让目标受众群发出心智感应的过程就可以了。但事实比想象困难许多,传播依然是大众化的,而且传播媒介是经由大众化传播的媒介,只有将大众化确立为目标之后才能将更有效的信息传播给目标受众群,而不是从目标受众群反向流动到大众传播。只有深入并广泛地进行事件影响性的大众传播,定位才能真正有效。同样一把剑,不同的剑客会有不同的效果,宝剑虽锋利,但只有懂剑术之人才能发挥出更多的宝贵价值。定位就好比是一把宝剑,在定位的同时需要反复的操练、使用它,用不同的招数和方法,出奇制胜,取得胜利。而且,定位可以吸收众家之精华,完善本体,就像对待瑞夫斯的USP理论实行拿来主义一样,对于营销的新思维、新方法、新工具,只要有助于定位的实施成功，皆可兼收并蓄、为我所用。

● **思考与讨论**

近些年，随着市场经济的迅速发展，竞争日趋激烈，有人提出"定位"理论大限将至的说法，但同时也有反对的声音认为"定位"将还继续拥有用武之地。如何分析并看待这些说法？

● **相关知识链接**

阿尔·里斯和《公关第一，广告第二》 阿尔·里斯是美国营销大师。1972年，里斯和杰克·特劳特在《广告时代》杂志上发表了《定位新纪元》一文，令"定位"一词开始进入人们的视野。阿尔·里斯不断将自己的理念与时俱进，之后他与女儿劳拉·里斯于2002年出版了新作——《公关第一，广告第二》。这部著作体现了阿尔·里斯营销思想的一个新理念。作者认为当今的市场营销首先是要进行公共关系，只有通过公共关系才能使自己的品牌在消费者心中占有一席之地；市场营销始于公共关系，而广告则是公共关系的延续，因此是公共关系在打造品牌，广告则起到提醒消费者的作用。书里提到，推广一个新品牌时公关是主要的指导力量，广告只起到维护品牌的作用，二者之间是相辅相成的，而不是完全对立的关系。公关和广告的关系，公关相当于一个钉子，把一个观念植入消费者脑海中，广告相当于锤子，不断地锤打钉子，使钉子深深地植根于消费者头脑当中，是钉和锤的关系，不是水与火的关系。"公关第一、广告第二"这句话，并不是说在预算上或者在重要性上谁是第一、谁是第二，而是指在时间先后顺序上，在建立新品牌先后顺序上。品牌的形成靠的是公关，而非广告。过去，与广告相比，公共关系总是位居其次。现在恰恰相反，公关缔造品牌，广告则负责维护品牌，品牌需要通过广而告之保持健康活力。

■ **本章回顾**

从万宝路两个截然不同的定位以及充满戏剧性的效果可以看出，准确的广告定位在塑造品牌形象，以及保持传播效果的过程中发挥了巨大的作用。而医药企业在实行多品牌战略时，成功地树立了统一的品牌形象的公司或集团并不多见。海王集团在品牌运作以及广告创意方面积累了许多成功的经验。可以说，海王银得菲的成功是打了一场漂亮的受众心理定位战。随着时间的推移，定位的内涵和外延也在不断发生变化。里斯与特劳特自从提出定位概念以来，他们始终保持着一种认真的精神，经过不断的思考、实践，对定位理论锲而不舍、不断创新，极大地丰富了定位的理论。定位的应用范围因此也在不断地扩大：从最初在广告业中作为打动顾客的传播与沟通技术小试锋芒，后被引用到整个营销领域里大放异彩，最终在企业战略层面发扬光大。

■ **关键概念**

广告定位　亚文化　万宝路　海王银得菲

■ 案例实训

大宝护肤品广告

1999年，大宝商标被国家工商局评为"中国驰名商标"。

1999年2月，美容日霜、美容晚霜、人参香波通过美国FDA认证，成为国内自主申报成功的第一家化妆品生产企业。

2003年，大宝护肤品获国家质检总局授予的"中国名牌产品"称号。

2005年，连续第八年大宝护肤品获得中国市场产销量第一名。

2008年，北京大宝化妆品有限公司成为强生公司在华业务的一员，计划借助强生在市场营销、研发和产品创新领域的经验，进一步发展大宝品牌。

中国的护肤美容行业起步较晚，而且技术引进和研发也比较慢，相对于日韩和欧美的发达国家来说还是存在一定差距的。因此，大多数外国化妆护肤品牌充斥了我们的市场，人们耳熟能详的产品有80％是源于海外。然而，就在这种国际品牌占尽优势的情况下，"大宝"作为一个地地道道的国产品牌进入市场，不但没有被竞争对手打败，还使广大顾客重拾对本土产品的兴趣和信心。它的品牌思想和传播策略极具自己的独特之处，所以走上成功之路似乎是合情合理。由于我国特殊的历史与国情，无论是经济或文化方面都形成了巨大的城乡差异，加上消费观的不平衡发展也使中低收入阶层与中高收入阶层之间存在明显差异。大宝在对护肤市场进行深刻了解之后，意识到基础需求的大量存在，于是确立了自己独特的形象和传播方向：走大众化的品牌之路。

大宝主推两款护肤品：SOD蜜和日霜晚霜，它并不以繁多的产品种类四处现身，价格也极其合理，带有明显的工薪指向。在大宝播出的两则电视广告中，对人物形象及身份的塑造都追求平民化效果，而环境的选择也刻意展现生活的实态，自然之情显露无遗。产品功效则定位为一种亲切温和的承诺："大宝，挺好的。"在品牌展示方面，也采用了平实的人际传播的方式，既有助于受众理解也遵从了基础消费原则，与大众化导向是相辅相成的。[①]

大宝的广告里很少使用电脑特技或者三维影像技术，产品被简单地展示出来，通过人际传播来证明产品的功效，这样做是对产品品质的一个直接保证。对于购买经验不是很丰富的一般人来说，物美价廉的东西始终是受欢迎的，而受众当然更加愿意接受简单的概念而不是那些复杂难懂的产品信息。秉承着大众消费导向的理念，大宝没有盲目跟从大潮流在广告里一味地玩技术，而是细心地从实际出发，强调自己品牌的生活感和平民色彩。它的一系列广告词都在努力配合这个追求原则，比如，"把复杂的事搞简单了"，"吸收功能快，还真对得起咱这张脸"，"你也弄瓶贵点的呀，可我老婆就看上大宝了"以及最经典的结束语"大宝明天见，大宝啊，天天见"。（如图4.16所示）

正是在这样的传播策略下，大宝坚持产品定位与形象传播的高度统一，说实话办实事，这也正符合了中低消费阶层不张扬的个性以及重视人际交流的特点。大宝抓住了让自己与众不同的机会，它在一直处于奢华氛围笼罩的护肤品市场勇敢创新，传递给受众一种清新自然，实在有效的产品信息。在许多大品牌不愿意"弯腰"为普通老百姓着想的时

---

① 余明阳．广告经典案例［M］．合肥：安徽人民出版社，2003：117.

图 4.16 大宝平面广告

候,大宝放低了心态,以工薪阶层为目标顾客来建立品牌形象,树立品牌概念并塑造自己,它成为了普通大众日常生活的好伙伴。

● 思 考 题

    1. 结合大宝案例,分析如何用广告赋予化妆品牌贴切的文化内涵。

    2. 大宝的成功之一在于将产品定位于工薪阶层和中老年消费者,制定了合理的价格,制作了贴近大众生活的广告,那么,大宝定位的出发点是如何抓住受众的心理需要来策划的?

第五章 企业形象识别

■ 本章导读

　　金色的拱门、和蔼的肯德基上校、蓝色巨人IBM、可爱的海尔兄弟……这些我们耳熟能详的品牌都有各自鲜明的品牌形象，尽管在信息爆炸的当今，我们依然能准确地对其进行品牌识别。究竟是什么让这些品牌的形象长盛不衰呢？这就是我们接下来要探讨的话题——企业形象识别理论（CIS）。CIS已成为企业的无形资源，涉及设计学、管理学、心理学、公共关系学等多种学科门类，成为一项综合性很强的学科系统，受到中外企业的普遍重视。我们选取美国文化的典型代表、世界快餐业巨头麦当劳和改革开放以来中国最早成功运用CIS的保健品牌太阳神这两个典型案例，从VI（视觉识别）、BI（行为识别）、MI（理念识别）、AI（声音识别）四个角度逐一揭开CIS的神秘面纱。

第一节 "我就喜欢!"
——麦当劳食品广告案

案例概述 如今遍布全世界的快餐巨头麦当劳,是全世界餐饮业最有价值的品牌。回想当年,麦当劳仅仅是一个简陋的汽车餐厅。1937 年麦当劳兄弟(理查·麦当劳 Richard McDonald,莫里森·麦当劳 Maurice McDonald)在洛杉矶东部的巴沙地那(Pasadena)开始经营当时美国极其流行的汽车餐厅时,还是一个规模简陋的小餐厅,两兄弟自己煎热狗、调奶酪,准备一打左右有伞的椅子,雇佣了 3 名汽车服务员负责招待停车场内车中的客人。

由于当时汽车餐厅整个行业的发展,到 1940 年兄弟两人又在圣伯丁诺(San Bernardina)开设了一家规模更大的汽车餐厅。餐厅本身呈八角形,前半部自天花板到柜台为大窗户,并把厨房暴露在顾客眼前,餐厅内没有桌椅,沿着柜台旁边,到是放了几张凳子。柜台以下的壁面全部包以不锈钢,就是这样一家餐厅到了 20 世纪 40 年代中期,年营业额达到 20 万美元。

至 1948 年,麦当劳兄弟已经积累了相当的财富,但仿效者越来越多。汽车餐厅的模式使得餐厅食品价格低廉,但成本越来越高。快餐业是人力资源密集的行业,他们还要争取到服务员,以及餐具破损严重等,这一系列压力迫使麦当劳兄弟做出改革。例如:缩短服务过程以增加产量,将原来的服务员点餐模式改为顾客直接到厨房窗口自助点餐的形式;缩减菜单控制成本,将原来菜单上的 25 项食品减到 9 项;用一次性的餐具替代原有餐具;降低食品价格;创造以儿童为主的新型顾客;采用生产线般的食品生产及服务方式;严格工作程序等。一系列的变革使麦当劳更受欢迎。

1951 年,这家小小的餐厅销售额高达到 277000 美元,较变革前增长了 40%。而到了 50 年代中期,麦当劳的收益,高达每年 35 万美元。1952 年 7 月《美国餐厅杂志》(American Restaurant Magazine)以封面故事介绍了麦当劳的全新经营模式,使得全美许多人都想加盟麦当劳,做麦当劳的连锁经营店。

麦当劳兄弟开始寻找连锁店代理人。这时,一名叫雷·克罗克的人加盟了麦当劳,并在他投身麦当劳还不到 30 年时光里,成为全美家喻户晓的传奇人物,他被认为是新产业的创始人。以至于今天很多人以为第一家麦当劳就是雷·克罗克创办的。

1955 年,克罗克在芝加哥东北部开设了第一家真正意义上的现代麦当劳特许经营店。该店体现了克罗克对快餐店的理解,那就是重视品质、服务、卫生和经济实惠。由于一开始克罗克就打算把该店作为未来加盟店的样板,所以创建了一套极其严格的经营制度。以后建立特许经营系统时,克罗克也严格执行这一制度。这就是著名的以 QSCV(Quality——汉堡包质优味美、营养全面;Service——服务快速敏捷、热情周到;Cleanness——店堂清洁卫生、环境宜人;Value——价格合理、优质方便)为核心的统一经营系统。该系统规定每家麦当劳加盟店的汉堡包品种、质量、价格都必须一致,甚至店面装修与服务方式也完全一样。所有麦当劳快餐店使用的调味品、肉和蔬菜的品质都由总店(特许经营总部)统一规定标准。克罗克的诸多变革措施将麦当劳推向了连锁的辉煌。

自从麦当劳 1990 年在深圳开设中国第一家分店以来,麦当劳目前在中国的店面总数已经超过 1 050 家,拥有 50 多家供应商,原材料的本地采购量高达 95% 以上。麦当劳在全球各地都采取特许经营的方式扩张,在中国发展则都以合资方式。连锁销售的发展力强,它能不断地使产品和服务技术系统化,从而提高竞争力。麦当劳作为世界上最成功的特许经营者之一,以其引以自豪的特许经营方式,成功地实现了异域市场拓展、国际化经营。在其特许经营的发展历程中,积累了许多非常宝贵的经验。麦当劳的大黄金拱门已经深入人心,成为人们最熟知的世界品牌之一。

从1963年起,"麦当劳叔叔"的形象风靡了全美国的儿童。在英国、日本、中国香港等地,"麦当劳叔叔"也成了家喻户晓的人物。当他们想起"麦当劳叔叔"的时候,自然地就会想起麦当劳汉堡包、鱼柳包、炸薯条……这些美味可口的菜肴。

当你光顾麦当劳快餐店的时候,就会遇到穿着整洁、彬彬有礼的脸孔笑面相迎。"麦当劳叔叔"向你招手微笑,逗你发笑,使顾客享受到一种温暖家庭的欢乐气氛。儿童们甚至把餐厅当做乐园,当做是属于自己的世界。

麦当劳的卓越管理还吸引了大批优秀人才去麦当劳的汉堡大学进修,为麦当劳提供了源源不断的管理人才,将汉堡事业越做越大。

而今麦当劳公司是全球最大的连锁快餐企业,遍布在全世界六大洲百余个国家。在很多国家麦当劳代表着一种美国式的生活方式。美国出版的《快餐国家:发迹史、黑幕和暴富之路》一书作者埃里克·施洛斯尔说:"如今快餐食品不仅对我们用餐习惯的变化起到很大作用,而且对我们的经济、文化以及人们传统价值观念等都产生了巨大的影响。"[1]

麦当劳的影响力已经远远超越了它的行业,成为了一种文化的代名词。尽管有不少"警惕社会麦当劳化"的批判理论的出炉,我们还是应该客观地看待麦当劳出色的CIS设计、执行及其管理。[2]

案例评析 CIS属于应用性艺术,具有实用性,而不像纯视觉绘画那样只有欣赏性。特定企业的CIS除了使用对象的独有性外,还有社会认知的公认性。因此,CIS的设计要考虑社会众多层面是否都一致认同。被誉为"日本CIS之父"的中西元男先生有句名言:CIS的要点就是要创造企业个性。可以说,企业形象是企业的个性定位与其符号表现的有机统一。麦当劳成为称雄世界的国际品牌,其独具特色的CIS设计与传播功不可没。据称在美国儿童的心中,"麦当劳叔叔"是仅次于圣诞老人最具认知度和记忆度的大众人物形象。麦当劳也成为美国式CI的典型代表,也即对视觉形象及其传播的极为重视。如今金色拱门"M"、滑稽亲切的麦当劳叔叔、色调明快充满欢乐的店面、身着制服甜美可亲的服务生已成为麦当劳全球标志性的视觉符号。

金色拱门"M"

企业的标志设计,是微型方寸与硕大无比兼有的艺术。因此,在设计时其形状的简练、单纯特别重要。再次,标志是传达艺术,需要无障碍地传达,无歧义地识别。因此,其符号语言的识别、联想、象征要准确。[3] 谈起麦当劳,人们自然会想到金黄色的双拱门、

---

[1] (美)埃里克·施洛斯尔. 快餐国家:发迹史、黑幕和暴富之路[M]. 北京:社会科学文献出版社,2006:23. 著者为美国《大西洋月刊》(ATLANTIC MONTHLY)著名财经记者.
[2] Travel Though Time With Us. 麦当劳全球官网 http://www.aboutmcdonalds.com/mcd/our_company/mcd_history.html.
[3] 罗萍. 广告视觉设计基础[M]. 厦门:厦门大学出版社,2008:153.

和善有趣的麦当劳叔叔、暖色调的店内装修，以及周到快捷的服务。这就是麦当劳营造的商业氛围，也是麦当劳展示在公众面前的视觉形象。这一视觉形象是麦当劳"品质上乘、服务周到、环境整洁、物有所值"经营理念的体现。

麦当劳的标志是企业全称（McDonald）的首字母"M"。金黄色的M像两扇打开的圆拱门，象征着欢乐与美味。麦当劳是快餐店，而且主要的顾客群体是年轻人和孩子。因此其要树立的形象是亲善友好。设计师采用了曲线来写"M"，曲线具有流动、回转的特点，给人以弹性、柔和亲切的感受。标志没有采取单线设计，而是粗笔画书写的"M"，在视觉造型中，粗体比单线的视觉冲击力更强。"M"的笔画下粗上细，有雀跃之感，好似拱门在招呼孩子们进来。

色彩也是麦当劳的经营策略之一。从交通信号来说，红色表示"停"，黄色则是"注意"的意思，麦当劳充分利用了这一点。招牌的底色做成红色的，而上面代表麦当劳商标的M字母则是黄色的。这样当你看到红色时，你会不会自然驻足？看到金黄色M字母以及"麦当劳汉堡"字样，你会不会产生食欲？红色令人驻足，而黄色则提醒你注意，于是你可能会不由自主地举步进店，购买汉堡包。麦当劳在视觉识别中恰当地运用标准色，是一种成功的商业策略，这一策略不能不说是麦当劳成功的奥秘之一。（如图5.1至图5.4所示）

图 5.1　麦当劳平面广告 1

图 5.2　麦当劳平面广告 2

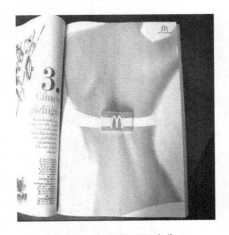

图 5.3　麦当劳平面广告 3

图 5.4　麦当劳平面广告 4

亲切滑稽的麦当劳叔叔

麦当劳叔叔是麦当劳速食连锁店的招牌吉祥物和企业的形象代言人，随着麦当劳在世界各地的迅速发展，麦当劳叔叔不但是美式速食文化的象征图腾之一，还成为了知名度相当高的人物形象。

麦当劳叔叔因为麦当劳这一品牌而被赋予生命。2003年8月麦当劳公司授予麦当劳叔叔"首席快乐官"（Chief Happiness Officer CHO）一职。在很多企业都热衷于找影视明星做代言人的当今，麦当劳选择自己设计吉祥物做企业的形象代言人并大获成功，其经验值得参考和借鉴：无需向麦当劳叔叔付广告费，麦当劳广告成本因此而一下子就降低了，符合广告策略的最小成本原则。

在官方设定中，麦当劳叔叔是个貌似小丑的人物，顶着一头火红的爆炸头，笑口常开，身着鲜黄色的连身工作服及红色的大短靴，里衫及袜子皆为红白相间的条纹式样。麦当劳叔叔因为麦当劳这一品牌而被赋予生命。伴随着麦当劳公司全球化的经营方针，麦当劳叔叔还被设定为能说31种语言，包括中国的汉语及印地语等等。（如图5.5所示）

此外，作为麦当劳公司用以吸引小朋友的主要虚拟角色，因此官方将麦当劳叔叔设定为"孩童最好的朋友"，与其一群各具特色的朋友永远在麦当劳乐园欢迎着孩子们的光临。在麦当劳的店门外会有麦当劳叔叔的人像；时而还有麦当劳叔叔真人秀，可以和小朋友拍照、玩耍，更增加了人物的真实性和亲和力。

麦当劳叔叔的角色定位是一个小丑。但在他的滑稽外表下，人们想到的是友善，充满趣味性；有时候可能表现得傻傻的；有时候又变得很机智；他能解决很多问题；他也会遇到麻烦；最重要的是，他是小朋友们的偶像，年轻人的朋友，不是明星却胜似明星。来看一则麦当劳叔叔的外送服务的平面广告：在这则广告中，用了麦当劳叔叔的一只脚，让人一看图片马上知道是麦当劳的广告，创意的元素简单却精辟，联想手法在这里得到了发挥：一只沾满泥土的脚让人联想到了麦当劳叔叔刚送完外卖回来，充满淡淡的温馨，让一个非真人的角色充满了现实的人情味。（如图5.6所示）

图 5.5　麦当劳叔叔

图 5.6　麦当劳叔叔外送服务广告

诱人的食品包装

食品包装是与消费者最直接、最广泛接触的媒介,如何使小小包装成为彰显企业形象的软广告、成为 CIS 系统中出色的执行缓解之一,需要企业和设计师的准确定位。我们回顾一下麦当劳包装历史。

2003 年　麦当劳实行全球统一包装,简化设计,红色占包装纸袋的面积最大,突出黄色的 "M"。设计明快并节约了成本。有助于维护其全球形象的一致化,也体现了麦当劳推行全球统一食品质量标准的企业规范。①

2006 年年底　麦当劳在大多数为成人和儿童提供的食品包装上标示营养信息。营养标识采用了引人注目的表格和图标形式。它将科学信息转换成便于顾客迅速了解产品的营养价值,并且具有与推荐的每日营养素摄入量进行比较的功能。这些延展的宣传普及内容还同时出现在麦当劳中国网站、公司介绍手册、餐厅内的交流区和餐盘垫纸上。②

2007 年　麦当劳 "全球超级选秀" 的优胜者——上海女孩包瑾身着京剧服装的形象,成为了麦当劳 2007 新包装图案。以普通消费者的身份独特演绎了麦当劳 "我就喜欢" 的品牌精髓。③

2008 年　麦当劳作为北京奥运会正式合作餐厅,在食品包装上印有国家运动员的形象,配以 "吃得好,动得巧" 的醒目文字。④

2008 年 11 月　麦当劳推出新一代全球包装,首度全面展现该品牌历史。通过融合醒目的文字和生动的图案,这款新包装将展示出麦当劳如何完成高品质原料和食物的准备工作。采用精美图案、摄影以及文字或非文字叙事方式的麦当劳新款全球包装将适用于世界各地。(2010 年底新包装将在全球推广)⑤

不难发现,麦当劳包装的定位宗旨是全球化与本土化的有机结合。全球化的统一:永恒的黄色大 M 和红色的辅色,人物形象虽然比较复杂,但是色彩都经过处理,呈现灰色调,突出麦当劳的标志。包装的主题各有不同,但大都是利用或营造社会热点,比如北京奥运会和企业自身策划的全球选秀活动。目前的新包装又以与顾客分享品牌故事的新颖方式,让包装成为企业宣传自身的软广告,让顾客在享用食物的时候,更多地了解麦当劳的历史,有助于加深顾客的品牌忠诚度。(如图 5.7 所示)

温馨的店面装修

麦当劳的店面看似简单,但充满了温馨的细节,而这些看似随意的细节,却是最显功力的地方。体现品牌的欢乐与休闲特点。让人们体会到 "家" 的氛围,而不是冷冰冰的商业场所。去过麦当劳的人大多都会有这么一种感受:在那里,人们不仅仅是为了吃一块汉堡,喝一杯咖啡——这些东西在外面的便利店随处可见;在麦当劳,人们更多的是去寻求一种精神上完全放松、休闲的感觉。下面简述麦当劳的店面装修风格。(如图 5.8 所示)

---

① 麦当劳全球大变脸　全球将启用统一新包装. 北京青年报,[2003-12-26] http://www.sina.com.cn.
② 麦当劳首创食品包装标示营养信息[2005-10-28] http://www.fj.xinhuanet.com/news/2005-10/28/content_5460107.htm.
③ 麦当劳全球包装启用中国女孩. 北京商报,[2007-06-11] http://www.sina.com.cn.
④ 麦当劳奥运主新闻中心餐厅盛大开业 第一个奥运汉堡包新鲜出炉 [2009-05-06] http://news.jschina.com.cn.
⑤ 麦当劳推出新一代全球包装. 南方都市报,[2008-11-04] http://www.nanfangdaily.com.cn/epaper/nfds/content/20081104/ArticelC06003FM.htm.

图 5.7 麦当劳的包装

图 5.8 麦当劳内部装修

（1）整体色调呈暖色。麦当劳的店面装修一般都是选用明快的暖色调，即墙壁、天花板或灯管选用白色，桌椅则选用暖黄色，或者红色。

（2）桌椅设计和摆放合理。比较随意，有四人桌椅、两人桌椅、也有吧台式的高桌椅，供不同人群选用。桌椅的摆放也巧妙地因地制宜，尤其是在店面的角落。

（3）标语的及时更换。如教师节的标语是"老师们，您辛苦了！"北京奥运会期间则是大型标语"中国赢，我们赢！"的促销活动宣传画。

（4）各种趣味软装饰。麦当劳店内的墙面上、天花板上挂有各种各样的卡通、乐园类图画，还有五颜六色的小旗帜、剪图、绿树、红花等等，随意而挂，烘托出了一种无拘无束的乐园氛围。

(5) 人性化的服务　为了照顾到顾客的各种闲情逸致，麦当劳还在店内专门设有报纸栏，以便有兴趣的消费者阅读。还备有小推车，以便带着还不会走路的小孩前来光顾的顾客能够更方便地用餐。店面内的儿童游乐设施，免费供孩子们玩耍。在麦当劳，你随处可以看见欢乐跑闹的孩子，他（她）们甚至把作业都带来写，可见在孩子的心中，麦当劳不仅仅代表美味的食品，更是轻松惬意的乐园。

(6) 公益爱心行动　在麦当劳店内的过道边，设有"希望工程捐款箱"，箱上的标语是："麦当劳与您共献爱心！"箱上设计着麦当劳的"M"标识。这些都无形中提升了麦当劳的亲切形象。

(7) 时尚化、优雅化的新改变　值得注意的是，麦当劳似乎已经不满足于做孩子王，还要往高格调上靠拢。比如台湾天母西路的麦当劳门市的改装中增加了时尚的沙发区，空间中出现更多的颜色，户外甚至多了露天的用餐区。麦当劳不再只是想要贩卖汉堡、薯条，它开始要卖消费的美感体验。而麦当劳在伦敦的一家店铺装修则采用了雅格布森的设计的蛋椅、天鹅椅等家具及很多的现代元素，试图营造出一个时尚、舒适优雅的环境。

时尚的制服设计

为员工统一着装，于内有助于鼓舞员工士气、增加凝聚力，对外则有助于体现企业的规范管理，显得更为专业。

麦当劳的员工制服主要是深蓝色与白色相间的条纹衫，条文中穿插有赭石色；蓝色的帽子上面有黄色 M 标志。

蓝色的收敛性强，是科技色，适于表现安静的、内省的、含蓄的情景，暗示智力。蓝色的服装，有稳定感、庄重感。为了不至于太严肃，麦当劳员工的服装采取蓝色和白色相间、并穿插赭石色的条纹衫，显得轻松活泼。

2008年，世界著名女装设计师奥德菲尔德为英国的麦当劳员工设计了新的工作服：黑色带花纹的套装、印有麦当劳"M"标志的小方巾、棕色棒球帽。整体造型非常时尚，提高了餐厅的档次，舒适美观的制服会令员工充满信心。（如图5.9所示）

图5.9　麦当劳员工着装

麦当劳的餐厅和制服的改变，可能源于星巴克的竞争，更多身份和收入较高的人群更乐意去星巴克。星巴克和麦当劳都是连锁店，都强调标准化与严格管控，区别在于定位的不同。麦当劳主要针对消费能力中低等的年轻人和孩子；而星巴克则定位较高，针对中高等身份和收入的客户群体，其装修的风格拥有更多的美感元素，从logo、内部装潢、背景音乐、产品包装到周边产品无一不透出雅致的气息。

在大众消费时代，麦当劳是大家公认的经营典范，我们想要将社会麦当劳化，不只是消费，就连医院、学校、政府等领域都在仿效麦当劳，如今到了生活风格时代，星巴克有了赶超麦当劳的趋势。像法国人那样花三个小时喝下午茶已经成了很多身心疲惫的上班族的强烈愿望，人们开始青睐慢节奏的从容生活，亚健康的快餐文化也许迟早会退出历史舞台。麦当劳或多或少意识到了这一点，开始通过店面改装、改良食品结构等措施来维护品牌价值。

成熟的企业理念（MI）

麦当劳著名的企业理念是：Q，S，C，V，即优质（Quality）、服务（Service）、清洁（Clean）、价值（Value）。① 这是麦当劳经营的四大基本原则和企业价值观，也是麦当劳CI设计中的基础原则。

优质 麦当劳的品质管理非常严格，食品制作后超过一定的时限，就舍弃不卖，这并非是因为食品腐烂或食品缺陷。麦当劳的经营方针是坚持不卖味道差的食品，这种做法重视食品的品质管理，使顾客能安心地享用，有助于赢得公众的信任，建立起高度的信誉。

服务 包括销售人员的服务态度、店铺装潢的舒适度、营业时间的设定等。在美国，麦当劳的连锁店和住宅区邻接时，就会设置小型的游园地，让孩子们和家长在此休息。"微笑"是麦当劳的特色，所有的店员都面带微笑，活泼开朗与顾客交谈、提供服务，让顾客觉得亲切，忘记了一天的辛劳。

清洁 麦当劳要求员工要维护清洁，并以此作为考察各连锁店成绩的一项标准，树立麦当劳"清洁"的良好形象。麦当劳店的卫生间要求时刻保持卫生，没有异味。一高一矮的洗手池则考虑到了孩子这个容易被忽略的顾客群体，体现了人性化的关怀。

价值 麦当劳的企业理念一度只采用Q，S，C三字，后又加了V，即价值，它表达了麦当劳"提供更有价值的高品质物品给顾客"的理念。麦当劳虽已被认为是世界第一大快餐企业，但它仍在适应社会环境和需求变化，积极地推陈出新，注重全球化与本土化的结合。麦当劳强调的价值，即要附加新的价值。

麦当劳的生意毕竟不仅是制造汉堡包，还是一项以人为本的生意；是一项塑造快乐、热诚的员工及满意顾客的事业。麦当劳的微笑服务是众所周知的。走进麦当劳店铺，首先映入人们眼帘的是巨大的菜单牌，在菜单价格的最后写着"微笑0元"这样的标语。

"让世界充满微笑"是麦当劳的服务宗旨。发自内心的自然微笑是最动人的，但是长时间的工作会使身体疲劳，这时再要维持微笑就不再是件简单的事情，轻松自在的微笑尤其变得困难。为此，麦当劳对各个店铺的微笑服务进行了调查，将得到的经验体会进行总结后，在全球麦当劳进行了推广。比如微笑服务的秘诀、微笑服务的维持方法、微笑服务

---

① 陈炳岐．麦当劳与肯德基［M］．北京：中国经济出版社，2006：23．

的源泉等,真正实现了微笑也能赚钱的神话。

严格的员工行为规范(BI)

除了倡导积极的服务精神外,麦当劳还制定了严格的麦当劳手册。(如图 5.10 所示)为了使企业理念"Q,S,C,V"(质量、服务、清洁、价值)能够在连锁店餐厅中贯彻执行,保持企业稳定,麦当劳管理层要求每项工作都做到标准化、规范化,即"小到洗手有程序,大到管理有手册"。随着麦当劳连锁店的发展,麦当劳人信奉只有始终如一地坚持统一的标准,才能保证快餐连锁店的成功。

麦当劳为了彻底执行这套基本手册,制定了一套完整的体系。在品质控制方面,有营运手册;在服务方面,有 SAM 促销手册;在清洁方面有建筑维修预防手册。下面是麦当劳的基本政策的七大要素。①

(1) Q,S,C,V(优质、服务、清洁、价值)。

(2) T,L,C(tender, loving, care、细心、爱心、关心)。

图 5.10 麦当劳标准化管理手册的书籍

(3) Customer is First(顾客是上帝)。

(4) Dynamic, Young, Exciting(活力、年轻、刺激)。

(5) Right Now and No Excuse Business(立刻行动、凡事没有借口)。

(6) Keep Professional Attitude(保持专业态度)。

(7) Up to you(一切由你)。

这七项不仅仅是企业观念,而且是麦当劳的行动规范,可见观念识别系统和行为规范系统并非界限分明,而是唇齿相依的。这些"判断的基准",成为麦当劳店铺所有职员和兼职人员的一贯性行动的范本。

麦当劳的相关手册。

1. 麦当劳营运训练手册(O&T manual)

麦当劳营运训练手册极为详细地叙述了麦当劳的方针、政策,餐厅各项工作的运作程序、步骤和方法。30 多年来,麦当劳公司不断丰富和完善营运训练手册,使它成为指导麦当劳公司运作的指导原则和行业经典。

2. 岗位工作检查表(SOC)

麦当劳公司把餐厅服务系统的工作分成 20 多个工作站。例如,煎肉、烘包、调理、品质管理、大堂等,每个工作站都有一套"SOC"即 Station Observation Checklist。

SOC 详细说明在工作站时应事先准备和检查的项目、操作步骤、岗位第二职责及岗位注意事项等。员工进入麦当劳后将按照操作流程逐项实习,通过各个工作站的考核后,表

---

① 肖建中.麦当劳大学——标准化执行的 66 个细节[M].北京:经济科学出版社,2007:180.

现突出者晋升为训练员，然后由训练员负责训练新员工，训练员中表现好的可以晋升到管理组，也就是说从最基层的实践培养起，台阶式地逐级提升。

3. 袖珍品质参考手册(Pocket Guide)

麦当劳公司的管理人员每人分发一本手册，手册中详尽地说明各种半成品接货温度、储存温度、保鲜期、成品制作温度、制作时间、原料配比、保存期等等与产品品质有关的各种数据。

4. 管理发展手册(MDP)

麦当劳公司是依靠餐厅经理和员工把企业的经营理念（Q，S，C，V）传递给顾客的，所以，该公司对餐厅经理和员工的培训极为重视。所有的经理都从员工做起，也就是说没有当过战士不能当指挥员。经理必须高标准地掌握所有基本岗位操作并通过SOC。

而MDP是麦当劳公司专门为餐厅经理设计的一套管理发展手册，一共四本。手册采用单元式结构，循序渐进。管理发展手册中介绍麦当劳的各种管理方法，也布置大量作业，让学员阅读营运训练手册和实践。

与管理发展手册相配合的还有一套经理训练课程，如基本营运课程、基本管理课程、中级营运课程、机器课程、高级营运课程。餐厅第一副经理在完成管理发展手册第三班学习后，将有机会到美国麦当劳总部的汉堡包大学学习高级营运课程。

高一级经理将对下一级经理和员工实行一对一的训练。通过这样系统的训练，麦当劳的经营理念和行为规范，就深深地渗透到麦当劳员工的行为之中。

风格化的广告传播

作为低卷入度的食品企业，麦当劳集团全球的广告投放既高又密，对麦当劳品牌塑造，广告传播是其重要手段。与麦当劳叔叔一样，麦当劳的广告也充满美国式的幽默与轻松，共同传播着麦当劳的视觉文化，加强了其视觉识别的个性特征。

麦当劳在广告传播中对其品牌Logo——金色拱门"M"的宣传，可谓不遗余力，留下了许多脍炙人口的广告经典之作，如曾荣膺1996年法国戛纳国际广告电视金狮奖的麦当劳"婴儿篇"广告。在这则电视广告中，一位躺在摇篮里的婴儿，一会儿哭，一会儿笑。当摇篮向上摇起来，靠近窗口时，这个婴儿就高兴地露出笑脸；而当摇篮摇下来时，就哇哇地哭。这一简单的过程反复持续了多次，撩拨起消费者的好奇心，在广告的最后，把镜头从婴儿的角度对准窗外时，一切才恍然大悟：原来婴儿是因为看到窗外黄色的麦当劳双拱门而笑，因为看不到它而哭。这个广告创意极为单纯，情节却充满了戏剧性，将麦当劳的受欢迎程度体现得淋漓尽致（如图5.11所示）。在中国的麦当劳电视广告基本也承袭了有趣轻松的风格，麦当劳其他电视广告也是同样夸张，面对麦当劳美味的诱惑，广告中的年轻人可以一头撞到玻璃上，淑女可以丢掉风度，连懵懂的婴儿也成为其忠实的粉丝。比如喜剧之王周星驰来拍摄麦当劳球迷套餐广告、当红歌手蔡依林的俏皮麦当劳BBQ布谷堡等。尤其是麦当劳广告表现并强化了中国的传统价值，如其中一则春节广告是这样的：一扇古老的门通向大庭院；一群孩子在红色风筝上涂画，然后，他们牵着风筝，跑出院子，经过村子里的一排房子，来到湖边的青草地；红色的风筝在空中翩翩起舞，声声爆竹预示着春节。广告结尾：一扇门关起来，上面写着"风调雨顺"。中国传统音乐贯穿整个广告，充满了中国风情，让观众将传统的吉祥如意与麦当劳品牌联系在一起。

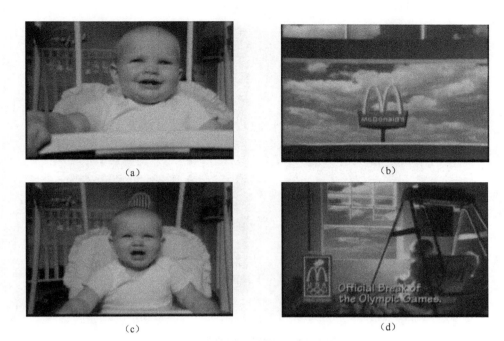

图 5.11 麦当劳"婴儿篇"电视广告截图

在麦当劳的全球广告中其广告理念似乎还停留在表现具有强烈美国特征的视觉符号和近乎雷同的商业信息灌输上,表现方式则是西方的滑稽夸张情节加上简单的商品促销信息,只是在不同的国家选用其本土的明星来演绎滑稽。这类看似创意奇特的滑稽广告如果偶尔出现还能够博得受众的好奇心,可是类似的东西多了也就见怪不怪了。麦当劳广告尽管个别来看不无创意的独特新颖,但是整体上缺乏深度(如图 5.12、图 5.13 所示)。在平面广告中,麦当劳围绕"我就喜欢"策划了诸多另类的广告,定位都是年轻人,比如,"我就喜欢见一个爱一个"、"我就喜欢动刀子"、"我就喜欢娘娘腔"、"我就喜欢和老师动手"等,尽管不乏黑色幽默,但整体缺乏思想高度,有些甚至违背了传统的中华美德,只为了博得年轻人的一瞥(如图 5.14 所示)。这类广告虽然能够强化提示品牌广告语的作用,但是无助于提升品牌整体形象和提高品牌的忠诚度和偏好度。(如图 5.15、图 5.16 所示)

图 5.12 麦当劳平面广告 1

图 5.13 麦当劳平面广告 2

(a)

(b)

图 5.14　麦当劳另类平面广告

图 5.15　麦当劳户外广告 1

图 5.16　麦当劳户外广告 2

在此,麦当劳给我们有两点启示:一是作为企业,制作广告时更需要考虑所面对消费群体的传统文化观念,避免因为文化差异而造成传播的失败;二是作为针对其顾客的广告不应过于迎合消费者的审美情趣,而通过广告来积极倡导和树立健康的企业文化观或许是个更好的选择。

应景的营销策略

企业的 CI 并非一成不变,随着时间的推移、新问题的出现,企业需要及时做出应景的营销策略，为老品牌注入新的内涵。

快餐食品对消费者健康的影响、民族和文化意识，以及品牌老化是麦当劳推行全球化所遇到的主要三大难题。2002年初，麦当劳的全球首席营销官拉里·莱特上任后，策划了麦当劳历史上第一次品牌更新计划，取代了以前以"微笑"为主题营销活动。

下面是麦当劳2003年的营销事件。[①]

2003年9月2日，麦当劳公司在德国慕尼黑宣布正式启动"我就喜欢"品牌更新计划。这是麦当劳公司第一次同时在全球100多个国家联合起来用同一组广告、同一种信息来进行品牌宣传。

2003年9月22日，麦当劳"我就喜欢"活动在中国正式启动，《我就喜欢》歌曲中文版创作及演唱者王力宏参加了发布会。

2003年9月25日起，麦当劳的两个新的充满活力的电视广告开始在中国全国播放。

2003年11月24日，麦当劳与中国移动通信集团旗下"动感地带"（M-Zone）宣布结成合作联盟，由动感地带客户投票自主选择当季度"动感套餐"也同时揭晓，并在全国麦当劳店内同步推出。

麦当劳表示在中国餐厅内提供上网服务，让中国消费者在麦当劳餐厅享受无线上网的乐趣。

从以上营销事件中可以看出麦当劳试图让品牌年轻化和时尚化。

麦当劳以前并没有首席营销官的职位，50年不变的"麦当劳叔叔"就是麦当劳的"首席快乐官"。以前，笑容可掬的"麦当劳叔叔"对于儿童、青少年、父母等细分市场都很有亲和力，是不错的品牌代言人。

而斗转星移的今天，麦当劳的定位以及品牌的概念随着社会外部环境的变化已经日显陈旧。年轻的嘻哈一族觉得麦当劳是小孩子去的地方，他们更喜欢"酷"、刺激和冒险的举动。

于是，"我就喜欢"把目标顾客定在了麦当劳流失得最快、公司最需要抓住的有消费能力的年轻一族，所有的品牌主题都围绕着"酷"、"自己做主"、"我行我素"等年轻人推崇的价值观。王力宏创作的带有嘻哈和R&B曲风的《我就喜欢》主题曲，也在年轻人中迅速流行。2008年麦当劳为满足顾客多元化的需求，为喜欢辣的目标群体推出辣味食品，同时播出主题为"哈辣一族"的电视广告，也选择了受年轻人喜欢的歌手杨丞琳和罗志祥作为广告主角，将"辣趣"演绎得时尚而幽默。

为配合麦当劳的品牌更新活动，2003年11月24日，两个"M"——麦当劳与动感地带（M-Zone）结成合作联盟，共同推出了一些列的"我的地盘，我就喜欢"的"通信＋快餐"的协同营销活动。

尽管这两个2003年非常出位的品牌精英的业务范围看似无关联，但是它们却拥有共同的顾客和希望传达的品牌个性。麦当劳中国餐厅推出了只有动感地带成员才能以15元价格享用原价21.5元的"动感套餐"。每月的"动感套餐"由会员通过短信、彩信和网上投票的方式进行筛选，既有新意又有实惠。

动感地带品牌性格鲜明——"我的地盘听我的"，这在年轻人中的认同感比较高。正

---

① 参考西祠胡同：http://www.xici.net/b461046/d21917838.htm 十大营销经典案例 宇承 发表于：04-08-28 20：03。

是这一点，让麦当劳选择了动感地带作为合作者。而对动感地带的客户而言，购买麦当劳的产品在价格上可以优惠，无疑是件乐事。麦当劳的儿童游乐场让年轻人认为自己不属于这里，而动感地带的介入，使得年轻人对麦当劳有了新的期待和归属感。

此外，麦当劳还非常重视打造良好的公共关系，强化麦当劳是一个有责任感的企业形象。比如1984年成立麦当劳儿童慈善基金会，积极参加社区公益活动、进行体育赞助、设立麦当劳奖学金等，这些都是麦当劳成功的重要组成因素。

反观中国餐饮业，走向世界的少之又少，在除了极少数餐饮字号开始在国内创办连锁店并取得初步经验外，其他的绝大多数中餐馆仍然是单枪匹马打天下，貌似星罗棋布，其实脆弱孤单，难以形成规模。中餐誉满世界主要靠的是烹调技艺和菜肴的美味，却不善于运用CIS和营销技巧，很难成为世界性大企业。如何准确运用CIS树立企业的个性特征，并使之深入人心，餐饮巨头麦当劳着实值得中国餐饮业好好地深思和借鉴。

● **思考与讨论**

1. 麦当劳和肯德基都是提供洋快餐，但在消费者心中却拥有各自的品牌形象。请以CIS理论分析之。

2. 国内也有不少大大小小的快餐连锁店，但几乎不能与麦当劳、肯德基相提并论。请以你熟悉的国内快餐连锁品牌为例，谈谈如何把中国式的健康快餐推广到世界？

● **相关知识链接**

CI理论奠基人、德国现代主义设计之父彼得·贝伦斯

彼得·贝伦斯（Peter Behrens，1868—1940）德国现代主义设计的重要奠基人之一，著名建筑师，工业产品设计的先驱，"德国工业同盟"的首席建筑师。

1907年，德国电器工业公司（AEG）的总裁艾米·拉斯邀请贝伦斯为公司设计标志，担任建筑师和设计协调人，贝伦斯从此开始了他作为工业设计师的职业生涯。他为AEG和其他企业设计产品目录、广告册页和海报，采用标准的方格网络方式，严谨地把图形、字体、文字说明、装饰图案工整地安排在方格网络之中，清晰易读，让人一目了然，同时在字体选择上选用自己的改良罗马体。因此具有减少主义的初期特征。这种设计特征极大地影响了当时设计的风尚。在第二次世界大战之后，减少主义成为世界平面设计的基本风格之一。[①]

第二节 "当太阳升起的时候，我们的爱天长地久！"
——太阳神保健品广告案

案例概述 "当太阳升起的时候，我们的爱天长地久！"这首广告歌在20世纪80年代被广为传唱，太阳神也成为了那个年代难以忘怀的记忆之一。

广东太阳神集团有限公司成立于1988年，是以生产和销售保健食品、食品和药业为

---

① 台湾设计波酷网：http://www.boco.com.tw/NewsDetail.aspx?bid=B20070117004047 设计人物——彼得·贝伦斯（Peter Behrens）发表时间 2005/9/21 上午 12：00。

主的中外合资企业集团。太阳神集团以振兴民族经济为己任,以提高民族健康水平为企业宗旨,在异常艰苦的条件下创业,几年间成为中国保健食品行业首先冲破 12 亿销售额、企业资产总值达 7 亿元的集团公司。1995 年,太阳神集团作为中国保健食品生产企业,在本行业中第一个在香港联交所挂牌上市。

太阳神集团在中国企业中率先导入 CI。创立了企业、商标、产品三位一体的太阳神标志,太阳神商标在汪洋大海的同类产品中脱颖而出。集团采用别具创意及积极进取的推广策略,迅速在市场上成功地树立了一个健康和关怀大众的企业形象,在中国建立了庞大的分销网络,全国共有 17 个专业营销公司,销售网络遍布全国各地,产品深受消费者的欢迎。1996 年《人民日报》在对全国消费者市场调查国家品牌排行前十名的品牌中,太阳神品牌在营养口服液中市场占有量、市场竞争力、市场影响力均排行第一。①

除了出色的 CIS 导入,太阳神还十分重视公共关系和媒体通路的建设和维护,两者都为太阳神的企业识别立下了汗马功劳。

下面是 20 世纪 80 年代末太阳神集团在上海营销大事的简要回顾。

1988 年 4 月,太阳神集团管理层提出了立体拉升市场的要领和方法。派出相关科研人员到上海各大、中、小学进行太阳神服用效果测试,并要求上海工作人员迅速与当地的专家、记者、教育局和体委的干部建立良好的公共关系。同时,继续努力扩大铺货范围和终端宣传品的覆盖面。

1988 年 10 月,"太阳神新空气演唱会"、"太阳神朱明瑛演唱会"在上海举行,迅速掀起热潮。上海人发现无论看报纸、听广播、上街都能见到太阳神。"太阳神是什么东西"的悬念因此而产生。

紧接着,太阳神资助举办题为"学生健康问题讨论"的专家座谈会,与会专家对学生的健康提出了尖锐的批语,引起了老百姓的关注,而媒介也及时展开了如何改善学生健康状况的讨论。这时,报纸登出了太阳神在两所学校的产品功能测试报告,显示出太阳神口服液对学生健康许多方面的显著功能。一时间,老百姓不仅知道了太阳神是什么,而且马上产生了购买它的欲望。

1989 年 10 月底,太阳神集团趁热打铁,大密度地在上海播出"形象牌＋产品功能片＋情感煽动片"一系列的电视广告,销量得到大幅提升。②

太阳神在上海的成功,带动了华东三省的开发,同时也为武汉、重庆的发展提供了经验。"吸引眼球"的战术成为太阳神迅速崛起的一大法宝。此后又相继在广州举办"太阳神十大奇招表演"、重庆"巴蜀绝技大赛"、武汉"楚天绝技大赛"。1990 年秋季,太阳神形象广告在广东、上海、湖北、四川的电视台高密度播出,广东珠江台最高一晚播出达 16 次,大量的电视广告,一个接一个的大型活动,一篇接一篇的报纸广告和科普文章,使太阳神的产品和品牌在短短的时间内,达到了前所未有地美誉度和认知度,为太阳神产品成为此后 5 年的第一品牌打下了坚实的基础。

由此可见太阳神集团成功运用了多种手段:事件营销、公共关系、视觉广告、科普软

---

① 广东太阳神集团官方网站:http://www.apollo.com.cn 太阳神简介。
② 维普资讯网:http://www.cqvip.com/qk/91395X/200108/8585257.html 痛定思痛太阳神,作者:周攀峰,来源《中国商界》,2001 年第 8 期。

文等等。太阳神集团对媒体的运用可以说非常到位,在当时网络还没有兴起的年代,太阳神对纸媒和电视广告的综合运用已经比较成熟,有了系统的事件营销和广告投放的观念,做到了有步骤、有计划的缜密进行。在当今的视觉时代,大众受到的感官刺激前所未有地繁多,单一的手段很容易被淹没,需要对多种策略进行整合传播,才能够在人们心里留下较深的印象,对品牌形成较为立体的认知,这是太阳神在早期留给我们的宝贵经验。

随着市场竞争环境的日益激烈,企业所处的生存空间越来越小;而中国经济的高速发展又令市场上存在很多的发展机会;空间挤压和机会吸引的双重作用力使企业产生了战略转型的原动力。

2008年,在人们对保健品功效质疑重重的当下,太阳神集团开始从狭窄的保健品转向养身产业过渡。挖掘中国千年的养生文化,力求嫁接到国际生命科技,定位为现代养生产业。

现代养生产业主要包括三方面的内容:一是实物产品,如保健品类、现代保健品器材等;二是服务产品,主要是调养类产品;三是文化产品。目前太阳神的主打产品包括养生实物产品,如饮用水、养生类功能产品等。

如何让蛰伏了十多年之久的太阳神重新跃入人们的视野,需要的不是硬广告,而是一个能牵动人们情感的与品牌相关的事件。太阳神非常敏锐地发现了这一点,并付诸于有效的行动。

2008年3月,实现了产业重新布局的太阳神集团碰到了与广州足坛再结缘的机会。

"太阳神怀旧对抗赛",太阳神和怀汉新的名字又再度出现在广州足坛。《广州日报》载:

2008年3月23日,广州足坛将上演一场重量级比赛——前中国国家队 VS 前广州太阳神队。值此机会,本报推出"梦幻太阳重聚首"系列报道,为广大读者回顾整理广州足球那些经典的人物和故事。[①]

说起太阳神,很多球迷都对它旗下的太阳神足球队有着更深厚的认同情结,当年的太阳神队开创了中国足坛一个又一个神话。但在2001年,太阳神集团退出了职业足球圈,令无数球迷感怀。

此次战略转型后的太阳神需要机会向世人再度展露自己,利用人们怀旧的心理,运用媒体通路为此做系列报道。广东电视台体育频道、广东电台体育之声、广州电台金曲广播、《广州日报》、《羊城晚报》、《南方日报》、《广州新快报》和21CN,几乎囊括了广州各大主流媒体,它们让大众在怀念太阳神经典的人与事的同时又有了重新认识太阳神的机会。

2008年是举国关注北京奥运会的日子,太阳神在此时举办"太阳神怀旧对抗赛"具有特殊的含义,符合奥运"更快、更高、更强"的精神。通过大赛有利于展现太阳神"超越自我"的体育精神,以及与奥运共辉煌的良好形象,使太阳神的品牌和产品更加深入人心,让越来越多的人喜欢太阳神。

从传播学的角度来看,公共关系是一个社会组织用传播手段使自己与公众之间形成双

---

① 摘自搜狐网体育版:http://sports.sohu.com/20080319/n255782841.shtml "梦幻太阳"广州重聚首转型职业队教练成主题,大洋网—广州日报 2008-03-19 07:10。

向交流，使双方达到相互了解和相互适应的管理活动。反映了公共关系既是一种传播活动，也是一种管理职能。无论是传统营销理论 4P[①] 中的"促销"要素，整合营销传播理论 4C[②] 中的"沟通"要素，还是营销新论中 4R[③] 强调的"关系"要素，都有赖于媒体通路的建设，当下"传播即营销"的新观念，更加突显了媒体通路的重要性。由此我们可以发现一个企业的形象识别传播不仅仅关乎 CIS，还与其他多门类学科有着千丝万缕的关系。

案例评析　　太阳神作为当年最成功的国内保健品，其中 CIS 所起的作用是非常巨大的。太阳神率先将国外的 CIS 战略成功地"移植"到了中国，并融入了中国的元素和审美习惯，今天看来，仍不愧为"中国 CIS 的第一案"。

一、视觉识别——以中外神话文化为创作源头

在中华民族远古文化的记载中，早就有了太阳神的美好传说。"APOLLO"在古希腊神话中是赋以万物生机、主宰光明的保护神，亦是诗歌、音乐、健康、力量的美好象征；是人文初祖的崇拜图腾与现代偶像的完整糅合，是一个永恒的艺术形象。以"APOLLO"为企业、商标、产品命名，充分地展现了热情、欢乐、健康、智慧、保护和创造，突出地体现了五大优势：

（1）高瞻远瞩地表达企业的向上精神和战略目标；
（2）形象地体现企业及商品独特的个性与气质；
（3）贴切地反映产品属性和功能；
（4）读音响亮，通俗易记，含义隽永，可以顺畅地演化为明确、优美的直观图像；
（5）以昂扬的格调引起种种美好的联想与追求。[④]

太阳神 LOGO 选用了高纯度的红、纯黑、纯白三种色彩。红色称为前进色，容易引起视觉注意，使人有兴奋感和温暖的感觉体验。在我国，喜欢把红色作为欢乐、喜庆、胜利的装饰用色，所以红色又俗称"中国红"。黑色是极好的衬托色，可以充分显示被衬托色的光感和色感。白色明亮而朴素，没有强烈的个性，易于和其他颜色形成配合。这三种颜色组合在一起成强烈的色彩反差，体现出企业奋力开拓、积极向上的整体心态。

太阳神标志的字体是黑体字的变形，将首字母"A"的笔画圆润化，与"O"形成呼应，整个名称造型显得稳重又不呆板。字幕的圆弧形与 LOGO 的圆形又形成了良好的协调感。太阳字体造型是根据中国象形文字的意念，阳字篆体字体"☉"作为主要特征，结合英文的黑体字体形成具有特色的合成文字。太阳神的标志是用圆与三角形的组合，在对比中力求和谐的形态。[⑤]

---

① 在市场营销组合观念中，4P 分别是产品（Product），价格（Price），地点（Place），促销（Promotion）。
② 4C 理论是由美国营销专家劳特朋教授在 1990 年提出的，它以消费者需求为导向，重新设定了市场营销组合的四个基本要素；即消费者（Consumer）、成本（Cost）、便利（Convenience）和沟通（Communication）。在后面的章节会作详细介绍。
③ 《4R 营销》的作者艾略特·艾登伯格提出 4R 理论。4R 理论以关系营销为核心，重在建立顾客忠诚。它阐述了四个全新的营销组合要素：即关联（Relativity）、反应（Reaction）、关系（Relation）和回报（Retribution）。
④ 摘自广东太阳神集团官方网站：http://www.apollo.com.cn/NewsHtmlFiles/20090728090057024100076.shtml 中国太阳神集团（香港）有限公司视觉识别系统.
⑤ 潘殿伟.太阳升起之前——"太阳神"CI 设计创意观.见：《中国南方企业的 CI 战略》.长沙：湖南美术出版社，1994：13.

图案设计以简练、强烈的圆形与三角形构成基本定格。红色的圆形给人积极向上的感觉，而黑色的三角形是 APOLLO 的首位字母，显得沉稳凝练。圆形是太阳的象征，代表健康、向上的商品功能与企业经营宗旨。三角形的放置呈向上趋势，类似人字的造型，体现出企业向上升腾的意境和以"人"为中心的服务及经营理念。以红、黑、白三种永恒的色彩，组合成强烈的色彩反差，体现企业不甘现状，奋力开拓的整体心态。商标形象的设计特点在于追求单纯、明确、简练的造型，构成瞬间强烈的视觉冲击效果，同时也高层次地体现了企业独特的经营风格。

　　太阳神的太阳、人和地构成的 LOGO，充分体现着中国文化的韵味。在中国文化中，天、地、人——天人合一，天时、地利、人和，都是易学文化的核心。太阳神的 CI 设计正是紧扣住了这个核心，因此较容易打动中国社会公众的心。体现了在 CI 设计中，文化内涵的重要性。（如图 5.17 所示）

　　与此同时，太阳神的广告也对太阳神的视觉识别传播起到了很大的作用。如在 1987 年太阳神的电视广告中，就富有创意地再现了太阳神的 LOGO：山川的景色由全景到近景，出现一个赤裸半身的大汉举起巨石；又有几个大汉在敲打石块、搬运木头；一个特写大汉的侧脸对天长啸，出现很多大汉用绳索拉起巨大的三角形体块，对接成了太阳神的 LOGO 标志——三角形；此时一名男声高唱广告歌曲"当太阳升起的时候，我们的爱天长地久"，画面定格在巨型的三角形上空是一轮熠熠生辉的红日，最后弹出太阳神的平面 LOGO。广告画面运用了多种机位拍摄，各种镜头的穿插，使得这条商业广告有了电影般的故事情节。广告的创意紧扣企业 LOGO，体现了天时、地利、人和的哲学观，大气磅礴，准确地传递了企业的文化观。（如图 5.18 所示）

图 5.17　太阳神集团标志

图 5.18　太阳神广告语

　　企业的广告语"健康创造未来"起到提示消费者重视生命健康的作用，与自身的保健品企业身份吻合。产品的包装基本上都是红白色相间，黑色的产品字体，配合红黑色的企业 LOGO，在当时不注重产品包装的时代具有强烈的识别特征和视觉冲击力，有了比较成熟的整体品牌形象。（如图 5.19 所示）

　　在以规模经济为基础的运作过程中，太阳神集团逐渐介入了多个不同的市场领域的竞争。因此，太阳神集团的主体形象必然要展开细分化，派生越来越多的行业形象和品牌形象，并支持它们在不同的市场领域发展竞争功能。主体形象为行业形象和品牌形象提供成长条件，行业形象和品牌形象为主体形象分担竞争风险，彼此相得益彰，这在形象识别上

图 5.19　太阳神产品包装

不但控制了全局与局部、一般与特殊、共性与个性的正确关系，而且有利于达到最好的综合效应。

药业是太阳神集团的一个主要行业，药业形象也就是太阳神集团主体形象派生的一个主要行业形象。药业标志作为药业视觉识别系统基础结构设计要素的核心，既要表明集团主体形象的共性，又应展示药业行业形象的个性。[①]

太阳神药业的标准色为银灰色和白色。在 LOGO 中，银灰色体现着成熟、理性、严谨，而白色代表着清新、冷静、安全。药业关系到人们的生命健康，需要给人严肃、值得信赖的品牌印象，银灰色和白色的组合显得有品质感，并且对视觉的刺激适中，灰不炫目，也不暗淡，属于视觉容易调和的颜色。

集团标志英文名称标准字体"APOLLO"位于设计画面的上方，表示药业行业形象从属于集团主体形象，是太阳神企业的历史使命在药业市场领域的持续延伸和具体实践。

行业象征标准图形位于设计画面的下方，以一条色带和四个平等渐变的色块，形成不断前进的动态，表示药业的理性动作趋势及其开发的高科技系列产品具有越来越好的功能和疗效。

药业标志作为药业视觉识别系统的基础定位，是太阳神集团在药业市场树立行业形象的起点，表达了企业对消费者的庄严承诺，同时也有助于从事药品开发和推销的员工们形成崇高的责任感，统一认识，协调行动，向着共同的目标奋力进取。（如图 5.20 所示）

图 5.20　太阳神药业标志

食品是太阳神集团的一个主要行业，食品形象也就是太阳神集团主体形象派生的一个主要行业形象。食品标志作为食品视觉识别系统基础结构设计要素的核心，既要表明集团主体形象的共性，又应展示食品行业形象的个性。

太阳神食品视觉识别的标准色为粉绿色和白色。绿色在可见光谱中，波长居中，人的眼睛最适应绿色光的刺激，对绿光的反应最为平静，因此绿色是最能使眼睛得到休息的色

---

① 广东太阳神集团官方网站：http://www.apollo.com.cn/NewsHtmlFiles/20090728090057017900084.shtml 药业识别意念.

光。在大自然中,绿色是生命的颜色,意味着丰收、满足、希望、健康、活力等。粉绿色是白色与绿色的混合色,显得更为温和、亲切。LOGO 中粉绿色体现着天然、健康、活力而白色代表着清新、纯净、安全。

食品标志采用集团标志英文名称标准字体与行业象征标准图形相组合的设计手法。集团标志英文名称"APOLLO"改为罗马体,增加了亲切的感染力,又以首、尾两位字母特别突出的形状,使食品标志在整体上富有韵律和视觉冲击力,并如绿色的大地,给人以天然、可靠的食品概念。(如图 5.21 所示)[①]

广州太阳神足球俱乐部(GAFC)由广州市体委和广东太阳神集团有限公司在 1993 年 1 月 8 日联合组建而成,成为中国第一个甲 A 职业足球俱乐部。意在打造太阳神"健康"的品牌形象。

在中国开展职业联赛的四年中,广州太阳神足球队分获全国亚军、第五、第七、第八名,始终在中国足坛保持前列,是中国足坛赫赫有名的"华南虎",创造了 20 世纪 90 年代广州足球最辉煌的时代,又称"太阳神时代"。

俱乐部的 LOGO 字体没有大变,只是加上草书的英文字母"tiger"。APOLLO 的字幕沉稳大方,手写感很强的"tiger"则充满了动感,向右倒的趋势有如疾风吹过。红色的太阳内部是一个侧面的老虎咆哮的形态。有较强的情节性:晨曦,百兽之王迎着初升的太阳,抖动身躯,发出它第一声的咆哮,震撼天地、唤醒生灵、令群山震惊,让世界欢腾。日与虎相影生辉,迸射出万丈光芒,瞬间化成一个燃烧的球,如火轮一般不可抵御地向前疾飞。日与虎相影,APOLLO 与 tiger 互辉的标识,以简练、强烈的图形,动、静和谐的糅合,生动、形象地表现了太阳神集团的企业文化和太阳神足球俱乐部的体育艺术完美的结合。(如图 5.22 所示)[②]

图 5.21　太阳神食品标志

图 5.22　太阳神足球神俱乐部标志

二、专业化的听觉识别系统

AI(Audio Identity)听觉识别,它是根据人们对视听觉记忆比较后,通过听觉刺激

[①] 广东太阳神集团官方网站:http://www.apollo.com.cn/NewsHtmlFiles/20090728090056094400059.shtml 太阳神集团企食品视觉识别系统。

[②] 广东太阳神集团官方网站:http://www.apollo.com.cn/NewsHtmlFiles/20090728140637028100061.shtml 太阳神足球俱乐部视觉识别系统。

传达理念、形象和元素,能更好地实现传播记忆的识别系统。听觉刺激在公众头脑中产生的记忆和视觉相比毫不逊色。从理论上看,听觉占人类获取信息的11%,是一条非常重要的传播渠道。听觉识别系统主要包括企业歌曲、广告音乐、企业注册的特殊声音、企业特别发言人的声音等内容。[①] 企业歌曲主要由以下内容构成。

(1)主题音乐。主要包括企业团队歌曲、企业形象歌曲。前者用于增强企业凝聚力,强化企业内部员工的精神理念,后者则用于展示企业形象,向外部公众展示企业风貌,以此树立企业良好的公众形象。

(2)标识音乐。主要用于广告音乐和宣传音乐中的音乐,一般是从大企业主题音乐中摘录出高潮部分。

(3)主体音乐扩展。通过交响乐、民族器乐、轻音乐等来高层次、全方位地展示企业形象。

企业在制作和执行听觉识别系统时一般有以下几个环节:企业音乐定位,确定企业主题歌曲、企业其他歌曲;作词、作曲、配器、演唱、演奏等企业音乐创作、MIDI制作、广告音乐制作、企业音乐形象视觉化IV制作;制定听觉识别系统使用规范;学唱、歌唱比赛等歌曲推广。

太阳神企业的听觉识别系统相对比较完善,依据不同的定位共有以下9首乐曲。

(1)《太阳神升旗曲》 这是太阳神企业CI听觉识别系统的军乐作品之一。它以军乐特有的音响手段,营造庄严强盛的氛围,真实地表现了太阳神集团力求提高中华民族健康水平和振兴中华民族经济的远大理想。

(2)《太阳神进行曲》 这是太阳神企业CI听觉识别系统军乐的主要作品。它巧妙地融合现代音乐与爵士音乐的风格,使自身有别于中国以往的军乐作品;它以小号、圆号、长号为主要音色,形成丰满充沛的张力、璀璨的色彩、活跃的动感和强大态势,充分展示了太阳神集团雄姿豪迈、朝气逢勃的企业气质。

(3)《太阳神主题·礼仪音乐》 这是太阳神企业CI听觉识别系统的军乐作品之一。它以优美、流畅的旋律,将太阳神集团热爱生命的主题演绎为严格训导下的企业行业规范,突出了亲切而抒情的礼仪特征。

(4)《当太阳升起的时候——太阳神企业形象歌》 这是太阳神企业CI听觉识别系统的主体作品。它用激越声调,尽情地表达了太阳神集团异军突起的历史背景、艰苦创业的悲壮情怀、继往开来的顽强追求和造福民众的社会责任感,具有强烈的想象力、思辨力、感召力。特别邀请了著名歌手毛阿敏演唱,毛阿敏的音色庄重而充满磁性,但又不同于阳春白雪的美声唱法,属于流行唱法,利于企业形象歌的推广。歌曲中的歌词"当太阳升起的时候,我们的爱天长地久"和旋律在20世纪90年代曾流行一时。

(5)《我们就是太阳——太阳神企业队列歌》 它是太阳神企业CI听觉识别系统的合唱歌曲。它按进行曲式完成,具有气势磅礴的攻击力,充满激情地表现了太阳集团准军事化动作的团队精神。

(6)《为钢琴与弦乐队——当太阳升起的时候》 这是太阳神企业CI听觉识别系统的

---

① http://www.yinxiangcn.com/xueshu/200811/11182.html 印象大中国文化管理传播网,构建个性鲜明的企业形象识别系统——听觉识别系统,作者:任淑艳。

一部室内音乐作品。它以标准的奏鸣曲式写成，结构完整，旋律优美，线索清晰。它充分利用钢琴与弦乐在音乐和演奏上的不同特点，将钢琴的清晰明快颗粒感与弦乐的悠扬舒展的线条性形成鲜明的对比，仿佛礁石坚挺、大河奔流，令人悲壮而感奋，唤起的是太阳神集团的历史使命，既回顾了艰苦卓绝创业，又展望着辉煌壮丽的明天。

(7)《太阳神交响曲》 这是太阳神企业 CI 听觉识别系统的主要作品，无论是从乐曲的创作强度、时间长度，还是以乐队编制、录制难度上看，都堪称大部头作品。作者把交响曲惯用的四乐章压缩成单乐的交响乐套曲，用奏鸣曲式写成，结构完整，主题鲜明。

作品将立体的现代大工业思维运用于配器中，准确地传达了太阳神集团规模经济的整体运作效应，并流露着深邃的哲学思考。紧凑的和声使乐曲表达了太阳神企业强大的凝聚力。作品在管弦乐队基础加入交响合唱和童声独唱，显示了太阳神集团"关怀人的一生，爱护人的一身"的主导理念，引发着寻求光明与健康的强烈冲动。乐曲激情澎湃，斗志昂扬，大有史接千载，心雄万年的气概，这正是太阳集团敢于不断跨越雄关险隘的真实写照。

(8)《为民乐、打击乐与人声——当太阳升起的时候》 这是太阳神企业 CI 听觉识别系统的主要作品之一。作者不拘泥于传统，在民族音乐的基础上扬长避短，推陈出新，运用现代的音响手法、新颖的配器手段与声技巧，使乐曲既是由标准的中国民族乐器演奏，又绝非传统的民间音乐。在体现中华民族文化的含蓄悠久的同时，又充满了现代企业所具有的时代感和生命力。

作品在人声处理上具有独到之处，无论是男声充满雄性力度的号子，还是女声温暖的悠长的无词吟唱，均是非演唱性的配器手段，在乐曲音响结构中作为一种乐器出现，与整个乐队共同营造了太阳神主题形象深厚博大、雄壮伟岸的音响氛围。

(9)《太阳神主题·环境音乐》 这是太阳神企业 CI 听觉识别系统的一首电声乐作品。作者用电子合成器的表现手段，将太阳神集团热爱生命的主题放在社会生活和交往环境中展示，具有背景音乐及标识性的特征。

太阳神的 AI 的总体基调是大气磅礴，所有的子音乐都在大的基调下有着各自的风格变化，特别是太阳神的企业形象歌曲《当太阳升起的时候》，更是由于著名歌星毛阿敏的完美演绎而成为家喻户晓的经典广告歌。太阳神在那个年代就如此重视 AI 的打造和执行，实属难能可贵，独特的声音传播也为太阳神品牌的塑造起到了不小的作用。[①]

三、完整的行为识别系统

理念识别系统是行为识别 BI 的基础和原动力，它规划着企业内部的管理、教育以及企业对社会的一切活动。对内的活动包括干部教育、员工教育（这里又包括服务态度、服务技巧、礼貌用语和工作态度等）、工作环境营造等项目。对外活动包括市场调查、产品销售、公共关系、广告宣传、促销活动等。各企业积极参与社会事件和公益文化活动，也属于行为识别的范畴，其目的主要在于赢得参与活动的社会公众的认同。

从行为识别系统的角度来看，太阳神企业的 BI 意识和执行还是比较系统和周全的。内部有 1000 多条法规、礼仪和各专业的操作程序所训导的运作方式，如市场营销法规、

---

① 广东太阳神集团官方网站：http://www.apollo.com.cn/About.shtml 听觉识别系统。

人事管理法规、财务管理法规、行政管理法规、部门工作职能、岗位责任、任职标准、ISO 9002 质量管理体系等。太阳神对内培养企业意识，包括管理意识、人才意识、公关意识、法治意识、差异意识等；对外保证产品的质量，强化售后服务，使经济效益与社会效益相得益彰。

下面以太阳神的系统教育体系为例，其教育培训板块分为六块。

（1）销售之道　有很多操作实用性很强的问题，如"怎样才能打消顾客对产品品质和功效的疑虑？"、"面对客户更有自信：客户异议处理技巧 6 法"、"建立优秀团队十原则"等和一些国外的管理学和成功学讲座。

（2）太阳神课程模板　该模板分为两个层次：拿牌前初级模板为四堂标准课程；拿牌后太阳神系统教育体系包括课程模板七大类，共 40 个课题，涵盖方方面面，比如，观念篇、心态篇、技能篇、素质篇、产品篇、团队篇等，然后结合以上不同课题，根据经销商自身成长及综合素质，太阳神系统教育体系将分四个层次分级推广，即初级—中级—高级—企业家论坛。相关信息局部摘抄如下。

学员纲要	初　级
成长障碍	1. 如何下定决心 2. 如何克服恐惧感 3. 如何排除阻力 4. 如何快速融入 5. 如何快速成长
大培训（2 天）	1. 观念篇 1——生命隐喻与命运舵手 2. 观念篇 2——人生目标与直销定位 3. 产品篇——太阳神产品面面观 4. 心态篇 1——从事太阳神基本心态与观念 5. 心态篇 2——太阳神事业规律、规矩与规划 6. 技能篇 1——快速起步 7. 技能篇 2——沟通六合彩 8. 技能篇 3——成功八步 9. 技能篇 4——销售配合
小培训	主持及分享（初级） 如何举办家庭聚会
专业培训	美容及营养初级班
心态目标	融入、创业、学习、付出、感恩、包容
能力目标	专业定位：基础产品示范 能力项目：讲十个太阳神人的故事，一对一 OPP，列名单，做家庭聚会
讲师定位	大会分享
组织架构	至少 3.1.1（累积小于 15 局）
业绩收入	1000 元／月

（3）成功励志　如"（太阳神）方耿鼎超市老板讲述直销生意经"、"比尔·盖茨的 11

条准则"、"团队分享:在事业发展中有哪些常见的消极心态?"等,将名人名言与企业内部的销售模范的经验进行推广。

(4)直销学院 很多直销的杂谈,比如,"什么是双轨制"、"如何理解直销"、"雅芳直销路上的三道坎"等,从理论和实践、从借鉴其他直销企业的经验和知名人士的直销讲解多个环节来教育太阳神的直销人员。

(5)反传销防受骗 如"传销'洗脑'骗术六招",增加员工对传销的理解,加强防御能力,明辨直销和传销的区别。

(6)养生保健 宣传太阳神的健康之道,很多生活中的养生小知识,比如,"骨质疏松的预防"、"日常保健意识"等。①

从这些具体的教育模式和条文中,我们可以看出太阳神非常重视对员工的教育培训,重视团队协作,努力实现经验共享的良性互动局面。企业内部的 MI 普及教育和执行属于企业内部传播,有在良好企业氛围内所引发的人内传播,如自我激励;有职工与职工之间的互动传播,职工与上级组织进行的组织传播等等。所有的这些传播类型都是互为促进、良性循环的。从这个角度而言,一个运营良好的企业,也是对传播学理论的成功演绎。

四、民族化的观念识别系统

理念识别 MI(mind identity)是企业识别系统的核心和灵魂,在 CI 所包含的四个子系统中,位居最高决策层。MI 所反映的不仅是企业经营的宗旨和方针,还包括一种鲜明的企业价值观,它对内是企业蕴涵的原动力,对外则是企业识别的尺度。

太阳神企业的 MI 主要包括如下内容。

(1)企业宗旨 关怀人的一生,爱护人的一身,弘扬敬畏生命价值的浩然正气,推广激发生命活力的保健方式,提高生命健康水平,振兴中华民族经济。

(2)经营理念 以人为中心。高素质人才是太阳神企业展开经营的首要条件,是太阳神首要和最宝贵的财富。

(3)服务宗旨 专业保健,至精至诚。经营方针是以市场为导向,以科技为依托。

(4)企业精神 创业是太阳神企业永恒的主题。

(5)企业意识 真诚理解,合作进取。

不难看出,太阳神的企业观念系统中有着强烈的民族情结和中国传统文化,但又注重西方现代的科技和管理等,彰显了中西结合的特点,这也与它是中外合资企业有关。

太阳神健康事业文化包括以下几点。

(1)太阳神使命 服务国人健康,倡导健康生活。

(2)太阳神愿景 成为中国百姓最信赖的健康专家,成为保健行业最优秀的营销渠道。

(3)太阳神意识 真诚理解,合作进取。

(4)太阳神企业系统健康观 健康的心态、健康的身体、健康的财务、健康的生活方式、健康的人际关系。

可见太阳神的理念识别系统同样具有民族特色,带有强烈的爱国情怀;如"振兴民族

---

① 摘自广东太阳神集团直销集团公司佛山专卖店网站:http://fstys.cn/trains/trains-3.htm 教育培训版。

工业，提高中华民族的健康水平"的经营信条。

综上所述，太阳神 CIS 的传播，是由系统的各个"太阳神"的子系统（即组成系统的各个要素）如上述的名称、商标、字体、色彩、声音、广告、营销等各方面分别进行沟通，于是形成了"太阳神"的整体形象效果。假设将这个系统内的各个子系统的设计割裂开来，那么，"要素功能的简单相加"是不能产生整合结果的。按照系统规划原则，太阳神的产品包装、标识图案、广告宣传等，都是"太阳神"三个字内涵的核心体现，而这些局部的战术性成功，又有效地实现了 CIS 的传播战略意图，获得了系统的形象传播效果。

● **思考与讨论**
　1. 试分析太阳神主标识的设计特色。
　2. 试以今天的太阳神集团公司为例，重新评估其 CIS 的战略发展。

● **相关知识链接**
　"太阳神"CIS 设计人员　潘殿伟于 1986 年从广州美术学院工业设计专业毕业。1988 年，他创立了新境界设计公司。当时，国外众多品牌通过强大的 CI 在国内攻城略地，而本土企业却还没有多少这样的意识，潘殿伟敏锐地嗅到了 CI 战略的魅力。受太阳神老板怀化新的委托，潘殿伟和室内设计师梁斌合作，设计出了著名的太阳神商标。该商标巧妙地以高度简洁的平面语言呈现了"太阳与人"的关系型理念。

　阿波罗　在古希腊神话中，阿波罗被视为司掌文艺之神，主管光明、青春、医药、畜牧、音乐等，是人类的保护神、光明之神、预言之神、迁徙和航海者的保护神、医神以及消弭灾难之神。阿波罗是光明之神，在阿波罗身上找不到黑暗，他从不说谎，光明磊落，所以他也称真理之神。阿波罗很擅长弹奏七弦琴，美妙的旋律有如天籁；阿波罗又精通箭术，他射箭百发百中，从未射失；阿波罗也是医药之神，把医术传给人们；而且由于他聪明，通晓世事，所以他也是预言之神。阿波罗掌管音乐、医药、艺术、寓言，是希腊神话中最多才多艺、最英俊的神祇，因此阿波罗同时是男性美的典型。

第三节　企业形象识别体系（CIS）理论述评

　　CIS（corporate identity system，简称 CIS）理论发轫于 20 世纪四五十年代的美国。在第二次世界大战后由卖方市场向买方市场转变的经济大背景下，为了在消费者心目中占有一席之地，越来越多的企业对自身及产品的形象识别性日益重视，使得 CIS 应运而生并开始普及。半个多世纪以来，CIS 的经典案例层出不穷，不少企业借 CIS 提升企业整体形象和经营管理水平，促进了企业经济效益和社会效益的全方位提高。如今，综合了众多学科背景的 CIS 仍在世界各国继续焕发着它独特的生命力。

一、CIS 理论发展及基本内涵

　　CIS 作为企业的形象识别战略，是社会进入现代工业时代之后，随着企业的大量涌现在市场竞争中慢慢形成的。CIS 的历史并不长，真正的 CIS 算起来只有 30 多年。但是，如果把 CIS 广义地理解为一种组织形象的塑造，那么它由来已久。欧洲在公元 1700 年前后，大部分的商业单位都有自己的商标，而商标的历史在中国则更为悠久。我国现存北宋时期的"白兔牌"功夫针广告，其中包括了企业和产品商标、广告语、服务承诺等所有现代广告的基本元素，而栩栩如生的白兔商标显示出我国古代商人对商品视觉识别的极为重视。(如图5.23所示)

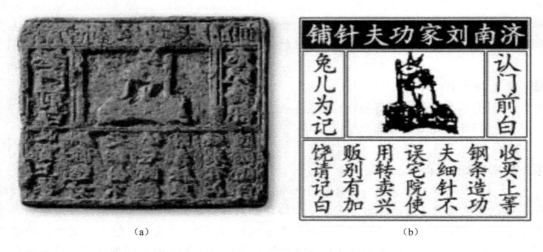

(a)　　　　　　　　　　　　(b)

图5.23　上海博物馆藏济南刘家功夫针铺铜版广告实物

　　CIS最早在企业中得到应用要追溯至1907年。建筑史上著名的建筑家彼得·贝伦斯受聘为德国AEG电器公司的设计顾问，设计的内容包括工厂建筑、街灯灯具、商标和宣传资料等，成为现代企业形象设计系统化的开端。但因为这个案例在当时还非常个别和孤立，并不代表企业形象设计系统的完善和成熟。

　　而意大利的奥里维蒂公司的企业形象设计可以说是CIS应用的雏形。1936年，奥里维蒂公司雇佣了当时年仅24岁的平面设计家吉奥瓦尼·平托里负责企业的对外形象。1947年，他为该公司设计新的企业标志，采用没有大写字幕的无装饰线体组成，利用企业名称作为企业标志，准确而又鲜明，而无装饰线体显示出现代设计内涵。这个简单的白色企业标志，广泛应用于名片、文具纸张、企业报告、产品、工厂内的机械设备、运输车辆等等几乎所有与奥里维蒂公司相关的方面，成为了继1907年彼得·贝伦斯之后，西欧国家设计出的最完整和最具有视觉效果的出色企业形象系统，在企业形象设计上具有里程碑式的意义。(如图5.24、图5.25所示)①

　　第二次世界大战时期，各国的经济发展几乎停滞，多数工业都由于战争原因转为军工厂，而民用产品、消费产品的生产基本停滞不前，直到战争结束后，世界各国战争时期的工业和经济体系，才逐渐转向民用生产。战争期间军用产品的设计基本只是重视功能性和安全性，对于如何促进销售、令造型美观等因素是欠缺考虑的。但由于战后经济的蓬勃发展，大量消费品的生产必须注意产品的造型吸引力和传播策略，以求在市场竞争中取得佳绩，原来的卖方市场开始向买方市场转变。在这样新的市场条件下，市场营销学成为了企业发展的根本依据。企业开始重视通过包装、标识、色彩、广告、公关等系列行为来树立

---

①　王受之.世界平面设计史[M].北京：中国青年出版社，2002(9)：246.

图 5.24　英荷壳牌石油之 LOGO

图 5.25　德国奔驰汽车之 LOGO 发展

自身在顾客中的良好形象。这是导致企业形象设计产生的基本条件，至 20 世纪 80 年代，CIS 理论在西方发达资本主义国家已极为成熟。

企业的 CIS 的产生和发展也有不少看似偶然的因素促成。早在 1851 年，美国宝洁公司的经营者之一威廉·宝特，发现负责运货的人总是在蜡烛箱上画黑叉叉。一问之下才知道：这样做是为了让不识字的码头工人能分辨出哪些是蜡烛哪些是肥皂。后来，一位聪明的工人尝试着把难看的叉叉改成星星，接着又有人索性用一群星星与月亮的造型取代了原来孤独的星星，而成为固定的代用符号。可见符号的最初用意在于区别货物的种类。以至当宝洁公司曾想用更好的方式来取代这符号时，新奥尔良的一位经销商竟然拒收没有星星与月亮图案的蜡烛，认为那是冒牌货。由此宝洁公司认识到这种符号的重要性，于是申请使用注册商标。[①]

在工业化社会中，由于消费产品开始极大丰富，各类商家良莠不齐，因此商品是哪家企业生产的，渐渐就成为了消费者购买商品时所重视的问题。但是，企业生产的产品从一个种类发展到多个种类，多而杂乱的商标减弱了企业自身在消费者心中的印象，于是，用商标统一企业所有产品的意识应运而生。

CIS 包括四个层面：MI（理念识别）、VI（视觉识别）、BI（行为识别）和 AI（听觉识别）。

MI（理念识别）是指资讯时代，企业为增强竞争力、提升企业形象而构建，经广泛传播得到社会普遍认同，体现企业自身个性特征，反映企业经营观念的价值观体系。企业理念系统包含两个层次的内容：一是企业制度和组织结构层，包括各种管理制度、规章制

---

① 豆丁网 http://www.docin.com/p-14828353.html#documentinfo 企业形象策划导论第一章.

度,以及生产经营过程中的交往方式、生产方式、生活方式和行为准则;二是企业精神文化层,包括企业及员工的概念、心理和意识形态等。MI 一般浓缩为企业的广告口号或品牌口号上。如飞利浦的"让我们做得更好!"、我国海尔的"真诚到永远!"、海王药业的"健康成就未来!"。

视觉识别是在企业经营理念的确立和经营战略目标确立的基础上,运用视觉传达设计的方法,设计出系统的识别符号,用以彰显企业个性,突出企业精神,塑造企业的良好形象。目的是使企业内部、社会各界和消费者对企业产生一致的价值观和认同感。视觉识别在树立企业形象上起着更为直接的作用,它采用直观设计上的差别符号将企业的经营理念和战略目标充分表现出来,借助各种传播媒体,让社会各界和消费者一目了然地掌握其中传递的信息,从而达到企业形象识别的目的。[①]

VI 设计一般包括基础部分和应用部分两大内容。其中,基础部分一般包括企业的名称、标志设计、标识、标准字体、标准色、辅助图形、标准印刷字体、禁用规则等;而应用部分则一般包括标牌旗帜、办公用品、公关用品、环境设计、办公服装、专用车辆等。如美国的麦当劳、肯德基、IBM,我国重庆嘉陵摩托、光大银行、中国石化等。

20 世纪 70 年代日本引进 CI 之后,其内涵起了深刻的变化。从视觉识别发展成为由企业家积极倡导、全体员工自觉实践而形成的代表企业信念、激发企业活力、推动企业生产经营的团体精神和行为规范。

BI 又名"企业行为规范"。它是在企业理念的指导下逐渐培养起来的、以贯彻和实现 MI 为目的的一系列活动和措施。任何行为的背后都蕴含着理念,没有行为表现的理念形同虚设;而没有理念指导的行为,只会是一盘散沙。

行为识别系统,直接反映企业理念的个性和特殊性,是企业实践经营理念与创造企业文化的准则,对企业运作方式所作的统一规划而形成的动态识别系统。包括对内的组织管理和教育,对外的公共关系、促销活动、资助社会性的文化活动等。通过一系列的实践活动将企业理念的精神实质推展到企业内部的每一个角落,汇集起员工的巨大精神力量。

BI 包括以下两方面内容:对内是组织制度、管理规范、行为规范、干部教育、职工教育、工作环境、生产设备、福利制度等;对外是市场调查、公共关系、营销活动、流通对策、产品研发、公益性和文化性活动等。例如,日本的松下、索尼公司,其行为识别较为明显。

AI(听觉识别)是以声音为识别符号,以音乐旋律为声音之间联系的主要纽带,靠听觉来接受符号,通过听觉刺激传达企业理念、品牌形象的识别系统。

听觉识别主要由以下内容构成:

① 主题音乐,主要包括企业团队歌曲、企业形象歌曲,前者用于增强企业凝聚力,强化企业内部员工的精神理念,后者则用于展示企业形象,向外部公众展示企业风貌,以此树立企业良好的公众形象;

② 标识音乐,主要用于广告音乐和宣传音乐中的音乐,一般是从大企业主题音乐中摘录出高潮部分;

③ 主体音乐扩展,就是通过交响乐、民族器乐、轻音乐等来高层次、全方位地展示

---

① 郑继芳. CIS:企业形象设计与文化营销[M]. 1 版. 北京:石油工业出版社,1995(10):89.

企业形象;

④ 广告导语,一般是在广告语中的浓缩部分,以简洁的语言来体现企业的精神,以突显企业个性;

⑤ 商业名称,要求简洁上口,能体现企业理念。

二、CIS 的不同模式

CIS 体系从欧美资本主义国家发端,又迅速转移至东亚各国,乃至全球,结合不同国家、民族和地域特点,呈现出各自不同特色,学界把 CIS 理论发展模式分为如下三种模式。

美国模式 以重视视觉设计和理性化为特征,是艺术型 CI。对于美国的设计界来说,企业形象系统主要还是视觉系统,包括企业标志、标准字体、标准色彩以及这些因素的标准运用规范,称为视觉识别系统"VI",总体而言就是"企业形象"系统"CI"。如麦当劳的案例中,麦当劳的 LOGO、吉祥物、店面设计等等都属于视觉设计的层面。(如图 5.26 所示)

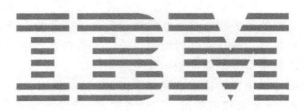

图 5.26 IBM 之 LOGO

日本模式 以强调理念和员工精神为特征,是文化型 CI。企业的形象树立,除了上述的视觉系统之外,还有企业员工和管理阶层体现出来的行为特征,包括人际关系的方法、一般举止和行为规范等等。在美国设计界发展出来的视觉识别系统介绍到日本之后,日本的企业界和设计界进一步增加了"行为规范系统"即"BI",和整个企业的管理、经营的规范成为"观念识别系统",即"MI"。如松下、索尼公司,这些全球知名的高科技公司的背后渗透着浓郁的日本文化观。(如图 5.27 所示)

中国模式 根据实际情况,强调二者的融合,尚处于摸索阶段。国内的很多企业已经认识到了 CIS 的重要性,但对于如何根据自身实际打造个性化的企业形象,以及如何执行和导入 CIS 等诸多问题还有待解决。CIS 绝非仅仅是设计公司就可以完成的,它更需要企业明确的企业文化和管理经营的战略指导和配合。(如图 5.28 所示)

图 5.27 日本松下公司之 LOGO　　　　图 5.28 中国工商银行之 LOGO

三、企业导入 CIS 的基本原则及传播手段

企业导入 CIS，一般应遵循下列基本原则。

差别性原则　个性化是企业形象识别的要义所在。CIS 的目的就是要塑造与众不同的企业形象，利于消费者识别。

标准性原则　由于 CIS 需要贯彻到企业的各个细节，所以企业的 CIS 执行需要有严格的标准，以防偏差，比如标识的形状、标准色、大小尺寸等都需要予以标准化，才利于形成统一的企业形象。

传播性原则　CIS 的制定和执行最终是为了传播企业的形象，因此 CIS 的设计和制定需要本着利于传播的原则，如在 VI 上的色彩选择上，就尽量要选择利于传播的高纯度颜色。在媒介的选择上，也要根据企业的目标群体进行针对性的选择，以达到最大化的传播效果。

系统性原则　企业形象识别系统的策划应上下一致、前后一致，各所属部门、各阶段都相互配合、规划有序，切忌混乱、含糊、缺乏联系。否则达不到整体的企业识别效果。

战略性原则　CIS 是一项综合而繁复的工程，需要把它作为企业的战略之一，进行整体规划，使企业通过完整的系统创意将企业的经营观念、企业的个性，通过动态和静态的传播方式，引起大家的注意，树立良好的形象，使广大消费者产生对企业及其产品的信赖和好感的心理效应，这就是 CIS 战略的根本任务。

广告是 CIS 的主要传播手段，这表现在如下方面。

广告是塑造和传播 VI 最直接的手段　广告按照媒介类别可分为平面广告、影视广告、户外广告和新媒体广告等，各种类型的广告可以利用不同的造型语言来塑造和传播企业的形象。如太阳神既有视觉冲击力强的影视广告、夺人视觉的户外充气体广告，也有理性诉求的报纸广告。影像和图形在短时间的传播效果比文本强，利于迅速抓住观众的视觉，以最生动的形式传播企业的形象。

广告是传递 MI、BI 最有效的手段　MI 和 BI 虽然大都涉及企业的管理营销等范畴，但如何让公众了解一个企业的良好的精神面貌和卓越的管理理念，需要广告来传播。如麦当劳改变经营策略，把目标群体的定位从儿童扩展到了年轻人身上，于是制作了大量广告，如上述的时尚明星蔡依林、王力宏代言的广告，有效地传递了麦当劳的"MI"，还有一些慈善公益性的麦当劳广告也较好地传递了企业的理念和行为特点。

广告是系统综合传播 CIS 的有力工具　CIS 本身就是一个各门类的大综合，而不同种别的广告则能根据 CIS 具体的目的需要，传递特定的企业形象。通过消费者同各种媒介的接触，形成对企业全方位的认知。

广告也是双刃剑　广告虽然有上述众多优点，但也需要慎重使用。在注意力稀缺的今天，大众已经对广告产生厌倦甚至厌恶的情绪，企业的广告需要重视广告的创意策划和表达的方法，尤其要重视不能夸大产品的功能来做虚假广告，否则在信息高透明度的今天，虚假广告只能毁灭一个商家。另外，广告也需要和公共关系等营销策略整合使用，光靠广告远不足以树立企业的形象。

四、CIS 理论实质及其局限性

CIS 作为建立企业形象的有效途径,是一个完整的、科学的、可操作的和可控制的系统化战略体系。CIS 的综合性特点,基本体现在其整体性上。在企业理念 MI 的指导下,BI 作为企业的实际行动,AI 作为企业的听觉识别,VI 则最直观地以全方位、全媒体的方式传播企业信息,公众在企业的整个社会性活动当中,以多种渠道、多个角度、不同方式和不同形式获得企业信息,而各种企业信息的共同性和互补性又起到了树立形象的效果。一旦建立起良好的企业形象,企业就有了长期受益的无形资产。

CIS 从单纯的 VI 发展到后来的 BI、MI、AI,其外延的发展与广告传播理论的发展是分不开的,CIS 理论实际上是基于认知心理学,以视觉传播为主要形式、以综合传播为手段来达到信息的符号化和传播的有效性。20 世纪的广告理论从广告诉求的 USP 理论到品牌形象理论、定位理论一路发展到如今的整合营销传播,已经从单纯的广告观发展到综合性的大传播观,"传播即营销"的观念已经越发被企业认同和重视。原来制作广告的是一些画师,只需要绘画技能,而今天的广告制作则需要一个团队,涉及策划、创意、制作、执行、公关、媒体等诸多环节。与此对应,CIS 也跳出了原来平面设计的圈子,而融入了更大的整合营销圈子。

不过,尽管 CIS 有四个层面的内涵,但是对于平面设计界而言,主要的任务依然在"视觉识别系统"上。企业在准备导入 CIS 时会委托专门的设计传媒类公司策划、制作甚至执行,但其实对于大部分设计传媒类的工作人员而言,MI、BI、AI 是超出他们的专业能力范围的。尤其是 MI 和 BI 属于企业管理学范畴,当属于企业内部决策层需要系统规划和执行的,绝非一般的设计传媒类公司所能完成的任务。[1]

因此,在企业形象设计上,过分强调 MI 和 BI,要求设计传媒类公司设计企业的行为规范、企业管理规范实属本末倒置,与这些公司的视觉传达、信息传播的专业领域有着极大的差距。面对社会上一时的"企业形象热",我们应该谨慎对待:企业形象系统不是万能的,很多企业内部的因素是无法借此解决的。企业形象识别系统固然能造成顾客的优化记忆,也能在一定程度上刺激产品的销售,但它仅仅是一个企业成功的诸多因素之一,如果产品的质量低劣、产品的售后服务不好、产品的价格过高、销售渠道不符等,都会影响企业的竞争结果。加之 CIS 具有偏差性。企业形象在传播中常会出现和客观实际不符的情形:企业形象超前或滞后于企业现实。出现偏差,是由于公众获得某一企业信息不充分所致,由于信息不充分,人们就主要从某些方面去臆测。如果是严重的信息不对称,或是 CIS 与企业形象有很大的背离,会导致消费者对企业产生不信任感。

综上所述,企业和设计传媒类公司都应该实事求是地将企业形象识别系统回归原位,而不是玩弄万能的"大设计"的概念。

● 思考与讨论

1. CIS 包括 VI、MI、BI、AI 四个层面,解释这四个层面的含义并分析这四个层面之间的关系。

---

[1] 王受之. 世界平面设计史 [M]. 北京:中国青年出版社,2002:249.

2. 谈谈中国式 CIS 应如何发展？

● **相关知识链接**

中国导入 CI 大事记[①]

1967 年，台湾塑料关系企业（台塑集团）首例导入企业识别标志。

1969 年，台湾味全食品工业股份有限公司首例导入以企业识别标志为中心的视觉识别系统。

1985 年春，贺懋华在中国大陆首开 CI 计划的理论研究，并实施推广。

1985 年 12 月，台湾艺风堂推出第一本 CIS 专著《企业识别系统》。

1986 年 5 月，浙江省美学研究会在杭州举办现代设计研讨会。会后，浙江人民美术出版社出版了《现代设计·统一设计》一书。

1987 年，贺懋华获得了一个 CI 课题——武汉油脂化学厂（武汉日化集团的前身）CI 计划，开始了他自己，也是中国第一套企业形象计划系统的策划、设计与指导实施。1988 年至 1989 年底，他的第二、三、四套 CI 计划相继完成，均收到了较好的成效。

1989 年，《国际广告》杂志在我国报刊中率先发表介绍 CIS 的文章。

1989 年，广东太阳神集团有限公司在我国内地企业界首例导入企业识别标志和视觉识别系统。

1990 年 11 月 1 日，浙江康恩贝制药公司首次发布导入企业识别标志、更新企业形象的 CIS 新闻广告。

1991 年夏，深圳市在全国首次举办企业形象设计研讨进修班。

1992 年 1 月 9 日，浙江好来西服饰公司在北京人民大会堂召开了正式导入 CIS 的新闻发布会。

1992 年 4 月，台湾设计界人士 46 人到深圳展出海内外 300 多件 CIS 作品。

1992 年 11 月，中国工业设计协会设立企业形象设计专业委员会。

1993 年 6 月，"首届中国企业形象战略研讨会"在北京举行，国际华人企业形象设计联合会筹委会宣告成立。

1993 年 8 月，《公共关系报》推出独家撰稿、系统介绍 CIS 的专栏《话说 CIS》。

1994 年 1 月，深圳市举办深圳企业导入 CIS 展示会，评选形象设计百佳企业。

1994 年 2 月，中央电视台首次拍摄和播放了专题电视片《CIS 在中国》。

1994 年 2 月，《包装世界》杂志推出 CIS 战略的大讨论。

1994 年 4 月，浙江省举办首届 CIS 战略研讨班。

1994 年 5 月，中国自然科学基金会正式确定"转轨中的中国企业识别系统（CIS）营销战略特点的研究"为国家资助的重点项目。中国科学院心理研究所宣布成立中国 CIS 研究中心。

1994 年 6 月，广西北海市举办中国 CI 战略高级研修班。

1994 年 12 月，贺懋华所著的《中国型 CI 战略》由香港和平图书有限公司出版。该书 35 千余字，300 余幅图片，是第一部中国 CI 专著。其内容涉及 CI 理论及 CI 设计实务

---

① 董恩博，赵向标. 高位竞争——企业形象管理艺术[M]. 北京：人民中国出版社，1998：45.

等多个方面。

1995年5月，由周宁博士策划主编的《CIS：企业形象的识别设计全书》由北京广播学院出版社正式出版发行。全书总字数1325千字，并附有插图594幅。该书图文并茂，资料翔实，可操作性强，是我国出版的字数最多、部头最大的CI专著。

■ 本章回顾

本章通过选取国外和国内两个经典案例，从VI、MI、BI、AI四个层面具体阐述了CIS对于塑造企业形象的积极作用。这其中涉及平面设计、装潢设计、包装设计、管理学、公共关系、消费心理、整合营销等多门学科知识。从麦当劳的案例中，我们可以洞察到很多细节，如LOGO的视觉设计、企业理念、员工的培训管理、广告创意、事件营销等等，无一不体现了一个知名企业的成熟品牌意识和先进的管理模式；从太阳神案例中，我们可喜地看到了中国CIS的起步和粗具规模的CIS执行，在中国的CIS历史上无疑具有里程碑式的意义。但是，太阳神发展至今，却没能再续它昔日的辉煌，其中有很多是管理和发展战略的原因，不是仅仅靠CIS就能解决的。因此，我们需要审慎和客观地看待CIS的地位和作用。

■ 关键概念

CIS（企业识别系统） VIS（视觉识别系统） MIS（行为识别系统） BIS（行为识别系统） AIS（听觉识别系统）

■ 案例实训

青岛海尔家电的[①]

海尔集团是世界第四大白色家电制造商、中国最具价值的品牌。海尔在全球建立了29个制造基地、8个综合研发中心、19个海外贸易公司，全球员工总数超过5万人，已发展成为大规模的跨国企业集团，2008年海尔集团实现全球营业额1220亿元。海尔已跻身世界级品牌行列，其影响力正随着全球市场的扩张而快速上升。

海尔的文化观——有生于无

1. 企业文化

海尔文化的核心是创新。它是在海尔20年发展历程中产生和逐渐形成特色的文化体系。海尔文化以观念创新为先导，以战略创新为方向，以组织创新为保障，以技术创新为手段，以市场创新为目标，伴随着海尔从无到有、从小到大、从大到强、从中国走向世界。海尔文化本身也在不断创新、发展。

2. 海尔企业精神、工作作风

求变创新，是海尔始终不变的企业语言。更高目标，是海尔一以贯之的企业追求。

---

① 海尔官方网站 http://www.haier.cn/.

3. 先卖信誉　后卖产品

质量是产品的生命，信誉是企业的根本，产品合格不是标准，用户满意才是目的。营销不是"卖"而是"买"，是通过销售产品的环节树立产品美誉度，"买"到用户忠诚的心。

海尔的形象——真诚到永远

1. 集团形象用语

真诚到永远。（如图 5.29 所示）

2. 海尔中英文标准字样

海尔商标的演变是海尔从中国走向世界的见证。

海尔创业刚起步时，电冰箱生产技术从德国利勃海尔公司引进。当时双方签订的合同规定，海尔可在德国商标上加注厂址在青岛，于是海尔便用"琴岛——利勃海尔"作为公司的商标。（琴岛，青岛的别称）

随着企业品牌声誉的不断提升，原商标中的地域性影响了品牌的进一步拓展，于是过渡成为"琴岛海尔"。

随着企业进军国际化市场步伐加快，1993年5月，集团将产品品牌与集团名称均过渡到中文"海尔"，并设计了英文"Haier"，作为标识，新的标识更与国际接轨，设计上简洁、稳重、大气，广泛用于产品与企业形象宣传中。

2004年12月26日，海尔集团开始启用了新的海尔标志，新的标志由中英文（汉语拼音）组成，与原来的标志相比，新的标志延续了海尔20年发展形成的品牌文化。同时，新的设计更加强调了时代感。英文（汉语拼音）每笔的笔画比以前更简洁，共9画。"a"减少了一个弯。（如图 5.30 所示）

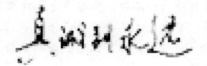

图 5.29　海尔之广告语　　　　　　　　　　图 5.30　海尔之 LOGO

3. 公司旗帜

公司旗帜以企业英文（汉语拼音）标准字、象征图案、企业色为基本要素设计。

海尔方圆标志象征图案，意即"思方行圆"。"方块"放在阵中的排头是以它为基础向纵深发展的意思，它在这里代表着海尔的思想、理念、文化，它是一个中心。它指导着周边圆点的组合，体现了思方行圆的思想，即在工作中要将原则性和灵活性有机地结合起来，以达到预定的目标和效果。同时也有发展无止境的寓意。在中国，人们愿意把三认作上升，把六视作顺利，而三十六又暗含着一种足智多谋的意思，方与圆的排列组合是三十六，意味着海尔不断上升、不断发展。在使用上，海尔蓝色旗作为企业形象用旗，海尔红色旗和白色旗作为展览会等市场宣传行为时使用。（如图 5.31 所示）

4. 海尔吉祥物

两个小孩是海尔的吉祥物,一个是中国的小孩,一个是外国的小孩。它的使用始于建厂初期,当时海尔与德国利勃海尔公司合作,此标志寓意中德双方的合作如同这两个小孩一样充满朝气和拥有无限美好的未来。后来,海尔以这两个小孩为原型制作了212集的动画片《海尔兄弟》,受到广大少年朋友的喜爱。(如图5.32所示)

图 5.31　海尔之旗帜设计

图 5.32　海尔之代言人

海尔的日清日高 OEC 管理法——企业如同斜坡上的球

OEC管理法是英文Overall Every Control and Clear 的缩写,即每天对每人每件事进行全方位的控制和清理。

- O-Overall(全方位) E-Everyone(每人) Everyday(每天) Everything(每件事) C-Control(控制) Clear(清理)
- OEC 管理法的主要目的

"日事日毕、日清日高"

每天的工作要每天完成,每一天要比前一天提高1%。

- "OEC"管理法的体系构成

目标体系→日清体系→激励机制

首先确立目标;日清是完成目标的基础工作;日清的结果必须与正负激励挂钩才有效。

海 尔 大 学

校训　创新、求是、创新

培训对象　企业高层管理人员、企业各部门管理人员

奉献经典管理课程,分享海尔实战经验

- 解读海尔的管理
- 从成功企业身上学到经验与教训
- 复制海尔成功的管理模式
- 使企业文化融入企业的竞争力
- 使人力资源管理与发展战略相融合
- 根据需求量身定制
- 灵活的授课时间和次数
- 多种多样的授课模式

由上述可见,海尔作为一个走向世界的中国企业,其 CIS 的设计和导入与海尔的发展历程是同步进展的。从地方化到全球化,海尔的管理体系和其他大型跨国企业也有很多相似之处,都具有高度的规范性和很强的创新性。

● 思 考 题

1. 请运用 CIS 理论,从 VI、MI、BI、AI 四个层面分析海尔集团是如何成功地塑造企业品牌形象的?

2. 试分析中国企业在全球化战略中应该如何使自身的 CIS 更为国际化?

第六章 整合营销传播

■ 本章导读

　　IBM意味着卓越的科技，在人类计算机科技史上，它是最闪耀的品牌。然而，20世纪90年代初，IBM连续三年亏损，一度成为美国史上最大的亏损，昔日品牌的光环渐趋暗淡。在这种背景下，IBM果断走上了品牌复兴之路，通过与奥美公司合作，开展了一场全球广告整合传播运动，最终IBM的王者风范强势归来。2002年，所有人的注意力都集中在一部电影——《英雄》上。这部超豪华阵容的国产武侠巨片，通过多方位、立体化的整合传播，吊足了公众的口味，可以说《英雄》一直是在万众瞩目下"出炉"的。最终《英雄》两个多亿的票房收入，足以堪称电影整合营销传播的一次经典案例，也预示着我国大片整合营销传播时代的到来。作为市场营销和营销传播领域的一种新观念，整合营销传播理论（IMC）自20世纪后期起风靡西方广告界、营销界。近些年来，这一理论在中国得到了广泛的传播，并发挥着越来越重要的影响力。

第一节　IBM 与 360°品牌管家
——IBM 广告传播及其品牌重塑运动案

案例概述　IBM 是美国国际商用机器公司（International Business Machines Corporation）的英文缩写，是全球最大的信息技术和业务解决方案公司。目前拥有全球雇员 30 多万人，业务遍及 160 多个国家和地区。"无论是一大步，还是一小步，总是带动世界的脚步。"这是 IBM 公司在北京繁华地区的巨幅广告，让人不知不觉地联想到阿姆斯特朗在踏上月球时脱口而出的一句名言："为个人走了一小步，为人类跨了一大步！"IBM 长达 90 多年的历史，其实就是一部美国高科技发展的历史，在一定程度上代表了世界计算机的发展历程。IBM 率先在世界市场上推出个人电脑，其生产的计算机曾被大量用于阿波罗登月计划。美国《时代》周刊曾经这样评价 IBM："IBM 的企业精神是人类有史以来无人堪与匹敌的。它像一支数量庞大、装备精良而又组织严明的集团军，浩浩荡荡挺立于世。没有任何企业会对世界产业和人类生活方式带来并将带来如此巨大的影响。"

IBM 的前身 CTR（Computing Tabulating Recording）成立于 1914 年。1924 年，IBM 的创始人托马斯·沃森将公司更名为 IBM。早在 20 世纪 30 年代，IBM 已经发展成为一个在美国首屈一指的大型公司，主要经营打孔机业务。可是，早期的 IBM 并没有开展过广泛的广告运动。那个时期的 IBM 广告，往往针对目标市场进行特定产品的推销，因而广告带有较浓的推销意味，其目的性比较明确。这些着重解决问题以期引起顾客购买的广告通常刊登在有针对性的、专业的商业和科技类的杂志或报刊上，如《美国银行家》、《石油周刊》、《化学周刊》等。少数综合类的广告则出现在跨行业的刊物上，如《华尔街杂志》、《商业周刊》和《新闻周刊》等。广告表现上则充分诠释了 IBM 是最大最好和值得信赖的产品理念。

虽然没有进行大规模的广告运动，但 IBM 还是在很短的时间内成功地树立了企业和品牌形象。由托马斯·沃森亲手创办的企业杂志《思想》为早期的 IBM 企业文化和品牌建设立下了汗马功劳。在《思想》第一期中，IBM 用了罗丹的著名雕塑《思想者》作为封面，使品牌形象更人性化，更富有亲和力。1935 年，《思想》杂志首次在 IBM 公司内部发行，它是 IBM 公司内部发行的一本装帧精美、内容广泛的趣味性月刊。在这本杂志中，有对当前实事的讨论，也有对科学技术的讨论，人们只能通过扉页下方的一行小字才能知道它是 IBM 出版的。每一期的开头都是老沃森亲自撰写的论述社会进步的社论。《思想》杂志分发给所有使用 IBM 机器的客户和潜在客户，当时 IBM 的用户仅有 3.5 万，而它的发行量达到 10 万份。IBM 的《思想》不同于我们现在常说的直邮企业形象广告读物。它不是直接的企业宣传和产品广告，而是以丰富多彩、贴近生活的内容作为载体，将 IBM 的"创新、奋斗、服务至上"的企业文化和品牌形象潜移默化地传达给 IBM 精心挑选的消费者。

在 IBM 品牌早期塑造史上值得一提的是在 1939 年成功举办的世界博览会"IBM 日"。在为期 3 天的"IBM 日"活动中，公司通过事件整合营销的手法，将 IBM 作为"最大最好"企业的领导风范展露无遗。整个活动耗资 100 万美元，相当于 IBM 公司当时一年利润的 1/10。为了宣传这次活动，IBM 公司在纽约各大报纸上做了整版的标题为《他们都来了！》的广告。各大媒体对这次博览会争相报道，IBM 成了整个纽约谈论的焦点，"IBM

是最大最好的"的品牌形象深深地烙在了人们的心中。

20世纪40年代计算机问世的时候，IBM并没有看好这块市场。直到40年代后期，IBM才转入计算机领域。通过与哈佛大学开展技术合作，与军方和政府建立的良好关系，IBM迅速在大型计算机领域崛起。1961年，IBM公司总收入为22亿美元，净收益2.54亿美元，到1988年其总收入为586亿美元，比1961年上涨了26倍，公司纯利润增长了2 200%，达到58亿美元。2001年8月IBM在"PC20年IBM活动纪实录"展出1981年8月12日推出的第一台IBM PC—5150，它的诞生预示着个人电脑时代的来临。

20世纪80年代，IBM公司开始注意广告策略。1981年，为推出新的个人电脑IBM开始了一次持续6年的名为"摩登时代的工具"广告运动，欲借此广告运动克服公众对电脑的惧怕，说明它们很容易操作和应用。IBM和它当时的广告代理洛德公司在流行文化里寻觅灵感，最后他们选择了卓别林，这个小流浪汉的形象成为了一次广告运动的中心形象。同时，IBM的另一组广告则将"做一个优秀的公司法人（Be a good corporate citizen）"的品牌理念与个人电脑广告运动巧妙地融合在一起。IBM成功的品牌广告策略，将IBM的业务和品牌形象推向一个新的高度。

当IBM依靠先进的科技与成功的品牌战略，逐渐成长成为"蓝色巨人"的同时，其在经营中的错误导向也初现端倪。当时的IBM是一个产品导向的集权化大型企业，由于公司在品牌战略中过分强调以技术领导市场，而忽略了客户的真正需求，加上数十万员工组成的阶层式组织，体积庞大，以及多年的成功，使得高傲、自大的情绪逐渐弥漫于整个IBM企业文化中，使得"蓝色巨人"看上去笨重而又狂妄。当时IBM部分领导人认为PC不是电脑市场主流，片面强调大型机业务。另一方面，高傲、自大的情绪蔓延到了IBM从产品开发，到销售，到售后服务的所有领域，使得"服务至上的IBM"服务质量每况愈下，到处都有客户在抱怨市场服务人员傲慢、冷漠、自以为是的服务态度。

IBM品牌陷入了危机。人们开始不满IBM的专横，他们害怕IBM的垄断和"黑暗统治"。苹果公司推出Macint0Sh的"1984"电视广告中，正是利用了人们这种心理，将IBM比做残酷的"老大哥"，它暗示IBM就是人类身边的梦魇，正企图以那巨大的、压迫式的资讯专制势力奴役人类。但遗憾的是，IBM并没有意识到自己正走向悬崖，相反，它还继续沉浸在盲目的自信中。甚至，连它的反击都显得如此的傲慢。当时，有一则IBM的电视广告是这样的：在沙漠里面，一头小象和一头大象在跋涉。在一个沙丘前小象向上冲去却在快到顶时滑了下来。此时，大象跟上来用强有力的鼻子和身躯，把小象托了上去。在大象在带领下，小象随着大象穿越沙漠。大象就是IBM，IBM就是第一，广告的寓意一目了然。

客观地说，凭借IBM当时雄厚的资金和技术资本，只要及时调整，仍然可以轻而易举地捍卫它在IT领域的霸主地位。然而傲慢的企业文化终于使IBM付出了惨重的代价。1991年IBM开始亏损，1993年亏损额高达80亿美元。同时，其主要产品的市场占有率和公司的股票价格也出现下跌趋势。

当IBM公司的财务危机和市场份额的骤降时，几乎所有的大型PC厂家都把矛头对准了这个没落的巨人。Dell公司当时推出以"Not So Fast，IBM"为标题的攻击性比较广告，Compaq公司则推出了"Announcing Our Annual Kick IBM and Compaq in the Rear End Sale"比较广告，并将IBM设定为广告策略的敌手，制定了一个针对IBM的进攻计划,以强化其市场推广运动。IBM陷入了腹背受敌、四面楚歌的困境。

1992年IBM公司进行一场深刻的"革命"以度过危机。此时,广告成为了IBM联系公众、重塑形象的一条重要途径。对于竞争者的攻击,IBM则表现了惊人的谦让,一改以往狂妄自大的方式。在欧洲,IBM推出一个有着长长茸毛和明亮的粉红色尾巴的、顽皮的、合群的卡通"红豹"形象,希望以此体现IBM友好、积极、主动、亲切以及强调服务的形象。卡通"红豹"一反欧洲计算机专业杂志和一般商业广告的枯燥单一,以亲切的姿态邀请读者参与进来。这一可爱的卡通"红豹"形象引起了欧洲人的强烈兴趣,成为当时IBM在欧洲市场推广运动的重要内容,不论是报刊还是电视广告,不论是现场展示还是宣传性的小册子,"红豹"形象都无处不在,并且成为了IBM的品牌象征。以"红豹"为中心的广告运动,不仅保持了IBM品牌原有的性能、质量和可靠性的象征意义,而且也改变了品牌傲慢的、冷漠的、对家庭漠不关心的品牌形象,从而使得IBM在欧洲顺利地度过了危机时期。

1993年4月,郭士纳成为了IBM的新首席执行官CEO。郭士纳对臃肿涣散的组织结构进行了大刀阔斧的改革,对各个营销部门进行了以客户为中心的整合。面对混乱不堪的广告代理关系,郭士纳决定整合品牌资源、统一市场推广。

1994年5月24日,IBM迎来了公司历史上的一个重要转折——它决定将其全球广告业务全部交给奥美。IBM特别要求新的代理商,能够使IBM品牌在全球范围内具有完全一致的特性和源源不断的活力。而奥美在全球60多个国家和地区设有270余个分部,拥有7 000名以上的员工,使用语言多达70种以上,完全能够提供适应当地文化环境的各种广告策略。依据市场调查所获得的资料,奥美公司将IBM的品牌定义为:"信息时代的基石,改造我们生活的拉力……IBM站在全球发展的高度,兼顾人性化需求的温和、积极,甚至偶尔也会自嘲一番,轻轻一触,它就能把任何人变成拥有科技魔力的用户;它提供了四海一家的解决之道。"在这一定义的基础上,奥美开展了对IBM的品牌重塑运动。

随着"四海一家的解决之道"广告运动大规模的展开,IBM一系列的电视广告片在全球各大电视台相继播出。我们只需看看这些广告片的名称即可形象地感觉到什么叫做四海一家:《阿拉伯的摩洛哥人篇》、《法国人篇》、《曼谷的河流篇》、《爱尔兰的牧羊人篇》、《希腊渔夫篇》、《意大利的农场主篇》、《南非儿童篇》、《巴西雨林篇》、《亚洲僧侣篇》……每则广告片都通过带有浓郁地方民族特色的人们的交谈来表现产品信息和广告主题。广告片中,人们用各国的语言交流着IBM,在画面的下面,则配以文字说明。通过普通人之间的对话来表现一个宏大的广告主题,传达技术信息,整则广告风趣幽默,核心信息传递清晰,寓意也易于理解,看完之后让人不禁会心一笑,IBM平易近人、技术领先、虚怀若谷的新形象呼之欲出。

1995年IBM又推出了"四海一家的解决方案"系列之"绳索篇、算盘篇、插座篇、财务员篇……"(如图6.1所示)。通过采用轻松的创意表现形式,IBM整合了自身强大的功能,向用户传达使用IBM将会获得的多种利益。可以发现,IBM的整合传播运动由表及里,从整合形象传播到整合功能传播,IBM的广告整合运动达到了立体式传播的效果。

IBM还首创了"销售和服务是营销功能中不可分离的两部分"这一思想。它成功的优势,主要得益于它无懈可击的服务策略。"IBM就是服务"是IBM企业文化精髓之所在,更是IBM塑造其全球一致形象的一种声音。IBM新总裁小托马斯·沃森对于"服务"曾

(a) 算盘篇

(b) 绳索篇

(c) 插座篇

(d) 破碗篇

(e) 游戏篇

(f) 财务员篇

图 6.1 "四海一家的解决方案"系列广告

做了非常贴切的剖析:"随着时间的积累,良好的服务几乎已经成为国际商用机器的象征……多年以前,我们登了一则广告,用一目了然的粗体字写着:'国际商用机器公司最佳服务的象征。'我始终认为,这是我们有史以来最佳的广告,因为它很清楚地表达了国际商用机器公司的真正经营理念——我们要提供世界上最好的服务。"

2001年初，IBM与奥美在全球的27个市场发起了新的营销广告运动——"电子商务e代（generation e business）"，用以阐述电子商务的全新概念和发展方向，重新树立电子商务的信用期望，进一步巩固IBM在全球范围电子商务领域的领导地位。广告运动使用IBM一贯的整合营销传播手段，在全球一致的广告主题下进行传播。在不同的国家和地区运用本土化的表现手法，结合本土的特色选择不同的侧重面进行广告传播。

长期以来，IBM始终致力于教育事业的投资，一直积极支持教育事业的发展。在中国，1994年IBM提供价值275万美元的RS/6000计算机及应用软件开发工具，为清华大学、北方交通大学等高校各建立了一所CASE教学中心。1995年初，IBM向中国国家教委捐献了价值210万美元的一套主机系统；同年3月，IBM又与国家教委签署了一份捐赠价值3220万美元设备的谅解备忘录，这标志着"IBM中国高校合作项目"正式启动。2002年，配合我国教育部提出的试办35所示范性软件学院的重大教改举措，IBM推出了"软件人才教育伙伴合作计划"（Software Talent Education Partner Program，简称STEP计划），目前已与包括31所示范性软件学院所在高校在内的我国近50所高校签订了STEP合作协议。自2001年起，IBM对中国教育的支持从高等教育领域延伸到基础教育领域，陆续开展了IBM KidSmart"小小探索者"早期智力开发工程、IBM Try Science Around the World "放眼看科学"青少年科普项目和IBM Reinventing Education "基础教育创新教学"项目，共有6000多名基础教育领域的骨干教师接受了IBM的免费培训，10万名儿童受益。迄今为止，IBM对中国教育机构的捐赠已高达人民币10.4亿元。与此同时，IBM通过合作调动资源优势，每年获得近3000项专利，其中有很多项目是在与大学合作中开发出来的。仅2000年一年，IBM就从专利转让费中获得20亿美元的收入。

案例评析 作为世界级企业的IBM公司，在20世纪末陷入严重的亏损危机。如果说技术发展、产品导向是硬伤，那么凭借IBM雄厚的实力，这些都可以轻易解决。然而，问题远不是这么简单。由于长期占领着计算机行业霸主的地位，IBM已经变得傲慢、自以为是，企业弥漫的这种情绪让IBM越来越远离消费者。在消费者导向的时代，这是件多么可怕的事情！更糟糕的是，IBM在全球的形象已经混乱不堪！为了重新树立IBM在全球IT行业"蓝色巨人"的新形象，建立与消费者的良好关系，一场全球整合营销传播活动呼之欲出。

以顾客为中心的组织架构整合

在具体措施方面，郭士纳要求各个营销部门——推销、广告、产品管理、营销调研等必须彼此协调。所有营销职能必须从客户的观点出发，紧扣市场的需求进行整合运作。后来，IBM经过反复探讨，尝试把现有的营销和销售小组分为三大类：IBM的现有客户、IBM的竞争厂商的客户和没有安装电脑系统的公司。这三大类客户，对电脑系统的期望和需求各有不同。IBM的销售和营销人员，针对不同客户的需求，提供适当的产品和服务，这样就避免了原有的内部沟通困扰。对每一类客户的任务都很明确。对于IBM的现有客户群，营销的基本原则是提供良好的售后服务，以便及早发现问题，谋求改善。对于竞争对手的客户，则针对其电脑系统的弱点，提出IBM相容的解决方式，促使他们转向IBM。

至于没有安装电脑系统的公司，则要帮助他们消除对电脑的恐惧，为他们提供完善的电脑系统。每一家公司只会收到来自 IBM 的一种信息，每一次的广告直投（DM）、每一次的造访和所有的营销组合，都是为达成同一个销售和营销目的的。这种营销新理念称为"整合营销传播"，其中心思想就是传播清晰一致的信息。IBM 组织结构的"顾客导向"给予了整合营销传播有力的保障。

"品牌管家"帮助 IBM 实施全球品牌战略

在与 IBM 的合作过程中，奥美独特的"品牌管家"作业方式发挥了巨大作用。下面以其中两个主要步骤加以说明。

1. 品牌检验

品牌检验就是调查消费者到底是如何认知 IBM 这个品牌的。奥美运用"品牌管家"中的品牌检验工具，针对 IBM 客户、广告代理商、消费者进行调查，得出的结果表明："你无法和 IBM 一同欢笑"，"IBM 只会与你的主管讨论，除此以外，别人都不重要"。人们认为 IBM 机构庞大，反应缓慢，在研究开发方面做得不够，新产品开发少，以至于消费者对其品牌特性及未来发展方向感到困惑。

同时，调查也表明：IBM 是值得依赖、具有良好品格与崇高道德的公司；以提供满足消费者的各项服务与支援为目标是孕育现今信息技术的摇篮；与其他企业相比较，IBM 在基层和新兴资讯科技的发展上投注更多的资源，并拥有更多的专利权。

2. 品牌写真

根据品牌检验的结果，奥美又对 IBM 进行了品牌写真。所谓品牌写真，就是对消费者与 IBM 之间独特关系的一种生动陈述（带有感情成分），是关于 IBM 存在的理由。在 IBM 的品牌写真中，IBM 被描述为："信息时代的基石、改造我们生活的拉力……IBM 站在全球发展的高度，兼顾人性化需求的温和、积极，甚至偶尔也会自嘲一番；轻轻一触，它就能把任何人变成拥有科技魔力的用户；它提供了四海一家的解决之道。"

品牌写真书写了 IBM 品牌的灵魂与意义，从实质上定义了公司组织的每项活动，包括宣传、所有与顾客的互动关系和公司所做的每件事与所说的每句话。"科技魔力"的精神实质，反映在 IBM 的营销和传播活动中。从品质到品味、包装、零售环境、展售地点、产品线、人体工学、设计与色彩、促销、价格、公司信誉与公关、销售小组与服务经验、口耳相传、电话营销、文稿与接待员风格、电话对应、偏见与社会态度、集体与个体记忆，直到电脑个人网站等，所有这些都遵循一个整体的接触策略。

由此可见，奥美的"品牌管家"，并不只是针对广告的策划程式。做广告不是最终目的，塑造和发展品牌才是永远的追求。它包含了广告以外的任何东西，包括个人接触、直接接触、一对一接触等。奥美的"品牌管家"是一门建立、增进、维护与增强品牌的艺术。它承担了 IBM 除传播外的更重大的责任，即如何管理品牌资产，使 IBM 保持其品牌的核心价值与精神，使之持久不衰。

"四海一家的解决之道"——用广告整合 IBM

"四海一家的解决之道"标志着 IBM 公司由一个主要销售计算机硬件的公司逐步转变为根据客户需求提供硬件、软件和整体解决方案的公司；标志着 IBM 公司从一个产品导向的公司转变为一个以市场需求为第一先导的整合营销导向的现代公司,也标志着新 IBM 品牌塑造广告运动正式拉开序幕。

1. 广告的全球化与本土化

以下是两则具有代表性的广告片。

(1)《爱尔兰的牧羊人篇》 伴随着轻松活泼的爱尔兰风笛曲,一个年轻人和一个老人在大风雪中赶着一群绵羊,困难地前进着。老人不解地问年轻人:"你干嘛走到哪儿都带着这部便携机?"年轻人蜷缩着身子紧抱着电脑说:"我这 IBM ThinkPad 755CD 可是高科技的精华!有话筒,可以放激光唱碟,又能打印文件。而且不需要外接电源!"老人探着头看了看,说:"噢,我要是有这么一部就好了!"年轻人发现引起了老人的兴趣,又自豪又激动地接着说:"还有它回放录像的方式更不可思议!瞧。这是我俩在阿卡波高拍的。"画面转向便携机屏幕,屏幕中播放着年轻人和美丽姑娘在一个热带海滩场景里游玩的录像。这时,好像有人在说:"太妙了!"他们循声看去,发现是两人中间的那只绵羊!最后,伴随着轻松活泼的爱尔兰风笛曲广告口号逐渐显现:"IBM 四海一家的解决之道。"

(2)《曼谷的河流篇》 太阳的余晖洒在湄公河上,一位白领正在和下班的船夫闲聊,白领显得有些垂头丧气。"做事不顺心?"船夫问。白领开始抱怨:"公司要改组,要花钱找顾问。""找 IBM"船夫建议。"干嘛,又不是要多买一些电脑。"白领对船夫的建议流露出不屑的神情。船夫倒是没理会这些,继续滔滔不绝地说:"找 IBM 做咨询顾问,IBM 经验丰富又实干,他们会尽全力与你一起完成工作。"就在这时,船夫的手机响了:"哦,黄豆涨价了。抛出。"最后字幕出现"IBM 四海一家的解决之道"。

泰国的湄公河、拥挤的小渡船,爱尔兰的风笛曲,都有着浓郁的本土特色,所有这些本土化、民族化的东西都在"四海一家的解决之道"主题下得到了整合。因此,不难发现 IBM 的广告非常具有全球化的特性。全球化广告要求在世界各地市场上通过采用基本一致的广告传播方式,实现全球市场的统一营销战略。事实上,1994 年后推出的 IBM 系列广告片就是在如下全球统一的总战略指导下进行制作的:

统一的广告主旨——四海一家的解决之道;

统一的创意模式——困境-解困模式;

统一的表现形式——在特定环境下的人物对话;

统一的广告风格——平易近人、幽默诙谐。

同时在全球化的广告总战略下,IBM 从广告用语、符号意义、文化象征、诉求主题、形象组合到广告经营策略等方面又很好地结合各地本土的社会文化,将本土化完美地结合进 IBM 的品牌内涵中。这种全球化广告策略使 IBM 降低了为实现市场规划和控制目标所需的营销和广告成本;降低了广告制作成本;简化了市场营销和广告的协调控制的程序,更给 IBM 品牌重塑带来了明显的规模化效应,在全球范围内迅速建立起了 IBM 新的形象。

2. "困境-解困模式"

"困境-解困模式"是 IBM 广告中运用得最多的一种方法。这种模式的广告往往习惯直面生活中种种障碍与问题,借助高品质产品或服务的某种功能加以解决,以"解决困境"这种直接可见的具体利益打动人心,并将"解决"与未"解决"两种情景进行比较,或者是提出美好的憧憬,从而达到一种皆大欢喜的正面效果,因此这与 IBM 的解决之道不谋而合。前面提到的"曼谷的河流篇"、"阿拉伯的摩洛哥人篇"、"希腊渔夫篇"、"意大利的农场主篇"等,以及在我国推出的"药店篇"(如图 6.2 所示)、"购并公司篇"就都是在

图 6.2 IBM 电子商务"药店篇"电视广告截图

这种模式下制作的广告。

在1994年底推出的"四海一家的解决之道"广告运动的作用下，IBM度过了1996年一个灿烂的夏天，它的利润出人意料地创下了新高。像THINK Pad系列的电脑销量非常好，而且IBM在广告运动中主推的咨询服务和解决方案服务仅在1996年1—9月间就创下了110亿美元的利润。"四海一家的解决之道"广告运动使IBM的服务业成为了明星，那个脚步沉重的"蓝色巨人"一去不复返了。

其他营销传播工具的整合运用

除了广告外，IBM同时进行直效营销、公关活动、促销、事件营销，在全球一百多个国家和地区进行整合品牌传播。这些传播活动的目的是为了增加IBM品牌的价值与曝光率，不论在哪个国家和地区，用何种语言通过哪些媒体打广告，均遵循相同的风格、语调与方式来沟通，IBM的品牌形象更加鲜明一致。

在IBM的整合品牌传播中，直效营销是它的特色，数量约占整合营销活动一半以上。IBM建立资料库营销团队，对各行业做深入研究，通过分析有用的资料，提出符合各行业需要的解决方案，制定各种类型的营销活动。例如在中国台湾地区，对金融事业保险群，IBM通过和美国运通银行合作，分寄DM给挑选的名单等。

IBM也很重视公关策略的运用，但是与一般公关关系策略不同，IBM强调从增加品牌资产的高度出发，建立一个长效的公关策略机制。艾尔·里斯在其著作中指出，与广告相比前者更加适合做品牌维护，而公共关系则具有塑造品牌的优势，并有利于打造一个品牌。[1]公共关系活动的核心追求在于组织通过与社会的良性沟通，达到塑造企业或品牌良好形象的目的。从整合营销传播的观点来看，公关应该是整体战略中很重要的一环，而不是像所说的"水龙头"一样，需要的时候就打开，不需要的时候就关闭。整合营销传播视野中的公共关系，不再是传统意义上简单地在报纸上做一个报道，或是做一次采访；公共关系传播的对象也不仅仅是媒体，还包括企业的员工、政府、大学等其他的意见领袖。公共关系的核心追求也同样体现了整合营销传播的终极价值追求，即通过建立顾客与品牌之间的关系来提升品牌价值。整合营销传播视野中的公共关系不仅超越了传统营销传播中信息传播的单向度，也明确了自身是一个持续、长效的运作过程。[2]

1997年5月1日，IBM策划了一场超级人机大战：国际象棋大师卡斯帕罗夫与IBM深蓝RS/6000SP计算机进行对弈。最终深蓝赢得了这场举世瞩目的比赛。据统计，全球有30亿人了解了该赛事，比赛的结果引发了一系列对深蓝的关注。事实上，深蓝是IBM公司生产的世界上第一台超级国际象棋电脑，计算能力惊人，每秒可计算棋局变化200万步。所以，深蓝的胜利是基于IBM超级计算机的计算能力和完美应用程序的巧妙结合。此后，深蓝又成功预测了1998年世界杯的结果，进一步巩固了IBM高科技公司的形象定位。

在策划人机大战之前，IBM公司已经着力改善多年来的品牌形象，通过与奥美合作，以"IBM已经卷土重来"作为信息主题，在顾客心中重新塑造了IBM以客为尊、科技至上的形象。IBM策划的人机大战继续强化了这一形象。人机大战之后，IBM又对两名博

---

[1] 艾尔·里斯，劳拉·里斯．公关第一、广告第二［M］．上海：上海人民出版社，2004：253．
[2] 卫军英．整合营销传播典例［M］．杭州：浙江大学出版社，2008：194．

士进行了采访,并利用各种不同的媒体组合,做了题为《下棋不过是深蓝的业余爱好》的广告,介绍了深蓝在各行各业的应用。此后又在主要的 IT 媒体上继续投放了 3 则广告,包括 RS/6000SP 登上火星的内容,以继续推广深蓝的影响。IBM 策划的人机大战吸引了全球数百家主流媒体的关注和报道,深蓝战胜世界棋王后,曾在世界范围内引起了一场"人脑战胜电脑还是电脑战胜人脑"的辩论,因而最大程度地达到了提升知名度、塑造品牌形象和扩大社会影响力的目的。

  IBM 大力投资我国的教育事业也是其重要的长效公关策略之一。IBM 与中国高校合作关系的开始可追溯到 1984 年,当年 IBM 为中国高校做了一系列计算机设备硬件和软件的捐赠。1995 年 3 月,以 IBM 与中国国家教委(现教育部)签署合作谅解备忘录为标志"IBM 中国高校合作项目"正式启动,这一长期全面合作关系的基本宗旨是致力于加强中国高校在信息科学技术领域的学科建设和人才培养。十几年来,IBM 中国高校合作项目不断向着更高的水平、更深的层次和更广的领域发展,对中国高校信息技术相关专业的学科建设和人才培养起到了积极的推动作用。IBM 这一长效公关策略对塑造其高科技、以人为本的品牌形象发挥了重要的作用,而最重要的是,通过这一策略,IBM 在社会上树立了持久的良好形象。2004 年 1 月,我国教育部向 IBM 颁发了"捐资助教特殊贡献奖",以表彰和感谢 IBM 长期以来对中国的教育事业所作的突出贡献。这是中国政府第一次向跨国公司授予此类表彰,IBM 荣幸地成为第一个获此殊荣的跨国公司。事实也证明,IBM 的这一长效公共关系策略是卓有成效的,根据盖洛普公司以往对即将毕业的中国大学生进行的一项就业选择调查显示,IBM 公司名列第一,29% 的年轻人希望毕业后能进 IBM 公司工作。

● **思考与讨论**

  1. IBM 是如何开展整合营销传播运动的?
  2. IBM 整合传播案例对我国广告业的发展有何启示?

● **相关知识链接**

  IBM 创始人 托马斯·沃森是 IBM(国际商用机器公司)的创始人,1874 年 2 月 17 日出生于美国纽约,毕业于美国埃尔米拉商业学校,1896 年进入美国"全国收款机公司"担任推销员,1914 年进入计算制表记录公司(CTR)任公司经理,1924 年改计算制表记录公司(CTR)为 IBM 公司,成为 IBM 的创始人,1956 年去世。

  老沃森是 20 世纪前半叶伟大的企业家之一。作为一名销售天才,他说服商家们放弃分类记账簿,而使用穿孔卡这种原始的会计机器来记账。他使 IBM 闻名遐迩。他给世界留下了一句箴言——"思考"。但是把 IBM 推进计算机行业的,是他的长子小沃森。1956 年取代父亲成为首席执行官后,他领导公司度过了一个前所未有的、长期的、惊人的迅猛增长时期。到 1971 年小沃森离开 IBM 的时候,公司已经彻底击败了通用电气公司(General Electric)、美国无线电公司(RCA)和斯佩里—通用自动计算机公司(Sperry-Univac)这些计算机行业的竞争对手。无论是规模还是地位,它都超过了这些曾一度主宰美国商界的老牌大公司。在他任职期间,IBM 为股东创造的财富超过了商业史上任何一家公司——这一成就一直延续到 20 世纪 90 年代的牛市,《财富》杂志因此在 1987 年宣布沃森"或许是当代最伟大的资本家"。

第二节　走向大片营销时代
——电影《英雄》整合营销传播案

案例概述　提到武侠巨片，人们不禁会想到《英雄》，进而脑海中会展现这样一幅幅图景：浩荡的秦军策马奔驰，决斗的英雄在古琴旁屏住呼吸，茫茫大漠间传来的是小提琴哀怨的思念；绿色的山水、红色的枫林、黄色的沙漠、蓝色的书房；张曼玉红衣飘摇中的美艳，李连杰黑衣劲装中的刚毅，梁朝伟白衣飘飘中的潇洒；棋亭打斗、黄叶漫天、九寨比剑……所有的这一切张艺谋都以独特的叙事手法，让观众目不暇接。《英雄》作为新世纪中国电影第一巨制，作为张艺谋带领的"梦之队"的超强组合，是一部兼具艺术电影魅力又有超凡商业价值的电影大片，也是整个亚洲电影所期望的气势恢宏的史诗巨片。毫不夸张地说，2002年的中国电影市场当属《英雄》（如图6.3所示）。以下是电影《英雄》制作历程的简单回顾：

图6.3　《英雄》海报

2000年11月，《英雄》初定开拍；

2000年12月，梁朝伟、张曼玉确定出演；

2001年3月，定下胡杨林、雅丹地貌、当金山、九寨沟、横店等几处景地，同时致电邀请李连杰加盟；

2001年4月，和田惠美进剧组；

2001年7月—8月，拍摄状态的最后筹备；

2001年8月11日，开机，杜可风进剧组；

2001年10月上旬，武术指导董伟更换为程小东；

2002年1月18日，横店关机；

2002年1月19日，北京开始后期剪辑，澳洲、中国香港地区同时开始做电脑特效；

2002年6月—7月，进行混录合成，音乐动效同期制作；

2002年10月23日，为满足奥斯卡最佳外语片参赛条件，在深圳小范围放映七天；

2002年12月14日，在人民大会堂举行盛大的亚洲新闻发布会，所有主创人员均出席。《英雄》正式开始进入放映市场……

这部汇集了诸多台前幕后的各路明星、耗资3000万美元的武侠巨片，上映短短20天，其票房收入就突破了2亿元人民币，创下了中国电影票房的最高记录。然而，票房只是《英雄》收入的一部分。早在影片全球公映之前，制片方就已通过一套系统的操作手法，不仅收回了全部投资，而且还实现了盈利：欧美地区发行权以2 000万美元售出；韩国与日本的发行权分别以200万美元和700万美元售出。VCD、DVD内地音像版权以1780万元人民币成交；《英雄》贴片广告的标价是30秒200万，仅此一项就超过2000万元人民币；还有电影衍生产品带来的巨额收益。①

---

①　王勇．打造中国电影营销——英雄模式［J］．销售与市场，2003，(2)．

《英雄》之所以取得如此骄人的成绩,其原因是多方面的。如精准的市场定位、最好的导演、最佳的明星阵容、最具规模的资金投入,等等。对于影片的制作方来说,这些优势把《英雄》打造成了高质高价的产品。21世纪是属于品牌的时代,品牌是企业市场竞争的法宝。因此,接下来如何实现《英雄》从产品到品牌的飞跃,以品牌的力量促成消费,才是制胜的关键步骤。整合营销传播认为,传播创造品牌价值,即品牌产生于企业与消费者的沟通过程。《英雄》成功实现品牌的打造,正是在于其对整合营销传播策略的科学运用。

案例评析 几年前,"整合营销传播"对于中国的电影业来说还是一个很陌生的词汇,是《英雄》让人们感受到了"整合营销传播"的魅力,接下来《十面埋伏》、《2046》、《功夫》、《天下无贼》等影片的比拼更是让整合营销传播迅速升值。但纵观近几年电影市场,不难发现国产片市场还是"一道单调的风景线",大多数国产片仍摆脱不了在"生死线"挣扎的状况,其中一个很重要的原因,就是中国电影整合营销传播的滞后。

传统的中国电影营销主要存在两个问题。

① 电影运作条块分割,生产、发行、上映等结构互相脱节,缺乏整合一体的运行模式,导致了电影从上市、发行到上映完全处于各自为战的局面。

② 陈旧的经营模式导致了电影运作中利益分配存在种种问题,电影营销无法摆脱这种束缚,只能停留在"一发了之"的阶段,缺乏后期科学的宣传和推广策略。这两方面问题直接导致了中国电影缺乏营销意识。[①] 因此,能否革除制约发展的体制性障碍,建立科学合理、灵活高效的电影产品生产经营机制,是突破传统营销观念的重要前提。

随着电影产业的日益规模化、集约化和精细化,相应地,也必须有科学的电影营销理念指导电影的市场营销活动。而改变传统电影营销的现状,必须彻底更新计划生产的思维模式,建立"生产、经营、上映、后期"的一体化经营模式。从整合的高度去构建电影市场;从整合的视角去营销国产电影;以整合的思维去营造电影消费氛围和市场环境。用整合营销传播理论为中国电影的市场营销注入新理念、新思维。

《英雄》通过专业设计创意及有效的传播,在相关推展、广告、事件营销与公关活动中始终保持影片视觉形象与诉求核心的统一。为此,《英雄》专门制定了核心传播策略:在一定的推广预算支持下,通过6~10个月广告与公关传播,使《英雄》的知名度在核心观众群中达到70%,影片全国票房收入达到第一,观众人数第一,并使影片广告收入达到国内影片第一;利用平面、影视、网络、户外等立体覆盖新闻、公关事件广告等工具统一诉求主题交叉配合;以新闻、公关为先导,媒体广告为辅助,全方位多频次提高观众接触率,以期在较大范围内引起关注;在电视台做商业广告,整个电视广告花了数百万元;人民大会堂《英雄》首映式活动,新画面公司请了上千名中外记者、大学生以及著名乐队参加;广东一家音像公司号称以1780万元成功竞得《英雄》内地音像版权,从而有助于提升《英雄》形象,提供宣传卖点;它还借助了先进的网络技术,通过新浪网把首映式的的盛况传播到了全球。

纵观《英雄》的整合营销传播流程,可以将其成功的关键归纳为以下几个方面。

---

① 文硕. 销售与市场[J]. 销售与市场, 2000, (1).

组织架构整合,统一传播口径

《英雄》的制片方即发行方——新画面公司不仅协助张艺谋完成了影片的制作,还联合中国电影集团公司负责该片的发行,这使《英雄》从出品到包装策划再到推向市场的全过程成为一个有机的整体,从组织上奠定了市场运作成功的基础。此次,《英雄》宣传的每一步都计划得比较周密。国产影片一般是摄制组负责宣传策划,发行交给另一个单位,宣传策划和发行是脱节的。而《英雄》的宣传、策划、发行,则完全是新画面公司从头负责到尾,这从组织上保证了该片宣传运作的计划性和连续性。电影制作、广告策略、市场调研、宣传炒作、公共活动、促销手段等,要在统一有序的经营运作下,形成一种营销传播的合力,才可能取得一定的营销效果。《英雄》的这种整合营销,将其现有产品的风险性和后续产品的占有性矛盾缓解统一起来,建立在一种新营销体系之上:从整合的高度去俯视、构建电影市场;从整合的视角去生产、营销国产电影;以整合的思维去营造电影消费氛围和市场环境。

精准定位,打造品牌的基础

《英雄》以一种全新的叙事手法和充满想象力的表现方式,在人们的脑海中占据一块属于武侠片最高境界的经典区域,让人们一说到武侠,就自然提起《英雄》,自然衍生了影片恢弘的气势、唯美的画面、流动的色彩、浪漫的音乐和强大的阵容。(如表6-1所示)

作为一种大众流行的消费产品,电影必须在市场上打造并运营自己的品牌,才有可能取得成功。《英雄》之所以能够取得如此不俗的票房业绩,与其定位在日趋被国际关注的武侠片市场有关。同时作为本土最好的导演、最佳的人员组合、最具规模的资金投入,又是将《英雄》定位在市场挑战者的位置上。因为定位的准确,才使得其各种市场行为很好地为市场战略规划服务。一个产品如若不能对市场环境有正确的判断,也许最终会形成虽有优质的产品却无法满足巨大的市场需求,如若这样也只能称为一个失败产品。

表6-1 《英雄》制作人员简表

职 位	姓 名	主 要 业 绩
导演	张艺谋	中国第五代导演的领军人物,导演的影片频频在国内外各大影展获奖
编剧	李冯	曾获长江文艺小说奖等多项文学奖的新生代作家
总摄影师	杜可风	香港电影界的顶级摄影师,王家卫的所有电影均由他拍摄
摄影师	侯咏	中国电影金鸡奖摄影大奖获得者
美术师	霍廷霄	中国电影金鸡奖最佳美术设计奖得主,法国戛纳电影最佳美术奖贡献奖得主
录音师	陶经	被誉为中国电影第五代的"耳朵"
作曲	谭盾	奥斯卡最佳原创音乐大奖得主
服装师	和田惠美	奥斯卡最佳服装设计大奖得主
武术指导	程小东	香港电影界的顶级武术指导,指导的电影多次获得"金马奖"
歌曲主唱	王菲	香港天王级歌后

事件营销,将神秘进行到底

　　事件营销是企业通过策划、组织和利用具有名人效应、新闻价值以及社会影响的人物或事件,吸引媒体、社会团体和消费者的兴趣与关注,以求提高企业或产品的知名度、美誉度,树立良好的品牌形象,并最终促成产品或服务的销售目的的手段和方式。[①] 事件营销在《英雄》的市场推广活动中起到了至关重要的作用。通过制造一系列的事件,《英雄》引发了媒体和消费者主动的关注。这种传播方式变强制传播为主动接触,提升了传播效果,从而成功传递了影片的卖点。纵观《英雄》市场推广过程中的一系列事件,可以看出其事件营销的主线是紧紧围绕着"神秘"进行,并始终如一地把"神秘"形象保持到全国公映的那一刻。

　　《英雄》自开拍以来,一直都在极度保密之下进行。其主要人物造型都秘而不宣,这引起了新闻媒体的极大好奇。因此一旦有任何风吹草动,媒体便会密切关注并大肆报道;《英雄》云集了各路大牌明星,而明星具有极大的商业利用价值,所以媒体趋之若鹜(如图 6.4、图 6.5 所示)。从选人、选景、张曼玉和章子怡不和、李连杰撞人、 放映人自杀,

图 6.4　《英雄》剧照 1

图 6.5　《英雄》剧照 2

[①] http://baike.baidu.com/view/6462.htm.

等等，围绕着《英雄》的跟踪报道铺天盖地不绝于耳；《英雄》杀青，拍摄完成，这一事件的制造，让人似乎有不用再期待更久的感觉，而实际上，接下来观众还要等很久。而这种等，会更有一种让人吊胃口的感觉。这种欲擒故纵的手法，更是激起人们对英雄的好奇与关注；深圳首映式，观众必须持有身份证才能看电影，进一步让观众等，制造更多的悬念；《英雄》VCD、DVD内地音像版权以1 780万元的天价拍卖，创出国内音像制品版权交易的最高纪录。这些进一步使人们确认了《英雄》的价值，有效地激发了消费者一睹为快的欲望。《英雄》纪录片《缘起》发行。这部采用纪实手法，从北京到敦煌，从九寨沟到横店，历时3年共1000多个日夜跟踪拍摄而成的记录片，刻画了《英雄》从张艺谋脑海中的一个概念到最终成为一部成熟电影作品的每一个有价值的细节。大面积多渠道地传播这个记录片，使观众有机会第一次与《英雄》的创作和诸多明星亲密接触，从而强烈地勾起更广泛的人群对《英雄》产生好奇与期待。2002年11月22日，《英雄》制片发行方在钓鱼台国宾馆举行了隆重的包机首映礼签约仪式，现场播放了《英雄》的精彩片段和拍摄花絮。包机首映在中国电影史上是首次出现，《英雄》继续成功地吸引了人们的关注，连中央电视台午间新闻都播放了首映活动的新闻，同时放映了部分电影画面，并给了很高的评价；全国院线统一在2002年12月20日凌晨同时放映。让全国观众等待同一时刻，那一时刻几乎又成了一种象征，所有观众的欲望，被控制在同一时刻释放。

整合营销传播最基本的目标是通过制定统一的架构协调传播计划，从而使组织达到"一种形象，一个声音"的效果。此次《英雄》事件传播策略紧扣了一个形象的宣传，即"神秘"。回顾《英雄》策划的一系列传播事件，我们可以发现这些事件的共同特点是给《英雄》蒙上了一层神秘的面纱，激发了媒体和观众的好奇心和持久的注意力。通过制造一系列环环相扣的"神秘"事件，《英雄》一步一步地将观众和媒体的期待和热情推向高潮。

公关宣传策略

在当今这样一个娱乐庸俗化的时代，张艺谋、《英雄》以及《英雄》演职员的阵容，都足以让那些视独家新闻内容为媒体生存、抢占庸俗化观众视觉的变态媒体趋之若鹜。在这个卖点上，媒体的娱乐记者就会自动地在后面跟踪，从张艺谋宣布要拍一部武打电影起，媒体注意的焦点便一直不断。从要精心选择武打主题的电影开始，到选择到《英雄》这样的一个剧本，如何经过长时间的选择，得到了张艺谋的认同，以及这部电影是反映什么内容的，所有的传播都是围绕着上述卖点在进行。剧本话题结束以后，接下来当然就是艰难的演职员阵容的选择。在打造演职员强大阵容的过程中，各种各样的花絮、小的公关技巧不断为《英雄》造势。比如李连杰接受《英雄》男主角一波三折，媒体报道张艺谋三请李连杰，关于李连杰降低片酬接受张艺谋邀请等，这样的公关小案例的报道，在媒体上不断出现。而互联网上各大门户站点，更是在《英雄》未开机前，就做好了专题，像记录历史一样，做着全程的记录。在这个过程中，众大腕明星的报酬、拍《英雄》预计要投入的资金等又不断地通过公关在媒体与公众见面，公众的胃口和注意力就是这样一点点地开始和《英雄》绑在一起的。而由于这些大腕们的地位与身价，这些公关活动，基本上不需要花费什么费用，便会不断有记者蜂拥而至。电视、广播、报纸、杂志、互联网，只要有娱乐内容的，都有关于《英雄》的报道。这样形成的一个全国性的资讯网络，使公众很容易在任何一个能接触到的媒体,毫无遗漏地获得关于《英雄》的信息。

全方位的整合传播

1. 捆绑广告

把电影当做媒体而不仅仅是产品,就使得电影需要花钱的营销推广变成了可以挣钱的广告时段或广告版面。《英雄》成为知名品牌后,企业甚至无偿为之做推广。对电影企业来说,捆绑推广则意味着获得更多额外(免费)的电视与平面广告宣传,以及出现在全国各个大型超级商店和公共场所的广告机会,扩大了电影本身的广告宣传效果,增加了票房。在《英雄》上映前后一个月时间内,打开网络、走上街头、坐进地铁、进入商场,每时每刻都能看到各路商家利用《英雄》做的广告。国内品牌中,联想做了三个产品,手机、电脑和数码相机,中国移动做的是彩信,盘龙云海做了排毒养颜胶囊,还有北京的网通、长城干红等;国际品牌像宝洁、联合利华的几个品牌的洗发水,雪铁龙集团下的毕加索车、韩国现代集团的新款车,还有丰田的威驰等。多普达手机让《英雄》群体从手机屏幕上拉开阵势,侧书广告语"手机中的英雄,多普达686,能看电影的商务手机",投放广告金额近1000万元,而利用《英雄》做宣传的推广费用也支付了新画面六七百万元(如图6.6所示)。婷美也花几百万元请秦王扮演者陈道明担任暖卡内衣的形象代表。联想除了贴片还开展了"买手机赠《英雄》观影票"活动,大约花费100万,买了29个省份,35家影院的电影票(如图6.7所示)。中国移动重点推出的是彩信业务,它在全国35家影院做了促销展台,展台上请专人演示彩信,并且在网上结合《英雄》推广彩信活动,买断了《英雄》的网上游戏、移动数据等业务。

图 6.6 多普达手机广告

图 6.7 联想手机广告

除了贴片广告获得极大成功外,结合《英雄》,还推广延伸了很多宣传工具,比如VCD、DVD、明信片、电影海报、户外灯箱,等等。据悉,联想和中国移动都在电影院做了不少明信片,中国移动大约做了30万张。以前一些电影的贴片广告多是区域性的,而此次《英雄》的贴片广告多是全国性品牌,而且不少品牌还利用其他各种媒体与《英雄》互动或捆绑的一些宣传活动,这从商业氛围上对《英雄》的推广起到了很好的促进作用。

2. 终端宣传策略

消费终端的促销也是消费成功的关键一步,甚至有时会形成"临门一脚"的重要一步。《英雄》在影院售点的终端拦截做得也是比较成功的,当然这与各地影响的独特创新也是密不可分的。由于全国院线多是花费 20 万元购进一个拷贝,而一个拷贝最佳放映寿命最多只有 600 场,实质上很多拷贝只能放 200~300 场。所以各发行公司的市场压力也是十分大,于是纷纷采取了一些促销及推广的新方式。

12 月 10 日左右,《英雄》拍摄的记录片《缘起》在各大影院的售票窗口前滚动播放。几乎所有影院为营造终端氛围,都上了最大面积的户外喷绘看板以及 POP 挂旗、人型立牌等诸多终端宣传用品。成都一家影院甚至将影院布置成为一间用乱箭射中的宫殿。一些影院甚至推出买影票送零食品及小礼品等促销活动。《英雄》编剧李冯的图书《英雄》也在各影院摆摊销售。以张艺谋和其他主要演员构成的一联精美《英雄》版邮票以及一系列的豪华海报也一并发售。张艺谋携主创人员也频频在各大影院出席首映式,拉动销售。(如图 6.8 所示)

图 6.8 《英雄》上海发布会——张艺谋携众星亮相

3. 延伸产品

① 漫画。由香港漫画大师马荣成为《英雄》亲自执笔编绘的漫画配合影片同时推出。(如图 6.9 所示)

② 同名小说。为了和电影产生互动影响,根据《英雄》改编的同名小说于 2002 年 12 月初推出。该书首印数量 5 万册,定价为 20 元。

③ 四人雕塑组像。在影片上映之前,香港方面已经开始出售《英雄》4 人雕塑组像。香港有关电影公司自制的这 50 套《英雄》4 人组合雕塑(梁朝伟、张曼玉、李连杰及章子怡)并非有钱就能买到,它需要凭 4 张换票证来换,而换票证又随门票附赠。

④ 邮票。为配合影片《英雄》的宣传,3000 套《英雄》邮票限量发行。不久,限量发行改为敞开供应,以便将《英雄》的热度持续到放映之后。(如图 6.10 所示)

⑤ 游戏。上海某软件公司获得了《英雄》剧组独家授权,首次把《英雄》的人物造

图 6.9 《英雄》同名漫画

图 6.10 《英雄》邮票

型、道具以及故事情节等搬到网络游戏《遗忘传说》中。

⑥ 续集。《英雄》的投资方已与张艺谋达成协议，《英雄》顺利发行上映后，将于 2003 年再度斥巨资投拍《英雄》续集。

制胜的分销渠道

最后，关于《英雄》的市场成功，我们不能忽略另外一个极为重要的因素，那就是中国电影的分销渠道。中国电影在建国以后建立起来的良好的分销渠道，应当是中国电影市场现在最为值得自豪的一件事，正是因为这些分销渠道的存在，才使得《英雄》的市场推广者能抛开在其他行业令市场营销者最为头疼的分渠问题，集中精力进行电影的营销传播工作。而中国电影集团公司正好拥有国内院线的渠道资源，将分销里种种令人头疼的发行、谈判、订合同、拷贝洗印、监片、催款、人员管理等工作全权交给中国电影集团这个合作伙伴，无疑是《英雄》推广者的明智之举。

除了传统的银幕放映，新兴的电影分销还包括了 VCD、DVD、电视、录像、Internet 等渠道。西方成熟的电影播放体系告诉我们，电影应首先在影院播放，然后才可以进入家庭录像市场，再后是付费电视及有线电视，1 年以后才可以开始在公众电视台播放。追随这种成熟的播放体系，《英雄》有意控制其 VCD、DVD 的面市时间，决定在影片上映后 1 个月才使其进入家庭市场，这样既保证票房不受到冲击，又保证《英雄》与观众接触的连续性。

回顾《英雄》运筹中国电影市场的过程，我们可以体会到，《英雄》的成功已远远超过其票房的收入，而具有了更深远的意义。对于中国电影产业而言，它打造的整合营销传播模式将会为众多电影机构所借鉴，成为真正实现中国电影商业化运作的转折点；其成功的后电影产品和衍生产品的开发，预示着中国电影业整合营销传播时代的到来。

继《英雄》成功之后，制片人兼投资方张伟平继续"导演"《英雄》的商业续集《十面埋伏》，10天时间票房就超过1亿，再次证明了整合营销传播对电影营销的意义。

《十面埋伏》的产品定位为武侠片是成功的开始，一是因为有《英雄》成功在前，二是以电影市场最具消费能力的16～45岁的人群分析，武侠片较之言情、历史、文艺等影片消费潜力更大。接着在制作时更以强大的宣传攻势先声夺人，用离奇的故事情节、精美的画面处理、诱人的明星阵容吸引观众的视觉，制作完成后放映前又通过报刊、网络、电视、DVD、户外等媒介进行轮番渲染，首映礼前在北京工人体育馆举办了一场耗资逾2000万元的大型晚会。然后在人民大会堂举行盛大隆重的首映礼进行造势，首映礼授权某网站独家网上现场直播，另外采用联合营销模式，与方正（北大方正集团）形成品牌互动，以此促进票房，而方正也利用这种添加娱乐成分的方式宣传自己的品牌形象。与商家的联合促销，比如购物送票等促销的应用，同时还获得部分非银幕的利润，例如贴片广告等。

● **思考与讨论**

1. 《英雄》整合传播活动成功的关键是什么？
2. 《英雄》整合传播运动对我国电影营销有哪些启示？

● **相关知识链接**

《英雄》剧情　战国末期，齐、楚、燕、韩、赵、魏、秦七雄并起，唯秦国最为强大，急欲吞并六国，一统天下。为对抗秦国的吞并，六国各地一直上演着不同的刺秦故事。赵国的三个刺客长空、残剑、飞雪，因剑术高超，名震天下，秦王因为他们三人，十年里没睡过一个安稳觉。突然传来一个叫无名的秦国剑客为秦王将他们杀死的好消息，秦王大喜，急召无名上殿相见。在大殿中，烛火昏暗，秦王离无名只有十步距离，无名将击杀长空、残剑、飞雪的故事娓娓道来：他利用三人之间爱恨交织的关系，瓦解了他们的力量，各个击破，因此取胜。可心机深沉的秦王发现了无名所述故事中的破绽，讲了另一个版本：残剑等三人主动求败，献出生命，用苦肉计帮助无名上殿，无名才是真正最危险的刺客。无名告诉秦王，他看错了一个人，那就是残剑，于是，另一个故事又从头叙起……最后，无名拿起了剑，此时他离秦王只有十步，他的绝技是"十步一杀"……

第三节　整合营销传播理论（IMC）述评

一、整合营销传播兴起的背景

1. 营销环境的变化

20世纪前期是一个典型的产品经济时代，市场状况基本呈现为供不应求。制造商为了提供更多的产品，控制生产、集中管理，并且对市场销售和购买力进行预测，从而使生产和营销规模得到了空前的发展。这个时期，市场营销观念大致经历了由生产观念、产品观念到推销观念的演进。这三种观念本质是一致的，即以产品和企业为中心从事市场销售活动。

从20世纪70年代开始，经济全球化和技术革命的浪潮席卷了整个世界，给世界市场带来了巨大而深刻的变化。其一，社会商品更加丰富，消费者的需求和欲望得到了极大的满足，社会商品处于供大于求的状态。其二，产品同质化现象严重，同类产品之间竞争异常激烈；产品生命周期缩短，更新换代的速度加快。其三，社会生产规模空前扩大，消费群体进一步细分。这一时期的市场营销观念发生了根本性变化，以消费者为本位的现代营销观念逐渐取代了以产品为本位的传统营销观念。现代营销观念信奉需求至上，认为企业生产什么、销售什么的决定权掌握在消费者的手中。公司只有生产消费者所需要的产品，满足消费者的利益，才可能在市场竞争中立于不败之地。

2. 传播环境的变化

20世纪的后半个世纪，新兴的具有潜力的信息媒体，以惊人的速度进入千家万户。在美国20世纪50年代初期，拥有一台电视机的家庭只有10%，但是10年之后超过90%的家庭已经拥有不止一台电视机。[1] 中国的电视起步于1958年，经历了短短几十年，已很快进入电视大国的行列。据统计，目前全国拥有一台以上电视机的家庭占总户数的75%，国内电视台（包括无线台、有线台、教育台）的数量，也从最初的几十家迅速发展到3500多家，这个数字是美国的2倍、日本的25倍、英国的260倍。[2] 互联网的问世把人类带入了信息化的世界，据《2008年中国广播影视发展报告》的统计结果，在广播影视公共服务方面，2007年全年共播出公共广播节目1127.24万小时，公共电视节目1454.67万小时。中国互联网络信息中心（CNNIC）在2009年1月发布的调查统计报告显示，截至2008年12月31日，中国网民规模达到2.98亿人，普及率达到22.6%，超过全球平均水平，中国网民平均每周上网时长为16.6小时。显然信息爆炸的时代已经到来，在这种信息环境中，每人每天接触的商业信息超过1500个，因此任何缺乏吸引力的信息都必然被淹没在信息的海洋中。

网络具有的即时性和交互性等特点，深刻地变革着传统的传播方式，人们开始掌握着信息价值的主动权；网络海量信息呈现出的碎片化特点，使得人们也从"整体化"走向"碎片化"。在信息渠道和信息流量大规模增加的同时，相应的在信息传播过程中的噪音也显著增加。这种背景下，企业将自身的信息清晰、准确地传达给目标群体的难度也明显增加。

3. 营销传播理论的变革

20世纪60年代，美国密歇根大学的麦卡锡教授提出的"4P"理论，即产品（Product）、价格（Price）、渠道（Place）、促销（Promotion）成为市场营销理论的支柱。其后，营销界不断有新观点提出，把"4P"发展为"5P"、"6P"。菲利普·科特勒为了突出某些营销工具的作用，在"4P"之外又增加了 Political power（公共关系）、Probing（调查）、Prioritizing（优先）、Positioning（定位）等，从而构成了"10P"。然而无论怎样发展，这一理论始终没有跳出由内而外、以企业为本位的思维模式。随着营销和传播环境的变化，这一传统营销价值体系越来越无法适应新兴的市场环境。

1990年，美国市场营销专家劳特朋提出了一个新的概念——整合营销（Integrated Marketing），认为企业运营过程中的全部活动都要与营销部门相配合，以营销为目标协同

---

[1] 罗明，胡运芳. 中国电视观众现状报告 [M]. 北京：社会科学文献出版社，1998.
[2] 顾明琴. 对电视频道专业化现状的分析和探讨 [J]. 科学教育，2008（06）.

作业，原来的"4P"理论已经不能满足需要，取而代之的是"4C"理论：

① 把产品搁到一边，加紧研究消费者的需要与欲求（Consumer Wants and Needs），不要再卖你所能制造的产品，要卖消费者所确定想购买的产品；

② 暂时忘掉定价策略，快去了解消费者要满足其需要与欲求所须付出的成本（Cost）；

③ 忘掉通路策略，应当思考如何给消费者方便（Convenience）；

④ 最后请忘掉促销，20世纪90年代的正确词汇是沟通（Communications）。

整合营销传播的提出者舒尔茨教授用一句非常生动的话表述传统营销与整合营销的区别：前者是"消费者请注意"，后者是"请注意消费者"。约10年之后，舒尔茨又进一步提出了5R理论，并以5R作为整合营销传播的基础，5R较4C更突显顾客的核心地位，营销问题被改写为：

① 与顾客建立关联 Relevance；

② 注重顾客感受 Receptivity；

③ 提高市场反应速度 Responsive；

④ 关系营销越来越重要 Relationship；

⑤ 赞赏回报是营销的源泉 Recognition。

由此，我们可以看出整合营销传播对顾客价值越来越多的关注，营销的重心也从交易走向关系。整合营销传播不只是为了传播及提升传播的效果，而是为了建立顾客关系这一营销的终极目的。

二、整合营销传播的驱动力

20世纪80年代中期出现的如下三个变化使整合营销传播浮出水面。

1. 数字科技发展并渗透到企业运营的每一个方面

随着信息技术的迅猛发展与扩散，企业通过建立顾客数据库，掌握消费者的第一手资料，从而可以进行消费者分析，确定目标市场，跟踪市场，以便领导者进行销售管理。依据数据库技术，企业还可以判定大众市场到底是由哪些类型的消费者构成的，以及分析他们的购买动机，从而有可能了解消费者的需求和欲望。数据库带来的营销趋势，使得直销得以迅速崛起。舒尔茨认为，直销是整合营销传播发展的主要驱动力之一，其核心在于识别、接触以及衡量特定客户所带来的长期回报。相比较传统营销传播而言，直销体现出的交互性、可评估性以及整合运用媒介等优势，受到越来越多的关注。

2. 品牌竞争取代产品竞争

美国著名品牌专家Larry Light说："未来的营销是品牌的战争，即品牌互争长短的竞争。拥有市场比拥有工厂更重要，而拥有市场的唯一途径就是拥有强势的品牌。"品牌的重要性不言而喻。通常情况下，品牌带来的未来价值比目前企业的现金流量更重要，品牌的无形资产往往给企业带来了较高的股票价值。目前，很多企业营销业务的重点从宣传组织做了什么变成了塑造品牌。

3. 营销打破了传统的地理边界，跨国经营与全球化越来越受到重视

跨国公司已经不是一个新名词，他们大多数在境外站稳了脚跟。随着境外市场的不断细分以及来自本土企业的抵抗，跨国公司也必须调整自身的传播战略，无论是采取全球一致的传播策略，还是结合本土的市场和文化进行的传播，都要求组织整合优化资源开展营

销传播活动。

三、整合营销传播理论的基本框架

1. 整合营销传播概念

1993年，美国学者丹·E·舒尔茨教授（如图6.11所示）等在其《整合营销传播》一书中，首次提出整合营销传播的概念，并系统阐述了它的运作规律。但是10多年来，对于整合营销传播在概念上的理解却多有分歧，就连舒尔茨本人也在不断修正自己的观点。① 其中很重要的一个原因就是整合营销传播尚处在发展和完善之中。对于整合营销传播的概念，美国广告代理商协会给出了最早的定义之一：

这是一个营销传播计划概念，要求充分认识用来制定综合计划时所实用的各种带来附加值的传播手段——如普通广告、直接反应广告、销售促进和公共关系——并将之结合，提供具有良好清晰度、连贯性的信息，使传播影响力最大化。②

图6.11 整合营销传播之父
唐·E·舒尔茨

这个定义提出了一些重要内容，即强调各种传播工具的整合与协调运用，信息传播的清晰一致、连贯性。这一定义的基本目标是通过制定统一的架构协调传播计划，从而使组织达到"一种形象，一个声音"的效果。相比之下，舒尔茨的看法代表了一种普遍的观点：

整合营销传播是发展和实施针对现有和潜在客户的各种劝说性沟通计划的长期过程。整合营销传播的目的是对特定沟通群体的行为实际影响或直接作用。整合营销传播认为，现有或潜在客户与产品或服务之间发生的一切有关品牌或公司的接触，都可能是将来信息的传递渠道。进一步说，整合营销传播运用与现有或潜在的客户有关并可能为其接受的一切沟通形式。总之，整合营销传播的过程是从现有或潜在客户出发，反过来选择和界定劝说性沟通计划所采用的形式和方法。③

这一定义代表了一种更成熟、更全面、更彻底的整合营销传播观念。从整合营销传播的过程来看，它以消费者分析为起点，以消费者为中心，分析现有或潜在客户一切可能的接触方式，采取由外而内的传播沟通方式。舒尔茨等人对"接触"的定义是：凡是能够将品牌、产品类别和任何与市场有关的信息等资讯传输给消费者或潜在消费者的"过程与经验"，都可称为接触。在这个意义上，整个营销过程中的每一个环节都在与消费者进行沟通。因此，整合营销传播在保持信息传播一致性时，完全可以根据目标群体信息接触的方式，选择最适合的传播沟通渠道。

美国科罗拉多大学的汤姆·邓肯博士对整合营销传播的定义做了进一步的发展：

简单地说，整合营销传播是一个运用品牌价值管理客户关系的过程。具体而言，整合

---

① 张金海. 20世纪广告传播理论研究[M]. 武汉：武汉大学出版社，2002：140-150.
② （美）乔治·贝尔奇等. 广告与促销：整合营销传播展望[M]. 大连：东北财经大学出版社，2000：13.
③ 舒尔茨等. 全球整合营销传播[M]. 北京：中国财政经济出版社，2004：65.

营销传播是一个交叉作用过程,一方面通过战略性地传递信息、运用数据库操作和有目的地对话来影响顾客和关系利益人,与此同时也创造和培养可获利的关系。[①]

邓肯的定义在于把整合营销传播的终极目标指向了品牌资产,而与顾客以及相关利益人之间的关系则成为实现品牌资产的核心价值。这种认识促使企业从简单的交易性营销转向关系营销,即在企业与顾客和其他利益相关者之间,建立、保持一种长远关系,进而实现价值的相互交换。

2. 整合营销传播的四个阶段

舒尔茨总结了组织在进行整合营销传播时必经的四个阶段,这四个阶段不只是停留在战术层面,而是把战术追求与战略一致性加以统一的系统化协调。

第一阶段是战术协调。

对许多营销组织而言,要进行整合营销传播就意味着有必要协调各个产品、分部、地区及国家的营销活动。整合营销传播最基本的目标是通过制定统一的架构来协调传播计划,从而使组织达到"一种形象,一个声音"的效果。

企业组织内部跨职能整合是第一阶段整合的另一个特点。不同的营销组织使用不同的跨职能形式,其潜在的目标是为了获得更高的能力。这种能力不仅包括管理单个的传播活动,也包括如何使各种传播活动显得更有生气并获得协同效应。另一种方法是对各个传播媒介的雇员进行培训,从而使该部门的每个人都精通最有效的实施方法及各种传播渠道的运用战略。

第二阶段是重新定义营销传播范围。

第一阶段的整合活动是将可控的各种营销传播活动加以协调,从而形成一个连贯内聚的整体。这一阶段重点在于改革及加强外围传播活动的动作、传递及有效性。然而,许多组织发现它们内部缺乏充分的协调和一贯性。

当进入第二阶段时,组织需要重新定义营销传播。从本质上讲,就是由公司操作层面出发的观念,转向从消费者、顾客和最终使用者出发的观念,开始关注顾客与品牌接触的所有渠道。品牌接触的定义:顾客或潜在顾客可能用以了解品牌、产品种类或者与产品和服务相关的所有营销信息。这种观点将品牌接触看做高度个人化的问题,各个顾客之间相差甚远。

传统的传播活动显然是重要的品牌接触,但是,还有许多其他对购买决策有同样影响力的接触活动。如雇员、友好的用户手册、产品包装、意见处理程序、求助答复时间、忠诚度的识别、信用调整、返利政策、入口的清洁与否,等等,对顾客印象的形成关系重大。

越来越多的组织开始认识到最强有力的品牌联系纽带之一就是他们自己的员工队伍。作为营销传播合理目标之一的"员工参与"是网络营销整合第二阶段的关键因素。内部营销的目标就是将品牌价值拓展到内部供应链各个交易环节的行为管理上,它的目的是要将每一个员工都包含到营销过程中,并使员工从以成本为中心转到以利润为中心上。

第三阶段是信息技术的应用。

---

① Tom Duncan:"IMC: Using Advertising and Promotion to Build Brands", Copyright 2002 by the McGraw-Hill Compannies, Inc, p8.

既能促使营销传播改变又提供了营销传播解决方案的就是信息技术。当应用技术创造和传递信息成为这一阶段的重要特征时，一个更加关键和重要的基准是数据库的利用，这些数据库是用来获取和储存关于顾客、消费者、潜在顾客的信息的。处在第三阶段的公司没有必要实施数据库营销，数据库营销的真正目的是将数据驱动作为所有营销开始的来源及提供创造封闭回路评价系统的最终框架。

营销传播整合第三个阶段的另一个重要特征就是"顾客评价分析工具"的使用，这种评价或者是基于过去的历史，或者是基于预期的潜力。处在这一阶段的组织使用大量的统计方法和工具去评价顾客、消费者和潜在顾客。

第四阶段是财务和战略的整合。

第四阶段提供了一种架构，用于解决执行层主要关注的两个问题：资源配置与公司联盟。

在整合的第四阶段有两个问题值得注意：一是评估顾客投资回报率的能力。主要是强调有关特定顾客或高度定义在相同顾客群中非收入流增加（或减少）的顾客群体，一旦公司很大程度上将必要的过程与基层结构来精确测量顾客投资回报率，然后他们能够测试不同传播手段混合的效果或者为了进一步精练未来循环计划的投资水平。在这一方法中，最重要的就是将顾客收入流作为评估最关键的因素，而不是个体传播努力的程度。二是运用整合营销传播驾驭公司与战略方向。公司已经不再是运营驱动、"由内而外"的传播规划，而应该是"由外而内"的传播规划，强调从品牌体验的各个方面去为顾客创造价值。

3. 整合营销传播的核心理念

（1）以消费者为中心，采取由外而内的视角开展营销传播活动。1960年美国密执安州立大学教授麦卡锡（McCarthy）提出了营销理论中占重要地位的"4P"理论，确定了营销组合的四个核心因素即产品Product，价格Price，渠道Place和促销Promotion。这个理论作为营销学中的重要基石延续至今。而整合营销传播则倡导劳朋特等人提出的4C's理论，即：忘掉产品，研究消费者想要什么（Consumer want and need）；忘掉价格，理解顾客的成本并满足他们的需求（Cost）；忘掉地点，怎么方便怎么来买（Convenience）；最后忘掉促销，90年代的词汇是沟通（Communication）。4C's理论解释了营销必须从以产品为中心的方式转向以顾客为中心的方式。

（2）建立与消费者的品牌关系是整合营销传播的核心价值追求。邓肯认为整合营销传播是"一个运用品牌价值管理客户关系的过程"。品牌关系是消费者和品牌或者产品类别的关系和联结，品牌关系的建立必须依靠可以交流的传播职能，这也是整合营销传播的职责所在。整合营销传播努力的目标就是加强组织与消费者以及相关利益人的关系，进而培养消费者的品牌忠诚，形成持久的可获利关系。可以说，建立与消费者的品牌关系，进而打造品牌资产，既是整合营销传播的终极目标，也是贯穿其传播体系始终如一的核心理念。

（3）接触概念超越了传统媒体的时空限制。舒尔茨认为接触是"与现有或潜在客户在产品或服务之间发生的一切有关品牌或公司的接触，都可能是将来信息传递的渠道……一切沟通形式。"在这个意义上，整个营销过程中的每一个环节都在与消费者进行沟通。众所周知的广告、公关、促销等都是不同形式的沟通传播，而现在，包括产品设计、包装、店头广告、渠道、服务等都成为了沟通传播手段。营销组织应明白消费者是哪些，以及他们经常接触和使用的媒介有哪些，从而选择最适合的传播沟通媒介。接触的概念导致了营销工具和传播工具的界限模糊：营销活动本身是一种信息沟通传播方式，而传播活动也是为了达到营销目的，即所谓的"营销即传播，传播即营销，二者密不可分"。

（4）整合营销传播本质上是战略的，执行上是战术的。这一观念由另一位整合营销传播专家汤姆·邓肯提出，即战略上"消费者想听到什么"和战术上"如何告诉消费者想听的东西"。表现战略的创造性思想整合营销传播既是一种战略观念也是一种执行过程，二者缺一不可。战略核心是组合成一个声音、一个形象（One Sound，One Sight），要使"不同的乐器，必要时能够一起合奏，并且演奏出悦耳的和谐之音"，最终建立组织与消费者之间的品牌关系；战术执行上不拘于传统的营销传播手段，营销组织在新观念的指导下可以选择最适合的沟通营销传播工具，并加以整合运用。

四、整合营销传播的局限及应用误区

整合营销传播作为整合营销的构成之一，它的有效实施必须建立在整合营销的基础和前提之下。作为一种实际运作观念与运作方式，往往只是一种理想状态，很难付诸实施，这个具有价值的理论体系在操作上不尽如人意。营销学者认为，在现代大商业环境下，"单靠进行整合营销传播是绝对不够的"。菲利普·科特勒在其营销学著作《营销管理：分析、计划、执行和控制》中指出：

超越营销传播的范畴来检讨整合营销传播的理论得失，并不符合我们的主张。但我们也必须看到，营销传播的诸种元素，分属营销组织的不同职能部门，没有营销组织跨职能的整合，整合营销传播是不可能得以有效实施的。没有营销组织的整合营销，就不可能有真正意义上的整合营销传播。这就是为什么整合营销传播观念一提出即迅速得到普遍认同并得以风行一时，而真正能付诸实施并取得成功的例子却少之又少的原因。整合营销传播的确是一个好的观念，可惜实施的难度太大。

例如传统的组织形式就是实施整合营销传播巨大的障碍，在传统的组织形态中，各个部门之间是一种并行的关系，各个部门之间的业务并不交叉。因此，它们之间缺少相互的协调。但是，整合营销传播是一项非常重视协调运作的计划，它要求部门之间互相协调和沟通，如果缺乏紧密的协调工作，整合就无法开展。另外，种种迹象表明，市场营销环境已经发生了巨大变化，新的环境使得传统的营销传播很难奏效。对于整合营销传播而言，如果不能适应这种变化，将很难取得预期的效果。

整合营销传播进入中国已经有十几年时间。然而许多组织对"整合营销传播"的概念还比较模糊，在实际操作上也出现了偏差。一些企业盲目地认为整合营销传播就是将所有营销传播工具都用上，而不是根据企业和产品以及消费者的特点，去仔细分析最适合自己的营销传播方式，这往往导致了企业资源的浪费。另一方面企业开展整合营销传播的前提是整合企业内部结构和资源，否则便无法摆脱"新瓶装旧酒"的模式。纵览中国整合营销传播的研究，其理论建构和实践操作上都与美国差距甚远。如何将其理论付诸中国的营销传播实践上，还有许多实在的事情等待我们去做。

● 思考与讨论

1. 整合营销传播带来了哪些观念的变化？
2. 为什么说"营销即传播，传播即营销"？

● 相关知识链接

唐·E·舒尔茨　唐·E·舒尔茨（Don E·Schultz）博士是世界最著名的营销大师之一，也是战略性整合营销传播理论的创始人，他的著作《整合营销传播》是第一本整合营销传播方面的著作，也是该领域最具权威性的经典著作。书中提出的战略性整合营销传播理论，成为20世纪后半世纪最主要的营销理论之一。为此，舒尔茨博士被全球权威的《销售和营销管理》（Sales and Marketing Management）杂志推举为"20世纪全球80位对销售和营销最有影响力的人物之一"，与现代营销学之父菲利普·科特勒、W. 爱德华·戴明、戴尔·卡耐基、亨利·福特、比尔·盖茨和迈克尔·戴尔等著名营销大师和营销天才并列在一起。唐·E. 舒尔茨目前是美国西北大学商学院的整合营销传播教授，也是位于伊利诺伊州的 AGORA（爱格瓦）咨询公司的总裁，还是位于得克萨斯州达拉斯的 TAGETBASE 营销公司和 TARGETBASE 营销协会的高级合伙人。

■ 本章回顾

本章第一节讲述了20世纪90年代以来 IBM 的全球整合营销传播运动。通过回顾 IBM 的发展历程，重点分析了 IBM 在危机时刻的整合营销传播策略，以及广告表现中的"四海一家的解决之道"。第二节讲述了国产大片——《英雄》的整合传播活动，重点分析了《英雄》在走进电影院之前一系列的事件整合传播，以及《英雄》是如何一步步达到"一个声音，一个形象"——国产超级大片的传播效果。第三节介绍和评述了整合营销传播理论（IMC）的形成背景、主要内容、核心理念和应用误区。

■ 关键概念

IBM　奥美"360°品牌管家"　《英雄》　整合营销传播　IMC

■ 案例实训

蒙牛酸酸乳与"超级女声"

2005年2月24日，湖南卫视与国内乳业巨头——蒙牛乳业集团在长沙联合宣布，双方共同打造"2005快乐中国蒙牛酸酸乳超级女声"年度赛事活动（如图6.12所示）。据湖南卫视透露，包括购买冠名权的2 800万元，蒙牛共为节目提供了人民币1亿元以上的资金支持。活动一经推出，便迅速火爆：广州、长沙、郑州、成都、杭州五大赛区的报名空前热烈，有的赛区超过了5万人。依靠"超级女声"，蒙牛乳业集团获得了空前的媒体曝光率。在这场全民狂热的背后，"超级女声"的赞助商——蒙牛乳业无疑是最大的赢家。

图 6.12　湖南卫视"超级女声"电视广告截图

为了配合此次活动，蒙牛酸酸乳重新设计了产品包装。其中"酸酸乳超级女声"、"我是超级女声，就爱蒙牛酸酸乳"及"超级女声"报名事宜等相关字样和信息就占了包装平面积的1/2以上，非常醒目。更重要的是，这样包装的产品已经销售了超过20亿盒——即平均每个中国人将近2盒。据不完全统计，蒙牛一共发放了约200多万张宣传单（如图6.13、图6.14所示）。同时，蒙牛酸酸乳的包装上也全部印有"超级女声"的参赛信息，这种包装并不增加蒙牛的包装成本，却能为"超级女声"活动提供约20亿份宣传单。

图6.13　蒙牛"超级女声"平面广告1　　　　图6.14　蒙牛"超级女声"平面广告2

　　蒙牛与"超级女声"结盟后，内部开始为这次营销活动进行培训，并挑选举行路演的城市。蒙牛将强势销售区域由一线城市拓展至二、三线城市，并决定了长沙、广州、郑州、成都、杭州五大城市作为赛区，由此展开路演。标有"超级女声"的蒙牛酸酸乳产品覆盖了全国400多个城市，同时，蒙牛也在这400多个城市展开宣传活动，进行了200多场"迷你"路演，为"超级女声"赛事扩大影响力。借助"超级女声"，蒙牛还设立了"超级女声"夏令营：凡购买蒙牛酸酸乳夏令营六连包的消费者，即有机会参加抽奖活动，中奖者可以免费去长沙观看"超级女声"总决赛，还有机会享受长沙游。将此活动进一步与终端销售进行结合，使得活动影响力转化为产品销售力。（如图6.15所示）

　　此外，蒙牛还通过电视、报纸、户外、网络等多种媒体进行了大量的广告投放。在电视方面，蒙牛酸酸乳不仅在"超级女声"的主办方湖南卫视做广告，而且还选择了央视、安徽卫视等著名媒体，大范围、高密度地覆盖目标消费者。在报纸方面，由于年轻女性对报纸的接触率较低，所以在报纸广告上，蒙牛采取了更具针对性的投放策略。"超级女声"分为五大赛区，每个赛区都指定一家当地报纸作为平面协办媒体，它们分别是广州赛区的《南方都市报》、长沙赛区的《潇湘晨报》、郑州赛区的《东方今报》、成都赛区的《成都商报》、杭州赛区的《都市快报》。作为指定媒体，它们对"超级女声"的报道也更加全面和详细，吸引了年轻女性的关注。同时，蒙牛在这些媒体对产品和活动方式进行系列宣传。从赛事的介绍、报名方法到蒙牛酸酸乳的口味，代言人张含韵都作了全面报道，加深了消费者对蒙牛酸酸乳及赛事的认识。

　　除了电视、报纸、户外这些传统的强势媒体之外，针对年轻的目标消费者，蒙牛还进行了网络方面的准备。在蒙牛酸酸乳与"超级女声"合作之初，蒙牛就及时创办了专门的网站（www.mnssr.com），设置了"活动介绍"、"夏令营"、"互动游戏"、"精彩下载"、

图 6.15 蒙牛"超级女声"海选现场

"论坛"、"酸甜女生"等分类栏目。并在各大门户网站投放广告,其中最重要的策略就是在新浪网开出专门的"超女频道"(supergirl.sina.com.cn),打开这个网站时,首先跳出的就是蒙牛的广告,以强化产品宣传。新浪网还始终将超级女声的信息放在网站首页的显要位置。另外,对于"粉丝们(fans)"建立的"超女网站"、"超女博客"等,蒙牛也进行资助,使年轻的目标消费者可以随时通过其常使用的网络来了解蒙牛酸酸乳及其赛事,在网络上配合超级女声,吸引消费者。

终端方面,蒙牛在众多的超市、卖场树立起堆头,采用"买6送1"的促销方式,与其他的营销活动形成互动和补充。同时,改进蒙牛产品,特别是蒙牛酸酸乳的摆放位置。作为促销手段的一部分,将印有"蒙牛酸酸乳超级女声"广告的产品,放置在超市入口及收款处的醒目位置,借超女的热播,借势销售。

据央视索福瑞对主要品牌乳酸饮料所作的一份调查报告显示,蒙牛酸酸乳的品牌第一提及率跃升为18.3%,已经超过其主要竞争对手伊利优酸乳3.8个百分点。无论是从品牌竞争力还是从市场占有率来看,蒙牛酸酸乳都已经成为乳饮料方面的第一品牌。另外,"超级女声"播出之后,受到了无数观众,尤其是广大青少年观众的热情关注。2005年8月底决赛之前,其收视人数竟累计达到了5亿,"超级女声"也因此成为了人们街谈巷议的主要话题。仅2005年,全国报名人数达15万;超过2000万观众的每周热切关注;收视率突破10%,稳居全国同时段所有节目第一名;据说冠名赞助商蒙牛对此次活动共投入达10800万元;"超级女声"贴片广告报价超过了央视一套的报价;关注这档节目的新闻媒体已超过百家;Google相关网页达1640000;百度贴吧相关帖子上千万……

(资料来源:于文雨《蒙牛之"超级女声"整合营销沟通策略研究》,对外经济贸易大学 MBA 学位论文,2007年4月)

● 思 考 题
1. 试以整合营销传播相关理论分析蒙牛酸酸乳的品牌推广活动。
2. "超级女声"选秀节目的策划对蒙牛品牌的传播起了哪些作用?

第七章 体验营销

■ 本章导读

如今市场上，购买咖啡豆自己磨制一杯咖啡的成本只要 3 元，消费者仅仅为咖啡豆原材料付费；街头咖啡小店里外卖咖啡的标价为 5 元，消费者要为煮制咖啡的人工劳动付费；在星巴克一杯咖啡的价格 20 元，消费者为享受到的优质服务和舒适环境而付费；到了威尼斯的弗罗里昂咖啡馆一杯咖啡 15 美元，消费者已经不再是为了单纯饮一杯咖啡而来，而是为了坐在世界上最浪漫最古老的咖啡馆里，体验 19 世纪的欧洲风情和水城的绰约风姿——让消费者为了"体验"而付费，这其实就是一次典型的体验营销。进入 21 世纪以来，"体验"这一手段开始在营销活动中得到广泛认可和使用，日渐革新着市场营销的传统意识。那么究竟什么是"体验"营销，它在何种背景下产生，又带有何种有别于传统营销的特征呢？本章将通过对"宜家"与"动感地带"两个案例的分析和对现有体验营销理论的梳理，为读者呈现一个完整的体验营销框架。

第一节　宜家主义的阅读体验
——宜家家居目录广告案

案例概述　在瑞典人心目中，世界家居业巨头"宜家"的创始人英格瓦·坎普拉德是位不折不扣的"小气大财神"（如图 7.1 所示）。他常常以一种"驾驶着一辆车龄有 15 年的老旧沃尔沃，在市场价格最便宜的下午去购买蔬菜瓜果"的抠门老头形象出现在人们街头巷尾的聊天内容中。但是坎普拉德却觉得这没什么，事实上他正是凭借勤俭节约、细致创新的营销意识，在短短的 60 年中搭建出了"宜家"这个在 32 个国家拥有 202 家分店的商业奇迹。

图 7.1　宜家创始人——英格瓦·坎普拉德

你可以闭上眼，想象时光倒退 80 年，宜家从一个 7000 平方米的展示厅微缩成为一盒火柴的模样，那就是"宜家"的源头，也是英格瓦·坎普拉德销售生涯的开端。1931 年，一个小伙伴抱怨销售火柴的商店路途遥远，于是 5 岁的坎普拉德把自家的火柴卖给了他，赚得了第一笔零花钱。充满了商业智慧和传奇色彩的人生画卷从此展开，一个又一个商机被年轻的坎普拉德挖掘出来。人们总会在周末的时候看到他背着一个大包，笑容满面地敲开邻居家的大门，兜售他的货品。不论你是否购买东西，他都会与你热情地聊天，问你有什么需要，并在随身携带的本子上记录下来，到下次进货时看能否进到大家需要的货品。鱼、圣诞树装饰品、种子、圆珠笔、铅笔，他的生意越做越大，货品应有尽有。他甚至在 11 岁那年用销售货品赚的钱为自己买了一辆自行车。

1943 年，17 岁的中学生坎普拉德决定自己开一家贸易公司，并在叔叔的帮助下向省政府递交了 10 克朗的注册费。他将公司取名 IKEA，于是，一家名叫"宜家阿古纳里德"的贸易公司成立了。有意思的是，最初的宜家只是一个贩卖文具、桌布、皮夹子、画框、手表等廉价日常用品的杂货店，还做过宜家英国钢笔制造商的瑞典代理商。

第二次世界大战后的欧洲走过了经济低迷期，经济开始复苏，商业日渐繁荣。从 20

世纪50年代到70年代，瑞典国民总产值一直保持高速增长。而经济的繁荣也带来了一系列社会变革。一方面城市化现象出现，很多农村的人口迁往城市，急于寻找便宜而舒适的居住环境；另一方面，职业妇女数量增加，迫切要求从繁忙辛苦的家居劳作中解脱出来。瑞典政府开始围绕住房条件进行社会改革，推出了"百万家园建设计划"，并对人们使用家具提出建议：既要方便生活，又要有利于健康。

面对日益繁荣的家具市场和政府对"大众家居"理念的推广，坎普拉德不由得怦然心动："现在我住的莫科恩附近有许多小家具商，我为什么不试试也搞家具经营呢？"于是，第一件无扶手简易沙发椅被摆上了宜家的货架。在此后的几年中，宜家渐渐放弃其他的业务，尝试向专业的家居销售商转型。直到1953年，宜家终于决定专营低价位家具，才开启了IKEA 60余年的"家居革命"之路。

"宜家"最初选择邮购作为销售渠道。商品都是直接从生产商手头传递到订购客户的手中。然而，刚刚起步的"宜家"却面临着大型家具制造商和零售商对瑞典国内市场的垄断。那些垄断商靠着自己强大的财力和彼此之间的契约联手降价打击新的竞争对手。于是，"宜家"的客户们开始抱怨，因为随着价格的降低，供应商的加压，产品的质量也明显没有以前那么好了。更糟糕的是，全国各类家具展销会对"宜家"展开封杀，消费者根本没有机会和"宜家"的家居产品直接接触。

为了应对这种任人宰割的被动局面，坎普拉德在阿尔姆胡特找到了废弃的旧厂房，并将它改造成为第一个宜家仓库兼展厅。1953年，宜家的第一次家具展销会在这个废弃的厂房中如火如荼地开展起来。在宜家的大事记中，这次展览是盛况空前的，有着划时代的历史意义。从此之后，坎普拉德改变了与顾客沟通的方式，决定开设宜家专卖店，1958年，坎普拉德修改完善了"博物馆式"展销厅的营销理念，投资建造了7000平方米的家具展销店面。这样，客户们可以坐在家里根据宜家免费提供的目录册挑选商品，若是想了解细节，只要去展览点看就可以了。（如图7.2所示）

图7.2　宜家卖场实景

此外,坎普拉德还另辟蹊径,尝试独立设计并销售自己的家具产品,开创了家居业产销一体化的经营模式。这种经营模式不仅解决了产品供应问题,还能够降低中间成本,提升盈利空间。宜家能够从实力薄弱的小型家具销售商发展到目前的跨国集团,这种将销售和生产的命脉都掌握在自己手中的一体化模式功不可没!

"宜家"一直强调自己平民家居的品牌形象,坚持走价格与风格两相均衡的路线。这种品牌理念其实源自于坎普拉德对消费者日常生活的敏锐洞察。在《宜家创业史》中,他讲述了年轻时候参观普通消费者家庭环境的一次经历,他说:"我所看到的一切让我震惊——灰暗、沉重的家具,笨重的餐桌上方悬着一盏孤独的白炽灯。博览会上的高雅和我在许多人家里所见到的情景简直是天壤之别。"[1] 这让坎普拉德深刻意识到家居产品不是纯粹的艺术品,人们不会仅仅为了家居用品美观的造型设计而支付高昂的费用,也并不满足于价格便宜却单调呆板的家居设计。从消费者的购买能力和消费需求出发,IKEA 渐渐勾画出消费者心目中理想的家居用品模型——它应该低价、耐用而又美观,应该能够满足大多数人希望改善家居状况、创造美好生活的需求。正如他自己所说:"我们想让我们的商品拥有更漂亮的外观,更实用的功能,而又价格公道,使许多人买得起。"[2] 为此,"宜家"特地为它的产品量身定做了一套集效率功能主义与人文情调于一身的斯堪的纳维亚设计风格,力求从审美层面到功能层面对产品进行全方位打造。

宜家的平民化路线在它的定价策略上表现得淋漓尽致(如图 7.3 所示)。正如宜家亚太区总裁杜福延所说,"降价是最好的策略",每一年,宜家都会在世界各地掀起高幅度的降价风潮,平均降价幅度达到 30%,有些产品甚至下调 70%,甚得消费者青睐。为了维持低价位高品质,坎普拉德几乎对生产销售的每一个环节都进行了推敲改进。宜家的邦格咖啡杯至今已进行了三次重新设计,其目的只是为了能在一个货盘上多装一些。很多大型

图 7.3　宜家卖场实景

---

[1][2] 吕迪格·容布卢特. 宜家创业史 [M]. 北京:机械工业出版社,2007.

的家具送至消费者手中只是一堆平板，需要消费者自行组装，目的是为了节约运输空间。宜家的职员总是听到诸如"纸要两面用"这样的叮嘱，做记录用的永远都是只有10厘米长度的铅笔头。甚至，"宜家"直截了当地对消费者说："家具我们做一些，你来做一些，宜家为你省一些。"以此来承诺消费者，他们的钱是花得最少却又最值的。

英国一家媒体评价宜家的评语很有意思：它不仅仅是一个店，它是一个宗教；它不是在卖家具，它在为你搭起一个梦想（如图7.4所示）。确实，宜家不仅仅是一个家具产销商，它更像是一个庞大的家居课堂，向每一个来这里的消费者提供设计理念、装修知识和实践工具。在宜家卖场中陈设着近40个样板间，严格按照人们日常居住房屋的尺寸进行建造。消费者可以通过这些样板间学习色彩搭配技巧，了解如何充分利用家居空间，寻找到自己喜欢的设计风格。四周墙壁上贴满了室内装潢设计的小窍门，货架旁的指示牌上告诉你如何专业地挑选一件家居用品。它鼓励消费者DIY，很多消费者在宜家进行了免费学习之后都会迫不及待地尝试对自己的房间进行装修和改造，甚至还把自己的搭配和组装心得写成文字与大家共享。

图7.4　宜家的标志

有人将宜家的购物之旅比做一次郊游，因为柔和悠扬的背景音乐，色调明快的墙壁，舒适质朴的布艺沙发，典雅简洁的木纹书架等元素着实将宜家卖场的氛围渲染得极为舒适惬意。漫步其中，人们的神经也会随之放松，脚步会变得轻柔。更何况它一直鼓励人们与卖场中的家具进行"亲密接触"，亲自感受它们绝佳的质量和舒适的触感。

说起宜家品牌的传播推广，不得不提及名声赫赫的DM目录杂志广告。据说，它的流传度和《哈里·波特》丛书及《圣经》差不多，是世界上发行量最大的广告出版物。仅2005年这本目录杂志就在全球范围内印刷了不少于1.6亿册，以25种语言、在33个国家发行，其中在中国就发行了令人惊讶的250万本。借此机会，一位出版人员计算出，将这些目录册并排摆放，可以环绕地球赤道一周。尽管每一期的产品目录只有376页，能列出的产品只是冰山一角，仍然被消费者奉如"宗教图腾"般追捧着。（如图7.5、图7.6所示）

追溯这本小册子的历史，你会惊讶地发现，原来它就是当年坎普拉德用来记录人们所需货物的那本笔记本。最初的时候，这本笔记本只是用来提醒坎普拉德采购货物的种类。

图 7.5　宜家目录册 1

图 7.6　宜家目录册 2

但是随着生意越做越大,坎普拉德再没有办法背着那只装满货品的大包沿街叫卖了。于是,他别出心裁地购得当地牛奶卡车的递送服务,将产品资料详细地罗列在笔记本上,制作成临时邮购目录,消费者可以根据这本目录选择自己喜欢的货物进行邮递。1951 年,正式的产品目录册诞生,带有明显的邮购特色。随着宜家经营理念的日益完善,这本小册子被渐渐改造成为传递宜家品牌形象和生活理念的布道手册。目录上不仅仅列出产品的照片和价格,而且经过设计师的精心设计,从功能性、美观性等方面综合表现宜家产品的特点,顾客可以从中发现家居布置的灵感和实用的解决方案。

每年秋天,"宜家"都会准时推出新版目录册,其制作精美的程度堪比大牌奢侈品杂志,唯一不同的是,这些目录册都是免费发放给消费者的。对于那些纸版目录册无法覆盖的消费者,"宜家"还特意在自己的网站上添加了目录册的电子版下载功能,以保证每一个想要从这本目录中获取灵感、了解信息的人都能够如愿以偿。

基于"博物馆式"展销的卖场体验,从审美到功用的设计理念,低价策略引领的 DIY

风潮,以及产品目录册领衔的品牌传播,这些独具创意而又环环相扣的市场营销理念赋予了宜家鲜活的生命力,让它在激烈的家居业竞争中脱颖而出,独领风骚。1963年,羽翼丰满、实力强大的宜家在挪威开设店铺,开始了长达半个世纪的国家化扩展之路。从20世纪七八十年代拓展欧美市场,到1998年落户中国上海,再到2000年前后在俄罗斯、乌克兰、日本等地陆续扎根,到目前为止IKEA家居已经在全球34个国家和地区拥有250个大型门市。在中国北京、上海、广州、成都、深圳、大连、南京、沈阳7个城市均有分店,销售额达到1.2亿美元,在2010年之前在中国的店面已扩展到10家。随着奥格拉椅子、PRIVAT沙发、SKOPA斯格帕椅子、MOMENT莫门特沙发、KUBIST丘比思储物单元等一系列功能强大、外型美观的家具产品被宜家设计并推向国际市场,新的家居时尚理念开始席卷全球,给各国消费者带来了深刻而又难忘的审美体验。

案例评析 从本质上看,目录杂志其实是经销商的一种广告迂回战术,首先通过杂志来塑造消费者的审美情趣和生活方式,向他们灌输自家产品是"此种生活情趣最完美的代言人"的观点,然后刺激购买欲望。目录广告的宣传攻势并不像广告那么来势汹汹,常常打着人文关怀的旗帜,让消费者误以为自己在接受一种情趣和气质的熏陶,在获得某种有益的知识和观念,而不是被催促着做出购买决定。所以,消费者在接触目录杂志时的心理戒备程度比较低,也没有预设的反感情绪,往往能够沉浸在文字与图片的阅读体验之中,在潜移默化中改变或强化自己的购买决策。宜家目录就是这样一种传播模式的典型代表:它为自己的消费者量身打造了一套充满了梦幻色彩却又可以实践的生活理念,通过逼真而意境十足的场景呈现让消费者迅速沉迷其中,利用对图片和文字的挖掘和联想创造出感官、情感、思考、行动等多层次、全方位的虚拟体验。

让梦想照进现实——基于消费者精神需求的品牌理念

"逛宜家,吃哈根达斯,喝星巴克"常常被形容成为现代人的三大时尚注脚,也被称为小资一族的三大身份认同标志。人们热衷谈论宜家,但是却很少有人直截了当地指出,"宜家,那就是一卖家具的地儿"。很多在自己的博客上发表自己对于宜家的印象和感受时都会说:"宜家,是一个关于家的梦想","宜家是我心中的梦想","每次逛宜家,我都想结婚"。很显然,宜家是以一个梦想实现者的姿态进入人们的日常生活中的,它向消费者提供的,正如它的创始人坎普拉德所言,是"为大众创造更美好的日常生活"。

宜家家居市场部中国区经理吴麦德认为:"广告要传递的不仅仅是产品的价值和性能,更重要的是撩拨起消费者的需求欲。"在体验营销的广告传播中,消费者的求知欲来自于对特定虚拟意义的共鸣和想要将抽象意义付诸具体现实的冲动。据此设计出的体验主题能够直击消费者的内心,让消费者产生认同感和信任感,将这个品牌认定为能够表达自己精神世界的代言人。以此为基础建立起来的关系是牢不可破的。因为在消费者意识中,这个品牌已经不是利润榨取者,而是志同道合的伙伴。

你很容易发现,在消费者对宜家印象的阐述中没有涉及对于具体产品功能和质量的描述。即使是宜家自身,也很少明确地向公众宣传产品的质量如何过硬,它总是说,它是一家家居概念店。事实上,宜家关于"梦想"定位其实是典型的象征性消费模式。即消费者不仅消费商品本身,而且消费这些商品所象征的某种文化意义。因此,消费者选择某种商品和品牌的标准不再是基于产品的好或者不好，而是基于自己内心的一种情绪——喜欢或者不喜欢。能够迎合消费者深层精神需求的品牌会被消费者从充斥着各种产品的市场上挑选出来，贴上与众不同的标签。这种品牌的差异化是明显的，并且在短期内不会轻易被取代，因为差异化的评判标准来自于消费者对于抽象意义的追求，而非具体的产品功用和质量。

那么宜家究竟是如何满足消费者的精神欲求的呢？

宜家在中国市场的消费者定位为生活在大城市之中的中产阶层家庭。这些收入不菲、品位较高、对于优质的生活质量有着巨大需求的现代消费者生活在工作节奏紧张、压力大的大都市中，身心疲惫，急于解脱。宜家敏锐地觉察到了现代人在都市生活中所蕴藏的不满情绪——即使他们物质生活丰富甚至奢华，即使他们有着光鲜亮丽的外表和身份，但他们依然感到无所栖息。而宜家所做的，就是将这一负面的情绪提取出来，并且为它量身定制了一套非常有效的"舒缓剂"。于是"家"的概念就诞生了，它是清新的、自然的、简约的，是灵魂的栖息地，是属于个人的私密空间（如图 7.7 所示）。在宜家所提供的"家"中，消费者可以从工作和生存的压力中解脱出来，获得自由和温暖，按照自己的想法去生活。

我们认为，
简单的
方案往往是
最棒的。

图 7.7　宜家电子目录册中的一页，体现了其简约自然的品牌内涵

具体到每一个细节，这个关于"家"的梦想应该是什么样的呢？宜家说，这个"家"的概念并非乌托邦式的幻想，因为在宜家的大卖场中，无数的产品和样板间告诉了消费者如何去构建自己的梦想之家——它应该集审美与功用于一身，既注重格调又注重实用价值。漫步宜家，置身于简洁自然的设计风格和产品组群之中，人们就像是漫步于现代艺术作品的展厅里，格调、气质、美感这类与昂贵艺术品相关的形容词扑面而来，仿佛经历了一场关于审美和艺术的洗礼，那种急于摆脱干涸、物质的现实生活，想要充实自我、挖掘精神内涵的心理欲求得到了巨大的满足。而且当视线集中在那些价格标签之上时，消费者又会惊喜地发现，那些原本陈列在设计杂志和电视上的艺术品就活生生地展现在他们面前，不仅价格在他们的接受范围之内，而且这些艺术品完全具备作为日常用品的功能性和高品质。于是，那种迫不及待地想要拥有的感觉膨胀到最高点——艺术就是如此简单地走入了他们的日常生活，带着美感与功能的双重价值。这种产品定位巧妙地在优质的生活质量和适宜的购买成本之间取得了完美的平衡，不仅将中产阶层对于美感生活、艺术生活的欲求调动至最高点，而且解除了价格方面和实用方面的后顾之忧，契合了目标消费群的精神追求和消费层次。于是，宜家在消费者心中的形象不再单调，而且摆脱了家居经销商的局限性，成为了一种注重品位和修养，又关注精神世界的高质量生活方式代言人。

宜家是体验传播理念的成功实践者，它不仅满足了消费者对于舒适、简洁、清新的生活方式的追求，而且在精美产品和清新设计风格的作用下，宜家也日渐成为艺术的实践者，成为身份和品位的象征。消费者内在的精神需求和外在的虚荣感都释放在了这个家居品牌之中，牢不可破的伙伴关系就此建立。尽管这种精神需求的商业化理念在20世纪末的"体验营销"中才被营销专家作为一种共识提出，但是宜家却能够在60多年的生涯中贯彻始终。从这层意义上讲，深谙此道的坎普拉德确实是体验营销理念的先驱，他曾说："作为一个好心的资本家，应该把追逐利润的商业动机同永恒的人类社会理想结合在一起。"这也许就是宜家的"梦想"主题成功的关键。

把梦想变成现实——让消费者沉浸其中的虚拟体验

按照体验营销的消费策略，作为传播工具的广告，必须让消费者沉浸于体验之中，产生精神共鸣和需求欲望。但是，广告的属性又决定了它无法像公关营销和促销活动那样可以实现消费者同商品、品牌的零距离接触。如果消费者无法沉浸在体验的情景之中，就难以产生与之相对应的情绪反应和思维认同，体验营销也就没有办法开展下去。因此，体验广告实现传播目的的关键，就是为消费者营造一个能够产生真实体验的虚拟场景。

这种虚拟场景是由广告中的各种符号要素搭建起来的，包括文字、图像、声音、色彩等。当这些被消费者所熟知的符号彼此结合，一起在广告中描述出逼真的消费体验情节，消费者便根据自己的经验和认知对于广告中所传递出的符号意义进行解读和联想。这就是一个沉浸于虚拟体验中的过程，消费者通过意义联想深刻了解到该品牌的精神内涵，并且按照广告中的仿真体验场景在脑海中完成了一次模拟消费。尽管没有同任何产品的实质接触，但是虚拟体验却将消费者的需求和品牌理念之间的隔阂打通了，就像是大脑中的神经一样建立起新的共生联系。因此，广告虚拟体验的关键是逼真地模拟出现实世界。

对于宜家的目录册广告来说，最好的体验符号莫过于文字和广告。文字是抽象的，能够激发想象，触碰到读者的精神世界，有"绕梁三日而不绝"的余味。图片是具体的，可以将现实的世界逼真地呈现出来，也可以将抽象的概念转化作具象画面。消费者可以根据广告中的图片还原出真实的消费场景，又能够在文字的引导下对自己的思维进行特定方向的梳理。两者结合，共同帮助读者完成一场虚拟的消费体验。（如图7.8所示）

《宜家创业史》中交代了宜家目录册的幕后制作过程。为了模拟出真实的起居室场景，制片人、室内建筑师、装饰人员、时尚人士和灯光师常常会花数月的时间布置大量的起居室和厨房，对于细节进行极为考究的装饰。更为重要的是，宜家并不是把家具索然无味地罗列出来，而是把一个完整的，带有鲜花、书籍和玩具的宜居空间展现出来。于是你会看到，电视是开着的，桌上摆放着还没有吃完的面包还有半杯红茶，你会觉得，也许主人临时有事离开了；桌子上会放着画卷，墙上挂满了壁画，于是你判断这是一位艺术爱好者的房间；CD架上堆满了唱片，沙发上斜倚着一把E弦吉他，你想主人大概是个爱音乐的人吧。消费者一边翻阅这些图片，一边"看图说话"。于是，所有的家具都不再是冷冰冰的，它们有了生活的气息，成为了一幕幕舒适惬意的"生活情景剧"的道具。消费者甚至会把自己带入画面里的情境之中，想象那种喝着咖啡，坐在舒适的沙发上看电视的情景。

当然，虚拟家庭生活中的主人公并不总是缺失的。就像图片上这个典型的三口之家，爸爸并不英俊高大，妈妈也并不像杂志广告里的模特那么漂亮。他们穿着最普通的衣服，

图 7.8 很有生活气息又设计感十足的目录册产品照片

做着最自然的动作。画面那么真实,就好像是对于一家普通居民生活的抓拍。但是你却在这种平民化的图片中发现了美,因为这个家庭是如此幸福美满,他们居住的环境是这样的舒适美丽。你会羡慕地感叹,这就是我向往的生活啊!(如图 7.9 所示)

图 7.9 宜家电子目录册中温馨而又平凡的家庭

与这些图片相配合的,是同样亲民色彩的文案。翻开宜家的目录册,第一页就赫然写着:"家,世界上最重要的地方。"(Home is the most important place in the world.)(如图 7.10 所示)。很简单的一句话,却将爱情与亲情的美好一语道破。消费者会有种深深的感动,这让他们联想起了自己的丈夫、妻子、儿女和父母,想起了与他们一起经历的快乐与痛苦,那些难忘的记忆都同"家"这个概念紧密地融合在一起。消费者一边阅读目录册,一边回忆那些温馨难忘的家庭生活,通过自己的亲身经历进一步强化了对宜家品牌理念的理解。

图 7.10 宜家的美国版目录册，上写"Home is the most important place in the world."

宜家的文案风格有一个显著的特点，就是力求理性和感性的结合，并不侧重于极度的煽情，总是在轻描淡写间带给消费者多重阅读体验。比如下面一则广告。

"难以言传的安静"

我们保证，FAKTUM 法克图具有出色的强度、耐用性和结构，是能够胜任每天繁重使用的橱柜。竖起耳朵听一听，就算是遇上手重的厨师，抽屉关闭起来还是非常安静。合叶默默地保证橱柜门顺畅地开关，台面能够应付各种粘腻的食物，搁板上能放置的盘子比你想象的更多。在橱柜里面，RATIONELL 拉提纳尔内部配件让每件物品都摆放得井井有条。FAKTUM 法可图橱柜，它的出众品质无可置疑，保证您放心用上 25 年。

这篇文案阐述了法克图橱柜的优良品质，它的切入点很特殊，强调和这种橱柜进行实际接触的体验感。行云流水的文字让读者阅读起来非常惬意自然，它说你"竖起耳朵听一听"吧！尽管摆在面前的只是一本目录册而不是法克图橱柜，消费者还是情不自禁地去想象那种聆听的感觉，就仿佛真正看到了柜门开合的一幕，将那种柜门契合时的顺畅和安静了然在胸。这种"难以言传的安静"最终还是通过想象顺利地"言传"到消费者的意识里。在接下来逛宜家的时候，消费者会真的走到法可图橱柜前拉一拉它的柜门。在得到现实验证之后，消费者便会对宜家的产品质量产生由衷的信任感。

有趣的是，当开始阅读宜家的目录册，你会发现宜家在搭建虚拟体验场景时，利用各种体验符号进行了对现实的双重模拟。也就是说，在翻看目录册的过程中，我们不仅能够还原出单个家庭的生活场景，还会意外地还原出这一幕幕"生活剧"所在的社会文化大背景。在宜家的目录册中，曾经出现过跟随单亲生活的孩子，作为职业女性的母亲，甚至还有同性恋者。这些图片模拟了当时社会生活中许多突出的现象，如同一本本记录时代发展的"社会学杰作"。而近几年来，随着全球化的进一步加剧，多元文化家庭出现的频率也越来越高。常常会看到"一个亚洲小孩与一名四十五六岁的欧洲人一起看电视，或者是一个黑皮肤的少年坐在软椅上带着耳机听音乐，或者是坐在邻室书桌旁的一名青年，人们只能看到他的侧脸，他有着深色的皮肤，看起来像阿拉伯人或南美人……"[①] 这种随着时代的变革而不断调整的符号元素让宜家看上去一直活力十足，能够非常逼真地反映当时当地人的生活气息，不会因一件过时的外套或者老旧的复读机而让刻意营造出的仿真环境露出一丝破绽。消费者的虚拟体验因此得以顺利地进行下去。

宜家的目录册广告正是用高质量的图片将"家"的概念具体呈现为消费者所熟悉的家居场景；用"家是世界上最重要的地方"这种感性的文字把消费者内心深处关于家的梦想和渴望调动起来。文字和图片彼此呼应，消费者很容易对于这种温情美好而且时尚美丽的家庭生活产生强烈的向往之情，而且自然而然地将这种理想的生活理念同虚拟体验场景中摆设的宜家产品相联系。如此一来，宜家的品牌理念就完整而深刻地灌输到消费者的深层意识之中，难以动摇。即使消费者不会来购物也没关系，因为目录册已经将宜家的理念和思维传递出去，潜移默化地影响着人们的审美观和生活方式。

● **思考与讨论**
1. 试分析宜家的品牌理念。
2. 试结合"体验营销"理论分析宜家目录册广告的成功之处。

● **相关知识链接**

宜家的标志　IKEA 在英文中发音很像 idea，在台湾与香港地区也直接沿用了谐音。而中文的"宜家"除了是取 IKEA 的谐音以外，也引用了成语中"宜室宜家"的典故，来表示带给家庭和谐美满的生活，与它本身倡导自然、美好的生活方式刚好吻合。IKEA 的标志采用了直线条的设计，仿佛几块木板拼贴搭建起来的家具模型，风格简朴大方。蓝色的背景贴近自然，黄色的标志充满着生命的活力。透过 IKEA 的标志与名称设计，简朴、大方、实用的北欧风情已如春风化雨一般潜入人们的脑海之中，每每望去，都有一种清新自然的宜家之风拂过心底。

斯堪的纳维亚设计风格　两次世界大战之间，地处北欧的斯堪的纳维亚国家在设计领域中崛起，并取得了令世人瞩目的成就，形成了影响十分广泛的斯堪的纳维亚风格。这种风格与艺术装饰风格、流线型风格等追求时髦和商业价值的形式主义不同，它不是一种流行的时尚，而是以特定文化背景为基础的设计态度的一贯体现。它体现了斯堪的纳维亚国家多样化的文化、政治、语言、传统的融合，以及对于形式和装饰的克制，对于传统的尊重，在形式与功能上的一致，对于自然材料的欣赏等。斯堪的纳维亚风格是一种现代风格，它将现代主义设计思想与传统的设计文化相结合，既注意产品的实用功能，又强调设计中的人文因素，避免过于刻板和严酷的几何形式，从而产生了一种富于"人情味"的现代美学，因而受到人们的普遍欢迎。

---

① 宜家目录：像《圣经》一样广泛流传. http://finance.ce.cn/money/cy/pp/200711/09/t20071109_12694686.shtml.

第二节 "我的地盘我做主"
——中国移动"动感地带"广告案

案例概述 从 2003 年起,台湾的歌坛小天王周杰伦又在祖国大陆掀起了一股来势凶猛的"酷炫"风潮。他以一种特立独行的形象频繁地游走于各大电视台黄金时段的广告之中,戴着鸭舌帽,穿着运动 T 恤衫和宽松牛仔裤,摆着嘻哈风格的 POSE,唱着 R&B 曲风的歌,拿捏着一种我行我素的神态和语气,向全世界发出"我的地盘我做主"的年轻独立宣言。这一动感十足而又独立不羁的"宣言"很快便得到了年轻人的热烈响应,无数个"周杰伦"似乎是在一夜之间便抢占了流行文化的制高点。他们从沉默的人群中走了出来,汇聚成一股时尚、青春、动感的时代潮流,无比兴奋地张扬和追求着以"酷"为核心的消费体验和生活方式。

如此声势浩大、波及范围极广的"流行文化运动"当然不可能是年轻一族自发自觉组织而成,它幕后推动力事实上是中国通信行业的巨头"中国移动"。而周杰伦这一经典形象的塑造和推出,其最初目的也只是为中国移动子品牌——"动感地带"的上市进行宣传造势。令人始料未及的是,"动感地带"的宣传攻势一经推出,便引起了社会的广泛关注,迅速赢得了年轻人的喜爱与信赖。自此以后,"动感地带"乘势进一步强化自己的品牌个性,将通信特权体验以及所有好吃、好看、好玩的都划归入年轻一族的时尚版图,为自己的目标消费群体提供了全方位的酷炫体验和消费经历。越来越多的年轻人以"M—ZONE人"自居,他们为个性而消费,为风格而生活;他们思维活跃,创意十足,健康、阳光、够酷、够拉风;他们追求独树一帜的作风,注重对生活与世界的独特体验。而"动感地带"(M—ZONE)则不断被这些新新人类们所追捧,成为"酷"时代生活方式的代言人,作为通信领域的品牌概念反而日渐淡化。(如图 7.11 所示)

图 7.11 "动感地带"标志

中国移动作为国内著名的移动通信运营公司,很早便通过业务划分成功地推出了定位于高端商务市场的"全球通"和针对中低市场普通客户的"神州行"两大子品牌,在中国的移动通信领域占据了一方霸主的地位。即便如此,中国移动所面临的市场竞争依然惨烈——一方面是移动通信市场黄金时代的到来,市场饱和,技术普及,业务和服务也日益同质化；另一方面是联通和小灵通对通信市场的分食令整个移动通信市场都弥漫着价格战的狼烟，使中国移动的增值服务一直惨淡经营，毫无突破。在基本业务开发已近饱和的状况下，如何更有效地锁住目标客户，恰如其分地满足消费者的个性化消费需求，在新的层面上建立更加牢固的客户品牌忠诚度成为了运营商成功摆脱营销困境的关键。

2001年，短信类无线数据业务的异军突起，让一直被忽略却对数据消费情有独钟的年轻人市场浮出水面。中国移动果断决定改变以业务来划分品牌的方式，决定通过对消费市场进行细分，为年轻人这一独特的消费群体量身定做一套充满了个性化服务和体验色彩的新品牌。不久之后，兼顾用户体验和低廉价格的"动感地带"品牌便在广东移动抢先登陆，而有着酷酷刺猬头、戴着一脸坏笑的M仔卡通形象虽然包装潦草，却成为了中国移动通信服务的第一代形象代言人，成功地塑造出"动感地带"年轻味十足的品牌形象，并为动感地带走向全国提供了有力参照（如图7.12所示）。2003年伊始，中国移动开始将"动感地带"推向全国，并迅速抢占了大中学生和时尚青年的低端空白市场。

图7.12 "动感地带"的M仔

在中国移动的精心打造下，动感地带成为其战略核心业务，与全球通、神州行共同构建出覆盖面广、功能齐全、诉求多样的品牌网络。

"动感地带"为自己定位的消费群体是15～25岁的年轻族群，以学生和刚刚参加工作的白领为构成主体。针对这一消费群体的特点，"动感地带"将自己的品牌内涵阐述为"时尚、好玩、探索"，补充描述为"创新、个性、归属感"。从品牌调性上来看，"动感地带"充满了互动色彩，注重与目标消费者在情感和精神层面的沟通，而非具体业务的阐述。它为年轻人开辟了通信领域的特权地盘，鼓励他们按照自己的方式去理解音乐、享受生活、塑造自我。对于那些不被传统观念和文化所接受的年轻一族的生活方式，"动感地带"却能够张开怀抱，给予他们生存发展所需的空间和动力。因此，在那些年轻的、注重个性的消费者看来，"动感地带"无疑是站在他们一方的，不仅满足了用户的消费需求，更为他们营造了一种独特的生活方式与消费文化。这种早已超出了通信业务范围的消费体验使得"动感地带"很快便从众多的通信品牌脱颖而出，以年轻人时尚代言人的身份迅速发展壮大。

因此，与目标消费群进行精神沟通，为他们提供丰富而又难以忘怀的消费体验成为了"动感地带"在市场竞争中屡战屡胜的"利器"。中国移动开始在业务设计、广告宣传、公关促销和终端体验等方面全方位地贯彻这一营销理念，力求将"动感地带"业务打造成为年轻人的流行文化"自治区"，同消费者缔结忠诚的精神纽带。

随着"我的地盘我做主"在大街小巷日益叫响，"动感地带"根据同样的感情基调，围绕核心品牌理念衍生并推广了更多"我时代"的广告标语："喜欢什么，就选什么"，"年轻人的通信'自治区'"，"随你口味，想点就点"，"我这里有你喜欢的一切"，"我就是M—ZONE人"，等等。这些广告语在电视广告中被青春张扬、活力充沛的年轻人进行了夸张而幽默的演绎，在短短的几十秒钟之内便带给了年轻人极具煽动性和诱惑性的感官、情感和行动体验。

为了保证品牌形象的连续性和广泛适应性，除了周杰伦以外，"动感地带"还力邀了在年轻人群体中拥有广大粉丝的 S．H．E、潘玮柏、林俊杰、杨幂等影视歌明星，大玩广告接力。这些明星们不仅仅是单纯地在广告中展现自己青春靓丽的形象，而且为年轻的消费者塑造出一种活泼阳光、积极向上却又张扬自我的年轻精神（如图 7.13 所示）。于是，人们惊喜地发现，"动感地带"的广告总是充满着年轻而新鲜的面孔，他们活跃在生活里的各个角落，尽管属于不同的社会角色，拥有着不同的际遇与体验，但却如同围绕在你周围的朋友、同事和同学一样，总在细节之中执著于对自我的追求和展现。此外，动感地带还别出心裁地推出了广告歌曲，先后邀请周杰伦、潘玮柏、S．H．E 和热力兄弟以及作词人方文山为自己量身打造充满了动感与活力、个性与潇洒的音乐，并收录在各自的专辑之中连带推向市场。

图 7.13 "动感地带"的形象代言人：周杰伦、S．H．E、潘玮柏

当然，中国移动不仅从业务细分和广告宣传上强化"动感地带"别具一格的品牌理念，而且在品牌推广的每一个阶段都糅合了包括事件营销、协同营销的多种营销手段以及各种传播媒介，积极谋求全方位扩大年轻人"自治区"的疆域，力争渗透到消费者生活的点点滴滴。"街舞挑战赛"、"周杰伦演唱会"、"结盟麦当劳"、"牵手 NBA"，这一系列的活动看似与通信业务并无半点联系，却在"动感地带"这片疆场之上彼此义结金兰，形成了一个无所不包的流行文化消费网，将年轻人的时尚生活一网打尽，引发了年轻人的高度共鸣，进而激发了他们的消费热情。中国移动曾经连续几年举办了"动感地带中国大学生街舞挑战赛"，迎合了街舞这种近年来风靡校园的新兴艺术的发展需求，同"动感地带"所推崇的动感与时尚理念非常完美地结合在一起，为用户带来了超值的时尚体验。2003 年 11 月，"动感地带"与麦当劳结成战略联盟，共同推出"我的地盘我就喜欢"的联合优惠活动。"动感地带"客户可以通过短信、彩信、WAP 方式投票来组合自己喜欢的麦当劳"动感套餐"，得票最多的即为当季特餐，"动感地带"用户都可以通过确认短信享受特价优惠，给用户营造了独有的"特权"感觉。2005 年 4 月，"动感地带"与美国职业篮球协会（NBA）联合宣布双方达成长期市场合作伙伴协议，中国移动通信成为 NBA 在中国的

官方指定电信服务供应商。在动感地带客户的期待中,篮球的欢乐走进了2005年夏天的中国,"NBA篮球大篷车"将从7月底到10月份陆续在11个城市展开为期2个多月的巡回活动,让"M—ZONE"客户真正享受到正宗、直接、新鲜有趣的NBA篮球体验。协同营销和事件营销在"动感地带"的品牌推广过程中被应用到了极致,各具特色、花样迭出的演唱会、夏令营、"M—ZONE"人聚会,以及对体育、音乐等方面的赞助活动,都给"动感地带"用户带来了物超所值的良好体验。

2006年,"动感地带"进一步深入延展它的营销策略,与部分高校联合开设了多家独具特色的体验终端——"移动动感地带体验店"。它的绝大多数店面都设立在高校密集和商业繁华的中心地带,不同于普通的通信营业厅,动感地带的体验店提供给消费者的是业务办理+互联网体验+娱乐休闲的全方位、多层次体验。体验店的装修全部按照统一标准进行,以橙色和紫色为基调,到处都充满了明快的色调、酷炫的音乐和琳琅满目的兑换礼品。在特权体验功能区设置着形形色色的体验项目:各种游戏机、上网设备、彩信刻盘机、大头贴、短信自主购物机以及自主抓玩具机,等等。这些项目都是免费的,它们只流通一种动感地带的专属货币"M"值。"M"值是"动感地带积分计划"中推出的项目,凡是动感地带的用户都可以在购买通信业务的同时获得这种积分(如图7.14所示)。"动感地带"还凭借在校园里的覆盖优势和号召力向它的消费者提供了勤工俭学的兼职岗位。随意走进一家体验店,你都会看到和你有着同样年龄、喜好、追求和性格的年轻服务人员,彻底实现了让"M—ZONE"人管理"M—ZONE"世界的经营理念,打造了完全属于年轻人,集文化、娱乐、通信于一身的"自治专区"。

图7.14　"动感地带"的协同营销:用M值换周杰伦泉州演唱会门票的宣传单

与消费者的积极互动成为了"动感地带"所向披靡的不二法门。尽管移动通信的基本业务只是构建了一个通信平台,然而"动感地带"的运营商却以此为依托打造出个性各异的主题产品,并且通过多纬度的用户体验将普通的通信业务拓展成为年轻人的自治世界,将销售"物"的价值升华到销售"人"的价值。"动感地带"的上市是体验营销理念的一次大胆而成功的尝试,成就了营销界的一段佳话。

案例评析　随着一系列媒体轰炸和品牌营销攻略的层层展开,"动感地带"在短短一年的时间便拥有了2000万客户,其品牌知名度和美誉度在15～25岁的目标受众群体中分别高达80%和73%,创造了中国移动通信市场的奇迹,在年轻人市场竞争中大有唯我独尊之势头。动感地带的异军突起充分发挥了通信营销的独特之处，给通信市场带来了划时代的革新，中国通信市场逐渐从资源竞争和价格竞争时代跨入了营销竞争时代。凭借其独到的营销和传播策略，"动感地带"的上市营销案也成为了体验营销的一个经典个案。它在广告宣传和公关营销中的许多技巧和理念都独具创新精神，值得我们去总结探索。

"我就是 M—ZONE 人"——对消费者心理需求的充分挖掘

不同于有形商品的实体销售，移动通信运营商提供给消费者的是构建在同质通信平台之上的一种无形消费体验。也就是说，无论是中国移动、中国联通还是小灵通，都没有办法从根本上打造出差异化的基本业务，只能通过提供独具匠心的消费经历来为消费者提供一种主观上的品牌个性差异。因而，在通信行业的营销过程中，消费者个体的主观心理效用占据主要的作用。

体验营销本身是以客户为导向的，关注用户体验，也就是"一种纯主观的在用户使用产品或服务的过程中建立起来的心理感受；其本质就在于将关注的重点从传统的商品本身属性数据转移到消费者从事消费行为过程的一连串事件当中"[①]。因此，体验营销开展的前提就是通过细分市场所定目标客户，并对目标消费者的消费需求给予充分而深入的挖掘。

结合通信行业的市场特点和体验营销的营销本质，不难得出这样一个结论：针对目标消费者心理感受进行体验营销是一个通信品牌推广成功的关键。而"动感地带"的品牌推广策略便很好地契合了这样一种营销原则，不仅通过细分市场锁定了特征鲜明的目标用户群，而且通过对消费者的形象素描和消费心理的分析，对于目标用户的消费习惯和消费文化进行了充分而深入的挖掘。

2003年上市之初，"动感地带"就明确地将目标消费群定位在15～25岁年龄段的学生及年轻白领，将他们定义为"M—ZONE 人"。之所以选择这样一个年龄段的人群，一方面是由于随着社会经济的发展，通信消费低龄化趋势明显，年轻人成为了通信业务新增用户的主流；另一方面则是因为年轻人对于移动数据业务的潜在需求大，购买力会不断增长，锁定这样一组用户群可以为培育将来的高端用户奠定基础。除此之外，还有另外一个更为重要的原因，就是这组用户具有非常鲜明的体验特性。

让我们对15～25岁的年轻人做一个简略的形象素描和消费特征分析：从生活方式来看，这类年轻人喜欢娱乐、休闲和社交，强调自由、个性和叛逆，对新鲜的事物充满了好奇感，热衷沟通和尝试；从消费习惯上来看，他们追求时尚，标新立异，无法容忍守旧和复制，有着与生俱来的品牌意识和传播能力；从消费水平来看，他们中很多人没有收入来源，购买力有限，但是中国父母对于孩子的生活补贴却能够在很大程度上维持他们的自由消费。

总的来看，作为最具消费潜力和消费意识的一代用户群，这些年轻人同那些成熟的消费者们有着很大的区别：他们很少的消费是为了获得产品的使用价值，而只是在追求一种消费中的感觉，能够掌控和表现自我的感觉。这其实同青少年们日渐与社会接轨，急于摆脱父母的束缚和压制，想要在大的社会背景下寻找和定位自己身份的心理渴望有着非常密切的联系。所以，这类年轻人可以说是纯粹的体验型消费者，保障他们基本生存的物质和

---

① 互动营销新论：http://hi.baidu.com/leeforce/blog/item/c79cb05169cb961c377abe3a.html.

产品消费都由父母代劳了，而超越了生存需求的消费对于他们来说其实是在寻找一份自我掌控的安全感和心理归属感。这其实是一种摆脱了物质功能和具体形态，追求心理体验的象征消费。

很明显，对于"动感地带"来说，如果囿于运营商狭隘的竞争圈中，其发展必然受到严峻的限制。然而，一旦将营销的范围拓宽到年轻人生活的大圈子之中，紧紧抓住他们的消费脉搏，根据目标消费者明确而细致的消费需求量身打造一套个性化消费体验和业务产品，道路必然更加广阔。所以，"动感地带"的广告宣传一直秉承着这样一条执行法则，无论是广告语、形象代言人、广告场景还是故事情节的设定，都对年轻人的性格和生活方式进行了逼真的勾画，力求通过语言、图像和声音的巧妙组合，为消费者提供高体验价值的媒体经历。

除了对消费者与通信业务有关的生活细节的筛选和刻画，"动感地带"更敏锐地洞察到目标消费群的整体生活调性，清楚地看到年轻人尽管消费支出有限，但却极尽丰富之能事，无时无刻不在消费体验中烙上自己独特的个性烙印：食必麦当劳、肯德基、必胜客；穿必耐克、阿迪达斯；学必新东方、昂立；玩必网络游戏、日本动漫；听必周杰伦、S.H.E、潘玮柏；说必新新人类的网络用语……至此，"动感地带"完成了对于年轻人具体复杂生活的分类归档，接下来要考虑的就是如何提炼这些行为方式的精髓，渗透到生活细节的方方面面，借力而非干扰他们业已形成的"习性"，将他们对时尚、个性零散的感悟和分散的注意力吸引汇总到"动感地带"这个通信品牌中来。

"我的地盘听我的"——聚焦体验的品牌内涵

在"体验营销"过程中，用户的主观心理经验起到相当大的决定作用。那么，用户的主观心理经验是如何与产品品牌产生互动的呢？

营销专家麦克尔·索罗门曾经提出过"消费者空间"的概念，这个概念有一个核心的口号，叫做"我消费，故我在"。在索罗门教授看来，人们的消费模式会按照相似的生活模式和经济特征而产生品牌选择的重叠，一系列品牌重叠的结果就是形成一种独特的消费文化。所谓"我消费，故我在"，不仅仅是指用产品表现自我，更重要的是要靠他们提醒我们的文化身份，保持自我意识。换句话说，在围绕消费者的心理需求塑造品牌个性的时候，商品的"使用价值"和"交换价值"已经不再是关注重点，具有象征意义的"认同价值"反而更为重要，这里的"认同"就是一种文化、一种信仰、一种观念的力量。因此，"动感地带"在完成了对于年轻人整体生活调查和消费习惯的把握之后，更是需要进一步将这些与衣食住行、音乐、视频、文学、动漫、游戏有关的零散元素整合成为一种独具风格的消费文化，从文化和意识层面而非物质消费层面对于用户施加诱导，营造品牌文化认同价值。即，强调自身平台的用户体验对用户群体形成的品牌文化凝聚力。

中国移动在"动感地带"上的品牌建设工程开始于2001年品牌形象的推出。在做完目标消费群的消费心理和生活模式分析之后，"动感地带"将这群年轻人的个性总结为时尚、好玩、探索，补充描述为创新、个性、归属感。据此，"动感地带"推出了与年轻人的个性完全切合的品牌形象："M"仔虚拟卡通人物。他很酷、很潮，穿着休闲而又时尚的外套，顶着刺猬头，形象居于主流之外，却迎合了年轻人的审美情趣和个性特征。很快，当"动感地带"在全国展开推广攻势的时候，这个"M"仔的品牌形象又进一步被具化延伸,周杰伦被"动感地带"邀请加盟,带着他的音乐和特立独行的作风深化诠释了这个日益成熟的品牌形象。周杰伦确实是年轻人生活范式的杰出代表,是流行文化活跃分子,也是在年轻一族中举足轻重的话语权威。他呈现在世人面前的,原本就是一个对音乐和世界有着独特感悟的小伙子,虽不善言辞,但却勤奋工作,有自己的爱好,不从众,在任何时刻都彰显着活力十足的个性。周杰伦同"动感地带"的结合,与其说是让周杰伦去贴合动感地带的品牌特写,倒不如说是"动感地带"按照周杰伦的形象轮廓进一步修剪、丰富、深化了自己的品牌个性。这一品牌形象的刻画无疑是成功的,因为它深入切合了年轻人对生活的感悟和对消费的追求,在很大程度上为年轻人接受和认可,确立了正确的营销基调。

前面已经提到,"动感地带"如果想突破深为通信产业品牌的局限性,一是要根据消费者的需求设定独特的品牌个性和形象,二是要将营销视野扩展到年轻人的大生活圈之中,把年轻人零星琐碎的生活体验提炼并注入到自己的品牌体验中去。因此,在建立和深化了品牌形象之后,"动感地带"的品牌建设重心开始从单纯的通信业务品牌转向与流行文化的对接,谋求构建一种调性统一且辐射面极广的消费文化大气候。这无疑是更为有效的营销方式,在这一阶段中,所有的业务和服务都会超越产品经济的局限性,被赋予更为深刻的精神含义和文化价值,给消费者带来独特而丰富的消费体验。于是,"我的地盘我做主"的"特权"理念被提出。所谓"特权地盘"、"自治特区",就是年轻人才有资格进入的世界,在这个世界中,处处张扬着个性、时尚、青春活力,年轻人在这里能够享受到他们所追求的一切,又被进一步强化对自我、流行、快乐生活的追求。因此,年轻人的衣食住行、音乐、视频、文学、动漫、游戏等零散的生活片断被"动感地带"的广告宣传和公关营销活动进行了充分的演绎,力求将年轻人的真实生活跟动感地带所要搭建的特权世界完美地重合在一起,令消费者能够完全地沉浸其中,在逼真的虚拟世界中体验"特权一族"的魅力,被"动感地带"的品牌理念所重塑。于是我们看到,在这一阶段中,"动感地带"广告宣传中展现出的生活场景更加多样,同麦当劳、NBA的协同营销以及街舞大赛、短信大赛等多种事件营销活动在全国大面积地铺设开来。动感地带的品牌形象开始从移动通信服务的角色中抽离出来,向塑造年轻人流行生活模式的方向迈进。其中,2006年推出的"动感地带"影视广告"标签篇"很好地继承了这一体验营销理念。

"动感地带"影视广告之标签篇

在坐满了学生的大学课堂之上,电视画面中间位置独空出来,椅背上贴着一张橙色纸头,上书"我的"两个黑色大字。

紧接着,广告画面快切了几个镜头:放水杯的架子、机器人玩具、书目繁多的图书室,掠过四合院上空的红色模型飞机……无一例外都贴上了"我的"标签。

镜头继续切换,一个胖胖的男生喜滋滋地打开期待已久的汉堡,却悲哀地发现汉堡上早已被人贴上"我的"标签。另一边,S.H.E的三个小女生因阴谋得逞而忍不住偷笑。

篮球场上,潘玮柏冲破重重阻碍,潇洒地进球,也不忘进球后在篮板上贴上"我的"标签。

几个玩滑板的男生偷偷地把滑板放在周杰伦背后,想要看他跌倒的笑话。周杰伦脚后跟轻轻一踏,将滑板稳稳地捡起,转身还给那几个恶作剧男生。男生们接过滑板一看,上面赫然写着"我的"两字。

S.H.E的三个女生手握"我的"标签，在城市里寻找可以"扩充的地盘"。却发现很多时候都已经被周杰伦、潘玮柏得了先机。

终于看到一个还没有被贴"我的"标签的女生，大家鼓励周杰伦上去将标签贴上。就在周杰伦转身去追那个女孩的时候，另外的几个人却偷偷地在周杰伦背后贴上了无数张"我的"标签，远远地躲在一边拍手大笑。

"特权"概念在这则广告中具化成"我的"标签，被城市中青春活泼的男生女生们到处粘贴，扩张地盘。在他们看来，无论是依靠小小的聪明诡计还是高超的技艺所赢得的，都应该是他们的地盘。于是，小到茶杯、玩具，大到各种体育活动、吃穿住行都被他们视作挑战的对象，打足了精神和气力去征服。广告通篇洋溢着一种年轻人的轻松愉悦与自信幽默，那些熟悉得不能再熟悉的生活片断被一一呈现出来。在观看这样一出生活多幕剧的时候，年轻的消费者很容易产生一种意识，那就是"动感地带"体现在生活的每一处细节，包括年轻族群喜爱的所有吃食、娱乐方式、体育项目、音乐休闲……因此，生活中的时时处处都是"动感地带"，分分秒秒都是年轻人的特权时代！潜移默化地，许多年轻人在吃麦当劳，打篮球，和朋友聊天逛街的过程中，开始自然而然地联想到"动感地带"的个性与张扬，情不自禁地想要把所有能够体现自我个性的行为和物品都和"动感地带"挂上钩。一旦想要表达自己对于特立独行的欣赏和自我标榜，就会不无骄傲地说一句"我就是M—ZONE人"。一旦想要寻找同类的时候，就会依据"动感地带"的品牌形象去搜寻框定。"动感地带"仿佛一个接头暗号，对得上的就是典型的年轻一族，对不上的就不会被年轻人的世界所接纳。

营销至此，"动感地带"在消费者的大脑中已经与个性、时尚、特权、年轻一族这些词语合并在一起，成为了年轻人精神世界的象征。每次消费"动感地带"的广告传播和业务服务就如同经历了一次特权身份确认和个性世界体验的过程。

蕴含着多种消费体验的品牌个性就是这样被构建出来的，"动感地带"发展到这个地步，已经不再是一个孤立的通信品牌，而成为一股势不可当、青春洋溢的流行文化气候，成为了年轻人群自我认同和彼此关联的认知标签。

"我这里有你喜欢的一切"——广告对品牌内涵的体验化诠释

"动感地带"问世以来，其广告的风格和基本的创作模式并没有发生过很大的变化。秉承着颇具体验性的品牌内涵和推广策略，"动感地带"的广告宣传中也融入了许多体验元素，让目标群体在观看影像的同时，如同经历了一场动感体验的盛宴，于无限的想象和联想中释放自己的情绪和个性追求。

在众多的广告元素中，设计巧妙的故事情节成为了虚拟体验类型最为丰富的体验核心。轻松明快的基调，有些小聪明又青春活泼的年轻主人公，逼真多样的场景设计在各种紧凑而又搞笑的片段中一一展现，将普通而又平凡的生活细节诠释得诙谐幽默，个性十足。

"动感地带"曾在中央五台推出了一则以篮球为主题的电视广告，情节设计颇为巧妙，给消费族群们带来了别出心裁的体验：

在北京的胡同口摆着一个大大的西瓜摊，摊主是同样憨态可掬的父亲和儿子。两人正在深情投入、非常享受地啃着西瓜。周杰伦站在西瓜摊前左看右看，准备挑选西瓜解渴，却将西瓜当做篮球玩起了篮球特技。一不留神，西瓜从周杰伦手中脱落，卖西瓜的儿子连忙站起来接住，原本被儿子当做凳子的一个篮球滚了起来。周杰伦指了指小胖子身边的篮球，示意要购买。父子俩郑重地将篮球过秤，按照卖西瓜的标准卖给了周杰伦，并且热情地招呼他下次再来。这时候，NBA 与 M—ZONE 的标志进入画面，画外音响起：M—ZONE 人，喜欢什么，就选什么。

  这是一则 NBA 与"动感地带"联合进行协同营销的广告片。片中一些冲击力十足的画面和音乐带来了独具"动感"特色的感官体验；时而激情四射，时而温情脉脉，又时而幽默搞笑的情节安排充分调动了年轻观众的情绪，令他们在高潮迭起的广告情节之中逐渐加深对"动感地带"品牌内涵的理解和正面情绪；而那些新潮时尚的运动项目和生活方式又激起了年轻观众的尝试冲动，令他们情不自禁地想要改变自己沉闷单调的消费行为，变得更加动感、活力、有个性……感官、情感、行动等多种具体的体验形式在广告进行的过程中会逐一作用于消费者的内心世界和行为范式。但这些体验的产生并非最终的目的，体验营销的终极目标是通过丰富多彩的体验形式，按照品牌的内涵来改变或者深化消费者的消费行为和消费意识，让他们成为"动感地带"属性的个人和群体，即生成"关联体验"。

  很显然，这则广告片的目标消费群肯定是年轻人中挚爱篮球文化的那部分青少年。他们的生活仿佛就是以篮球为中心延展开来的，衣食住行各个方面都打上了独特的篮球烙印，彼此之间也常常因篮球结缘，成为密不可分的朋友和团体。这则广告片中那种恨不能将篮球和所有的生活细节联系在一起的感觉恰恰正是这些 NBA 族群的真实写照。片子里丝毫没有提到"动感地带"任何的具体业务，但却把"动感地带"族群那种不拘泥于条条框框，热衷创新和追求个性的形象特征细致而又诙谐地展现出来。周杰伦这种即使在最普通、最单调的日常行为中也念念不忘篮球运动、不忘秀一把、酷一把的形象让那些痴迷于 NBA 和篮球运动的年轻小伙子们眼前一亮，仿佛在影像中看到了挣脱现实枷锁、释放激情后的自己。于是，诞生于共同篮球文化之下的价值认同在"动感地带"和目标消费群之间日渐强化。除了 NBA 之外，这个族群又多了一种彼此联系的纽带，进行身份认证的标准——那就是同 NBA 有着共同精神内涵的"动感地带"。这事实上是一种典型的关联体验，"动感地带"成为了具有社会象征意义的品牌，一些个人因消费动感地带而成为了某一群体中的成员，一些品牌群体因它而在特定的文化背景下取得了明确的社会定位。这类人被称作"M—ZONE 人"，他们的品牌群体被称做"动感地带"，他们独特的社会行为便是时时刻刻挑战自我、张扬个性，不断将征服了的事物和项目划归入自己的地盘。

  "动感地带"针对特定的目标消费群赋予了自己时尚、好玩、探索的品牌个性，借助体验营销的营销模式演绎出前卫、新潮、另类、流行的生活方式。年轻人消费"动感地带"的行为，一方面表明了一种态度，他们认可动感地带的品牌文化，认为它恰如其分地代表自己的价值观、个性、格调、生活和消费模式；另一方面，也是年轻人在社会纷杂的群体之中主动定位、归类自己的体现，"动感地带"不仅为他们提供了情感归属，也为他们的自我改造提供了参考标准。由此可见，品牌文化推广并不是单方面地向消费者灌输既定理念的过程，而是消费者积极体验、感受、利用品牌文化的过程。消费者与品牌在这个过程中相互磨合、塑造，在双方完成了彼此的接纳后，完善的品牌文化系统就相应地被构建出来，而品牌忠诚度也同时形成了。

● 思考与讨论

1. 体验营销最为关键的一点是参照目标消费者的消费习惯和生活模式构建体验性的品牌内涵，这在"动感地带"的营销过程中是如何体现的？

2. 结合自己平时接触到的"动感地带"影视广告来分析"动感地带"广告片中所产生的关联体验。

● 相关知识链接

"动感地带"的基本业务　"动感地带"倡导资费灵活、低廉，提供多种创新性的个性化增值服务的核心价值，推出了丰富的数据业务，如娱乐资讯、图片下载、星座运势、互动游戏、QQ 在线、密友包等。为了能够节省消费者的时间与精力，"动感地带"特地将自己的个性化服务进行打包、对目标消费群进行了细化，推出了多元化的业务套餐和自费类型供消费者进行组合使用。比如，针对学生提供了包含有校园计划、熄灯计划、假日计划和学生聊天计划的学生套餐；针对热衷娱乐休闲的顾客提供了由移动 QQ、彩信服务以及周末假日计划组成的娱乐套餐；针对初入社会的就业者提供了含有语音计划、GPRS 时尚计划、IP 长途计划、工作漫游计划的时尚办公套餐。消费者可以根据自己的偏好订制打包业务，多层次地展开通信体验。

第三节　"体验营销"（ME）理论述评

21 世纪初，一股清新的"体验"之风席卷了全球市场，"体验营销"（Marketing Experience）作为市场营销理论中的"新贵"异军突起，引起了学术界与商业领域的广泛关注。不同于那些以产品功能、特性和益处为战略核心的传统营销理念，体验营销诞生于科技发达、信息爆炸、商品过剩的新经济时代，是围绕消费者心理需求构建起来的新型营销理论体系。而向来嗅觉灵敏并热衷尝试的广告业则大胆地将体验营销与商业传播相结合，由此衍生出颇具时代性与创新性的体验广告传播理念。

一、体验理论的内涵及发展

"体验经济"一词最早出现于阿尔温·托夫勒（Alvin Toffler）的《未来的冲击》（"Future Shock"）一书中。

阿尔温·托夫勒是当今最具影响力的社会思想家之一，从事未来价值体系及社会走向的研究。他是第一位洞察到现代科技将深刻改变人类社会结构及生活形态的学者。在《未来的冲击》和《第三次浪潮》中，曾经就未来信息技术的发展对社会各个层面的冲击和影响进行过预言性的描述：跨国企业将盛行；电脑发明使 SOHO（在家工作）成为可能；人们将摆脱朝九晚五工作的桎梏；核心家庭的瓦解；DIY（自己动手做）运动的兴起……而这一切预言在如今看来都已成现实。

在《未来的冲击》中，托夫勒构想了一个诞生于服务经济之后的超工业经济时代。尽管书中并没有给出确切的体验营销的定义，我们仍可以从托夫勒充满想象力的描述中勾画出它的基本内涵。他认为体验工业的产生是为了满足消费者的心理和精神需求，体验将作为"商品"进行销售，消费者乐于为之付费。而"体验"这种产品和其他可以回收处理的产品不同，它没有实体，一旦被消费者买下便无法拿走。体验的实现是以模拟环境为基础：由企业提供逼真的或者真实的消费场景，消费者主动参与到体验场景中，从而体验到现实生活中无法感受到的冒险、奇遇、刺激和其他乐趣。

托夫勒还特别预言了体验经济背景下的广告传播：

登广告的人总是想方设法给每种商品表明不同的形象，这些形象自有用途，能满足消费者的某种需求。不管怎样，这种需要从通常意义上来说是心理上而非使用的。①

也就是说，体验经济时代中的消费者从广告中获取的不再是有关商品或者品牌的商业信息，而是一种能够在精神上产生共鸣的心理层面的意义。

总体来讲，托夫勒所勾画出的体验经济就是通过向消费者提供某种具有心理价值的有形或无形商品来实现盈利的经济模式。而体验式广告从本质上来说就是意义的产生和传递。

虽然在物质生产尚未满足人类基本需求的20世纪70年代，托夫勒关于体验经济的预言并未得到多少学者和营销专家的响应。但在40年后的今天来看，这个关于体验经济的预言是如此精准，21世纪的体验营销实践正是按照托夫勒的设想在一步步地发展完善。

首先将"体验营销"理论化、系统化的是美国经济学家约瑟夫·派恩二世（B. Joseph Pine II）和詹姆斯·基尔摩（James H. Gilmore）。两人共同创立了位于俄亥俄奥罗拉的战略地平线LLP公司，致力于向各类企业提供新的运作和营销方式。在他们看来，整个经济发展史就是一部将原先免费的东西进行付费的过程。从最初的以物易物到日益成熟的商品经济，原料、产品和服务都曾经作为使人类付费的"商品"并带来过巨大的社会变革和迅猛的财富增长。随着商品经济达到极致，商品和服务无法带来更多的经济价值，体验终将成为第四种独立的"商品"从服务中分离出来，就像服务从物质产品中分离出来一样。

1998年，瑟夫·派恩二世和詹姆斯·基尔摩在美国《哈佛商业评论》双月刊7—8月号发表文章《体验经济时代来临》，并于2002年推出《体验经济》一书，提出了"工作是剧场，生意是舞台"的体验营销观点。

他们别出心裁地将体验营销比喻成一场凝聚了独特风格和特定思想理念的"舞台戏剧"。这幕戏剧由企业根据消费者的兴趣、态度、情绪和认知，把商品作为"道具"，服务作为"舞台"，环境作为"布景"，在具体的时空中搭建出来。消费者是主动参与其中的演员，按照已经安排好的剧本"演出"。在演出的过程中，消费者感受到了或喜或悲的情绪，体验到了跌宕起伏的情节，实现了某种愿望，形成了具有回忆价值的经历。这就是所谓的体验营销。

瑟夫·派恩二世和詹姆斯·基尔摩特别强调了体验主题设计。在他们看来，体验不是自发的而是诱发的，体验策划者需要为品牌创设一个能引导消费者产生美好体验的诱因即"体验主题，"一切的营销和传播活动都要围绕这一人性化、个性化和差异化的主题进行。他们认为这样一项能给消费者带来美好的回忆、值得纪念的产品及商业娱乐的活动过程的系统设计是体验经济的灵魂。因为只有对消费者的心理需求把握精准且布局严密的主题体

---

① 阿尔温·托夫勒. 未来的冲击 [M]. 北京：中国对外翻译出版公司，1985：198.

验设计才能够吸引消费者全身心地投入其中，获得全面的体验。

此外，瑟夫·派恩二世和詹姆斯·基尔摩还根据消费者在体验过程中的参与程度和状态，将体验营销的具体形态划分成四种：娱乐、教育、逃避现实和审美，这四种形态及其混合应用，可以构成体验创作的丰富空间。

如果说托夫勒只是描摹出了体验经济的一个大体的轮廓，那么瑟夫·派恩二世和詹姆斯·基尔摩则在此基础上为其添画了精致缜密的细节，特别强调体验的核心是互动与参与。两人对于主题体验设计的重视和体验设计原则的强调，将原本只是活跃在理论层面上的体验营销活化成可操作落实的实践活动。

与约瑟夫·派恩二世和詹姆斯·基尔摩的学说同时产生、相映成趣的是美国另一位经济学家伯恩·施密特（Bernd H. Schmitt）（如图7.15所示）所提出的体验营销理论系统。

1999年，伯恩·施密特推出了《体验营销》（如图7.16、图7.17所示）一书，指出体验营销同传统的、以产品的功能和特色为核心的营销方式不同，是"一种为体验所驱动的营销和管理模式"。也就是说，在体验营销时代，营销人员不能再孤立地去思考一个产品（质量、包装、功能），而是要通过各种途径和手段来考察和开发消费者进行消费的整个过程，使其变得具有消费价值。

图 7.15　伯恩·施密特

图 7.16　伯恩·施密特《体验营销》的中文版

图 7.17　伯恩·施密特《品牌手册与体验营销》英文版

关于体验营销的内涵，伯恩·施密特指出体验是人们响应某些刺激的个别事件。他将体验比喻成人脑，认为体验就像大脑一样，由具有不同功能的各个部分组成，即由感官、情感、思考、行动和关联体验五种"战略体验模块"组成。每一种体验模块都有自己所固有而又独特的结构和过程，在体验过程之中发挥着不同作用。"战略体验模块"被伯恩施密特视作体验营销的战略基础，是构成体验的基本要素。

当然，伯恩·施密特强调，消费者无法自发产生体验，必须在体验媒介的刺激下才会产生。体验媒介是营销人员创造出感官、情感、思考、行动和关联体验的战术实施部分，包括传播、视觉和语言标志，产品、联合品牌营销、空间、电子媒介和人。体验媒介和战略体验模块相互搭配使用，可以对体验营销进行战略规划。

相比前面两套营销理论，伯恩·施密特对于体验营销背景下的消费者角色格外关注。一方面他突破了传统的"理性消费者"假设，认为消费者消费过程中兼具感性和理性，这是体验营销顺利作用于消费者的前提；另一方面在《顾客体验管理》一书中，伯恩·施密特从客户角度出发，关注与消费者的每一次接触，着重考虑了影响顾客满意度何种程度的深层次因素。

总体来看，体验营销理论发展到伯恩·施密特手中，形成了较为完善的理论框架，并对于消费者进行了更加细致深入的研究。他所提出的体验战略模块和客户体验管理在营销实战中有着重要的指导意义和应用价值。

托夫勒着重描述体验经济的心理化特点，约瑟夫·派恩二世和詹姆斯·基尔摩突出体验经济的互动与参与，伯恩·施密特则认为消费者是体验营销的核心。通过对三种学说的概括，我们可以这样理解体验营销：它是通过让消费者与企业品牌和产品的互动获得心理价值，从而实现商业赢利的一种营销手段。

二、体验营销理论形成的现实基础及理论背景

20世纪40年代，我们会兴致勃勃地品评一张手工制作的平面可口可乐海报；80年代我们还会精神集中、饶有兴趣地收看电视里反复播出的影视广告；到了90年代末，我们已经习惯对于任何广告都视而不见、充耳不闻，即使制作如好莱坞大片一般精良的广告也不会得到任何青睐。2002年，《广告时代》的头条以一种惊心动魄的方式描述出传统广告所面临的现状——"在美国经历了两代电视的狂轰滥炸之后，传统广告的魅力已不复存在"，"30秒钟广告即将死亡"。

传统广告的光辉就此退去。将"体验营销"的理念融入广告，尝试打造新型的消费者关系与表现模式成为了目前广告业的新符咒。究其原因有二：一是传播技术革命对于旧有媒体关系的冲击；二是经济高速发展所带来的消费观念的变化。

20世纪90年代以来，声势浩大的网络媒体乘着"信息高速公路"的东风迅速兴起，随之而来的是手机媒体、分众传媒还有形形色色新兴媒体的不断涌入。新媒体的出现改变了传统的媒体格局，重塑了媒体传播方式和受众角色定位。一方面，旧有传播媒介的受众数量被严重稀释，电视对人们的影响越来越弱，新媒体扩张蚕食了传统媒介的力量；另一方面，作为个人交流媒介和商业销售媒介的网络也深刻影响了信息的传递方式，每一个网络终端的参与者都可以发布、搜寻、阅读、评价、共享任何品牌和产品信息。消费者变得更加主动，获取产品功能和质量的渠道增多，以商业信息传播为主要目的的传统广告不再是提供信息唯一渠道，甚至不再是主要渠道，它的信息告知力度和品牌维护功能都受到了严峻的挑战。

与此同时，随着科学技术的发展，社会生产力迅速提升，物质产品更加丰富，商品经

济发展到极致，消费者的消费需求和观念也发生了重大变化。出生并成长于市场经济时代的消费者有着比父母一代更加成熟的消费观念，他们从小浸染于形形色色的品牌促销和质量上等功能强大的商品海洋之中，对于传统市场营销的戏法了解深刻，物质方面的基本需求也接近饱和。现代消费者更加关注精神层面的需求满足，希望能够借助更多样性、更独特的产品和体验来彰显自己的与众不同之处。消费需求趋向多元化、个性化、心理化，消费不再是为了获得产品的实用价值，而被赋予了一种象征意义，成为人们定位自己、区别于他人的工具。以产品功能和利益点为诉求核心的传统营销模式显然已经无法适应竞争激烈的市场环境和消费者深层次的消费需求，广告中传统的诉求策略不得不被叫停。（如图7.18 至 7.22 所示）

图 7.18　具有明显"体验式营销"特征的国际品牌"星巴克 LOGO"　　　　图 7.19　星巴克室内 1

如果说 20 世纪末传播和消费的发展为体验营销理论的形成以及在广告领域的应用提供了成熟的社会条件和外在动力，那么 20 世纪后半叶的传播和营销理论的探索则为这种现象的产生提供了内在动力和理论支持。

1974 年，托尼·施瓦兹提出了传播共振理论。他这样阐述传播的意义：

……收听者或收看者在传播者的刺激下，再次获得了自身已经验过的一些东西……他个人的生活经历，以及他对接收到的外界刺激的想法，都会与传播者送出的信息产生互动，从而决定了传播的意义。[①]

很显然，施瓦兹认为传播不是传递意义的载体，而是构建意义的过程，也就是生成"自身已经验过的一些东西"的过程。也就是说，人们按照自己的经验和认知去理解传播中的信息，从而产生出个性化的意义。这里的"意义"从营销传播角度来看，也可以被看做是人们心目中的品牌内涵，可以是某种身份、地位、品位、生活方式或者精神追求。

正如美国传播学者苏特·杰哈里在《广告符码》中所说：广告从人们的经验中得到素

---

① 苏特·杰哈利. 广告符码 [M]. 北京：中国人民大学出版社，2004：143.

图 7.20　星巴克室内 2

图 7.21　星巴克户外广告

图 7.22　星巴克室外

材,但它以一种独特的方式把这些素材重组加工,创造出特定的刺激来激发消费者原来储存的资讯的反应。当消费者对于这些重塑的广告信息做出主动的联想,带有个人经验色彩的意义就会产生出来。因此,施瓦兹将广告定义为"制造结构性回忆"的行业。这同广告人杰里·故迪斯的广告理论有着异曲同工之妙:

　　广告并非总是反映出人们是怎样行动的,倒是人们的梦想总出现在广告里……从某种意义上来说,我们正做的,便是把你的情感包装起来,然后再卖给你。[①]

　　将个性化的意义而非某种具体的产品和服务作为广告的诉求策略,强调广告中人、

---

① 苏特·杰哈利. 广告符码[M]. 北京:中国人民大学出版社,2004:143.

物、环境的关系，并将这种关系统一在象征某种特定生活方式的"情境"之中并呈现给消费者。如此以来，广告便摆脱了生硬直白的资讯属性，成为制造意义和回忆的"工厂"，谋求与消费者在生活方式和意识形态领域中的"精神"共鸣。

此外，符号学中关于符号系统理论也对广告的"意义化"理论有着深刻的指导意义。朱迪恩·威廉森在《广告解码》中对于消费者如何从广告信息中得出意义进行了详细的分析。她认为，意义是通过消费者创造出来的，而不是直接灌输进去的。在这一意义的构建过程中，一种符号（如一个人、一种社会情境、自然界的一种物体或是一种情感）转移到另一种符号（商品、服务或品牌）之上，这种意义转移的关键就在于消费者能否正确地按照广告商的意图对广告内容进行理解。

传播学和符号学对于"意义化"的诠释，使营销专家和广告人深刻地认识到，广告不仅仅是传播信息的工具，而且是一种意义的生成场所，能够与消费者产生心理上、精神上的意义共振。

20 世纪 90 年代伊始，这种"意义"传播理论便被营销者借鉴开来，掀起了轰轰烈烈的"品牌塑造"运动，为体验营销的广泛开展奠定了实践基础。所谓品牌塑造，就是意义传递的过程——将品牌所代表的观念、所象征的身份和地位所附着的生活形态传达到消费者的脑海中，并迅速搭建出一个丰满、完整的品牌形象。因此，消费一种品牌，就意味着认同附着于品牌之上的行为方式和价值观念。在这种情况下，消费者不再纯粹为了产品而购买，他们关注品牌的象征意义，消费成为了自我定位和自我塑造的工具。从这个角度讲，品牌营销其实已经将体验营销中的核心理念进行了一定程度的实践，为 21 世纪初大规模、全方位普及体验营销模式奠定了成熟的消费者基础。

三、体验式广告的相关理论

2007 年伊始，香港广告协会主席、威汉环球营销机构创办人之一的陈一枬女士将体验营销方法引入品牌发展战略，认为整个广告行业发展的走向将是品牌的国际化和体验化。体验作为一种革新模式，开始被广泛地应用到广告领域，对于传统的营销传播模式提出了挑战。

体验式广告，就是通过广告形式向消费者提供一个体验场景，令消费者感受到并产生心仪的体验。我国学者莫梅锋和刘漾榴将其描述成一种符号体验媒介，在他们看来，消费者收看体验广告的行为就是一场符号体验：

在这种经历中人们还能获得某种记忆，由此，这种经历就留存在了人的记忆中，获得了一种"继续存在的意义……如果某个东西不仅被经历过，而且他的经历存在还获得了一种使自身具有继续存在意义的特征，那么，这个东西就属于体验。①

事实上，体验式广告就是这样一种用各种载着特定文化意义的传播符号搭建起来的虚拟体验情境。然而，同其他的体验媒介不同，广告无法实现消费者同品牌商品的直接接触，只能够提供文字、图像、声音、色彩等各种符号要素。显然，如果消费者无法全身心地投入到体验的情境之中，就很难产生预期的情绪反应和思维联想，体验营销就不可能顺利进行。这就要求体验式广告用上述的符号要素创造出能够刺激真实情绪产生的虚拟场

---

① 莫梅锋，刘漾榴. 体验时代呼唤体验媒介. 新闻界，2005（5）：56.

景，让消费者通过意义联想在脑海中勾画出一定的品牌内涵，并且通过想象，按照广告中提供的仿真情景在脑海中完成一次模拟消费。一次虚拟体验进行的完整过程就是体验式广告的发生机制。

广告刺激消费者产生出虚拟消费的意义体验，从这个角度讲，广告在传递体验的同时，也在创造体验。

我国广告学者莫梅锋曾经仿照加拿大传播学者麦克卢汉的"媒介是人体的延伸"提出，传播媒介也是广告生命体的延伸。在《体验广告：体验时代呼唤体验媒介》一文中，莫梅锋写道：

体验式广告发展需要体验式的媒介符号环境。体验广告通过将包括体验式媒介与体验品牌（符号）在内，整合空间位置、时间契机等元素，形成的一种特定的心理场域。在这个场域中，各种体验符号游离的所指（意义）才能得到确定。处于其中的人们才能自然产生一种正面的、愉悦的、美妙的、值得回味无穷的体验。①

由此可见，体验媒介其实为体验广告提供了可以与消费者进行交流的符号系统和文化环境。因为体验媒介是在一定的社会文化背景中产生的，掌握着与目标群体进行顺利沟通的技巧和经验。只有以媒介为平台，体验广告才能够与消费者完成"亲密接触"，可以"抓"住消费者的眼睛，"占"据消费者的心理。体验媒介尤其能够产生一种"沉浸体验"的体验模式，在这种高峰体验的状态下，消费者可以长时间地、完全地沉浸于体验媒介所提供的虚拟环境之中。显而易见，消费者在"沉浸体验"的状态下能够更加深刻和全面地同体验式广告进行互动，因此所产生的体验效果也就越发强烈。

此外，莫梅锋还对于包括网络媒体和传统媒体在内的大众媒介的体验化程度进行了论述：

网络媒体是实现媒介"沉浸性"体验最好的环境。海量的信息可以为网民提供教育体验；先进的数字技术可以提供多媒体艺术审美体验；丰富多彩的媒介产品可以提供娱乐体验；通过与他人的网上沟通、联系及组成社群可以提供"社群性体验"……

传统媒体也可以通过增加体验成分为人们提供长时间逗留的"沉浸性"体验，比如《超级女声》的零距离审美体验……广播节目超越空间的话语权体验……纸质媒体的开放式写作体验……②

除了《体验时代呼唤体验媒介》所提及的几种媒介之外，手机、分众传媒和聚众传媒等新媒体也为体验广告提供了丰富的便利条件。

通过对于体验式广告相关理论的论述，我们可以归纳出：体验式广告的实质就是一种意义的生产和传递；意义生产过程就是通过声音、图像、文字等广告要素塑造出感官、情感、思考、行动和关联体验来迎合消费者的心理需求的过程；而意义的传递过程则指的是依靠各种体验媒介所提供的接触平台，实现与消费者的沟通和交流。这一套理论囊括了体验式广告的内涵实质、生成机制和实施工具，是体验营销理念与广告融合的最新实践成果，对于接下来的体验广告实践操作具有很强的指导意义。

---

①② 莫梅锋，刘漾檑．体验时代呼唤体验媒介．新闻界，2005（5）：56-57.

四、体验营销理论的意义与局限性

体验营销理论是科技发达、信息激增、产品过剩的高度商业化社会条件下所产生的新型营销理念,尽管相关理论和实践并不成熟,却迎合了消费者日益高涨的精神需求和企业开拓新市场的强烈愿望。这种顺时代潮流而生的鲜活理念必然会对传统营销市场下的种种营销问题和社会经济的整体格局产生深刻的影响。

首先,体验营销理论提出了以"体验"作为"商品"来满足消费者心理层面需求的营销方式,丰富了体验营销的理论体系。传统的市场营销理念总是以产品功能特性和益处为核心,"根据购买者从产品中所寻求的益处不同区分购买者,从而进行市场细分"①,产品定位仅仅关注诸如质量、创新、服务等比较宽泛的尺度。传统的广告也因此留下了许多后遗症,就像广告人尼克·绍尔所言:"广告制作一成不变地守着类似于独特销售卖点或是产品的根本益处这些规则。"② 体验营销理论则引导广告人和企业将诉求重心转向消费者个性化、心理化、多样化的体验需求,将公司产品和品牌与消费者的生活方式、价值观念、社会环境联系起来,把消费的过程营造成一次充满了意义的体验之旅,一次难忘的人生经历。从这个角度来看,体验营销理论无疑是对传统营销体系的一次突破。

其次,从现实生活的角度来讲,体验营销还将在物质领域和精神领域大大丰富消费者的生活。在体验经济时代,消费者永远都是舞台上的主角:企业根据消费者的需求设计体验,在消费者的建议下完善体验,不断推出新的体验来满足消费者不断膨胀的消费需求。而消费的结果就是,消费者完成了自我实现,满足了内心的渴望与追求。为了保证能够令消费者沉浸在企业提供的体验场景中,产品的质量也在不断提高,功能更加完善,包装设计、氛围营造以及服务人员都更加人性化和个性化。消费者在享受深刻而完美的体验盛宴的同时,也获得了高质量的产品与服务。

最后,从经济发展的层面来看,体验营销理论成功地将人的内心感受和抽象意义转化成为商业赢利,因而推动体验主导型产业的发展,促使产业结构进一步优化。体验意识的提高将会使营销者越来越关注消费者的内在心理需求,与之相对应的娱乐和休闲业等体验主导型产品将会进一步的发展。而商品和服务经济发展中遇到的瓶颈也将得到缓解,消费市场将会进一步被开拓。但在这里要纠正一个认识误区:体验时代的到来并不会带来传统经济的消亡。人们需要其他的经济提供物(包括原料、产品和服务)来维持基本的生存和生活,而体验也需要附着在一系列的商品和服务之上才能被提供给消费者。也就是说,典型的体验经济仍然要以服务为舞台,以商品为道具。所以,体验经济的来临只能说明传统产业中的体验含量将会普遍提高,体验主导型产业在经济中的比重将会提高。

然而体验营销并非毫无瑕疵,它在理论构建和实践运作的过程中都存在着一定的局限性。

从适用范围来看,体验营销理念虽然被许多企业视作挖掘新市场的营销利器,但并不意味着所有的企业都可以在营销中融入体验成分。对于非体验类产品行业(如采矿业、电力、燃气供应业、医药制造业、化学工业品制造业)以及非体验类服务行业(如货运、金融、技术服务业等)来说,他们并不直接面对个体消费者,其产品也无法被赋予花样繁多

---

①② 伯恩·施密特. 体验营销[M]. 北京:清华大学出版社,2004:13,18.

的体验属性。因此，传统营销模式仍然在这类涉及社会安全和经济命脉的产业中占据绝对主导的地位，体验营销往往作为传统营销的辅助手段存在，仅在与消费者进行接触的部分环节和元素上发挥作用。

此外，体验营销中对于个性化、私人化、自我实现的过分强调有可能会引发一种"自我认证危机"。托夫勒在《未来的冲击》中描述了这样一个过度追求自我，谋求改变的未来社会：

……我们会经常感到苦恼和厌烦，对现状莫名其妙地感到不满；换句话说，对眼下的生活模式不顺心……寻寻觅觅，想要找到其他生活模式……每当我们选定某一模式，做出一次最高选择，我们就和某一个或某几个亚文化群发生沟通，自我形象也随之改变。在某种程度上，我们变成了另外一个人，在自己心目中也有所不同。[①]

在这个社会里，人们习惯了随时抛弃旧有的意识形态，短暂地接受新的生活方式，然后随时准备叛逃。如此这般循环往复，疲于奔命。因为没有坚定的信仰而感到迷惘，频繁认证自我的结果就是自我将不复存在。尽管这只是一个关于未来社会的预言，但是却给体验营销的社会实践敲响了警钟——体验营销不是一种营销万灵药，它必须在一定的范围内被理智地、谨慎地、有所保留地应用到营销实践当中去。

● **思考与讨论**

1. 试分析"体验营销"理论产生的理论基础和时代背景。
2. "体验营销"理论有哪些局限性？

● **相关知识链接**

阿尔温·托夫勒与《未来的冲击》 阿尔温·托夫勒（Alvin Toffler）从1970年到1990年间，著有《未来的冲击》、《第三次浪潮》、《权力的转移》三部连为一体的未来学名著，享誉全球，成为未来学巨擘。他在《未来的冲击》中写到：在社会的剧变下，短暂性的信息不断袭扰人类的感觉，新奇性的事物不断撞击人类的认知能力，而多样化的选择则不断搅乱人类的判断能力。当人类无法适应这三股联袂而来的变动刺激时，便导致了变动的疾病：未来的冲击。倘若我们能借鉴其中，计划性地去发展全面和谐的社会，则不仅可以避免许多西方过去所遭遇的危机，而且即使我们经济起飞到达先进阶段，也可克服许多未来冲击的危机。《未来的冲击》是托夫勒奠定声名之作，本书的出版也标志着未来学进入美国文化的主流领域，在世界范围内也是影响极广，全球发行700万册，已被译成50余种语言，并且是社科领域被引用次数最多的经典著作之一。

■ **本章回顾**

本章通过"宜家"和"动感地带"的案例分析以及相关营销理论的梳理，从实践和理论两个方面具体探讨了体验营销对于企业进行战略制定和策略实施的积极作用。宜家不仅通过独具特色的目录册广告为消费者打造了难忘的购物之旅，而且带来了简洁、时尚的生

---

① 阿尔温·托夫勒. 未来的冲击 [M]. 北京：中国对外翻译出版公司，1985：277-279.

活方式革命。"动感地带"则通过对于目标消费群消费心理的充分把握和充满了体验色彩的传播推广,将自己的品牌理念渗透到消费者的每一个生活细节之中,给他们带来了全方位、多层次、不间断的特色体验。本章的最后一节则通过对于体验营销的产生背景以及各种体验营销理论和相关广告理论的梳理,对于"体验营销"理论的发展现状进行了详细的论述和概括。

■ 关键概念

目录册广告　"我的地盘我做主"消费心理　品牌内涵　体验营销　体验式广告

■ 案例实训

迪士尼乐园深入演绎互动体验营销

1955年,世界上第一个迪士尼乐园在美国诞生(如图7.23、图7.24所示),随即便席卷全世界,铸造了世界第一娱乐帝国;44年后,中国的第一个即时通信软件——腾讯QQ,也以另一种方式演绎着同样的神话。今天,高度叠合的目标消费群让两大娱乐帝国走到了一起,联袂开启了一段精彩的"海盗"之旅。

图 7.23　迪士尼集团 LOGO

图 7.24　美国迪士尼乐园

娱乐与网络的碰撞

以年轻人为目标消费群,销售欢乐的迪士尼,以"梦想成真"为口号,在全球建立起强大的娱乐帝国。2005年9月12日,投资31亿美元的香港迪士尼乐园在大屿山正式开业,成为香港旅游业新的经济增长点。(如图7.25所示)

图 7.25　香港迪士尼乐园

香港迪士尼乐园是继日本之后亚洲的第二个迪士尼乐园，也是中国第一个迪士尼乐园。作为世界级娱乐中心，香港迪士尼已经成为吸引内地游客的一个亮点，其主题园区包括幻想世界、探险世界、明日世界以及美国小镇大街，为中国游客提供了一个原汁原味的美国风情体验。

借火热大片《加勒比海盗：魔盗王终极之战》（如图 7.26 所示）上映之际，香港迪士尼乐园筹备了"魔盗王玩转迪士尼乐园"特别节目，推出各项以海盗为主题的互动娱乐活动、拍照景点，并有海盗造型的人物、各式各样的游戏、特色餐饮及精品等。宾客一踏进这个海盗世界，随即便可体验海盗历险之旅。

作为中国流量领先的网络媒体，拥有 5 亿注册用户的腾讯网（如图 7.27 所示）覆盖了遍布一、二级城市、高达 95% 的中国网民，其中 2.7 亿活跃用户，这些用户年龄集中在 18～30 岁之间，大专及本科以上学历的用户比例超过 65%，与其他门户网站相比，腾讯网的用户活动参与性强、消费观更时尚、更具购物冲动，消费特征与迪士尼的目标群体高度重合。

为进一步推广暑期的海盗世界，2007 年 6 月 5 日至 8 月 12 日，香港迪士尼乐园携手腾讯发起名为"夏日魔盗王'夺宝大行动'"的大型互动游戏活动。整合运用腾讯 QQ 群、QQ 秀、QQ 堂、Qzone 四条优势产品线，与网友展开深度互动和模拟体验，以娱乐营销影响潜在消费者。

与网络共舞，营销"娱乐"

借助互联网，通过快速便捷的网络来达到爆发式品牌推广的方式越来越为企业所看重。"夏日魔盗王'夺宝大行动'"也不例外，活动充分发挥了腾讯 QQ 的产品优势，通过前后紧扣的游戏环节，让网友在游戏中产生对迪士尼的强烈愿望和品牌认知。

网友开始"夺宝大行动"后，需要在活动主题网站登录 QQ 号，建立 QQ 群，或者加入已有的群，每一个群就是一艘海盗船，让网友有一种身临其境的感觉。其中每一艘船的

图 7.26 《加勒比海盗：魔盗王终极之战》宣传海报

图 7.27 腾讯 QQLOGO

"船员"都不超过 4 人，有了海盗船，"船员"们即可驾驶海盗船驶入下一环节，而迎接他们的则是更多的未知的幻想。

"最露脸大比拼"

拥有海盗船后，当然要为自己亮出独具个性的海盗标志。活动期间，每位船员要将 QQ 昵称更换为含"魔盗王"的字样，如"魔盗王来了"；只要将全体船员的 QQ 昵称和海盗标志一起截图并上船，即可赢得第一笔宝藏。

迪士尼乐园借助 QQ 用户庞大的人际圈子，以海盗船替换 QQ 群概念，引发了网友间不断模仿的"羊群效应"。而通过鼓励网友秀出全船成员的 QQ 昵称及海盗标志，则无形中使网友扮演了活动的传播媒介，形成病毒式传播。

"Flash 快问快答问题游戏"

在这个环节，船员们要在指定的时间内快速回答对所有问题，这些问题与香港迪士尼乐园相关，通过这种游戏体验的方式，让他们在游戏中享受惊险刺激，在潜移默化中对香港迪士尼乐园产生丰富的认知。

"QQ 堂多人对多人 PK 赛"

QQ 堂是腾讯自主开发的第一款中型休闲网络游戏，注册用户 6800 万，是香港迪士尼乐园的核心消费群高度云集之地，本次海盗夺宝行动的高潮也恰好集中于此——魔盗王终极争霸赛。

为配合活动的深入推广，QQ 堂布置了海洋历险场景，将香港迪士尼乐园海盗世界的真实环境植入游戏之中。争霸赛模拟海盗的抢宝行动，不仅进行个人之间的比赛，也要进行船与船之间的 PK 赛，网友们将发挥团队精神，共同向宝物发起冲刺，体验海盗的抢宝乐趣。

"博客赛"

Qzone是年轻族群互动参与、交流情感、表现最为活跃的空间。因此本次活动还借助Qzone开展海盗日志大比拼。通过再现"探险夺宝之旅",评选海盗人气王,让"海盗"在博客中交流分享快乐,让消费者体验到迪士尼品牌丰富的游戏乐趣,形成了活动的二次传播高潮。

经过刺激的游戏形式和快乐的游戏体验,胜出的团队会登上每周的TOP25王牌海盗榜,炫耀自身的实力与财富。不仅如此,胜出的团队将凭借积分获得QQ秀海盗升级装备、QQ秀套装升级产品等虚拟奖品,而最终获胜者将会获得迪士尼门票大奖,大大调动了网友参与游戏互动的积极性。

"夏日魔盗王'夺宝大行动'"自上线以来,得到了网友的积极响应,惊险、刺激、富有趣味性和体验感的互动游戏活动让网友对迪士尼乐园有了深层次的了解,也改变了年轻族群对迪士尼品牌孩童化的传统印象,对迪士尼乐园有了全新的定位和认知。

众所周知,迪士尼乐园的经营与管理以体验而闻名。通过丰富的体验活动,迪士尼让游客沉浸于一个梦幻的国度。而今,在对自身品牌的推广上,香港迪士尼乐园继续发掘目标消费群体内心的渴望,以互联网作为体验媒介,达到品牌效应、人气效应、财富效应的多重丰收,再一次完美演绎了体验营销的魅力。

(材料引自网络http://www.17pr.com/html/64/76764-64735.html)

● 思 考 题

1. 阅读以上材料,请分析迪士尼乐园是如何与腾讯QQ合作展开互动体验营销的?

2. 迪士尼乐园通过腾讯QQ作为平台,网罗了一批18～30岁的消费群体。请结合体验营销分析这个年龄段的消费群体有着怎样的消费心理。

第八章 广告诉求心理

■ 本章导读

"在时速60英里时,最大的闹声来自电子钟"(1英里约为1.6千米——编者),这是20世纪50年代末在美国风靡一时的广告语,并一直传诵至今。这神来之笔出自20世纪最负盛名的广告大师——大卫·奥格威之手。广告的描述对象同样誉满全球,那就是备受世界各国政要和富豪垂青的劳斯莱斯轿车。这则广告的非凡之处不仅仅在于为劳斯莱斯的品牌形象添砖加瓦,更在于为广告界树立起了一座理性诉求的丰碑。1994年山东孔府家酒厂在中央电视台打出的一则"孔府家酒,叫人想家"的广告则是那个时期我国最为成功的情感诉求广告之一。这小小的一瓶酒装下的竟然是无数游子的思乡之情。以上两例成功的广告,最大的特点就是根据各自产品的特征,因时制宜地采用了恰当的诉求方式、抓住了最佳的诉求点。

第一节 "在时速60英里时,最大的闹声来自电子钟"
——劳斯莱斯轿车广告案

案例概述 大卫·奥格威(David Ogilvy)——20世纪美国广告界的执牛耳者,这位被誉为"现代广告教皇"的英国人,早年做过厨子,当过炊具推销员、市场调查员,之后又在英国驻美大使馆工作,在美国宾夕法尼亚州当农民。他以6 000美元的原始资金亲手缔造了如今广告业的巨擘——奥美广告公司(Ogilvy & Mather),他的许多广告作品被后世奉为圭臬,其中就包括他为英国劳斯莱斯轿车创作的一则广告。

在接受劳斯莱斯的广告之前,奥格威为哈撒威(Hathaway)公司制作了"穿哈撒威衬衫的男人"(The man in Hathaway skirt)的广告,塑造了一个略显神秘又卓尔不凡的"戴着黑色眼罩男人"的经典形象。他还受波多黎各(现在是美国的一个自由邦)总督的委托,为该国撰写招商广告也获得了巨大的成功。奥格威自己也称"它是以一场广告宣传运动改变一个国家形象的唯一例子"①。这些广告使奥格威盛名远扬。

奥格威曾这样说道:"我发现我感兴趣的产品往往容易用文字来阐释。几乎从生下来,我便对劳斯莱斯车钟爱有加,所以我才会尝试着去写它们。"

劳斯莱斯确实拥有这样的魅力,自第一辆劳斯莱斯问世起,它就赢得了无数汽车爱好者乃至富豪政要的青睐。有这样一句话来形容劳斯莱斯在人们心目中的显赫地位:"每当人们提及奢侈、尊贵的终极目标时,几乎都会将口径统一为某行业的'劳斯莱斯'"。(如图8.1所示)

图8.1 劳斯莱斯全新"幻影"Phantom系列

- 1904年底,第一批劳斯莱斯在巴黎展出,并一举成名。
- 1907年,劳斯莱斯公司生产的"银色幽灵"(Silver Ghost)被认为是世界上最昂贵(估价2000万英镑)、最著名的车。
- 1952年,英国女王伊丽莎白二世登基后,劳斯莱斯成为英国皇室的专用车,并被授权使用皇室专用徽章。
- 劳斯莱斯性能优良,在第一次世界大战中,曾被改装为装甲车,在炙热的沙漠中发

---
① (美)大卫·奥格威. 一个广告人的自白[M]. 林桦译. 北京:中国物价出版社,2003:65.

挥了惊人的性能。

・每一部劳斯莱斯都是精雕细琢的艺术品，它所有汽车的发动机都完全是手工精心打造的，其正面格栅不仅完全用手工制作，而且不借助任何工具，完全凭技师敏锐的眼力。

・劳斯莱斯的每一辆汽车在生产出来后，必须经过14天的试车，而美国通用旗下的高端车凯迪拉克只不过测试4小时。

・劳斯莱斯异常重视售后服务，早年公司就开始定期派机械师上门为客户检查车况。有这样一个小故事流传着。有一回，一对美国夫妇驾着劳斯莱斯到欧洲旅行，汽车跑到法国一个村落时，后轴突然折断。这里离劳斯莱斯代销点有数百公里。这对美国夫妇就直接通过电话与劳斯莱斯伦敦总部联系，并倾吐了满肚子牢骚。不到两三个小时，只见从天空中飞来一架直升机，降落在这辆车旁。劳斯莱斯公司派专人带着后轴乘飞机来给他们赶修。技师把后轴修复后，反复道歉然后再返回。几个月后，这对美国夫妇到达伦敦，要求交付修理费。公司负责人坚决拒收，并说："我们公司的车轴折断，还是创业以来的第一次。我们以不发生故障为荣，既然发生了这次事故，我们不但不能收费，还要给你换上一根永远不会折断的车轴。"

劳斯莱斯的历史可以追溯到20世纪初。1904年，亨利・莱斯（Frederick Henry Royce），这位从14岁开始就对工程设计非常感兴趣的英国人，在一辆二手德维科尔车（Decauville，当时一种法国车的品牌）的基础上，制造了他自己的第一辆车。由于该车性能良好，莱斯被引见给当时正从事进口汽车经销的英国贵族查尔斯・劳斯（Charles Rolls）。两人一拍即合，决定成立一家汽车公司，由莱斯负责生产，劳斯负责销售。公司以两位创始人的姓氏命名。公司的平面车标以两个重叠的"R"为中心，上下分别写着"Rolls"与"Royce"，寓意两人紧密合作，团结奋进。

早在1921年，劳斯莱斯就进入了美国市场，并在马萨诸塞州的斯普林菲尔德建立了工厂。1949年，针对美国市场，劳斯莱斯推出"银色黎明"（Silver DrawnⅠ）。1955年，"银色云彩"（Silver Cloud）面世，它被称作是劳斯莱斯应用现代设计前的最后一款车型。该车使用"银色黎明"系列的4 887cc发动机，设有一个全新的、气派的钢质车身，配备自动变速器。

为了增加销量，1958年，劳斯莱斯公司委托奥格威为"银色云彩"制作广告。一个是广告界的翘楚，一个是汽车中的贵族，当两个传奇相遇时，所创造出来的是广告史上最为人津津乐道的长文案，也是理性诉求广告的典范之作。

奥格威事后回忆当时的情形：劳斯莱斯的预算不足凯迪拉克的2%，这要求我们去创造奇迹——一个类似面包和鱼的奇迹（源于西方宗教故事，比喻奇迹的发生）。我们必须写出一个人人能读且过目不忘的文案来。

虽然困难重重，奥格威还是无比自信的，这从他当时发给英国劳斯莱斯总部的一封短文中就可见一斑。他在信中写道[①]：你们制造了世界上最优秀的轿车，我们的任务就是创作出世界上最棒的广告。它们一定要比凯迪拉克（美国汽车巨头通用汽车旗下的豪华车品牌）、帝王（克莱斯勒汽车公司旗下高端品牌）以及大陆（福特汽车旗下高端品牌）的广告更加优秀。当然这是一件难办的事情。我们的广告必须为劳斯莱斯确立至高无上的领导

---

① Julian Lewis Watkins, *The 100 Greatest Advertisements* 1852-1958, Courier Dover Publications, 1993：229.

者姿态，决不能让它看起来是在为一辆普通的进口车打广告。

为了撰写出满意的文案，奥格威用了三个礼拜的时间研究"银色云彩"，在创作的过程中，数易其稿，光标题就拟出26个，才偶然拾得"这辆新型的劳斯莱斯在时速60英里时，最大的闹声来自电子钟"（1英里约为1.6千米——编者）（At 60 miles an hour, the loudest noise in the new Rolls-Royce comes from the electric clock）这句话，后来这一佳句成为广告文案的标题。颇有趣味的是当劳斯莱斯的主任工程师读到这句话，不禁悲伤地摇头："是该对那该死的钟想点法子的时候了。"

广告一经推出，劳斯莱斯在美国的销量有了明显的攀升。虽然劳斯莱斯与奥美广告公司之间的合作关系并没有维系太长时间，但这则成功的广告为奥格威带来了广泛的声誉。石油巨头壳牌公司正是认可奥格威为劳斯莱斯所做的广告活动，才将广告业务交由奥美打理。这一订单使奥美的营业额翻了一番，并开始了海外发展之路。

劳斯莱斯公司之后虽几经波折，但仍然续写着这个百年品牌的不朽神话。20世纪60年代，由于研发新型飞机引擎，公司陷入了严重的财政危机。1971年，劳斯莱斯汽车和航空部门被分离。1980年，劳斯莱斯汽车有限公司被Vickers收购。1998年，又被大众汽车以7.97亿美元的高价买下，而在收购劳斯莱斯中失败的宝马汽车公司在当年以4000万英镑购买了劳斯莱斯的商标，并与大众签署了一项协议：从1998年起，大众公司拥有5年的劳斯莱斯商标使用权，期限到2002年底；从2003年起，劳斯莱斯品牌自动归宝马公司所有，大众公司则拥有劳斯莱斯汽车公司的另一个品牌——宾利。2003年，宝马接管劳斯莱斯后，发布了一款全新的"幻影"（Phantom），这款车在欧美和亚洲都非常受欢迎。

劳斯莱斯这个象征着昔日大英帝国无限辉煌的汽车品牌，尽管数次易主，设计风格也有所变化，但不论其谱系如何拓展，其整体风格历经世纪风雨的洗礼仍显尊贵典雅。

案例评析 大卫·奥格威的劳斯莱斯"银色云彩"广告文案是公认的理性广告经典案例。奥格威共创作了两则广告，一则正文内容含英文单词719个，另一则为1400个字。不同之处在于篇幅更长的那则广告列举了劳斯莱斯的19个具体优点（篇幅小的那则列举了13个优点），同时还介绍了公司生产的飞机引擎。下面以文案稍长的为例。

文案标题："这辆新型劳斯莱斯在时速60英里时，最大的闹声是来自电子钟"（1英里约为1.6千米——编者）

副标题："什么原因使劳斯莱斯成为世界上最好的车子？"一位劳斯莱斯知名的工程师说道："说穿了，根本没有什么真正的戏法——这只不过是耐心地注意到细节。"

文案正文：

（1）《汽车》杂志（编者注：该杂志是创办于1903年的英国汽车周刊，目前已更名）的技术主编报告："在时速60英里时，最大的闹声来自电子钟。"（1英里约为1.6千米——编者）引擎是出奇的寂静。三个消音装置把声音的频率在听觉上拔掉。

（2）每台劳斯莱斯的引擎在安装前都以最大的气门开足7小时，而每辆劳斯莱斯在各种不同的路面试车数百英里。

（3）劳斯莱斯是为车主自己驾驶而设计的，它比国内制造的最大型车小46厘米。

（4）本车有机动方向盘，机动刹车及自动排挡，极易驾驶与停车，不需司机。

第八章　广告诉求心理

（5）除驾驶速度计外，在车身与车盘之间，互相没有金属衔接。整个车身都加以封闭绝缘。

（6）组装的车子要在最后测试室经过一个星期的精密调整。在这里分别受到98项不同的严格测试。例如，工程师使用听诊器检测轮轴所发出的低微声音。

（7）劳斯莱斯保修三年。随着从东海岸到西海岸新的经销网络和零件站网络的建成，服务不再有任何问题。

（8）著名的劳斯莱斯引擎冷却器，除了在1933年亨利·莱斯先生去世时，把双R的标志由红色改为黑色外，从来没有更改过。

（9）车身在制造装配前，先涂上了5层底漆，每层都用手工磨光，之后再上9层油漆。

（10）移动方向盘上的开关，你就能够调整减震器以适应不同的路况。（驾驶不觉疲劳是本车的显著特点。）

（11）另外有后车窗除霜开关，控制着有1360条的热线网，这些看不见的热线网都嵌在玻璃中。本车备有两套通风系统，因而即使你驾车时关闭全部车窗也能感觉良好。空调系统是可以选择的。

（12）座位的垫面是由8头牛的皮革所制——足够制作28双软皮鞋。

（13）仪器板下可以拉出镶贴了胡桃木的餐桌。另外两个餐桌可以从前座后面旋转出来。

（14）你还能选择下列额外配件：做浓咖啡的设备、电话自动记录器、盥洗用冷热水系统、电动刮胡刀。

（15）你只要压一下驾驶者座下的推板就能使整个车盘加上润滑油。在仪器板上的计量器可以指示出曲轴箱中的汽油存量。

（16）本车汽油消耗量极低，因而无需购买特价汽油，这样的节省使人高兴。

（17）本车有两套不同的制动系统：水力制动器和机械制动器。劳斯莱斯是非常安全的汽车，同时也是非常灵活的汽车。它在时速85英里时，可以安静地行驶。最高时速超过100英里。

（18）劳斯莱斯的工程师会定期地走访车主，检修汽车，并提出意见。

（19）宾利汽车由劳斯莱斯公司生产。除了引擎冷却器外，两车完全一样，是由同一工厂的同一工程师打造的。宾利因为其引擎冷却器制造较为简单，所以便宜300美元。对驾驶劳斯莱斯不感兴趣的人，不妨购买一辆宾利。

价格：广告图片中劳斯莱斯的售价——在主要港口岸边交货——13 550美元。

假如你想得到驾驶劳斯莱斯或宾利的愉快经历，请与我们的经销商接洽。他的名字写于本页的底端。

劳斯莱斯公司　纽约　洛克菲勒广场10号

右边方格内的小标题：喷射引擎与未来

文案正文：

（1）某些航空公司已经为他们的"波音707"以及"道格拉斯DC8"选用了劳斯莱斯的涡轮喷射引擎。劳斯莱斯的喷射螺旋桨则用于Vickers Viscount，Fairchild以及Guiana Gulfstream等飞机上。

• 全世界航空公司的涡轮喷射引擎和喷射螺旋引擎，有一半以上是向劳斯莱斯订货。

- 劳斯莱斯现有员工42000人,而本公司的工程经验不局限于汽车及喷射引擎。
- 本公司的庞大研发资源正计划从事许多工作包括核子以及火箭推进等。

(如图8.2所示)

图8.2 当时奥格威为劳斯莱斯设计的平面广告

创作优秀的广告文案

这则广告从上而下分别是图片、标题、副标题以及正文,汽车的照片占据了这则广告的上半部分,许多关于劳斯莱斯优点的详细信息则列于下半部分,这是中规中矩的布局,也符合奥格威本人的文案撰写和构图的理念。

此则广告最令人难忘的是位于照片下的文案标题。奥格威认为:"如果你没有在标题里写点有推销力的东西,你就浪费了你的客户所花费的80%。"① 他主张品牌名称应该写进标题中,而"10个字或10个字以上带有新信息的标题比短的更能推销商品"②。这或许就是这则文案的标题长达18个单词的原因之一。

"标题若能引起读者的好奇心,他们很可能就会去读你的广告的正文。因此,在标题结尾前,你应该写点诱人继续读下去的东西进去。"③ 很明显,"这辆新型劳斯莱斯在时速60英里时(1英里约为1.6千米——编者),最大的闹声是来自电子钟"的确给读者无限遐想。

在使用插图和编排文案方面,奥格威在《一个广告人的自白》(*Confessions of an*

---

①②③ (美)大卫·奥格威.一个广告人的自白[M].林桦译.北京:中国物价出版社,2003:121,123.

Advertising Man）中阐述道：

照片比绘画更能促销；在大标题和正文之间插入副标题可以提高读者读下去的兴趣；把广告文案的版面分栏（这则广告中，共分有四栏）；如果有许多各不关联的事要讲，你千万不要用许多令人厌烦的连接词。就像我现在做的这样，一样样地编上号就可以（奥格威分了19个小点来论述劳斯莱斯的诸多优点）；不要把你的大标题排在插图之上，那样做会使插图失去应有的外观，会使广告吸引注意力的能力平均丧失19%，报纸编辑从不这样做，一般来说要模仿编辑，你的顾客的阅读习惯是由报刊编辑们培养起来的。

通过观察可以发现奥格威是完全按照他的理念来设计劳斯莱斯广告的。这则刊登在平面媒体上的，长达一千余字的理性诉求广告不仅没有因其篇幅过长而使人兴致索然，反而能激起读者的好奇，吸引人们读下去。奥格威自己也自豪地说道："在最后一段里我写道'囊中羞涩无力选购劳斯莱斯的人可以买一辆宾利'（在本文中我们是这样翻译的"对驾驶劳斯莱斯不感兴趣的人，不妨购买一辆宾利"），从批评'囊中羞涩'这个词的人数之多来判断，我的结论是这则广告大家是从头到尾读完了的。"① 原因何在？那就是奥格威抓住了理性诉求的最大特点，定位于受众的理智动机，运用了许多数据，准确、正确、公正地传达了企业、产品、服务的客观情况，并进行了巧妙的说服，从而达到了说服消费者的目的。

奥格威并没有单纯地说劳斯莱斯具有完美的静音装置，而是说："《汽车》杂志的技术主编报告'在时速60英里时，最大的闹声来自电子钟。'（1英里约为1.6千米——编者）引擎是出奇的寂静。三个消音装置把声音的频率在听觉上拔掉。"他也没有说该车经过众多严格的检测，而直接写道："组装的车子要在最后测试室经过一个星期的精密调整。在这里分别受到98项不同的严格测试。例如，工程师使用听诊器检测轮轴所发出的低微声音。"这就是奥格威的过人之处，他曾这样说过："干我们这一行的人普遍有一种看法，认为人们不愿意读长广告。这当然不是事实。文案该有多长？这取决于产品。你若是在为一种有各种各样特征需要加以介绍的产品做广告，那就写长文：你介绍得越详细，销售得也就越多。"

立足事实——发掘产品的卖点

理性诉求之所以能发挥作用，是在于它能使受众经过概念、判断、推理等思维过程，理智地做出决定。这就要求广告的诉求点必须立足于事实，奥格威正是充分地利用了这一点。

美国的汽车工业是当时世界上最为成熟的。在1893年，美国福特汽车的创始人亨利·福特发明了世界上第一辆以汽油为动力的汽车。7年后，汽车开始了批量生产，人们进入了汽车时代。

到了20世纪四五十年代，美国的汽车设计成为商业性设计②的典型代表。因为第二次世界大战后的美国人需要一系列新的设计来反映和实现他们的乐观主义心情，消除战争时

---

① （美）大卫·奥格威．一个广告人的自白［M］．林桦译．北京：中国物价出版社，2003：125-126．
② 商业性设计：工业设计的一种流派，它把设计完全看做是一种纯商业竞争的武器，只追求视觉上的新奇与刺激，这有时候是以牺牲部分使用功能为代价的，其本质是形式主义。它在设计中强调形式第一、功能第二。设计师们为了促进商品销售，不断翻新花样，以流行时尚来博得消费者的青睐。

期物质匮乏带来的艰辛生活的记忆,汽车成了寄托他们希望的理想之物。当时,美国的通用汽车公司、克莱斯勒公司和福特汽车公司都用纯粹视觉化的手法来反映美国人对于权力、流动和速度的向往,并取得了巨大的商业成功。20世纪50年代的美国汽车虽然宽敞、华丽,但它们耗油多,功能上也不尽完善。但这对制造商来说是无关紧要的,因为他们生产的汽车并不是为了经久耐用,而是为了满足人们把汽车作为力量和地位标志的心理。最具代表性的是随着喷气飞机时代的来临,尾翅(也称尾鳍)开始在汽车中流行。早在1948年,美国著名的设计师厄尔(Harley Earl)就给凯迪拉克的双座车按上了尾翅。到1955年,凯迪拉克"艾尔多拉多"(Eldorado)型小汽车的尾翅已趋于成熟,其整个设计成一种喷气时代高速度的标志,车篷光滑地从车头向后掠过,尾翅从车身伸出,形成喷气飞机喷火口的形状。这种华丽的设计基本是一种纯形式的游戏,汽车的造型与细部处理和功能并无多大关系。

20世纪50年代末,由于生产扩大和有支付能力的需求之间矛盾的加深,一场世界性的经济危机首先在美国爆发了。它导致商品滞销、库存增长,工业生产能力下降13.5%,钢铁和汽车等部门的生产量下降一半以上。60年代开始,消费者抛弃了以往强调越大越美的汽车造型,传统而保守的造型蔚然成风,以大众汽车公司的甲壳虫为代表的小型汽车大为流行。

劳斯莱斯的"银色云彩"(Silver Cloud)正是在这样一个变革的时代背景下推出的产品。当时,在美国市场上,劳斯莱斯主要面临着两大问题。[1]

1. 人们对劳斯莱斯的误解

在美国人眼中,劳斯莱斯是辆外表看起来像个大箱子的老式汽车。美国人认为购买一辆劳斯莱斯需要花费20 000美元,而且需要配备专职的汽车司机。

奥格威这样说道:"我们的广告必须清除这些误解,我们的广告应当比底特律汽车制造商的广告包含更多的事实和信息。这些信息必须被准确无误地记录下来。"

2. 美国社会的反势利传统(Inverted Snobbery)

除了人们的误解以外,销售劳斯莱斯另一个最大的阻碍来自于美国社会强大的反势利传统。在美国富人眼里,没有一件事比购买劳斯莱斯更显得是在卖弄和炫耀了。由于这个原因,车主购买劳斯莱斯的话,往往会遭到朋友的批评。这个心理障碍是强大的,而且不能轻而易举地移除。

针对这个问题,奥格威认为:"因此,我们的广告要避免过度地展示豪华的排场,不能有气势宏大的门厅,也不能有门房。我们必须暗示劳斯莱斯并没有底特律的豪车那样的张扬和卖弄。我们出售宾利,以供那些对劳斯莱斯不感兴趣的潜在客户选择。我们的广告应该为劳斯莱斯树立起象征着'美国生活'典范的形象。"

奥格威正是基于对整个汽车行业以及劳斯莱斯轿车各项性能的准确把握,才发掘出吸引消费者的卖点,并通过理性的论证,最终达到了促进销售的目标。

当时的美国轿车以宽、长为特点,并且油耗大,奥格威就强调劳斯莱斯比国内的最大型车小18英寸,且汽油消耗量极低;美国人以为劳斯莱斯仍然要卖20 000美元的高价,而且需要专职司机,奥格威就在广告中明确地表明劳斯莱斯的售价,并且指出劳斯莱斯容

---

[1] Julian Lewis Watkins, *The 100 Greatest Advertisements* 1852-1958, Courier Dover Publications, 1993: 299.

易驾驶,不需要司机;为了避免由于炫富造成人们的反感,奥格威选择了一个温馨的场景作为图片背景:母女两人正捧着东西从商店走出来,而父亲则在车中耐心地等候。可以看出来,广告设计的每一个细节,都围绕着劳斯莱斯本身的功能,都是以事实为依据,客观、真实、详细地向消费者告知产品的信息,试图去打消人们的某些误解和疑惑。

设计有针对性的广告

汽车,毫无疑问是一种高卷入度的商品,在做出购买决定之际,消费者会广泛收集相关信息,规避由于信息缺失带来的高风险。对于劳斯莱斯这种近乎天价的豪华轿车来说就更是如此。奥格威在这则广告中主要是诉诸理性,提供了许多详尽的数据,陈列了许多消费者关注的客观事实,这能够帮助消费者树立购买信心,强化消费者对广告品牌的肯定信念,因而达到了较好的说服效果。

不仅产品的类型对广告的诉求方式有举足轻重的影响,广告的诉求对象也决定着诉求方式的选择。劳斯莱斯从诞生之日起就属于顶级的奢侈品。它售价之高到了令人咋舌的地步,让其他桥车相形见绌。我们拿"银色云彩"和与它同时代的通用和福特旗下的两款豪华轿车做比较:1953年,凯迪拉克推出了它战后第一款豪华轿车Eldorado,这款当时被惊呼为天价的车型,售价7 750美元。福特旗下的林肯MarkⅡ,在20世纪50年代一共生产了3 000辆,被称为"美国的劳斯莱斯",当时它的售价也只有10 000美元。毋庸置疑,劳斯莱斯的目标客户是全球的顶级富豪与政要。劳斯莱斯的董事长罗伯森在2008年接受记者采访时说:"劳斯莱斯汽车的定位是整个行业的顶端,劳斯莱斯汽车的目标客户是有非常高的财富收入的群体,他们可以支配的收入大概是2500万到3000万美元,在世界各地他们的人数大概在95000人左右。"

可以预见的是,劳斯莱斯的目标客户一般都是知识程度较高,接受过良好教育的人。心理学研究表明,受众的文化水平越高,受教育程度越高,更容易受到理性的支配。因此,也就不难理解为什么奥格威不厌其烦地一一列举"银色云彩"的各项优秀的性能。

"我们做广告是为了销售,否则就不是做广告"

劳斯莱斯的这则广告处处都体现着奥格威的风格,可以说正是奥格威一贯的创作理念主导着这个文案的诉求方式和表现形式。在谈及奥美文化的时候,奥格威说过一句话:"我们做广告是为了销售,否则就不是做广告。"虽然奥格威被视为美国20世纪60年代广告创意革命的旗手之一,但奥格威更强调广告的销售功能,奥格威重视创意的前提是该创意必须有利于促进销售。他反对将广告看成是前卫的艺术形式,极力批评当前许多只为参赛捧奖的"飞机稿"。

奥格威认为消费者并不会因为该产品的广告具有创造性就购买该产品。为了能把产品销售出去,广告商要做的是在广告中向消费者做出承诺,包括:①

- 物有所值(value for money);
- 具有美感(beauty);
- 有营养(nutrition);

---

① Jodi Sandford, David Massey, *Bridges-English for Communication Sciences*, Morlacchi Editore, 291.

- 减轻遭受的痛苦 (relief from suffering);
- 带来社会地位 (social status);
- 其他 (other)。

另外还有一点,那就是陈述事实。广告必须讲事实。"只有很少数的广告包含有为推销产品所需的足够的事实信息。撰稿人中有一种荒唐的传统看法,说消费者对事实不感兴趣。这实在是太错误了。"[①] 劳斯莱斯的文案,几乎都是在讲事实,比如说该车设有能够适应不同路况的减震器,有两种不同的制动系统,轿车在出厂前经历了各种严格的检测,等等。"像这样以事实所做的广告比虚张声势的广告更能助长销售。"

如果要选择正确的承诺,要客观地陈述事实,这就自然而然地需要进行市场调研。在20世纪60年代的美国,随着某些社会和技术因素的改变以及新的广告哲学的出现,广告界进入了一个创意革命的时代。尽管广告界越来越认同伯恩巴克"虽然好的调查大有裨益,不过好的创意更加重要"这个观点,但此时,市场调研仍然受到很多广告人的重视。奥格威就属于这一类型的广告人。"在你动手写出你的广告之前,先研究产品是值得的"[②],他注重市场调研,拒绝在商业广告中使用幽默,他认为没人会从小丑那里购买产品。这也与他早年的经历有关。奥格威曾在乔治·盖洛博士(美国著名的统计学家,市场调查及民意测验专家)的受众研究所担任助理调查指导,他认为这段经历使他总是以一个调查人员的眼光来审视创意工作。因此,奥格威在撰写劳斯莱斯文案前花费了几个星期的时间去研究"银色云彩"就不足为奇了。

在了解了劳斯莱斯"银色云彩"推出时的时代背景、它的目标客户以及大卫·奥格威的广告创作理念后,我们也许就能够更好地明白为什么这则诉诸理性的,甚至有些略显平淡的长文案广告能在美国获得成功的原因了。一如大卫·奥格威所言:"我认为广告佳作是不引起公众注意它自己就把产品推销掉的作品。它应该把广告的诉求对象的注意力引向产品。好广告要诉求对象说的不是'多妙的广告啊!'而是'我从来没有听说过这种产品,我一定要买它来试试。'"

● 思考与讨论

1. 试分析劳斯莱斯这则广告诉求内容和诉求方式选择的依据。

2. 结合实际观察劳斯莱斯轿车当前的广告策略,它和案例中的这则广告有何不同,试分析原因?

● 相关知识链接

劳斯莱斯趣闻 除了由两个重叠的"R"构成的平面车标外,劳斯莱斯还有著名的欢庆女神(The Spirit of Ecstasy)立体车标。20世纪初,许多拥有劳斯莱斯的车主,也许是出于彰显自己个性的目的,纷纷在车头挂上不同的吉祥物。当时劳斯莱斯的总工程师Henry Royce和公司的商业负责人Claude Johnson见此情状,一致认为这样会完全破坏车头的美态,故而决定推出品牌专属的吉祥物。他们邀请了当时担任《汽车画报》总插图师的雕刻家Charles Sykes设计吉祥物。据说Sykes是以法国卢浮宫的一座希腊神话中胜利

---

①② (美)大卫·奥格威. 一个广告人的自白 [M]. 林桦译. 北京:中国物价出版社,2003:110,13.

女神的雕像作为创作的蓝本。欢庆女神车标自1911年起沿用至今。（如图8.3、图8.4所示）

图8.3 劳斯莱斯R车标

图8.4 劳斯莱斯女神车标

劳斯莱斯不仅造车水平了得，而且还具备强大的飞机引擎生产能力。在第一次世界大战中，大约一半的盟军飞机使用的是劳斯莱斯的航空发动机。后来由于研发新型的RB211型扇涡轮引擎，公司遇到了严重的财政问题，最终导致在1973年，汽车业务被公司剥离，成立了单独的劳斯莱斯汽车公司。直到今天，制造发动机的劳斯莱斯PLC公司（在中国称为罗尔斯·罗伊斯公司）仍然在航空、能源、船舶和国防等领域拥有不俗的实力。

劳斯莱斯对轿车购买者的身份和背景要求极为严格，公司曾有这样的规定：黑、蓝色轿车只有国家元首、政府高级官员或有爵位的人才能购买；一般的大富豪只能购买白、灰的浅色系列。

第二节 "孔府家酒，叫人想家"
——孔府家酒广告案

案例概述 曾几何时，一句"孔府家酒，叫人想家"的广告语红遍大江南北，它也成就了一个品牌，那就是位于山东省曲阜市的孔府家酒。

相传孔府酿酒从明朝就开始了，最初是专为祭祀孔子用，后来因为到孔府走访的达官显贵较多，遂逐步转为宴席用酒。真正意义上的孔府家酒厂是在1958年由几家手工酿酒作坊组建而成的曲阜酒厂的基础上发展起来的。孔府家酒素有"三香"（闻香、入口香、回味香），"三正"（香正、味正、酒体正）的美名。1984年，它生产的"曲阜特曲"被当时的轻工业部评为优质产品。1985年，成功研制开发出全国第一个浓香型低度白酒，并率先改革包装，采用陶瓶盛酒（被亲切地称为"大陶"），这种古朴典雅的包装形式为其赢得了1987年全国包装大赛金奖。1988年，孔府家酒在全国第五届评酒会上获国家银质奖，

并从这年开始连续 3 年获得世界布鲁塞尔金奖。① （如图 8.5、图 8.6 所示）

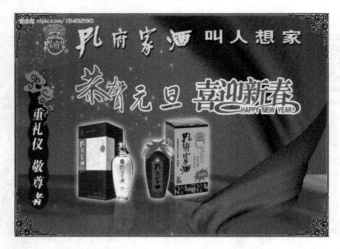

图 8.5 孔府家酒平面广告 1

图 8.6 孔府家酒平面广告 2

有了优质产品作为铺垫，在山东市场上卖得很好的孔府家酒，有意向全国市场扩展。孔府家人很早就意识到企业要打开销路，必须借助广告的力量。1993 年，孔府家和中央电视台建立了业务合作关系。如今看来，这一举措颇具开创性。孔府家酒成为率先在央视投放白酒广告的企业，之后各地的酒厂争相效仿。在推出孔府家酒《回家篇》广告之前，孔府家酒有则 15 秒电视广告，广告中反复宣传的是"荣获布鲁塞尔金奖，出口量居全国第一"，但广告效果很一般。

---

① URL：http：//www.kfj.com.cn/zoujinKFJ/dashiji.html.

负责《回家篇》创意的央视资深广告人陈汉元先生回忆当时广告创作的情形：①

1993年底的一天晚上，山东曲阜酒厂的副厂长和长城国际广告有限公司影视总部的领导到家里来找我，他们说希望我能为孔府家酒出个创意。

那天晚上正好喝了几杯啤酒，我的情绪也挺高的。

我问他们："你们的竞争者对手是谁？"他们说是谁。我又说："是不是突出一个'家'字？"他们认为是这样。

当时，我任主策划的《北京人在纽约》（如图8.7所示）刚刚播完，反响不错，主演王姬和主题曲演唱者刘欢大家都很有好感。我说咱们是不是一起商量，可以利用电视连续剧《北京人在纽约》刚刚播出而引起的观众强烈反应的心理？于是大家取得了共识。

我建议：唱一首歌、突出一个"家"、让刘欢作曲、让刘欢演唱、让王姬上镜。大家马上取得了一致的意见，当时就写下来了。

我希望作曲的旋律一定是《北京人在纽约》主题歌的旋律，但又不完全是它，因为这里有版权问题，而且这样搞也没意思了。要让大家一听就特别熟悉，"哎呦，《北京人在纽约》又要放了。"仔细一看，不是，但又舍不得放下，你想不看，又结束了，就是这么一种心理状况。

图8.7 电视剧《北京人在纽约》海报

你不是要突出一个"家"字吗？一定突出。我记得电视广告文案比较长："千万里，千万里，我一定要回到我的家"，一个"家"了吧，"我的家，我的家，永生永世不能忘"，那么就三个"家"了，"怎么说，怎么想，谁也不能没有这个家"，四个"家"了。然后呢，王姬转过头来说一句："孔府家酒，叫人想家！"哎，六个"家"了。

后来呢，大概删掉了两个"家"，删掉了一句话，因为时间容不下，结果就变成四个"家"了。"千万里，千万里，我一定要回到我的家。我的家啊，永生永世不能忘。孔府家酒，叫人想家！"一说到"家"的时候，孔府家酒瓶上的那个"家"字就转出来了。我们当时在现场就是这么商量的。所以，这样做给人们留下的印象特别深刻！

这些就是我当时搞孔府家酒电视广告《回家篇》创意的想法。同时，马上取得了孔府家酒生产厂家领导和长城国际广告有限公司影视总部领导们的统一认识。这个广告，我记得在一个小时之内，创意、文案基本上就完成了，而且是一次成功。

这则饱含着中国人伦亲情的广告在1994年首届"花都杯"电视广告大奖赛中夺得三项大奖：金塔大奖、公众大奖和最佳广告语奖。在1995年"全国第四届广告作品展"上获电视类唯一金奖。

配合着孔府家酒"大投入"的推广措施，它的销售效果更是惊人。自1994年元旦起，在电视媒介投放，一经播出，极大地促进了孔府家酒在全国市场上的销售。时任曲阜市酒

---

① 徐小娟. 100个成功的广告策划 [M]. 北京：机械工业出版社，2002：105-107.

厂副厂长的孔超先生形容当时的盛况：①

孔府家酒《回家篇》电视广告播出前，我们厂生产的孔府家酒只是在北京、天津、济南和一些沿海城市销售。《回家篇》在中央电视台播出以后，全国各地的糖果公司都纷纷到我厂订货，产品的销售就比原来更走俏一些。

《回家篇》首次播出是在1994年元旦，在那天中央电视台、山东电视台和其他省市的电视台是同时播出的。

我厂1993年完成的利税额是1.1亿元；1994年利税额是2.2亿元，比上年增长100%。1995年计划完成利税额3.3亿元。

1995年，孔府家处于鼎盛时期，这年的销售额达9亿元，有经销商为提货排队等上7天。在产品供不应求时，孔府家酒错误地认为市场容量会进一步扩大，开始盲目扩大生产规模，分散了企业的资金和精力。但是物极必反，盛极必衰是必然的规律，孔府家酒毫无节制的扩张下潜伏的是巨大的危机。

1997年，爆发了"秦池勾兑"事件，号称"永远的绿色，永远的秦池"并连续2年夺得央视标王的鲁酒秦池迅速垮台。曾夸下海口"每天开进央视一辆桑塔纳，开回来一辆奥迪"的秦池不久就从媒体的视野中消失。受到"秦池白酒是用川酒勾兑"系列新闻报道的影响，加之没有一家企业进行了妥善的危机公关处理，造成了鲁酒公信度的全面下降。自此，孔府家酒市场份额逐年减少，经济效益直线下降。最后，仅剩下山东、上海、广东等局部区域市场。

2000年，中国著名的营销人叶茂中先生被请来为孔府家做诊断。他指出了孔府家存在的一些问题：②

"家"的理念没有坚持，过去的孔府家卖的是"家"，现在孔府家卖的是"酒"，孔府家的理念不但没有得到升华，反而由品牌层面、精神层面的"家"退化到产品层面、物质层面的"孔府传世佳酿"。"陶"的特色没有坚持，古色古香的陶，相对于玻璃瓶更具内涵、更具特色，而且更多文化气息。而目前孔府家玻璃瓶的酒甚至比陶瓶的还多。

为了重整旗鼓，孔府家聘请刘欢作为产品代言人，并拍摄了新的广告片，重新以"家"作为诉求点，广告主题仍然是以前那句"孔府家酒，叫人想家"。这场广告战役，一段时间内确实造成了一定的轰动性，但并没有真正挽救孔府家的落败。

除了自身的原因外，孔府家酒的式微也受到大环境的影响。1997年以后，整个白酒行业由于生产与消费不均衡等原因出现衰退，白酒行业进入买方市场。再加上以川酒（如五粮液、剑南春等）为代表的白酒同行的崛起，啤酒、葡萄酒等替代饮品的冲击以及人们消费观念的改变和某些行业政策的限制（如，国家税务总局规定自2001年1月1日起，食品企业包括保健品、饮料行业的企业在内，每一纳税年度可在销售收入8%的比例内据实扣除广告支出，而白酒类企业的广告扣除额度只有2%），使孔府家面临着一个更加变幻莫测的市场。

2007年，孔府家酒携手上海凯纳策划机构共谋复兴。这时，孔府家决定不再执著于"家文化"，而是转而发掘"孔文化"，并以融于"孔文化"中的"中国礼仪文化"作为诉

---

① 徐小娟.100个成功的广告策划［M］.北京：机械工业出版社，2002：109.
② 叶茂中.一杯孔府家万里——孔府家品牌复苏推广记.企业研究，2001（11）.

求点。孔府家酒业有限公司董事长邱振新先生这么说道:"前些年孔府家通过对'家'文化深入而广泛的传播,让品牌内涵得以充分释放。如今时过境迁,再传播'家'文化难以取得理想的效果……合作伊始,凯纳提出'打造中华礼仪文化第一酒'的品牌定位,我们深表赞同。在品牌定位的基础之上,我们启动了文化复兴工程,孔府家酒崛起的步伐得以提速。"至于孔府家这次实施的复兴计划效果如何,我们拭目以待。

案例评析 自从1979年1月28日,上海电视台播出中国历史上的第一则电视广告"参桂补酒"起,中国的电视广告一直以一个积极的态势发展着。时间到了20世纪80年代末、90年代初,中国社会转型进入到一个快速发展的阶段。市场经济的大潮涌动,越来越多的企业开始利用广告拓展业务,并萌发了建设品牌的意识。消费者对广告的态度也经由了一个从不信任到信赖的过渡。1988年,日本山本武利教授对中国城市居民广告意识的调查显示,电视媒体成为这一时期中国城市居民接触广告最主要的途径,同时也是好感度最高的广告媒介。20世纪80年代中后期的中国,整个思想文化界曾经兴起过一股文化热、美学热,这一时期的电视广告也开始注入文化因素。广告的文化品位和人文气息得到突显。1987年广州太阳神的系列电视广告就是最早的典范。在文化因素的影响下,对国人内心有着深刻影响因素的民俗文化也开始慢慢植入广告表现形式中。1991年以"南方牌黑芝麻糊"电视广告为典范,拉开广告文化怀旧的序幕。在那之后的很多电视广告中,产品都以历史遗香的形象出现。① 与此同时,中国消费者的消费意识和品牌意识逐步增强。在当时市场并不成熟、传媒事业还不发达的情况下,广告成为消费者了解产品的重要信息源,对消费者购物的选择拥有巨大的影响力。孔府家酒《回家篇》电视广告正是在这个大的历史背景下一举获得成功的。

"孔府家酒,叫人想家"

"孔府家酒,叫人想家",这句温馨的话语是孔府家酒最能打动人心的广告语,也是《回家篇》的点睛之"语"。

画面1 一架飞机缓缓落在机场的停机坪上,王姬的家人们在外面翘首等候。(背景音乐响起)

画面2 王姬走向家人,和他们紧紧拥抱在一起。(音乐声响起)

画面3 王姬与其父母三人一起坐在沙发上,王姬为母亲系上围巾。(音乐声继续)

画面4 王姬抱着小孩,小孩为她戴上一顶帽子。(音乐声继续)

画面5 (特写)有人用毛笔在红纸上写着一个大大的"家"字。(音乐声继续)

画面6 王姬一家人围拢着桌子在吃饭。(音乐声继续)

画面7 (特写)一瓶孔府家酒从盒子里拿了出来。(音乐声继续)

画面8 王姬斜倚着,深情地说着:"孔府家酒,叫人想家。"身后是一家人在饭桌上亲切交谈的背景。(音乐声终止)

(如图8.8所示)

可以看到,这则广告选取的都是人们日常生活的场景,显得真切、朴实。广告语和背

---

① 陈素白. 中国电视广告30年:价值重塑和分化的推手,中国广播电视学刊,2009(01).

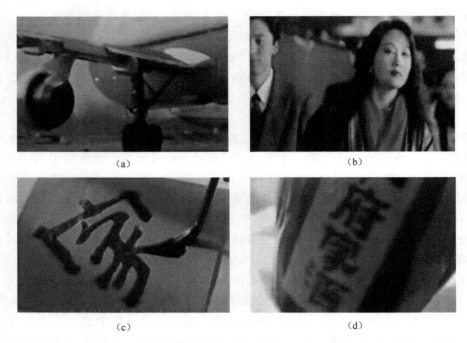

图 8.8　孔府家酒《回家篇》电视广告截图

景音乐都充满了人情味,是典型的情感广告。《回家篇》广告的情感诉求点落在一个"家"字上。"千万里,千万里,我一定要回到我的家。我的家啊,永生永世不能忘。孔府家酒,叫人想家!"寥寥数语巧妙地把孔府家酒名中的"家"与家庭的"家"、国家的"家"联系在一起。"家"对中国人来讲是一个含义最为深远的字眼,据一些学者的研究与考证,在世界上诸多民族的生存史上,唯中华民族的"家"族式生存是最为稳固与持久的,因此,"家"的文化隐喻性浸透了这个民族的全部情感、思念和寄托。[①]

"家"对中国人来说,主要有两层含义。一是血缘关系维系着的小"家",这是亲情,也是常说的人伦之情。儒家要求事父母要尽孝道,事兄长要行悌道,孝、悌都属于"家"文化的范畴。二是以对中华民族的认同感为基础的大"家",这是民族认同感,也包括爱国之情。"国家",这个词本身就深深体现了中国人对"家"的认识,国也是"家",有国才有"家"。

中国人安土重迁,讲究落叶归根、"少小离家老大回",这也是"家"文化的一种表现。中国的古典文学作品更是将"家"文化展现得淋漓尽致。有对故土的思念,如:李白著名的诗句"举头望明月,低头思故乡";"故乡遥,何日去,家住吴门,久作长安旅"(宋·周邦彦《苏幕遮》)。有对家乡亲人的眷恋,如:"独在异乡为异客,每逢佳节倍思亲"(唐·王维《九月九日忆山东兄弟》)。也有对国家的拳拳忠心,如:"苟利国家生死以,岂因祸福避趋之"(清·林则徐《赴戍登程口占示家人》)。

正是由于"家"在中华文明中占有极重的分量,包含了丰富的内涵,孔府家的"家"文化诉求才能够引起消费者共鸣,进而培养起消费者对孔府家酒的好感。

---

① 余虹,邓正强. 中国当代广告史 [M]. 湖南:湖南科技出版社,1999:173.

第八章 广告诉求心理

孔府家以"家"作为诉求点而大获成功还与当时特定的社会精神和情感氛围相关。20世纪90年代初期，中国走上了发展市场经济的道路，整个社会处在一个积极求变的过程中。当时出现了一波出国潮，一大批的中国人走出国门，去其他国家发展。在最初，他们中的大多数都面临着种种障碍，处境都比较困难。这些海外游子特殊的生存和心理状况受到国人的广泛关注。同时在国内，以邓小平同志1992年的"南方谈话"为标志，中国的改革开放进入了一个崭新的阶段。随着各项政策的逐渐放开，越来越多的人离开家乡到沿海城市谋生、创业，异地求学（特别是到外地上大学）的人数也大大增加。一直到今天，中国的人口流动性还很高。每年都有人数众多的农民工从内地涌向各个沿海发达地区寻求工作。每年临近春节，都有大规模的返乡过年的人流，以至于造成了"春运"这样的世界奇观。在中华传统文化的熏陶下，这些背井离乡的游子们，都有一个共同的地方，那就是对故土、对"家"的思念。

只有在这样的一个大的时代背景下，"家"才会被人们格外珍视，"家"文化才能够唤起人们的同感、获得人们的认同。这也可以解释为何现在孔府家觉得不适合再继续"家"文化的路线。时过境迁，"家"文化本身再好，也不是一剂包治百病的灵丹妙药。

可以说，诉求点的选择对情感广告的效果有很大的影响。它必须要适应群众的文化品位，遵循他们的文化传统。孔府家酒曾拍摄过一则诉诸幽默的30秒电视广告。讲的是一位外国人跑到酒店，用蹩脚的中文说着要孔府家酒。店家接二连三地误会了外国人的意思，先是以为他要看功夫，后来又以为他饿了，在说"空腹"。最后才闹明白原来他是想喝"孔府家酒"。配合着轻快诙谐的背景音乐，整个广告的基调显得轻松滑稽。最后一句广告词是：孔府家酒，多粮酿造，自然生香。这则广告完全背离了起初孔府家"家"文化的诉求，虽然同样是情感广告，并采用了情感广告惯用的幽默诉求，但是广告效果远不如孔府家酒《回家篇》，而且还模糊了该品牌在消费者头脑中的形象，有可能使消费者对孔府家酒品牌的认知产生混淆。

陈汉元先生在谈到孔府家酒《回家篇》广告成功的原因时说：①

我觉得这个广告的成功，是多种因素综合作用的结果。一个呢，就是即时抓住当时电视节目收视率很高的《北京人在纽约》播出没多久的时机，开始播放《孔府家酒·回家篇》电视广告，利用的就是大家特别熟悉的、还在耳边回响的那个片子的主旋律。另外，又是影星王姬出来说这句话；又是让听众感觉到是刘欢唱的歌——其实这不是他唱的，但还唱得特别像。我想，是这么几个因素汇集到一起，才使这个广告片获得了成功。如果说没有前面那些，只是王姬出来说这句话，未必见得获得成功。

这使我想到，有时候厂家花了许多钱请名人做广告，但观众看完广告片后留下的印象是这个名人，而名人说了什么却记不住。孔府家酒《回家篇》电视广告，从头到尾死活都围绕着孔府家酒的"家"、"家"、"家"！我觉得创意这东西，不要忘了是要让名人为产品服务；而不是厂家出钱，为名人服务。刘欢、王姬再有名，都是要为我们的产品服务。

通过陈汉元先生的表述，可以得知《回家篇》广告的成功在很大程度上是利用了当时《北京人在纽约》的热播。《回家篇》广告把人们对电视剧的态度和感情悄无声息地转移到了孔府家酒的产品上。广告心理学中的说服的情感迁移模型（Affect Transfer Model of

---

① 余虹，邓正强. 中国当代广告史[M]. 湖南：湖南科技出版社，1999：174.

Persuasion）能很好地说明这个过程。该模型指出广告呈现时激起的受众情感反应会转移给该广告所传播的产品上。这实质上是受众的一种条件反射形成过程。广告中的情感诉求内容呈现时，就会引起受众一定的相对应的情感体验，由于广告中的产品与情感内容重复稳定地结合呈现，会导致受众形成条件反射——对广告中的品牌产生类似的情感反应。[①]

《回家篇》广告主要通过三方面的设计把《北京人在纽约》和孔府家酒这两个原本毫无关联的事物联系在了一起，并引发了人们的共鸣。

首先是场景的相似性。《北京人在纽约》主要讲述了几个北京人移民到美国后在纽约奋斗和挣扎的生存故事。而《回家篇》广告的第一个镜头就是一架客机停落的画面，之后是家人的相拥，这很自然地让人联想到游子的归来。

其次是人物的一致性。《回家篇》广告的主角是王姬，而王姬当时正因饰演《北京人在纽约》中的"阿春"一夜走红。看到王姬，人们第一反应就是《北京人在纽约》的女主角又来了。

最后是音乐的相似性。《回家篇》背景音乐的旋律与电视剧的主题曲《千万次的问》十分类似，加上模仿刘欢的声音，更让人感觉到两者的相似。

此则广告播出时间的安排也相当合适。《回家篇》选定在1994年元旦（当时央视的春节档期）首播，这正是中国人回家团聚、尽享天伦之乐的时节。广告的情节与整个社会的气氛十分契合，"叫人想家"的广告语也更能煽动人们的感情。

突出重围，敢为天下先

孔府家酒播放《回家篇》广告之前在国内默默无闻，最多只能算是个区域性品牌，播放之后立即名声大振，一跃成为全国性品牌。凭借一则广告就成为当时白酒行业的龙头企业可以说是"前无古人，后启来者"（同为鲁酒的秦池和孔府宴都曾不同程度地复制孔府家酒的模式而盛极一时），这离不开当时中国白酒行业的特定环境。

20世纪90年代初，由于消费水平整体提升，白酒的需求扩大，白酒市场的发展态势喜人，加之准入门槛较低，被巨大的市场利润空间吸引的、质量参差不齐的酒厂在中国遍地开花。此时的白酒市场有两个显著特征：需求猛增、竞争加剧。许多企业发现单纯地强调产品的质量与技术更新已不再奏效。"广告一响，黄金万两"、"酒香也怕巷子深"这两句当时流行的俗语很好地反映了企业市场认识的转变。

孔府家酒领先于竞争对手展开广告营销，迈上了着重品牌形象建设和市场运作的道路。在孔府家酒之前，请名人拍广告并不多见，这本身就具有很大的新闻效应。孔府家酒借此时机，对外宣称：请王姬拍摄广告，付酬薪100万元。这就更具有轰动性了，媒体大肆炒作，对孔府家酒品牌的传播起到了推波助澜的作用。

孔府家酒《回家篇》诉诸情感的表达方式在白酒同行中也是独树一帜的。白酒属于典型的低卷入度商品，这意味着消费者在做出购买决定的时候不会花太多时间，在信息搜寻上消极被动，也不愿意花时间去思考信息内容和比较品牌的差异，信息评估简单。一般来说对于低卷入度的商品，采用情感广告在品牌形象的塑造方面效果较好。

此外，在消费者眼中，白酒的同质化倾向严重。白酒虽然香型众多，起初有清香、酱

[①] 周象贤，金志成．情感广告的传播效果及作用机制，心理科学进展，2006（01）．

香、米香、浓香,后来又衍生出兼香型、药香型、豉香型、小曲香型等具体香型。不过对普通的消费者而言,他们很难区分同一档次白酒的细微不同。他们对什么样是好酒、差酒、新酒、陈酒基本不知道如何判断。他们判定标准就是"顺口、不上头、第二天不宿醉、不头疼"。他们获得有关酒知识的渠道是广告、推销、报纸和朋友同事的传播。[①]

在这种市场情势下,一则亲切的情感广告,一方面使孔府家酒从竞争对手的广告宣传中脱颖而出,另一方面很自然地将自身古朴隽永的品牌形象传达给了消费者。

现在距孔府家酒《回家篇》广告的发布已经过去十多年了,"城头变幻大王旗",孔府家酒早就不是白酒行业的霸主了,孔府家也离最初的"家"渐行渐远。"一杯孔府,家万里",不管如何,这则诉求鲜明的情感广告必将作为那个时代的典范而长久地被人们讨论和学习。(如图 8.9、图 8.10 所示)

图 8.9　孔府家酒携手上海凯纳策划机构,实施新战略后的广告

图 8.10　影星王姬主持孔府家酒庆典

● **思考与讨论**

1. 试分析孔府家酒《回家篇》广告成功的主要原因。
2. 你认为孔府家酒这次更换战略会真正地走向复兴吗?请谈谈你的看法。

● **相关知识链接**

《北京人在纽约》[②]　　这是一部拍摄于 20 世纪 90 年代初的国产电视连续剧,由郑晓龙、冯小刚执导,主演有姜文、王姬、严晓频等人。该剧是中国首部全程在美国拍摄的电视剧,曾获得中国广播电影电视部第十四届"飞天奖",第十二届大众电视"金鹰奖"。它描述了几个北京人在美国纽约奋斗与挣扎的生存故事。东西方文化的碰撞引起的不只是疼痛、无助与彷徨。在家庭的分解与重组中,在婚外情的发生和发展中,在移民子女的教育及两代人的观念冲突中,这群怀着美国梦的北京人,事业与情感发生着巨大的变化。这部电视剧在当时造成了巨大的轰动,被评论家认为反映了那时颇具规模的出国潮和移民潮、折射出东西方文化的差异、全景式地展现中国第一代移民在美国的生存状态。

---

① 孙西玉,梁邦昌. 中国低度白酒的历史沿革与白酒发展趋势,酿酒科技,2007(06).
② URL:http://space.tv.cctv.com/act/article.jsp?articleId=ARTI1208836653745231.

第三节 广告心理诉求理论述评

作为当今广告心理学研究的重要组成部分,广告诉求心理理论是伴随着广告心理学的发展而不断成长、充实起来的。广告诉求主要研究的是针对目标消费群体该"说什么"和"怎么说"的两个问题,即诉求点和诉求方式的选择问题。它体现着整个广告的策略,往往决定着广告的成败。一则诉求得当的广告,能够激发起目标客户的购物欲望,促使其采取某种购买行为。而一则诉求不当的广告,不仅不能给产品和品牌带来正面的评价,还有可能伤害它们。

一、广告诉求心理理论与广告心理学

要了解广告诉求心理理论,首先便需要对广告心理学的发展有个初步的认识。广告学与心理学的渊源可谓是由来已久。1985年,美国杂志《印刷界》曾刊登了这样一则预言:或许将来有一天,我们在得到更多的启蒙之后,广告人会像教师那样,去认认真真地研究心理学。这是因为无论广告人与教师这两种职业,乍一看存在着多么大的差异,但二者却有一个共同的伟大目标——影响人的心理。

19世纪末到20世纪初,美国经济高速发展,生产企业为了更多更快地推销商品,展开了许多促销活动。此时,广告效果以及消费者动机等问题随即摆在了广告人和心理学家的面前。

1895年,美国明尼苏达大学的心理学家哈洛·盖尔,使用问卷调查消费者对广告和商品的态度,从消费者态度分析广告影响消费者的效力。经过多年的广泛调研,他于1900年出版了广告心理学方面的著作,强调商品广告的内容应使消费者易于了解。他指出在开展广告活动时,应适当运用心理学的一些原理以引起消费者的注意和兴趣。

一般认为广告心理学方面的第一本专著是1908年出版的《广告心理学》,它是由曾任美国西北大学校长的W. D. 斯科特教授所著,书中谈到了广告影响消费者心理的各种因素。

由于20世纪20年代以前,商品还主要处在供不应求的状态下,市场仍然是卖方市场,多数企业奉行以生产为中心的理念。此时,广告并未受到很大程度的重视。之后,卖方市场逐渐向买方市场过渡,越来越多的企业求助于广告来吸引消费者。更多的学者开始着手研究广告心理学,他们研究的课题包括:采用何种版面设计、色彩、插图和文字可以更好地引起消费者的注意、广告应该登载在杂志的前半部还是后半部等。

第二次世界大战后,商品供应进一步丰富,市场竞争更加激烈。心理学界正处在行为主义心理学的时代,以B. F. 斯金纳为代表的行为主义心理学家围绕着刺激与反应的问题进行了大量研究。它的有关成果被充分地运用到广告实践中,也使得广告心理学继续向前发展。

20世纪70年代开始,认知心理学成为心理学的一个主要研究方向,与行为主义心理学相反,认知心理学主要研究那些不能观察的内部心理机制和过程,如注意、知觉、表象、记忆、思维和语言等。它的有关成果迅速渗透到广告心理学的各个领域。广告诉求心理研究正是在这一时期逐渐兴起的。

二、广告诉求的心理基础

一个消费者意识到要购买一辆新汽车，他可能是从该车的性能、可靠性以及价格等角度感知这种需要。另一个消费者则可能把购买新汽车当成对社会地位的追求，从而集中考虑该车的品牌形象。不同的消费者有不同的消费需要。消费需要是广告诉求的基础（消费需要一般指的是心理学上的概念。消费需求则一般用于市场营销学中，两者并无本质上的区分）。所谓的需要是指人们为了延续和发展生命并以一定方式适应生存环境而产生对客观事物的要求和欲望。① 消费者的购买动机是在消费需要的基础上形成的，并最终促成购买行为的发生。可以说消费者需要是消费行为的原动力。人类的一切消费行为都是建立在需要的基础之上。消费需要有以下两种形式。一是显现的需要，它通常是多方面的，但存在着一种处于主导地位的需要。消费行为一般就是由这种位居支配地位的需要所决定。二是潜伏的需要，顾名思义，这是一种处在未激活状态的需要。有效的广告宣传活动可以唤醒这种潜伏的需要。

美国心理学家亚伯拉罕·马斯洛（Abraham Maslow）在 1943 年提出了一种需要层次理论（Need-hierarchy theory）。该理论假定人类的需求有五个层次，并按照重要性以金字塔形式排列。五种需要分别为：①生理的需要（physiological needs）——维持生命的基本需要，如食物、衣服、性等方面的需要；② 安全的需要（safety needs）——避免生理伤害、寻求保障和安全的需要；③归属与爱的需要（belongingness and love needs 也称社会需要）——同别人建立满意关系并感觉到爱情、感情、归属感和被接受的欲望；④尊重的需要（esteem needs）——获取并维护个

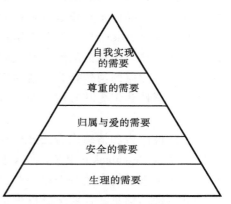

图 8.11 马斯洛需要层次论示意图

人自尊心的一切需要以及希望个人能力和成就获得社会承认的需要；⑤自我实现的需要（self-actualization needs）——自我完善的需要和实现自己潜能的欲望。（如图 8.11 所示）

该理论的基本观点是只有当基本的需要满足之后，人们才会有更高层次的需要。虽然马斯洛的需要层次理论存在着一定的不足（比如有学者指出它过于强调自我，而忽视社会因素的作用），但它有助于营销商理解不同细分市场上消费者的动机、确定产品和服务的市场策略。例如好奇公司（Huggies）在美国市场上为湿巾（washcloth）做营销时，将焦点集中在父母和孩子之间的爱上（社会需要），而不仅仅强调该纸尿裤的柔软性。这样做的原因是因为大多数美国家庭基本的生理需要都已经得到了满足，营销商必须激发消费者高层次的需要来销售那些满足基本生活需要的产品。② 又如，一个年轻的单身男子在购车时，也许会试图去满足其尊重的需要，而一个有孩子的家庭却会更多地考虑安全的需要，这解释了为何某些汽车一直以安全为卖点（譬如 Volvo）。

---

① 丁家永. 广告心理学 [M] . 2 版. 广州：暨南大学出版社，2005：145.
② George E. Belch, Michael A. Belch, *Advertising and Promotion*, McGraw-HILL, 109.

三、理性广告与情感广告

广告诉求心理理论的一个重要方面是对诉求方式的研究。广告诉求方式与广告实践结合得比较紧密，它指的是用来吸引顾客注意力和使他们在情感上更贴近产品、服务或目标的途径。从广义上讲，诉求方式主要是理性诉求（Rational appeal）和感性诉求（Emotional appeal）。它们分别对应着理性广告和情感广告。当然也包括混合型广告——即理性诉求和感性诉求相结合的广告，以及其他几种使用面较窄的诉求方式。

1. 理性广告与情感广告的定义与分类

理性广告（Rational advertising），也称为理性诉求广告，它是通过向消费者展示商品特性、用途、使用方法等关于产品事实性信息而使消费者形成一定的品牌态度或产生一定的购买欲望并采取购买行动。它既能给顾客传授一定的商品知识，提高其判断商品的能力，促进购买，又会激起顾客对广告的兴趣，从而提高广告活动的经济效益。[①] 理性诉求的基本思路是：传递明确的信息，以信息本身和具有逻辑性的说服方式加强诉求对象对产品的认知，并引导诉求对象进行理性的分析判断。

情感广告（Emotional advertising），也称为感性诉求广告，它指的是通过刺激诉求对象的情感或情绪，传达商品能够给他们带来的附加值或情绪上的满足，进而形成积极的品牌态度并产生相应的消费行为。情感广告所介绍的一般都是消费者可以直接感知的，以感觉、知觉等感性认识为基础的东西。与理性广告不同的是，它不是直接表现产品的特性或好处。

关于理性广告和情感广告的分类有多种不同的标准。这里列举其中两种加以探讨。

欧洲学者 Pelsmacker 和 Geuens 于 1997 年，提出过一个分类，[②] 认为一则广告如果包含以下情感诉求手段中的一个或一个以上时，该广告就属于情感广告，而不管该广告是否含有产品特性的信息。这些情感诉求手段有幽默、热情、怀旧、性、愤怒和恐惧。若没有这些情感诉求手段，就是理性广告。

还有一个混合的分类标准，由以色列希伯来大学（Bar-llan University）的 Yehoshua Liebermann 和 Amir Flint-Goor 两位教授提出的。这是一个相对的分类标准。[③] 使用广告主张作为基本单位，一则广告主张是一个句子，它既可以说明产品特点，也可以通过建立一定的联系和形象进行说服。每则广告被分解成若干广告主张，其中理性主张包括①价格、②产品特征或成分、③性能、④购买时间和地点、⑤特价销售、⑥产品包装和品种、⑦产品质量保证、⑧市场份额、⑨研究发现、⑩方便性、⑪健康和营养成分和⑫产品安全性能。情感主张含有①性、②地位和声望、③年轻、④运动、⑤美貌、⑥性别、⑦热情和⑧生活方式。然后，通过以下四个步骤对广告进行分类。第一，分别计算每则广告的情感和理性主张数。第二，把每则广告的情感和理性主张数进行标准化，其方法是分别计算出所有广告的理性和情感主张的平均数，然后把每则广告的情感主张和理性主张分别和相应的平均数相比较，就可以得到每则广告的情感主张和理性主张的标准值。该值有三个水平：①没有相应的主张；②主张数低于或等于相应的平均值；③主张数高于相应的平均

---

① 贾玉斌. 广告与营销辞典 [M]. 北京：中国工商出版社，2006：19.
②③ 王怀明. 理性广告和情感广告对消费者品牌态度的影响，心理学动态，1999（01）.

值。第三，把这两个标准值相比较，情感主张和理性主张相差一个水平，该广告就是混合-理性或混合-情感广告；若相差两个水平，就是高度理性或高度情感广告；若标准值相等，该广告就是混合型广告。第四，根据以上结果，可以用五个水平把广告加以分类：①高度理性型、②混合-理性型、③混合型、④混合-情感性和⑤高度情感性。

2. 理性诉求和情感诉求的作用机制

在关于广告如何作用于受众心理的实证研究中，往往涉及各种模型。以美国俄亥俄州立大学的两位心理学教授 Richard E. Petty 和 John T. Cacioppo 在 1986 年提出的精细加工可行性模型（ELM, The Elaboration Likelihood Model，所谓精细加工可行性是指人们对新获得的信息进行加工的动机强度和水平①）为例。该模型被认为是解释广告如何影响消费者态度形成的最佳模型之一。

该模型将广告引起受众态度改变归纳为两个基本路径：中枢路径（Central route）和边缘路径（Peripheral route）。中枢路径把态度改变看成是消费者认真考虑和综合信息的结果，即消费者进行精细的信息加工，综合多方面的信息，分析、判断广告商品的各种特点、性能。边缘路径则认为态度的改变不在于考虑商品本身的性能及证据，不进行逻辑推理，而是根据广告中的一些线索，如专家推荐、广告信息源的可靠性等直接对广告做出反应。一般来说，理性诉求通过激活中枢路径来说服诉求对象，而情感诉求激活的则是边缘路径。

受众对路径的选择主要受三个因素的影响：② 动机（M，Motivation 即人们加工该信息的欲望强度）、能力（A，ability 即受众对信息进行评定的能力，人们必须具有必要的知识和信息加工技能）和机会（O，opportunity 即人们在接触广告时的条件是促进还是妨碍信息加工的程度，如分析的刺激或时间限制不利于信息加工，适当的重复则有利于信息加工）。MacInnis 和 Jaworski 把这三者定义为 MAO 水平。只有当 MAO 水平较高时，精细加工的可能性才高，才会启用中枢路径；反之则可能性低，启用边缘路径。这说明在决定广告的诉求方式时，还应考虑接受者的 MAO 水平。

3. 理性诉求与情感诉求的常用方法

理性诉求强调产品或服务能够满足消费者的某种需求或是能够带来某种好处。这些信息的内容强调事实、学习和说服的逻辑性。基于理性的诉求倾向于信息化，它们的目标是说服诉求对象去购买这种品牌。理性诉求包括了数种形式的诉求方式，我们这里采用美国学者韦尔巴彻（William. M. Weilbacher）的分法：产品特征诉求、竞争优势诉求、价格优势诉求、新闻诉求以及产品/服务的流行性诉求。

（1）产品特征诉求。它主要是集中传达产品特性、性能以及购买利益，这类广告趋向于高信息性。以大卫·奥格威的经典广告《穿哈撒威衬衫的男人》为例。这则创作于1951年的广告，通篇都在介绍哈撒威衬衫的种种好处，向顾客展示许多会引发人们对产品的好感并能作为理性购买决策基础的重要产品属性或特征。③ 它使得哈撒威公司的销售额增长了160%。

（2）竞争优势诉求。它也称做比较式广告。一般是借助广告信息的对比分析来突出产

---

① 周象贤，金志成. 情感广告的传播效果及作用机制，心理科学进展，2006（01）．
② 王怀明. 理性广告和情感广告对消费者品牌态度的影响，心理学动态，1999（01）．
③ 乔治·贝尔奇，迈克尔·贝尔奇. 广告与促销 [M]. 张红霞，庞隽译. 北京：中国人民大学出版社，2006：320．

品或服务的特性和优点,广告主经常直接或间接地将品牌与另一个(或另一些)品牌进行比较,并声明自己的品牌在一项或多项特性上具有优势。部分学者也把自我比较式广告(即把同一品牌的过去情况与现在情况进行比较)归为比较式广告。看看威廉·伯恩巴克(William Bernbach)为艾维斯租车公司(Avis)创作的广告。广告标题:艾维斯在租车行业中占第二位。那为什么要租我们的车呢?文案中这样写道:我们加倍努力。(在你尚不是最强者的时候,你必须这么做。)下列事情是我们无法承受的:烟灰缸是脏的,油箱不是满的,轮胎是瘪的,车子是未洗过的,雨刷是不管用的,或者座椅无法舒适地调节,没有暖气,没有防霜装置。……为什么我们要这样做呢?因为怠慢了您,我们可担待不起。下次跟我们一起上路吧。我们柜台前排的队伍比较短。

在这则广告中,没有出现过一次艾维斯竞争对手的品牌名称,但大家都知道它是针对当时美国租车行业的老大赫兹公司(Hertz)的。这则创意独特的比较式广告帮助艾维斯公司摆脱了连年亏损的困境。

需要注意的是,不同的国家对比较性广告的规定也是不同的,比如目前在中国,明确出现竞争对手品牌名称的广告是明令禁止的。

(3)价格优势诉求。它着重让价格成为优势的核心。这类广告经常被用于零售商的宣传促销活动、特殊供应产品或日常低价。

(4)新闻诉求。它是指有关产品、服务或公司优势的新闻或报道。这种诉求可用于新的产品或服务。当公司有重要信息希望向目标市场传播时,这种诉求最有效。

(5)产品/服务的流行性诉求。它指的是通过指出某一品牌的消费者数量、从其他品牌转变为该品牌消费者的数量、推荐该品牌专家人数或该品牌在市场上的领导地位,来强调产品或服务的流行性。

情感诉求是广告诉求的另一种基本方式。它与消费者购买产品或服务的社会需求和心理需求有关。许多消费者认为其购买决策的动机都是感性的。在进行购买决策时,他们对某一品牌的感觉可能比他们对该品牌特点或属性的了解更加重要。许多产品和服务的广告主认为以信息为基础的理性诉求是乏味的。他们相信采用感情诉求去销售那些品牌之间差异不是很大的产品比采用理性诉求更有效,因为理性诉求很难做到差异化。情感诉求经常采用性诉求、幽默诉求、恐惧诉求等方式。目前,在这方面进行了实证研究的主要是西方国家,特别是广告业最为发达的美国。

(1)性诉求。性——人类最基本的欲求之一,在广告诉求中经常被使用。据调查,在1983年美国杂志广告中穿着暴露的女性模特比率为28%,到了1993年这一比率上升到了40%,而在2003年已达45%。性诉求指的是各种传媒利用含有性的内容以说服顾客购买相关产品、服务所进行的诉求。以美国著名化妆品公司雅斯兰黛旗下的Aramis的一则男士香水广告为例(如图8.12所示)。广告画面的设计一反常态:女士拦住了男士的去路,含情脉脉,男士反倒有些拘谨,手插裤袋,紧靠冰箱。原因何在?原来该男士使用了Aramis男士香水。这则含蓄的性诉求广告,巧妙地表现出了Aramis香水的魅力,带给人们无限遐想,堪称一则优秀的广告作品。

① 性诉求的传播效果。[①] A.性诉求的认知加工效果。相关的实证研究表明,性诉求

[①] 周象贤,金志成.性诉求广告及其传播效果探微,中国广告,2008(05).

图 8.12　Aramis 的男士香水平面广告

广告可以明显地提高诉求对象对广告的注意。但现有的研究也证实：面对性诉求，人们更有可能编码并最终储存的仅仅是其中的性内容，并且妨碍对产品相关信息（如品牌名称等）的记忆。这主要是两个原因造成的。其一，性信息吸引注意而限制了产品信息加工所需的心理资源。其二，性信息引起的情感也可能会降低人们进行思维努力的动机。性诉求广告中的性信息只有在与其传播的产品信息相关度较高的情况下，才有可能提高诉求对象对产品信息的记忆。

B. 性诉求的情绪情感效果。性诉求可以增强人们对广告的情感体验。研究发现，广告中的性信息引起人们何种情绪情感体验会导致他们对广告本身产生类似的情绪情感反应。

关于性诉求对产品体验的影响目前尚无定论。有学者指出当广告中的性信息与产品信息广告高度相关时，高水平的性诉求能获得人们最佳评价，比如沐浴类产品。但也有学者通过研究得出不同的结论：尽管性信息与产品高度相关，可是高水平的性诉求明显对品牌及生产厂家带来负面影响，被评价为产品质量最差、厂家最不明智。而低水平诉求广告中的品牌获得了最好评价，其厂家也被评价为声誉最好、最出众。

② 影响性诉求传播效果的人口统计学特征。A. 异性效应（Opposite-sex effects）。研究发现，如果该广告的诉求对象主要是男性，则使用女性模特效果更佳；如果诉求对象主要是女性，则使用男性模特效果更佳；当广告中，男女两性模特同时呈现时，此时人们的性别差异对效果的影响不太明显。

B. 年龄增长，容忍度降低。调查发现人们对性诉求广告的容忍度随着年龄的增长而有下降的趋势。

C. 人格特质不同，反应各异。人们由于社会背景、受教育程度等因素的差别对性诉求的态度也不尽相同。这一点在不同文化背景、不同社会传统的国家中，表现得尤为明显。例如在沙特阿拉伯,曾有一则软性饮料广告,出现一个意犹未尽的小女孩舔嘴的镜头,被有关部门认定为淫秽广告而遭禁播。

(2) 幽默诉求。在所有的广告信息中,幽默广告通常是人们最为熟知,也是记得最清楚的。它的使用频率比较高。据统计,美国黄金时段播出的电视广告中24.4%的含有幽默内容,而在英国这一比率更是高达35.5%。美国学者 Codruta Catanescu 和 Gail Tom 在《幽默在电视和杂志广告中的分类》(Types of Humor in Television and Magazine Advertising) 一文中,按照幽默的表现形式将幽默诉求分为7种类型:① 对比(comparison),将两个或两个以上的元素置于一起进行比较而产生幽默情境;② 拟人(personification),即将人的特征赋予动、植物或其他事物;③ 夸张(exaggeration),夸大事物的某些构成部分;④ 双关(pun),改变语言的使用情境或某些元素使其产生新的语意;⑤ 讽刺(sarcasm),运用夸大其词或说反话的方式对刺激所作出的反应;⑥ 蠢笨行为(silliness),依靠扮鬼脸或滑稽动作制造幽默氛围;⑦ 惊愕(surprise),通过创造出乎意料的情境引人发笑。在此分类基础上,他们还发现幽默在电视上的使用率大大超过了印刷媒体,并且两类媒体上所呈现的幽默类型也存在差异:电视广告主要依靠蠢笨行为(silliness)逗笑,而印刷媒体则讽刺幽默居多。

下面讲述幽默诉求的传播效果。①

① 幽默诉求与注意。实证研究证明,幽默诉求能有效捕获人们的注意,减少人们可能的恼怒情绪。那些与产品存在直接联系的幽默诉求比没有联系的效果更佳。

② 幽默诉求与理解。关于这点,目前的研究并没有一致的结论,主要是因为有许多其他因素也在影响着人们对广告的理解。单纯地讨论幽默诉求的作用是不妥当的。国外学者 Krishnan 与 Chakravarti 研究发现,当幽默内容与品牌主张的相关度低时,广告信息的记忆效果呈现出倒"U"字形的规律,即,中等强度的幽默诉求(相对高强度者或非幽默诉求)的效果最好。当幽默内容与品牌主张高度相关时,品牌信息的记忆效果则会随着幽默强度的提高而更佳。研究者认为,幽默诉求比无幽默诉求的广告在整体上会吸引人们较多的心理资源投入到广告作品中来,但这些资源可能会主要集中在对幽默信息的加工上。因而幽默内容与品牌信息相关程度低的时候,高强度的幽默内容会捕获人们的注意而导致人们对品牌信息加工不足。此时,人们可能根本没留意到该广告还存在品牌信息,更谈不上对其理解了。

③ 幽默诉求与态度。已有文献显示,幽默的使用可能使人们产生更积极的广告态度,并有可能增进人们对广告及其品牌的偏好。

关于是否在广告中采用幽默诉求,人们是有争议的。支持者认为幽默信息能够吸引和保持消费者的注意力。它们能使消费者心情愉快,从而使他们更喜欢广告,进而更喜欢其中宣传的产品和服务。幽默还可以使人们不再注意那些反对信息。反对者则称幽默广告在把人们的注意力吸引到可笑的情节和人物上的同时,也分散了他们对品牌及其属性的注意。同时要制作出一个好的幽默广告相当困难,有些幽默素材过于玄妙,让人们琢磨不透,而且人们还担心幽默广告会比严肃广告更快失效。

---

① 周象贤. 幽默广告及其传播效果,心理科学进展,2008 (06).

下面将罗列一些业界顶级广告公司对幽默诉求的看法:①
- 幽默最大的好处就在于它能帮助提高广告的知名度和人们的注意水平。
——一般来说,幽默不利于人们的回想和理解。
——幽默可以提高对名称和简单文案的记忆。
——幽默不利于复杂文案的记忆。
——幽默有助于记忆的保持。
- 幽默一般不会增加信息的说服力。
——幽默可以帮助说服用户转换品牌。
——幽默产生的良好心境可以提高说服力。
- 幽默不会提高信源的可靠性。
- 幽默在促成购买或销售方面效果通常不很明显。
- 广播和电视使用幽默诉求的最佳媒体,直接邮件和报纸则不太合适。
- 非耐用消费品和商业服务最适合使用幽默,公司广告和工业品广告不是很合适。
- 幽默应与产品紧密关联。
- 幽默不能用于敏感性产品和服务。
- 受教育程度高、来自社会上层、具有专业技能的年轻男性是幽默诉求的最佳群体,受教育程度低的群体、来自下层社会的年长者则反之。

(3) 恐惧诉求。恐惧是人们对威胁做出的情绪化反应,恐惧诉求是指通过展示有可能会引起诉求对象恐惧心理的内容,从而唤起人们的危机意识和紧张心理以达到促进销售的目的。

关于恐惧诉求的效果,目前也是众说纷纭。许多学者从心理学的角度对恐惧诉求加以考察,他们的研究具有很高的参考价值。

美国心理学家欧文·贾尼斯 (Irving Lester Janis) 等人在 20 世纪 50 年代初期进行的一次实验表明,不同程度的恐惧诉求的效果是不一样的。② 在这次实验中,主持人以劝说中学生注意口腔卫生、养成刷牙习惯为内容,设计了重度、中度、轻度三种程度的恐惧诉求材料。实验结果表明,就恐惧诉求唤起的心理紧张程度而言,效果的大小与诉求的强弱顺序基本一致;但就引起诉求对象的态度和行动变化而言,轻度诉求效果最佳,中度次之,重度最差。

有另一种理论则认为,信息的恐惧水平与其说服程度之间的关系可以用一条曲线来表示。③ 即,随着恐惧水平的提高,信息被人们接受的程度也会提高,当达到某一临界点时,如果恐惧水平进一步上升,则接受程度反而开始逐渐下降。之所以会出现这种现象是因为恐惧诉求会同时产生促进和阻碍作用。低水平的恐惧具有促进作用:它可以吸引人们注意力,引发其对信息的兴趣,推动他们采取行动以消除心中的恐惧。而高水平的恐惧诉求则会产生阻碍作用,人们会从心理上抗拒这类信息。

概括地说,一则有效的恐惧诉求广告应具备两大要素:一是要营造程度适当的恐惧诉

---

① 乔治·贝尔奇,迈克尔·贝尔奇. 广告与促销 [M]. 张红霞,庞隽译. 北京:中国人民大学出版社,2006:223.
② 郭庆光. 传播学教程 [M]. 北京:中国人民大学出版社,1999:207.
③ 乔治·贝尔奇,迈克尔·贝尔奇. 广告与促销 [M]. 张红霞,庞隽译. 北京:中国人民大学出版社,2006:219.

求，恐惧诉求运用的目的是引起人们的注意而不是导致人们恐慌；二是要给诉求对象提供用于排除恐惧的途径。

目前恐怖诉求的运用十分广泛，特别是公益广告，更是频频诉诸于恐惧。下面以美国著名演员尤·伯连纳（Yul Brynner）拍摄的一则反吸烟广告为例。

图8.13　尤·伯连纳反吸烟电视广告截图

这位死于肺癌的好莱坞著名影星，在逝世前接受早安美国（Good Morning American）采访之时，表达了想拍摄反吸烟广告的愿望。在他去世后，美国癌症协会（American Cancer Society）用这次专访的片段制成广告向社会发布。广告中，面黄肌瘦的伯连纳对着镜头说道："我将不久于人世，请不要吸烟，不论你做什么，都不要去吸烟（Now that I'm gone, I tell you: Don't smoke, whatever you do, just don't smoke.）。"这则恐怖诉求程度适中的电视广告播出后，在社会上引起了很大的反响，达到了良好的广告效果。（如图8.13所示）

除了性诉求、幽默诉求、恐惧诉求之外，亲情、怀旧之情、爱国之情等也是情感诉求广告中常用的素材，并且一则广告有可能同时运用几种诉求，比如将恐惧诉求与幽默诉求混合使用等。

4. 理性与情感诉求相结合

在许多广告环境下，创作专家所面临的决策不是到底应该采用情感还是理性诉求，而是如何将这二者结合起来。消费者的购买决策常常是在感性和理性两种动机基础上做出的，因此，在制作有效的广告时，对这两种因素都必须予以足够的关注。

国内著名的洗涤用品生产企业纳爱斯集团曾为它旗下的雕牌洗衣粉制作了一则社会反响颇好的电视广告。广告内容如下。年轻的妈妈下岗了，为找工作四处奔走。懂事的小女孩心疼妈妈，帮妈妈洗衣服，天真可爱地说出："妈妈说雕牌洗衣粉，只要一点点就能洗好多好多的衣服，可省钱了，看我洗得多干净。"洗完衣服之后，小女孩等候着母亲的归来，等着等着就睡着了。妈妈回到家后，看到熟睡的女儿和一旁的留言：妈妈，我能帮你干活了，不禁热泪盈眶。

此则广告在主要采用亲情诉求的同时借小女孩之口说出了雕牌洗衣粉的产品特性。将说理融于温馨的情节之中，感人至深，取得了较好的广告效果。

四、理解卷入与广告诉求方式

消费者卷入水平与广告的诉求方式关系密切。卷入（Involvement）也称做涉入。至今，人们对卷入的概念仍然缺乏统一的定义。归纳起来，主要有三种类型。[①]

第一类是从消费者注意水平的角度来界定卷入程度的高低。卷入是购买者在消费过程中进行信息搜寻、产品评价、品牌抉择时所投入的时间量和付出的努力程度。

第二类是从产品潜在价值的角度来界定卷入程度的高低。卷入是产品和服务所拥有的

---

① 金志成，周象贤．受众卷入及其对广告传播效果的影响．心理科学进展，2007（01）．

潜在价值连续体。产品潜在价值越高,卷入度也越高。

第三类则兼顾以上两者。卷入是个体所察觉到的广告或产品与其内在需要、生活理想及兴趣相关联的程度。

简言之,卷入度衡量的是消费者究竟在多大程度上参与到产品购买的决策过程中来。正如朱迪斯·泽斯考沃斯(Judith Zaichkowsky)所说,卷入虽然尚没有一个精确的定义,但却暗示着一个潜在的主题——个人相关性。[1]

一般来说,由于高卷入度产品的价值往往较高,消费者的错误决策所带来的风险比较大,所以消费者在做出购买决定之前会仔细评估品牌之间的差异,搜集相关的信息以供参考。这种情况下,适合用理性广告来表现。对于低卷入度的产品而言,由于消费者不愿花太多时间去思考信息内容和比较品牌间的差异,此时诉诸情感也许能比诉诸理性收到更好的成效。

但是现实情况也不全然如此,以威力洗衣机为例。中国威力洗衣机生产商曾在1984年播出过这样一则电视广告。在一个偏远的小山村,年迈的母亲和村里的妇女在小河边洗衣服。一辆小货车快速地向村里驶来。原来是离开家在外工作的儿子为辛勤的母亲买来了洗衣机。操劳大半生的母亲迎上公路,用衣裙揩干双手,看到洗衣机露出了欣喜的笑容。广告语随之而起"威力洗衣机,献给母亲的爱!"洗衣机应当属于高卷入度商品,而威力却大胆采用了情感诉求的形式,并且在当时获得了巨大的成功。这说明广告可以引导消费者对某些理性产品从感性的角度加以评价。

美国博达大桥广告代理公司(FCB,Foot Cone & Belding)的理查德·沃恩(Richard Vaughn)等人按照卷入度(高卷入度到低卷入度)和人们对商品的认知(思考型到感觉型)两个维度设计了FCB模型(如表8-1所示)。该模型在广告研究领域内影响比较大。

表8-1 FCB模型

	思考 Thinking	感受 Feeling
高卷入度	1. 信息型(思考者) 汽车—房屋—新产品 可能的应用 媒体:长文案格式、可提供有效反应的载具 创作:特定信息、制作展示	2. 情感型(感受者) 珠宝—时装—化妆品 可能的应用 媒体:大幅空间、形象广告 创作:表现、冲击力
低卷入度	3. 习惯形成(行动者) 食品—家庭用品 可能的应用 媒体:小空间广告、10秒钟广播广告 创作:提醒式	4. 自我满足(反应者) 香烟—酒—糖果 可能的应用 媒体:海报栏、报纸、POS 创作:引起注意

沃恩认为信息策略(Information strategy,广告中尽可能提供详细的信息)适用于高

---

[1] 乔治·贝尔奇,迈克尔·贝尔奇.广告与促销[M].张红霞,庞隽译.北京:中国人民大学出版社,2006:181.

卷入度的产品和服务，因为这时人们的理性思维和基于经济上的考虑占主导地位。情感策略（Affective strategy，广告应强调心理动机和情感动机，如树立自尊等）则适用于高卷入度/感受型购买的情境。习惯形成策略（Habit formation strategy，广告应着重如何提醒人们使他形成习惯性消费）则针对低卷入度/思考型的产品。自我满足策略（Self-satisfaction strategy，广告最重要的是激发消费者的感官愉悦及社会动机）则适用于低卷入度/感受型的产品。

五、广告诉求点的选择

一则广告所能容纳的信息量是有限的，人们所能注意到并吸收的信息也是有限的，因此广告内容的安排（即诉求点的选择）对于广告的成败起着关键的作用。它选择主要受到两个因素的制约。

1. 诉求对象的需要

不同的诉求对象有不同的需要，广告的诉求点应直接针对诉求对象的需要。诉求对象则是根据产品的目标市场和产品自身的定位确定的。

2. 广告目标

广告目标也制约着诉求点的选择。一般来说，常见的广告目标有：传播企业的名声、提升企业形象，提高用户的购买兴趣，改变用户对产品或企业的态度，直接达到销售目的。以苹果公司著名的《苹果1984》广告为例。广告以乔治·欧威尔（George Orwell）的经典小说《1984》中描述的极权国家为背景，展现了一位年轻女性使出全身力气掷出一把铁锤，将显示有"大哥"（Big Brother）训话的屏幕砸碎的画面。这则广告是典型的企业形象广告，它的诉求点是苹果公司的企业文化和理念，故而丝毫没有涉及产品层面。

对一则广告而言，诉求点和诉求方式的选择要受到各种条件的制约。广告制作者既要考虑到产品的因素、刊登广告的媒介载体的因素，又要注意诉求对象的特点等。脱离这些制约因素，单独地谈发掘何种诉求点、采用何种诉求方式都是没有意义的。

● 思考与讨论

1. 试分析影响广告诉求方式和诉求点选择的因素。
2. 试分析理性诉求和情感诉求各自的优缺点。

● 相关知识链接

理解"卷入" 它也称做涉入，研究涉入能够帮助人们理解消费者如何处理广告信息，以及这些信息如何影响信息接收者。朱迪斯·泽斯考沃斯曾归纳出三种影响卷入的因素：第一是个人特征（价值观体系、独有的经验、需要）；第二是刺激物的特性，或者媒介间的区别（电视、广播、印刷品），传播内容或者产品类别的变动；第三是情境因素，如某人是否是某一特定品牌的目标消费者。

■ 本章回顾

本章分别选取了诉诸理性和诉诸情感的经典广告案例各一则，以求能以管窥豹，探究广告诉求的奥妙。大卫·奥格威为劳斯莱斯撰写的文案体现了理性广告的最大特点，即通过对产品信息的充分展示，辅之以恰当的说服方式达到促进销售的目的。孔府家酒《回家篇》广告则抓住了情感广告最核心之处——即撇开产品的具体特征，从情感角度切入，对人"动之以情"，诱发消费者的购买行为。广告诉求心理理论告诉我们，消费者需要是一切购买行为的基础。因此，在选择诉求方式和诉求点的时候，必须首先要考虑到消费者需要，同时也要将产品自身的特点、诉求对象的特点以及广告的播出环境等因素纳入考虑范围。

■ **关键概念**

　理性诉求　　情感诉求　　需要　　卷入度

■ **案例实训一**

乐百氏纯净水——"27层净化"

　　1989年，在广东省中山市小榄镇，何伯权等五个年轻人租用广州乐百氏公司的"乐百氏"商标开始创业，开发生产出全国首个调配型保健乳酸奶"乐百氏奶"。1992年初，在北京大学征得"今日"一名，同年成立广东今日集团。1994年耗资千万元购买著名长跑教练马俊仁先生的"生命核能"配方，之后在全国拍卖"生命核能"经销权，首开国内产品经销权拍卖先河。1997年，今日集团收购广州乐百氏，由商标租用者变为所有者。这短短几年间，乐百氏从一个投资不足百万的乡镇小企业发展成了中国饮料行业的龙头企业。（如图8.14、图8.15所示）

图8.14　乐百氏纯净水平面广告1

图8.15　乐百氏纯净水平面广告2

　　同样在1997年，乐百氏决定涉足纯净水领域。这一时期中国的瓶装水市场竞争激烈：自1987年青岛崂山生产出我国第一瓶矿泉水，到1996年，我国矿泉水企业已发展到1200多家。20世纪90年代中期纯净水开始起步，娃哈哈、康师傅等大型饮料及食品企业纷纷加入到纯净水生产行列中，而更多的中小纯净水生产企业也如雨后春笋般地冒了出来。众多品牌的纯净水大量涌入市场,加之原有的众多矿泉水企业,不可避免地引发了水市大战。虽然竞争形势逼人,但也并不是无机可乘。由于当时纯净水市场还处在上升的阶段,市面上品牌杂乱,许多地方品牌割据市场,真正意义上的市场领袖还没有出现,产品同质化倾向严重,且质量参差不齐,而对消费者来说纯净水仍然是一个相对不熟悉的产品,有些消费者因对水质质量怀疑而拒绝消费。

乐百氏利用这个契机,委托盛世长城广告公司为其制作了"27层净化"的电视广告(如图8.16所示)。宁静幽蓝的画面,万籁俱寂。一滴晶莹的水珠,伴随着舒缓的配乐,慢慢地穿过一层层过滤。此时从下而上闪过一长串句子:

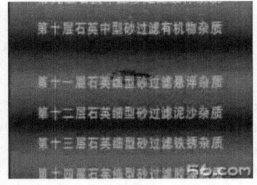 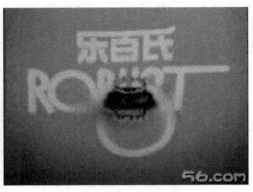

(a)　　　　　　　　　　　　　　　(b)

图8.16　"乐百氏27层净化"电视广告截图

第一层石英粗型砂过滤悬浮杂质;

第二层石英粗型砂过滤泥沙杂质;

第三层石英粗型砂过滤铁锈杂质;

第四层石英粗型砂过滤胶体杂质;

第五层石英粗型砂过滤有机物杂质;

第六层石英中型砂过滤悬浮杂质;

第七层石英中型砂过滤泥沙杂质;

第八层石英中型砂过滤铁锈杂质;

第九层石英中型砂过滤胶体杂质;

第十层石英中型砂过滤有机物杂质;

第十一层石英细型砂过滤悬浮杂质;

第十二层石英细型砂过滤泥沙杂质;

第十三层石英细型砂过滤铁锈杂质;

第十四层石英细型砂过滤胶体杂质;

第十五层石英细型砂过滤有机物杂质;

第十六层活性炭过滤去除颜色;

第十七层活性炭过滤去除余氯;

第十八层活性炭过滤去除气味;

第十九层保安过滤器滤除颗粒杂质;

第二十层反渗透膜过滤热源；

第二十一层反渗透膜过滤细菌；

第二十二层反渗透膜过滤病毒；

第二十三层反渗透膜过滤残留病毒；

第二十四层反渗透膜过滤重金属离子；

第二十五层反渗透膜过滤钙、镁、锰等离子；

第二十六层终端过滤 0.2 μm 杂离子；

第二十七层紫外线杀菌。

在这同时，广告语响起：为了您可以喝到更纯净的水，乐百氏不厌其烦，每一滴都经过严格净化，足足二十七层，您会喝得更放心。乐百氏纯净水，真正纯净，品质保证。

这则格调高雅、卖点独特的理性诉求广告，为乐百氏塑造了一种"很纯净可以信赖"的品牌形象，并赢得了不俗的销售成绩。据统计，广告上市3个月以后，品牌知名度达到90%，广告的回应率超过70%。该广告还在第五届全国优秀广告评选中获电视广告金奖。乐百氏纯净水的市场占有率则在1997年和1998年连续两年全国第二。

在差不多同一时期，海南养生堂旗下的农夫山泉凭借自身的情感诉求（它强调水源，打出了"农夫山泉有点甜"的广告语），在上海地区市场表现超过乐百氏。面对上海市场久攻不利的市场局面，乐百氏索性在第二年针锋相对地推出了"水，源来如此"的情感广告，放弃了"27层净化"。事隔不久，乐百氏又停止了"水，源来如此"的广告推广，聘请香港明星黎明为它代言，制作了一则颇有动感的情感诉求广告，甚至还在广告中重提"27层净化"。乐百氏的"变脸"之快有点出人意料。

如今的乐百氏早已从一线品牌里淡出了，其中主要有与达能磨合不畅、管理层频频变动等诸多原因。或许，我们也可以从广告的角度加以考量而得到某些有益的启发吧！

● **思 考 题**

1. 试析乐百氏广告能在当时一炮打响的原因。
2. 试从广告的角度分析乐百氏衰退的原因。

■ **案例实训二**

戴比尔斯——"钻石恒久远，一颗永流传"

"钻石恒久远，一颗永流传"（A diamond is forever），想必大多数人都对这句广告语耳熟能详，可又有多少人知道这句话经久不衰的秘密所在呢？我们且从钻石业的巨头戴比尔斯（De Beers）说起。

这家由英国人塞西尔·约翰·罗兹（Ceil John Rhodes）于1888年创立的公司，总部位于南非的约翰内斯堡。戴比尔斯的名字来源于戴比尔兄弟。1960年，他们以50英镑买下了一个农场，由于是兄弟二人拥有，就在戴比尔的后面加了一个"S"，成了"De Beers"农场。之后罗兹先生买下了这个农场，并在此基础上成立了戴比尔斯联合矿业有限公司。戴比尔斯是全球钻石行业中的经典代表。根据2005年的数据，它位于英国伦敦的 DTC（Diamond Trading Company）国际钻石贸易公司分选、估价及销售的钻坯占全球年产量的三分之二。以价值而言,它在南非所辖钻矿与博茨瓦纳、纳米比亚及坦桑尼亚政府合作生产的宝石级钻石(钻石一般分为宝石级和工业级,据估计,开采出来的金刚石中平均只有20%达到宝石级,而其余80%只能用于工业)约占全球产量的40%。戴比尔斯的业务涉及"钻石供应线"的各个范畴,包括找矿勘探、开采、切割、打磨、设计、乃至最终送到消费者手中。不仅如此,它还是行业标准的制定者,它设立并推广的钻石4C分级标准(Carat重量/克拉、Color色泽、Clarity净度、Cut切工)如今已在全世界广为运用。(如图8.17、图8.18所示)

图8.17 戴比尔斯钻石平面广告1

图8.18 戴比尔斯钻石平面广告2

戴比尔斯之所以能成为钻石行业的领袖,有赖于它对钻石这一稀缺资源的占有以及所掌握的高端的钻石勘探、开采、切割、打磨技术等硬手段,而它对钻石成功的宣传推广更是功不可没。仅2004年,它旗下的钻石贸易公司的营销推广费用就达到了1.8亿美元。除了力度大之外,戴比尔斯的营销推广活动也多种多样。它是最早在好莱坞电影中进行产品植入式营销的企业,电影中男女主人公坠入爱河的场景中总是能出现戴比尔斯的身影。它赠送钻石样品给电影明星,掀起钻石时尚潮流。它每两年举办一次钻石设计师大赛,为零售企业提供更好的创意。它还为它的原钻经销商提供全面的营销培训,指导他们推广销售钻石。这种种宣传推广活动中,最为人称道的当属其风格隽永的系列广告。早在1939年,为了顺利地打开美国市场,戴比尔斯就开始与艾尔父子广告公司(N. W. Ayer & Son,美国最早的广告公司之一,后来被法国的阳狮集团Publicis Groupe收购[①])展开合作。

20世纪30年代,由于经济不景气,钻石需求量大幅下降,戴比尔斯曾经削减了其90%的生产量。正是在这种情况下,公司当时的主席艾内斯特·奥本海默(Ernest Oppenheimer)爵士决定成立钻石贸易公司,专门负责树立钻石品牌形象,拉动钻石消费。

---

① URL:http://en.wikipedia.org/wiki/N._W._Ayer_%26_Son。

他的儿子哈里·奥本海默（Harry Oppenheimer）奉命前往美国进行市场调查。他发现，在个人消费市场，钻石仅仅是非常富有的一部分人的专利，大众市场根本就没有启动。当时哈里认为"时尚"可能成为钻石产品的一个主要定位，于是与香奈儿（法国著名的奢侈品牌，其香水和时装闻名遐迩）合作推出了一些钻石首饰，但市场反应非常不理想，计划失败了。

哈里马上调整了公司战略。他发现"时尚"虽然是钻石饰品的主要特征，但是钻石坚硬不变的特征正好和人们对于爱情的向往不谋而合，于是他重新将钻石饰品定位为"忠贞爱情的象征"。后人这样评价道：在过去的一个世纪中，戴比尔斯非常成功地使消费者对钻石的需求不断增长，最为有效的策略之一就是使钻石成为爱情和忠贞的象征。甚至有人惊呼：戴比尔斯是在创造消费需求。

最经典的一幕出现在1948年，艾尔父子广告公司的文案撰写人员（Copywriter）弗朗西斯·格雷蒂（Frances Gerety）女士提出了"A diamond is forever"这句广告语（艾尔父子广告公司策划的这个广告活动后来被美国广告时代（*Advertising Age*）杂志评为"20世纪美国最伟大的100个广告战役"之一，并名列第六位）。"A diamond is forever"（钻石恒久远，一颗永流传）从此与戴比尔斯紧紧联系在了一起，成为戴比尔斯企业文化的象征。戴比尔斯更是围绕着这一主题，设计了许多令人回味无穷的情感广告，如大约在1993年它在美国播出的一则电视广告：（如图8.19所示）

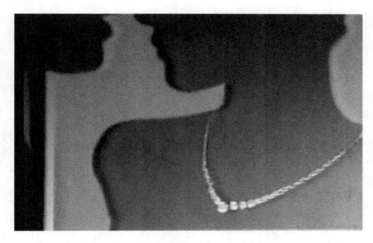

图8.19　戴比尔斯经典电视广告截图

画面1　纯黑色的画面上写着一行白字：Our life begin（我们的生活开始了）。（节奏轻快的音乐响起）

画面2　一位男子抱着一名身穿连衣裙的女子在房门前翩翩而舞。（音乐声继续）

画面3　黑色背景再次出现，同样一行白字：The years went by（过了一年又一年）。（音乐声继续）

画面4　父亲手捧一盘插满蜡烛的蛋糕半蹲着，母亲则在一旁注视着，一个淘气的小男孩嘟着嘴欢快地走过来吹灭蜡烛。（音乐声继续）

画面5　黑色背景又一次出现：The children grew（孩子们长大了）。（音乐声继续）

画面6　父母二人牵着手缓缓走来，头戴学士帽的儿子亲吻着母亲。（音乐声继续）

画面7　黑色背景：As does my love for you（就像我对你的爱一样）。（音乐声继续）

画面8　（特写）母亲项上的一串华美的项链，项链中间的大钻石熠熠发光。（音乐声继续）

画面9　父母二人相拥而吻。（音乐声继续）

画面10　黑色背景：The 25th Anniversary Diamond（结婚25周年纪念钻石），下面一行小字：Celebrate your loving marriage（庆贺你们忠贞的婚姻）。（音乐到达高潮）

画面11　黑色背景：A diamond is forever（钻石恒久远，一颗永流传）。（音乐声渐弱）

整个广告给人一种唯美的享受，值得一提的是，此则广告中的人物是以剪影的形式出现的，看不到人的真实面容，只有布景道具是以实物示人，这反而给人无限遐思。

用哈里·奥本海默先生的话来讲，戴比尔斯广告的最大特点是："不强调公司的名字，只向消费者传达一个非常简单的思想——围绕着钻石的恒久不变的情感价值。"而这样的广告效果显然是非常明显的。据调查，到了20世纪60年代，80%的美国人订婚时都赠送钻石戒指作为信物，这基本上是缘于戴比尔斯公司的努力。

最后，以戴比尔斯主席尼克尔·奥本海默（Nicky Oppenheimer）先生在1999年说过的一句话作为结语："110年前左右，从塞西尔·罗兹创办戴比尔斯联合矿业公司的那一刻起，它就是世界上最大、最成功的钻石公司，今天依然如此。我始终觉得，长寿的应有之义是我们从事正确的工作，满足某种需求。"

● 思考题

1. 请解释"钻石恒久远，一颗永流传"这句广告语获得成功的原因。
2. 试分析戴比尔斯主要的广告策略。

第九章 广告"3B"原则

■ **本章导读**

玛丽莲·梦露、黛米·摩尔、张曼玉、关之琳……这几位大家都耳熟能详的明星。虽然她们有的身处于不同的国度、生活在不同的年代,但倾国倾城的容颜是她们的共同之处。除此之外,她们还有一个共同点,那就是都曾为力士(Lux)代言。力士,这个在20世纪初就问世的品牌而今已走过逾百年的岁月。期间,无数的美女在广告中与力士邂逅,无数的美丽瞬间在广告中定格,同时也为广告界留下了多则美女广告的典范之作。同样一个年逾百岁的品牌——有啤酒之王美誉的百威啤酒(Budweiser)则在其广告里尽书与动物的旷世奇缘。身强体健的克莱兹代尔马、讨人欢喜的牛头梗、愤世嫉俗的蜥蜴、勤劳聪慧的蚂蚁悉数登场,成就了百威在啤酒行业的强者地位。在中国,立邦集团曾喊出"处处放光彩"这一家喻户晓的口号。为了配合其产品的宣传,为数众多的广告被推向市场。而其中至今让人回味无穷的有这样的一则路牌广告,画面中分外惹人注目的是七八个刷着五颜六色的"小屁股"。三个品牌的成功不约而同地指向了广告创作中重要的3B原则,即所谓的Beauty(貌美的女子)、Beast(性情迥异的动物)以及Baby(可爱的孩童)。

第一节　力士浴皂与美女传奇

案例概述　在广告界，历史悠久的智威汤逊广告公司（JWT，J. Walter Thompson，现在隶属于 WPP 集团）和它的客户，即全球快速消费品生产巨头——联合利华（Unilever）长达一百余年的合作关系一直是为业界所传颂的佳话，更是广告代理公司与广告主携手并进的楷模。智威汤逊代理过联合利华旗下多个品牌的广告业务，如家乐（Knorr）等，其中最值得称道的是享誉全球的力士（Lux）品牌。

作为世界上生产快速消费品（fast moving consumer goods）的主要企业之一，联合利华的两大领域分别是食品、家用和个人护理产品。力士是护理类产品中的著名品牌。

力士的历史可以追溯到 19 世纪末的 Sunlight（日光）肥皂。1899 年，利华兄弟公司（Lever Brothers，联合利华的前身）在创始人 William Heskith Lever 的带领下，生产出了一款具有革命性的新产品——Sunlight 肥皂。与传统的硬肥皂相比，Sunlight 有诸多优点：当时的肥皂含有大量的碱，而 Sunlight 则由于含碱量低，比其他同类产品更加柔和，不伤手；这种肥皂用椰子油或松仁油作原料，比传统的用动物脂肪做的肥皂更容易起泡，更易溶于水。在 1900 年，Sunlight 皂片演变成力士皂片（Lux Flakes）。

之所以取"力士"这个名字，主要有三个原因：第一，是力士（Lux）比 Sunlight 名字更短，且易记；第二，则是力士（Lux）在拉丁文中意味着纯净、柔和，与力士的品质暗合；第三，也是最重要的原因，那就是力士（Lux）容易让人联想起奢华（Luxury）一词。

力士最初是作为洗衣皂（laundry soap）推向市场的。直到 1924 年，力士在美国发布了全球首款面向大众市场的美容香皂（beauty soap）。也正是从这一年开始，力士不断地造成着市场的轰动，引领着市场的潮流。1925 年，伴随着密集的广告，力士被作为香皂（toilet soap）向美国消费者推出。1927 年，力士香皂登陆英国本土市场。1929 年，力士进入印度市场……

力士紧锣密鼓地在世界各国登台亮相、攻城略地，这背后都有智威汤逊广告公司与其通力合作的身影。成立于美国南北战争末期的智威汤逊公司，是美国最早的专业广告代理商之一，它有着"广告业的大学"的美称。早在 1902 年，联合利华就把美国市场的一部分广告业务委托给智威汤逊处理。之后，智威汤逊又在许多非美国市场上与联合利华展开合作（在 20 世纪 20 年代，联合利华将部分英国本土的广告业务交由智威汤逊打理）。

1916 年，智威汤逊获得了力士的广告业务。在此之前，力士肥皂在美国市场上反响一般，也可以说并没有取得很多成功。这一年，成为力士在美国市场的转折点，同时，对智威汤逊来说，1916 年也是特别的一年。智威汤逊的创始人 James Walter Thompson 从公司退休，他的继任者 Stanley Resor 接管了整个公司。Resor 先生继承了 Thompson 先生的理念，努力将广告做成一项值得信赖的事业。在此基础上，Roser 先生还有所发挥，他决意要提高广告的专业水平，为广告主做出富有成效的广告。美国学者 Gorden Boyce 这样说道：Resor 先生留下的遗产就是为智威汤逊树立起来的良好的专业声誉。正是在这样的背景下，智威汤逊接手力士的广告业务。智威汤逊首先走访了力士的渠道商，并调查了力士可能存在的其他用途（这可以帮助他们确定力士的消费群体）。经过这一系列的调研，智威汤逊发现了问题所在：力士之前所做的广告和市场推广活动将产品的使用范围局限在很小的领域内（如洗涤毛织品衣物，而美国家庭在这方面的使用远不如英国多）；由于传统的肥皂是做成条形（soap bars）而力士肥皂是片状（soap flakes），这也让消费者感到陌生；另外，消费者因为没有意识到力士肥皂是经过浓缩的，故而误认为力士过于昂贵，这导致零售商不愿意腾出货架来摆放力士。

基于这些发现，智威汤逊确定了广告文案以及插图的主题，明确了使用何种媒介去接触目标消费者（中产阶层女性）。智威汤逊试图改变产品在人们心目中的形象，它不单单是肥皂，还是一个叫做力士的、独特的、略显奢华的、甚至带点神秘色彩的产品。① 第一轮的广告运动取得了无与伦比的成功，力士的销量从 1915 年的 10 000 箱一跃至 1919 年的百万余箱。

接下来要做的是宣传扩大力士的使用范围。通过与从事服装生产和销售的企业合作，智威汤逊发现力士非常适合用于丝织品的洗涤，于是马上对广告文案、插图以及媒介计划进行了调整，以抢夺新的细分市场。之后，智威汤逊又将力士的使用范围扩大到清洗碗碟……就这样智威汤逊通过不断地拓展新的细分市场来避免原有市场的饱和。

时间到了 1924 年，力士以美容香皂这一崭新的面孔出现在世人面前，这对智威汤逊提出了更高的要求。三年后，智威汤逊发动了一场举世瞩目的广告运动——"每 10 个电影明星中就有 9 个在使用力士香皂"（9 Out of 10 Screen Stars use Lux Toilet Soap，有时也称作"好莱坞"广告运动 Hollywood campaign）。这场发轫于美国的轰轰烈烈的广告运动拉开了力士浴皂与美女传奇的序幕。这场广告运动的基本策略在整整 20 年的时间里几乎没有太大的变化。囊括了众多好莱坞的美女影星在力士的广告中纷纷粉墨登场，智威汤逊将美女在广告中的运用推向了极致。与此同时，力士的销量达到了广告运动前的五倍，成为了同类商品中的销售之王，并占据第一的位置长达 10 年之久。力士之后的广告大都沿袭了这场震撼人心的美女风暴的广告策略。力士在人们头脑中似乎同星光熠熠的美女明星划上了等号。智威汤逊为力士所创作的诸多广告成为了业界一道亮丽的美女风景线。

后来由于某些原因（如市场上竞争品牌众多），力士从美国的主流市场上退出，但谁也不可否认就整个全球市场来说，力士所获取的成功是有目共睹的。力士目前在全球超过 100 个国家中销售，它在巴西、南非、印度、泰国、日本等国的市场上位于领导地位。联合利华 2008 年的年报显示，在该年，力士属于联合利华旗下销售额超过 10 亿欧元的 13 个品牌之一（其他的还有多芬、奥妙、立顿等）。

2009 年，力士推出了全新的护发素。为了配合新产品的上市，联合利华委托智威汤逊专门打造了一则长约 7 分钟的电影式广告大片。影片由好莱坞的当红明星凯瑟琳·泽塔·琼斯（Catherine Zeta Jones）主演。美女巨星仍旧是广告的卖点，不同的是这次多了曲折的剧情。将广告植入电影短片中，这在快速消费品行业当属首创，力士也因此又一次赢得了消费者的关注。智威汤逊全球总裁 Michael Maedel 先生如是说："这部影片是伟大广告创意的又一标杆之作。"

时至今日，力士早脱离了往昔洗衣皂的概念，它现今的产品涵盖洗发水、护发素、香

---

① Gordon Boyce, *Co-operative structures in global business: communicating, transferring, knowledge, and learning across the corporate frontier*, Routledge, 2001：179.

皂、沐浴液等系列。但我们不难发现，虽然产品变了，广告的载具变了、表现手法变了，可依然不变的是力士之后的智威汤逊，是力士与美女的传奇故事。

案例评析 独特销售主张（USP）的提出者、著名的广告大师罗瑟·瑞夫斯曾说过一句饶有趣味的话：多少次站在便道上和朋友谈兴正浓，我却忘了谈话的主题——都是因为当时有漂亮的女郎在穿过马路。的确，作为3B中的Beauty，广告商一直对美女形象爱不释手。爱美之心，人皆有之，这是人类与生俱来的天性。女性是一种很重要的审美对象，她的美丽容貌，风姿绰约的优美体态都能够直接诱发人们的好感和爱慕之情。广告中的美女形象能够满足人们的情感需要和审美心理，可以强化对人们视觉冲击力，这也难怪广告创作者们会对其趋之若鹜。在广告插图中加入美女形象可能并不是智威汤逊的首创，但说起这类广告最出色的代表，无疑就是智威汤逊为力士制作的系列广告。

传奇美女、铸就经典

从1930年至今，全球有超过400位的极富魅力、极具美感的女性出现在力士的广告中。这其中有被誉为"性感女神符号"和"流行文化代表人物"的玛丽莲·梦露（Marilyn Monroe）、有被视作性解放时代的代表人物之一的法国女星碧姬·芭铎（Brigitte Bardot），还有主演过《人鬼情未了》等影片的好莱坞巨星黛米·摩尔（Demi Moore）。她们迷人的风采即使在今天看来，仍旧娇艳撩人，更是为当时力士的广告赢来无数关注的眼光。

图9.1 《悉尼先驱晨报》上刊载的力士广告

以1953年9月10号刊登在《悉尼先驱晨报》（创刊于1831年，是澳大利亚最有影响力的报纸之一，主要面向中上层社会读者）上的一则印刷广告为例。（如图9.1所示）

广告的上半部分是玛丽莲·梦露的半身照。照片中的梦露，一头金发、朱唇轻启、白齿微露……将女性的美丽展露无余。照片的左边空白的地方，是人物的设计对白："用力士沐浴型香皂"。对白下，是一行小字：玛丽莲·梦露（20世纪福克斯公司出品的影片《绅士爱美人》中的明星）说道。

照片下面，还是几句模仿梦露语气的人物对白："我一直使用力士香皂。它让肌肤更细嫩、清爽！只需一块这样带有芳香的白色美容皂，就能让你更加迷人。"

接下来一段是关于产品的介绍：

力士香皂之所以呈现出白色，是因为它纯净无瑕。它是如此纯净，你应该用它去呵护婴儿般的肌肤。在淋浴或沐浴的时候，力士香皂会帮助你迅速去除尘垢，保持你的肌肤清爽怡人。

之后是两幅稍小的图片，第一张描绘的是梦露沐浴时，使用力士的情景：她坐在浴池内，左手擦拭着身体，右手拿着力士香皂，微微扬起。插图右边解释了人们为何选择力士：

首先是为了泡沫！香味！颜色！——一个以澳大利亚家庭为对象的独立调查表明，人们购买力士是由于喜欢它的泡沫，香味以及颜色。力士是世界上销量最多的香皂品牌。

第二幅插图是对力士产品的展示，力士方块的皂片很形象地展现在人们面前。紧挨着图片的左边写着：在沐浴或淋浴的时候使用沐浴型浴皂，若为保养肤色可使用常规型号的香皂。插图右边是那句著名的口号：每10个电影明星中就有9个在使用力士香皂。

在这则广告中，影星梦露的照片，占据了整个广告差不多一半的版面，这时的梦露刚主演了好莱坞电影《绅士爱美人》，在澳大利亚具有很高的知名度。人们在浏览报纸时，很容易被其美丽的形象吸引住。选择梦露这样一个公认的大美女说出力士香皂的优点，能够让许多追求美丽的女性消费者产生同感。此外，关于力士香皂的文字介绍，简洁明了，重点突出，消费者可以很快得知力士的产品特性。

早期的报纸印刷广告如此，后来的电视广告，力士依然秉承了一贯的美女诉求。来看联合利华1986年重返中国大陆市场后拍摄的一则电视广告，广告的女主角是20世纪80年代风靡全球的欧洲美女明星娜塔莎·金斯基(Nastassja Kinski)：(如图9.2所示)

画面1　一群人围绕着篝火席地而坐，画面中央一女子（金斯基）翩翩而舞。（节奏轻快激昂的音乐响起）

画面2　（镜头拉近）身着碎花白色长裙的金斯基，时而甩头，时而扭腰，舞姿曼妙动人。（音乐声继续）

画面3　（特写）金斯基用满是白色香皂泡的双手擦拭脸部。（音乐声继续）

画面4　（特写）两根迷人的手指缓缓从一块白色香皂上拂过，香皂上依稀可见"LUX"的字样。（音乐声继续）

图9.2　影星娜塔莎·金斯基

画面5　（镜头拉远）展示金斯基沐浴时的情景，她双手抚拭着身体，周身附着纯白的泡沫。（音乐声继续）

画面6　金斯基双手掬着水，泼向脸庞，清洗后的肌肤看起来光洁无比。（音乐声继续）

画面7　金斯基正对着镜头，无不动人地说道："我只用力士。"

长约30秒的电视广告，几乎都在展示着金斯基的楚楚动人，诱惑着人们的视觉。虽然描述产品的镜头只有寥寥几个，却充分地表明了力士的优良品质：能产生丰富的泡沫，可以使人肌肤柔嫩细腻。

广告一经播出，在当时的中国造成不小的轰动。有媒体这样报道：许多内地消费者甚至委托在香港、沿海城市的亲戚专门捎点儿力士产品，以此作为生活品质提高的标志之一。这空前的广告效果固然与当时中国内地相对封闭的环境有关，更是因为力士借用美女明星的风采将自身的高贵形象表现得淋漓尽致。（如图9.3所示）

图 9.3　力士包装盒上的娜塔莎·金斯基

有关数字显示,女性控制着美国 60% 的财富,并影响着 80% 的购买过程。而作为日常家用消费品的力士,它的购买者应是女性居多,因此力士广告的诉求对象一般定位为女性。女性消费者在求美心理的作用下,易于受到广告中神采奕奕的美女的暗示,从而做出购买决定。

银幕影星、相得益彰

如果力士广告的亮点仅仅局限于美女的话,也许就要失色不少。它的美女广告另一大噱头就是明星路线。广告中的女主角悉数名动一时,最起码在一定区域内、乃至于全世界都拥有号召力。

20 世纪初,智威汤逊就开始在力士香皂的广告中使用影星照片,首开名人广告(Celebrity Advertisement)的先河。且看曾在力士广告中出镜的好莱坞女星(部分列举):主演过《欲海情魔》等知名电影的、获得过奥斯卡最佳女主角奖项的影后——琼·克劳馥(Joan Crawford)、拥有"好莱坞常青树"之美称的伊丽莎白·泰勒(Elizabeth Taylor)、被美国电影学会选为"百年来最伟大的女演员"第八名的朱迪·嘉兰(Judy Garland)、生于 20 世纪 80 年代的好莱坞著名女星安妮·海瑟薇(Anne Hathaway)……

不仅在美国市场上的力士广告中各路影星频频亮相,在其他国家也如出一辙。以中国为例,联合利华和中国的关系可以说是源远流长。1923 年,联合利华注册的中国肥皂有限公司在上海成立,同时,联合利华还在黄浦江畔购置土地建造厂房。"1933 年春夏之交,英商投资的肥皂有限公司,为了让力士香皂大规模占领中国市场,不惜代价,举办了声势浩大的'电影明星竞选活动'。利用公众选出的'十大星王'名义,在全国著名报刊上大做广告。为了'强化诱惑力、鼓动效应',配有'星王'照片和签名的广告语显赫精彩:'力士香皂,色白质纯,芬芳馨美,人见人喜。十大明星,十颗爱心,愿将上述感觉,传送天下爱美人士!'有明星附照和签名的广告,得到了广大消费者的青睐和厚爱,不少青年男女将其收藏或赠寄给亲友。"[1] 在 20 世纪 30 年代,有着"民国第一美女"称号的传奇影星——胡蝶也入选了力士的明星阵营。力士打出的口号是:"电影明星竞选第一——胡蝶女士"(如图 9.4、图 9.5 所示)。重返中国大陆市场后的力士,延续了大手笔的明星策略。张曼玉、舒淇(如图 9.6 所示)、刘嘉玲、胡慧中、关之琳、张敏、杨采妮、袁咏仪、李若彤、朱茵、张柏芝、蔡依林等都曾参演过力士的电视广告。她们中的任何一位都是华语娱乐界赫赫有名的人物,其明星效应自然不言而喻。

这样大规模的聘请明星拍摄广告本身就具有很强的震撼性,往往能成为媒体和消费者议论的话题。除此之外,智威汤逊在广告中大打"明星牌"更是有其在心理学上的依据。

名人广告是对光环效应(Halo Effect)的典型利用。所谓光环效应,又称晕轮效应,最早是由美国心理学家 Edward L. Thorndike 通过实证研究所证实。它指的是:"在观察

---

[1] 党芳莉,朱瑾.20 世纪上半叶月份牌广告画中的女性形象及其消费文化,海南师范学院学报(社会科学版),2005(03).

图 9.4　影星胡蝶为力士做广告

图 9.5　影星阮玲玉为力士做广告

判断和评价某一行为主体的时候,由于该主体的某一方面特征或品质从观察者的角度来看非常突出,以此掩盖了观察者对该主体其他特征或品质的认识,而被突出的这一方面则演绎、扩张开来形成晕轮的作用了。"[1] 明星的社会知名度较高,他们常常拥有众多仰慕者。人们对明星的认识,往往会为"晕轮效应"所左右。因此,明星所代言的产品也因此能够部分获得"晕轮"的效果,这能够增加消费者对产品的好感,有利于品牌忠诚度的提高。

　　名人广告还能够激发移情效应。它是指"将人们对某一特定对象的情感迁移到与该对象相关的人或事物上去的心理现象"[2]。名人广告能够将消费者对明星的喜好之情迁移到产品上来,从而使得消费者对所宣传的产品产生"爱屋及乌"的感情。

---

[1] 张帆,刘浩. 市场营销中的晕轮效应分析,商业研究,2004(20).
[2] 张巨才. 明星广告战略的选择与实施,河北建筑科技学院学报(社科版),2004(03).

力士美女明星广告的讨巧之处还在于注重代言明星与产品气质的一致性，这一点对名人广告尤其重要。例如，1938年多萝西·拉莫尔为力士拍摄的平面广告（如图9.7所示）是一则经典的印刷广告。

标题是"多萝西·拉莫尔说道'美丽的女孩能成功'"。

图9.6　影星舒淇为力士做广告

图9.7　多萝西·拉莫尔为力士拍摄的平面广告

广告主要由三张分别从三个不同的角度拍摄女主角出浴场景的照片构成。女主角身披白色浴巾，风情万种地或正视或斜觑前方，给人清水出芙蓉、天然去雕饰般纯洁的美感。三幅插图又分别设计了三句旁白，依次是"美丽是一种总能取胜的魅力，没有哪个聪明的女孩会忽视它"、"沐浴时使用力士是我所知道的保持美丽的最佳方法"、"丰富的泡沫让你的肌肤获得真正的馥郁芬芳"。广告的左下角是关于力士产品的一段描述。

整幅广告构图干净利落，没有丝毫的拖沓。多萝西·拉莫尔是美国派拉蒙电影公司（Paramount Pictures）旗下的艺人。她在1931年通过选美比赛获得"新奥尔良小姐"的称号。1936年移师好莱坞，主演电影《丛林公主》（The Jungle Princess）并由此一跃成名。她在此片中身穿纱笼服饰，一派异国情调，因而被许多美国人视为性感的象征。她在美国人心中的形象与力士香皂当时"高端、华贵"的定位相符，很好地演绎出了力士独特魅力。

又如当下力士的代言人凯瑟琳·泽塔·琼斯。她不只代表美丽和迷人，更具备了以下品质：事业成功、社会认可度高、鲜明的个性、传奇的个人经历。这些都符合当今时代对女性所提出的新要求以及女性自身的审美观，也符合力士关于现代女性的定义。挑选她出演广告能够得到力士目标客户的认同。

"小广告"离不开"大营销"

"小广告"离不开"大营销"，力士广告的制作在很大程度上受到联合利华整个营销战略的影响。"联合利华在全球都履行一条原则,即以公司运营的所在地为家,成为一家真正本地化的跨国公司。"这是联合利华亚洲总裁费尔泽先生在2001年应邀参加上海APEC工商领导人峰会时对联合利华本土化战略的简要阐述。这条联合利华的基本原则也约束着它旗下各个品牌在世界各地的广告创作,力士当然也不例外。

以印度市场为例。印度市场是一个极度多样化的市场,它民族众多,地域差异巨大。许多民族都有自己的语言,仅宪法承认的官方语言就有二十多种。各地的宗教差异也很明显(主要是印度教和伊斯兰教)。鉴于此,如何使广告适应不同区域的消费者就显得特别重要。智威汤逊印度分公司在印度市场上同样采取的是美女明星策略。为了让广告可以接触到不同地区的消费者,智威汤逊起用的明星超过30位。任何一则力士的广告除了要有英语版本外,还必须同时制作印度其他10多种主要语言的版本。

另外,明星的选择也需慎之又慎。例如说一位因拍摄马拉雅拉姆语(Malayalam language)电影而在喀拉拉邦(Kerala State,位于印度西南部)家喻户晓的明星可能在泰米尔纳德邦(Tamil Nadu,位于印度南部)寂寂无闻,因为在泰米尔纳德邦通行的是泰米尔语(Tamil)。因此在印度市场上,可以看到这样的广告:两则广告风格完全一致,连女主角的穿着打扮都相差无几。她们还说着同样的广告语"纯净、柔和的力士美容皂——电影明星的选择"(pure, mild Lux —— beauty soap of the film stars)。不同之处仅在于广告片中的女主角以及她们在广告中使用的语言。

快速消费品行业由于技术含量较低,入行门槛也相对较低,因此竞争者众多。加之快速消费品属于易消耗品,消费者购买频率高并且很容易在同类产品中转换不同品牌,这导致较难培养品牌忠诚度。身处这个行业的联合利华自成立初就深谙此道,异常重视广告与促销。在1900年前,英国还没有出现提供综合服务的广告代理商(full-service agency),联合利华就自己设计促销运动,直接和媒体打交道,购买广告版面。它甚至在1923年,成立了一家子公司(Lever House Advertising Service)负责公司的推广业务。根据资料显示,仅在2006年,联合利华用于广告与促销方面的开支就高达50亿欧元。

高强度的"广告轰炸"是保证力士经久不衰的法宝之一。广告心理学先驱沃尔特·D·斯科特博士(Dr. Walter Dill Scott)在他的著作《广告心理学》(The Psychology of Advertising)中曾提出增强顾客对广告记忆的四个原则,第一个是重复(其余三个是深刻,联系和巧妙)。力士系列美女广告能取得成功,正是得益于对重复原则的运用。斯科特博士在论述这个原则时,举了一则优秀的"麦乳精"广告为例:在系列广告中,身着彩色衣服的厨师看起来都非常显眼,这种特点,很容易让我们把该系列的所有广告都联系起来,因此重复广告的效果也就收到了。与此同时,同一产品于不同月份所刊登的广告,并非一成不变,因为每个月份所刊登的广告,都有作为该月份产品形象代言人的新厨师亮相。① 力士广告中恒久不变的美女诉求就是一种重复,而不断更换的明星代言人就是一种变化,我们可以发现成功的广告是何其相似!(如图9.8所示)

也许就单则广告而言,智威汤逊为力士制作的广告并不是如何地惊天动地。但力士浴皂能够在长达近百年的时间内,保持基本不变的鲜明风格,以美女明星来抓住消费者的视觉。这样持之以恒的诉求再配合以高强度的广告投放,或许就是力士之所以能够独领风骚

---

① (美)沃尔特·D. 斯科特. 广告心理学[M]. 李旭大译. 北京:中国发展出版社,2004:6.

图9.8 各国影星为力士做广告

的原因吧。

● 思考与讨论

1. 请结合力士的产品特性，试分析力士美女广告行之有效的原因。

2. 力士广告在很长的时间内保持相对一致的风格，而反观国内的部分企业却往往难以做到这点，这对我国的企业有何启示？

● 相关知识链接

联合利华简介 联合利华（Unilever）公司是由荷兰 Margrine Unie 人造奶油公司和英国 Lever 公司于1929年合并而成，其总部设于英国伦敦。作为全球最大的快速消费品制造商之一，目前它的产品种类涵盖个人护理用品、家庭护理用品、食品等领域，品牌数量多达400余个，品牌覆盖150多个国家。据统计，2007年联合利华在全球市场营销总投入达53亿欧元，2008年其全球营业额高达405亿欧元。

第二节 "啤酒之王"的动物广告

案例概述 百威啤酒（Budweiser）——世界上知名度最高的啤酒之一，被人们称赞为"啤酒之王"（King of Beers）。从它问世至今已经有130余年了。据统计，在这超过一个世纪的时间里，百威啤酒的全球累计销售量达到令人咋舌的1.85亿公升。

百威啤酒的辉煌与其母公司安海斯-布希（Anheuser-Busch）公司息息相关。安海斯-布希公司的历史可以上溯到1852年，它的前身是位于美国圣路易市（St. Louis）的巴伐利亚啤酒厂（Bavarian Brewery）。1860年，肥皂制造商艾伯哈德·安海斯（Eberhard Anheuser）收购了这家小型酿酒厂，并更名为 E. Anheuser 公司。其后不久，安海斯的女婿阿道弗斯·布希（Adolphus Busch）加入公司。在布希的领导下，安海斯-布希公司率先在啤酒酿造中采用巴氏杀菌法，并启用人工冷藏技术和铁路冷藏运输，这为公司的啤酒得以行销美国打下了坚实的基础。1876年，公司推出了百威啤酒。名字取做百威是因为它轻微地类似德语的发音，这样有利于吸引美国人和德国的移民。据说这种波西米亚风味（Bohemina Style）的拉格（Lager 的音译，啤酒的一种）是布希和他一个从事酒进口生意的朋友卡尔·康拉德（Carl Conrad），在一次旅行后获得灵感共同酿造出来的。为了表彰布希做出的贡献，E. Anheuser 公司于1877年再次改名为 Anheuser-Busch Brewing Association。

20世纪伊始，安海斯-布希公司就将百威推向美国的全国市场，并开始在全国性的杂志上刊登广告。百威广告总是宣扬这样一种理念：美好的生活就是与家人和朋友共度闲暇时光。它鼓励工人们到市郊去享受田园诗般的生活，它树立起了美国工薪阶层尤其是蓝领工人战后生活的典范。这些都帮助了它在 20 世纪 50 年代成为美国销量最好的啤酒。1957 年，安海斯-布希公司将其竞争对手施利茨（Schlitz）从第一的位子上赶了下来，一跃成为美国啤酒酿造行业的领军企业，这一领导地位保持至今（如图 9.9、图 9.10 所示）。

图 9.9　百威平面广告 1

图 9.10　百威平面广告 2

20 世纪 60 年代后期，百威所创造的关于"市郊美好生活的神话"遭受了严峻的挑战。这段时期，美国国内的抗议活动风起云涌，日本企业的迅速崛起让美国人对其制造业的信心骤降。越南战争、水门事件以及世界性的石油危机等又加重了美国人的不安全感。同时，各地的妇女解放运动（Wemen's Movement）也蓬勃发展。面临美国政治、经济影响力的退减，许多工薪阶层的美国男性，愈发强调男人的力量，并将妇女解放运动视为对美国家庭传统男性地位的威胁。这一思想在美国中部地区的男性白人中表现得尤为明显。

在这样的形势下，百威打出了"啤酒之王"（King of Beers）的口号，以迎合社会上男性消费者的普遍心态。虽然百威相应地调整了广告策略，积极求变。但和米勒（Miller）、施利茨（Schlitz）这两家主要竞争对手的广告运动相比（米勒开展了名为"米勒时光 Miller Time"的广告运动、施利茨提出"你没喝过施利茨就等于没喝过啤酒 When You're Out of Schlitz, You're Out of Beer"）仍然显得平淡无奇。

直到 20 世纪 70 年代，达美高广告公司（DMB & B, D'Arcy Masius Benton & Bowles，美国一家著名的广告公司）为百威策划了"为你准备的百威"（This Bud's for You）的广告运动。至此，它在广告方面的被动局面才得以扭转。它推崇一种昂扬向上的生活态度，诸如"我们是力量，我们是风云人物"一类的口号时常出现在这系列广告中。之所以采取这样的宣传方式是离不开当时美国的宏观大环境的，那就是美国在罗纳德·里根（Ronald Wilson Reagan，任期 1981 年至 1989 年）总统的主导下强势发展。百威啤酒在整个 20 世纪 80 年代都保持着相对良好的成长态势。"为你准备的百威"也被美国《广告时代》（Advertising Age）杂志评选为 20 世纪最成功的 100 个广告战役之一，位列第 27。

时间到了 1990 年，由于受到多种因素的影响，百威面临了新的问题，这使它陷入了近七年的品牌困境。在此期间，安海斯-布希公司结束了他们和达美高之间长期的合作关系，恒美广告公司（DDB, Doyle Dane Bernbach，目前隶属于 Omnicom 集团，由威廉·伯恩巴克等人共同创办）被聘请为百威的广告代理商。

1997年,"蜥蜴"系列广告问世。这场广告运动的主角是两只带着布鲁克林(Brooklyn,纽约西南部的一个区)口音的变色龙。其中一只叫路易斯(Louie)的,被周围不断嚷嚷着"Bud-Wei-Er"的蛤蟆激怒。而它的朋友弗兰克(Frankie)则理性得多。这组广告的故事情节就是围绕着这两只说着俏皮话的蜥蜴和它们的牛蛙邻居而不断展开的。"蜥蜴"系列的电视广告一共做了4年,之后它们滑稽的腔调又依靠电波继续传播了好几年。有评论家称赞道:百威迎来了它"标志性价值"(Iconic Value)的复苏。[1] 广告带来的财务成果是可观的,安海斯-布希公司的营业收入毛利率从1997的18%增长到2002年的将近24%。华尔街的投资者们也对此报以极大的热情,安海斯-布希公司的股价在5年间上涨了140%。

1995年,百威登陆中国市场,并在湖北武汉投资设厂。留给中国消费者印象最深的当属安海斯-布希公司为百威精心打造的"蚂蚁"系列广告。"在这些广告中,蚂蚁是永恒的主角,可爱的小蚂蚁们或用钉耙绊倒路人,或用石头阻碍自行车,或成为电脑高手,结果都是想得到它们钟爱的百威啤酒。"百威在中国啤酒界刮起了一阵新奇的"蚂蚁"旋风。在进入中国市场的两年后,百威成为中国高档啤酒消费领域内的头号品牌,可以说这群小蚂蚁功不可没。

随着时间的推移,百威品牌的族系也得到了极大的拓展。现在的百威大家庭包括百威(Budweiser)、百威淡啤(Bud Light)、Budweiser Select、Bud Light Lime、Budweiser American Ale、Bud Dry、Bud Ice等成员。2001年选出的美国啤酒市场的十大品牌中,安海斯-布希公司独占其中五个席位,分别是百威、百威淡啤、布希(Busch)、布希淡啤(Busch Light)、Natural Light。根据安海斯-布希公司2008年年报显示,该公司生产销售的啤酒占当年美国啤酒市场销售总额的49.2%。目前,它是世界上产量第三、收入第一的啤酒制造商(其中大部分的份额是由百威构成的)。在明略行(Millward Brown Optimor,其母公司为WPP集团)发布的2009年BrandZ全球品牌100强榜单中,百威啤酒排名52,品牌价值约133亿美元,是啤酒行业排名最靠前的品牌。

2008年7月,比利时-巴西酒业巨头英博公司(InBev)以平均每股70美元的价格将安海斯-布希公司收购,收购资金总额高达520亿美元。新的公司被命名为安海斯-布希英博公司(Anheuser-Busch InBev),成为酒精饮品行业名副其实的航空母舰,并以692亿欧元的市值雄踞全球消费品公司第四位。我们且共同期待百威在新东家的带领下续写它的品牌神话。

案例评析 百威啤酒从很早就在它的广告中使用各种各样的动物。其中最早出现的,也是最能代表百威品牌个性的首推克莱兹代尔马(Clydesdale)。1933年,小奥古斯特·A·布希(August A. Busch, Jr)和他的哥哥阿道弗斯三世(Adolphus Busch Ⅲ)为了庆祝美国禁酒令的解除,送给他们的父亲一队克莱兹代尔马作为礼物。随后,这种起源于苏格兰的重型挽马出现在很多百威广告中,并成为安海斯-布希公司的象征。百威的一位执行经理曾经这么说过:"50年前,克莱兹代尔马还仅仅是一种马,而在今天,人们再看到它时,不可能不会想起百威。"(如图9.11所示)

---

[1] Douglas B. Holt, *How brands become icons: the principles of cultural branding*, Harvard Business Press, 2004: 96.

图 9.11　百威平面广告 3

20 世纪 80 年代，百威为了推广百威淡啤（Bud Light），请来一只名为 Spuds MacKenzie 的白色英国牛头梗（bull terrier，一种源于英国的犬）担当系列广告的主角。它长着足球似的脑袋，左眼圈有块深棕色的斑点，有时披着沙滩巾，有时穿着 T 恤衫。它还是个聚会虫（party animal），身边总是围着一大帮女性朋友。它热衷参加各项体育活动（如撑杆跳、跳高滑雪等）。安海斯-布希公司不仅让 Spuds 在广告中出尽风头，还通过不时地制造些话题，让 Spuds 保持较高的曝光率。譬如死于飞机失事或是在冲浪时不幸溺亡，这都是安海斯-布希公司精心策划的。

Spuds 系列广告中从来不生硬地宣扬百威的品质或口味如何，而是巧妙地将品牌融入到广告的情节中去，让消费者在欣赏广告的同时也加深了对百威的印象。它还暗示消费者，即便是条狗，只要它喝啤酒的时候选对了牌子，也能够吸引漂亮女性的注意，这为百威平添了几分独特的魅力。

广告的重点放在带有暗示性的隐喻上，而不采用肯定式的断言，这实际上迎合了当时的趋势。随着生产技术的进步，产品不可避免地走向同质化。奥美广告公司调研和计划部门的负责人马克斯·布莱克斯通（Max Blackston）先生描述道："在一个大多数产品功能都趋同的时代，唯一能让人们为某一品牌给付溢价的途径就是与他们建立情感上的联系。"而使用隐喻、象征之类的表现手法是建立情感联系最行之有效的方式之一。

另外，由于啤酒属于酒精饮品的一种，这注定了消费啤酒会有危害生命健康的潜在威胁。人们在购买此类产品时，通常会处于一种认知失调①（Cognitive Dissonance，一个心理学上的名词）的状态。Spuds 在广告中出现在各项体育活动中，容易让人们将产品与体育锻炼联系在一起，降低消费者经历认知失调的可能性，为品牌树立阳光健康的形象。

在 1989 年，由于许多人抗议 Spuds 系列广告有诱导青年人饮酒的嫌疑，安海斯-布希公司担心这会给品牌带来负面影响，便把 Spuds 放回"狗舍"。

---

① 认知失调指一个人在同一时间有着两种相互对立的想法，因而陷入不甚舒适的紧张状态。比如说一个吸烟者，他在抽烟的同时也认识到吸烟有可能会导致肺癌。

创作打动人心的广告

迄今为止，若论百威动物广告中最精彩的一出戏，则非1997年开始投放市场的"蜥蜴"系列广告莫属。它的渊源可以追溯到早几年的"蛤蟆"系列广告。在1995年美国的第29届超级杯赛（Super Bowl XXIX，超级杯赛是美国一年一度的橄榄球冠军赛）上，几只电子蛙（Animatronic Frogs，它们是仿真的牛蛙）的大嘴中第一次蹦出了"Bud"、"Weis"、"Er"这三个著名的音节。这则广告是达美高为百威制作的最后一则广告，之后恒美广告公司接手操刀百威广告，恒美延续了这个广告创意。几年来，数只电子蛙或栖息在沼泽的岩石上或匍匐于路边，呱呱地叫着"Bud-Weis-Er"。它们试过在一辆路过的百威货车上偷尝百威啤酒，它们曾经为了贪图凉快把舌头贴在冷藏的啤酒罐头上……恒美还尝试过延伸创意：喝百威开聚会的蚂蚁、挟持百威啤酒当人质的龙虾，都是这一时期的作品。虽然这些古灵精怪的小动物为百威吸引了不少人的注意，但百威的品牌增值效果并不明显。

1997年，电子蛙带来的热度逐渐退去。在这一年的超级杯赛上，"蜥蜴"广告完成了它的首秀。它背后的创意出奇的简单。由于"电子蛙"广告运动已经开展两年了，安海斯-布希公司想在这个基础上有所拓展，为此公司找到了Goodby, Silverstein & Partners公司（美国一家位于旧金山的广告代理公司）。Goodby, Silverstein & Partners的广告创意人员经过讨论，一个看起来似乎不可思议的想法浮现出来：一只妒火中烧的蜥蜴（Louie，路易斯）想方设法地要除掉和它生活在同一块沼泽地的"名流"——蛤蟆。因为它嫉恨蛤蟆成为百威的代言人。它希望能在百威的广告中出镜，为了取代它的竞争对手，它似乎做好了一切准备。试看系列广告片的第一部：

广告在悉悉窣窣的虫鸣中拉开帷幕，紧接着就响起了蛤蟆们单调的声音，它们重复着"Bud-Weis-Er"，直到广告结束。

最初的画面是一片沼泽地，沼泽的尽头是一家酒吧，酒吧门口的霓虹招牌上隐约可以看到"Budweiser"几个字母。

镜头拉到两只蜥蜴栖息的枝头。

路易斯："真不敢相信，他们（指百威）竟然雇佣蛤蟆们。我们的试音完美无缺。在面试的时候，我们摆过Pose（路易斯当即摆起了Pose，把头一扭，嘴巴咧开，灯笼似的眼睛骨碌骨碌地转着），我们还向他们展示过灵巧的舌头（路易斯伸出长长的舌头，做出滑稽的动作）。我们的所作所为是了不起的。"

弗兰克："蛤蟆们卖啤酒，事实就是如此。这是营销的首要法则。"

路易斯："如果我们当初能成为'百威蜥蜴'，想必早已经今非昔比了。"

弗兰克："会有下一次试音的。"

路易斯："哦，是的。可是下次是去为谁试音呢？这次可是百威啊！伙计，这可是份肥差，那些蛤蟆们会得到报酬的！"

弗兰克："算了吧，路易斯，就算了吧。"

广告最后，镜头拉远，可以清晰地看见酒吧门口的百威招牌。

（如图9.12所示）

在接下来的广告中，故事继续着：路易斯嘲笑蛤蟆们的叫声，并仍然对邻居们的成功嫉妒得不得了，以致幻想着如何将它们清除掉。路易斯喊来一只雪貂帮忙，它让雪貂将酒吧门口的霓虹灯招牌弄倒，希望落入沼泽的百威招牌能将水中的蛤蟆电死。

路易斯满心欢喜地对弗兰克说道："弗兰克，蛤蟆们最终还是死了，这是我一生中最美好的时光。"不幸的是，蛤蟆生命力的顽强完全出乎路易斯的意料，它们在这次电击暗杀中存活了下来。它们继续不厌其烦地重复着那三个音节。

图9.12 百威"蜥蜴"系列电视广告截图

见愿望落空，路易斯狠狠地将雪貂臭骂了一通。更让路易斯懊恼的是，百威居然聘请雪貂担任代言人，尽管雪貂五音不全，连话都说不清楚。路易斯情绪激动地抱怨百威竟然聘用资质完全不够的雪貂。弗兰克则安慰他的好友道："雪貂具有明显的明星潜质，另外它还长得像一位著名的法国导演。"

在后续的广告片中，路易斯终于实现了它的梦想，它取代了沼泽中的一只蛤蟆。就算这样，路易斯仍没有成为沼泽里的显赫人物。蛤蟆们告诉路易斯，它们是能说话的硬汉，不是如路易斯所想的那样只会呱呱地叫喊。为了报复路易斯长年累月对它们进行的辱骂甚至谋杀，蛤蟆们用舌头鞭打可怜的路易斯。

故事最后，路易斯决定竞选沼泽地的总统。它的竞争对手是一只"肯尼迪"式的乌龟。乌龟进行了一项抹黑行动，攻击路易斯"不堪"的往事。很自然，在选举中路易斯落败，它又一次回到以前栖息的树枝上，忍受着它呆板的邻居沐浴着权力和名声。

"'蜥蜴'系列广告都十分有趣。不同于'青蛙'系列广告中漫无目的的逗乐，'蜥蜴'系列广告中的幽默对品牌建设更加有效，因为它包含了对工作生涯的绝妙讽刺。"[1]

可以这样说，"蜥蜴"广告运动的点睛之笔正是在于对当时美国国民微妙的心态，尤其是百威的目标消费者心态的准确把握。论及消费者心态，还必须从里根时代谈起。20世纪80年代后期，在里根总统的率领下，美国企业逐步恢复了在全球市场上的领导地位。为此美国工人作出了较大的牺牲，例如薪酬削减、工时延长等。以通用电器（General Electric）为例，杰克·韦尔奇（通用电器历史上杰出的管理大师）暂时解雇了25%的员工，非管理层员工的实际收入下降了10%。

在经济形势好转，社会生产效率有了显著提高之后，许多工人要求公司补偿他们之前的损失。然而此时美国企业的管理层却全然不顾工人的这些请求，他们在意的只是公司股票价格的涨跌。

20世纪90年代早期，美国又遭受了一次经济衰退。虽然不久便得以恢复，但恢复的过程中并没有带来就业的增加。失业的人们最终放弃了他们的信仰。他们不再相信努力工作就能够获得回报，就能够得到社会的尊重。越来越多的人对生活报以玩世不恭的态度。百威之前创造的关于工人英雄主义般的神话被彻底粉碎。

在"蜥蜴"系列广告中，路易斯可以看做是部分美国工人的化身。他受到诱惑，迫不

---

[1] Douglas B. Holt, *How brands become icons: the principles of cultural branding*, Harvard Business Press, 2004: 107.

及待地去参加美国劳动力市场异常激烈的竞争,因为他被允诺以光明的前途(竞争中的胜出者将成为社会的名流,蛤蟆在广告中是昏庸无能的成功人士的象征)。他渴求能在洛杉矶、硅谷、华盛顿、纽约这些经济、文化中心那里分得一份好处,然而他所得到的仅仅是"神经衰弱"和"自我沉溺"。

路易斯的朋友弗兰克则代表着另一种截然不同的形象和生活态度。他安于待在自家的后院——沼泽地的树枝上。在第一则广告中,他就劝路易斯不要同蛤蟆争风吃醋。他对这个世界的游戏规则有清醒的认识。"蛤蟆们卖啤酒,事实就是如此,这是营销的首要法则。"他不愿意参与到游戏中去,因为他知道胜算太小,通向名利的大门早就关上了,那又何必自讨没趣争得头破血流呢?在他眼里,最理性的选择就是回避那场游戏(在广告中表现为回避与沼泽中的蛤蟆竞争)。

"蜥蜴"系列广告把美国男性不愿意直接面对的问题公开地摆了出来,它揭示了一个简单的事实:你不是英雄,因为这个社会不允许你成为英雄,你要做的就是退居幕后,享受生活。

从另一个角度来看,百威"蜥蜴"系列广告是典型的主题性系列广告。它其实是在讲一个完整的小故事,整个故事有着清晰的故事主线和情节发展脉络。它在视觉结构上存在着明显的情节递进关系。这种情节上下连贯的表现方式,同样是"蜥蜴"系列广告获得成功的原因之一。"事实证明,采用系列篇广告形式,决不是一时冲动的产物,而是理性的符合传播规律和心理规律的行为。"①

"蜥蜴"系列广告"篇与篇之间视觉结构关系密切,在人物符号、情节符号等方面有结构上的对应关系,并且篇与篇之间是递进关系,这有点类似于系列悬念式广告。这种样式的系列广告片比较符合完形心理学(也称做格式塔,Gestalt 心理学②)'连续性原则'的确切定义——即一个图形的某些部分和另一部分可以被看做是连接在一起的,那么这些图形容易被知觉为一个整体"③。

在广告中运用动物形象也是那个时期美国广告业界的风尚。艾·里斯(Al Ries,《定位》一书的撰写者)在《公关第一,广告第二》(*The Fall of Advertising and the Rise of PR*)这本书上写道:几年前,麦迪逊大道上流行动物。第一个袭击动物园的广告客户是劲量(Energizer),它用兔宝宝做广告;这种动物的"游行"不断持续,可口可乐用北极熊做广告、邮政服务(Postal Service)用了鹰、美林银行(Merrill Lynch)用了牛……这种动物的风潮看上去还会继续。

百威广告中,不管是先前的 Spuds,还是后来的蛤蟆、蚂蚁、蜥蜴等,这些可爱的动物都增强了百威品牌的亲和力,提高了它在市场上的知名度。根据一组 1999 年的调查显示,那时候美国 10~17 岁的青少年中有 67% 的人认得百威的蛤蟆和蜥蜴。这一比例居然高于他们对美国副总统的认识(他们中只有 62% 的人知道美国副总统的名字)。当然,百威的动物广告也因此面临着人们的指责,人们批评它定位于青少年市场,尽管安海斯-布希公司对此加以坚决地否认。

百威啤酒在美国市场上能够长盛不衰,除了有安海斯-布希公司在广告设计、品牌建

---

①③ 何平华. 视觉饕餮的秘密[M]. 上海:上海文化出版社,2008:172,175.
② 格式塔心理学是心理学重要的流派之一,兴起于 20 世纪初的德国,强调经验和行为的整体性,代表人物有库尔特·考夫卡(Kurt Koffka)等。

设方面苦心孤诣的原因外,还有其他的一些因素也不可忽视。

首先,百威是美国最早在全国市场上进行销售以及投放电视广告(早在1951年,百威就赞助了美国哥伦比亚广播公司 CBS, Columbia Broadcasting System 的一个电视节目——The Ken Murray Variety Show)的啤酒品牌之一,这为它赢得了先机和良好的声誉。

其次,安海斯-布希公司采取了恰当而明晰的价格定位。这使得集团的产品能够有效地发挥产品组合的协同效应,不至于单兵作战,顾此失彼。百威定价偏高,属于中高档啤酒;米狮龙(Michelob)则定位于超级优质,走的是纯粹的高档路线;另一品牌布希(Busch)则是以大众化的价格出售。

最后,要提到的是百威对体育赛事的赞助。它是美国职业棒球大联盟(Major League Baseball,成立于1902年)、美国国家橄榄球联赛(National Football League)、美国足球大联盟(Major League Soccer)、莱德杯(the Ryder Cup,一项在美国和欧洲国家之间举办的高尔夫球比赛)、国家高速汽车协会(the National Hot Rod Association)等体育竞赛或协会联盟的赞助商。从1984年的洛杉矶奥运会起,百威就一直以各种形式赞助奥运会。此外,百威还赞助部分高校赛事,他们甚至为一些社区化体育活动提供赞助。

立足市场、融入文化

1995年,百威涉足中国市场,旋即发动"蚂蚁攻势"。一群火红色的小蚂蚁在百威广告中大显身手。十多年来,百威在中国制作的"蚂蚁"系列广告有二十多则,为百威俘获众多中国啤酒消费者的"芳心"。来看一则30秒的电视广告。

画面1　一群小蚂蚁齐心协力扛着一把钉耙向前移动。(节奏轻快的打击乐响起)

画面2　一位男子手上拿着瓶百威啤酒,缓缓地向蚂蚁走来。(音乐声继续)

画面3　(镜头切换到男子的脚下)男子依旧迈着不疾不徐的步子走着。(男子的脚步声响起,音乐声继续)

画面4　蚂蚁们放下钉耙,在男子快要靠近之时,一只蚂蚁奋力将钉耙推至男子脚下。(音乐声继续)

画面5　男子脚踩在钉耙底端的铁齿上,钉耙的另一端高高翘起,打中了该男子。(音乐声继续)

画面6　男子手一松,百威啤酒掉了下来。蚂蚁们小心翼翼地接住,之后兴奋地驮着胜利果实开溜。被它们设计陷害的男子躺在不远处。(一阵喝彩声响起,音乐节奏加快,出现一句旁白:百威啤酒,美国销量第一)

(如图9.13所示)

这则广告片顺承了"蚂蚁"系列的一贯风格:片中的蚂蚁每次都通过集体合作,克服种种挑战,只为得到百威啤酒。之所以选用蚂蚁,安海斯-布希中国分公司的市场及新产品副总裁王道这么解释道:"聘请小蚂蚁做百威广告的形象代言人并非百威公司自己一拍脑袋决定的。在广告制作的最初阶段,百威公司设计了许多不同的广告创意,然后进行了广泛的市场调研。最终,聪明团结又机智幽默的小蚂蚁获得了中国消费者的最多青睐……在百威啤酒广告中,小蚂蚁们所体现出的团结一致、聪明勤奋、不怕险阻、勇于挑战的特质与中国人五千年来的民族精神一脉相通。"的确,百威正因为抓住了小蚂蚁身上所体现

图 9.13　百威"蚂蚁""钉耙篇"系列电视广告截图

出来的精神与中国传统文化的共同之处，才能引起中国消费者内心的共鸣。作为一个外来品牌，如何让人们从文化上对它产生认同是十分重要的。（如图 9.14 所示）

图 9.14　百威"蚂蚁""自行车篇"电视广告截图

百威努力融入中国文化还表现在对中国传统习俗的重视上。每逢农历春节，安海斯-

布希公司几乎都会推出一则"蚂蚁"贺岁的百威广告。以最近的一则为例：

中国古老宫殿的大门徐徐开启，只见成群结队的蚂蚁在世界各地或搬运、或吊装，用一罐罐的百威啤酒仿盖当地的特色建筑。有北京的天坛、上海的环球金融中心，有巴黎的凯旋门、悉尼的歌剧院、意大利的比萨斜塔……人们争相观望着它们的建筑杰作。完工后，一只蚂蚁站立挥动着旗帜，一声哨响，蚂蚁们点燃了各座建筑物上的花炮。从北京天坛到上海环球金融中心，从巴黎埃菲尔铁塔到伦敦泰晤士河上的千年大桥……处处燃放着炫丽的礼花。喜悦的人们则相互碰杯、欢欣畅饮，庆贺新年。而"百福呈祥，威动八方"的广告语更是气势如虹。

百威还主动向其他国家推介中国文化。2007年的中国农历新年初一，百威为欢庆中国春节而打造的"蚂蚁"广告亮相纽约时代广告（Times Square）的大屏幕。时任安海斯-布希公司亚洲有限公司大中国区董事总经理程业仁先生说道："春节是中国人民的传统佳节。在这样一个亲朋好友共同欢聚的时刻，纽约时代广告播放的中文版百威广告能够帮助我们拉近百威与全球华人之间的距离。我们也希望借此机会，向全世界展现百威对中国市场的长远承诺和坚定信息，更希望把中国的传统文化和现代风貌传播到全球更多地方。"

为了让广告中的蚂蚁更加惟妙惟肖，安海斯-布希公司委托了香港一家专业的广告公司利用三维动画技术负责蚂蚁的制作。有一集的蚂蚁广告，安海斯-布希公司还特地邀请了一家曾参与《侏罗纪公园》电影录制的特技公司前来相助。精益求精的设计和制作保证了银幕上蚂蚁形象的生动、活泼，这也是蚂蚁系列广告能博得消费者喜爱的缘由之一。

借着2008年北京奥运会的东风，作为唯一国际啤酒赞助商的百威，更是推出了一系列奥运题材的"蚂蚁"广告，将"蚂蚁"创意进行到底。

不论是在美国滑稽可笑的蜥蜴，还是在中国聪慧团结的蚂蚁，通观百威的动物广告，我们不难得出结论：优秀的动物广告，最基本的是要在动物、品牌和消费者三者之间搭建起联系的桥梁。（如图9.15所示）

图9.15 百威平面广告"大虾篇"

● 思考与讨论

1. 试分析百威动物系列广告成功的原因。
2. 结合百威案例，试讨论企业在拍摄广告时选用动物应遵循的原则。

● **相关知识链接**

美国禁酒令 美国从1920年到1933年推行禁酒令。期间，在美国公开饮酒是违法的，21岁以上的人才可以买酒（包括啤酒），且买酒需要出示年龄证明。此外，人们只能在限定的地方买到酒。禁酒令的限制只在于酒的制造、贩卖和运输，不包括酒的持有和饮用。禁酒令的推行带来了一系列的社会问题，如贩运私酒的犯罪组织横行、私酿的劣质酒导致饮用者身体受到严重伤害等。1933年禁酒令废止，之前存在的酿酒厂大约只有一半重新开始营业，许多小型的酿酒厂就此永久倒闭。

第三节 "立邦漆，处处放光彩"
——立邦漆广告案

案例概述 1999年6月23日，《北京晨报》以《招人广告，招事不少》为题刊载了这样一则新闻。日前，北京三元东桥的三环路旁立起了一块巨型广告牌，独特的创意、缤纷的色彩非常引人注目，过往的司机都忍不住要多看几眼。自广告立起后，该处路段已连续发生多起追尾事故。这则夺人视觉的路牌广告后来被人亲切地称为《小屁股篇》广告，它的广告主是国内涂料行业的巨子——立邦集团。立邦漆（Nippon Paint，Nippon为日语"日本"的发音，立邦漆在东南亚等地被称作日本漆，因为中国不允许以国家的名字作为商品名称，故而日本漆在国内改称立邦漆。）是日本涂料公司麾下的著名品牌（如图9.16所示）。1962年，日本涂料公司和新加坡吴德南集团合作，组成战略合资公司——立时集团（Nipsea Group，Nippon Paint Southeast Asia，其中前者占40%股份，后者占60%股份）。新成立的立时集团负责经营日本以外的亚洲地区的立邦漆所有研究、生产、销售业务。

图9.16 立邦漆平面广告

1992年，立时集团进入中国，分别在上海、广州成立立邦涂料（中国）有限公司和广州立邦涂料有限公司。立邦将先进的涂料技术带到中国，并由此揭开了它在中国快速发展的篇章。据统计，1994年到1997年这三年，它的增长速度超过100%（部分是因为其

第九章 广告"3B"原则

基数低的缘故)。时间到了 1999 年,此时,一方面,国内的涂料市场正逐步向成熟迈进,市场竞争趋于激烈,立邦在中国的增速有所放缓;另一方面,立邦集团自身的管理层也意图树立品牌在国际上的知名度。促使立邦集团采用室外广告最直接的原因是其在中国最主要的竞争对手多乐士①已经在北京的东三环上竖起了一幅巨型的广告牌,且效果似乎不错。

立邦集团找到它的广告代理商——中国广告联合总公司,委托"中广联"为它制作路牌广告。起初的路牌广告仅是以立邦漆的 LOGO 为主体,经过改进后才有了我们所说的《婴孩篇》(即《小屁股篇》)广告。

时任中国广告联合总公司创意制作中心副主任的石海明先生在事后谈及这则路牌广告时说:"1999 年 3 月份接到立邦漆的单子,从创意到制作完成大概用了将近 100 天的时间,开始时觉得路牌广告应该很简单,因为它的诉求简单,无非是用 3B 原则嘛,后来我们的稿子被客户'毙'了两三次,真想不做了,但是当时牌子都竖起来了,画面还没有,总不能只立一个立邦漆的商标吧?而且客户代表还表示,立邦漆此次是第一次在中国做路牌广告,以前它也很少搞路牌广告,很想一炮打响……"② 石先生"在一次翻阅杂志的时候,偶然见到了一幅图画,以前一直从事摄影的他对图像相当的敏感,画面上的小孩儿深深吸引了石海明,立邦漆细腻得就像这 baby 的皮肤一样,如果用这幅图来表现立邦漆的无毒、环保、无害不是很好嘛?而且,画面上有各种肤色的小孩子,与立邦漆是一个国际化的品牌非常吻合。于是他马上对画面进行了剪裁,赶紧把这个构想拿给总监看,总监也非常满意,还提出在小 baby 的屁股上刷上立邦漆"③。

当《婴孩篇》路牌广告矗立在北京机场路入口处时,便出现了本文开头的那一幕场景。这从侧面说明了此幅广告牌对受众的吸引力。

学界与业界也对该则广告赞誉有加,先是在 1999 年第六届全国广告优秀作品展中获得铜奖,之后又捧回 2000 年度美国《广告时代》(Advertising Age)评选的优秀创意奖以及 2000 年度新加坡最佳广告创意奖。《婴孩篇》路牌广告在市场上的表现同样令人侧目,2000 年广告的主创——"中广联"的创意总监路盛章先生在接受记者采访时,记者问道:"立邦漆广告这么好,对产品的销售产生了什么影响?"他的回答是:"非常之好。它(指立邦集团)现在正在准备今年的第二个战役,不能不说立邦漆的广告对销售起了推波助澜的作用。特别是立邦漆的电视广告非常成功,再加上路牌、报纸的配合,使立邦漆在中国销售很好,应该说是销量第一吧。"④

在《婴孩篇》路牌广告的基础上,"中广联"又为立邦制作了一则 5 秒钟的电视广告。广告选在 2000 年悉尼奥运会的时段播放,也收到了很好的反响。随后不久,为了配合"个性配色中心"的上线,立邦又推出了一则主角是幼童的 30 秒电视广告,这可以看作是《婴孩篇》路牌广告创作策略的延续。

2005 年,世界品牌实验室(World Brand Lab)排出了当年中国涂料品牌的十强企业榜单,立邦涂料(中国)有限公司位列榜首(2、3 名分别是卜内门太古漆油中国有限公司和广东嘉宝莉化工有限公司)。如今,凭借在中国市场上的出色业绩,立邦已经成为亚

---

① 多乐士是 ICI(英国帝国化学工业集团,Imperial Chemical Industries)旗下的涂料品牌,是较早进入中国市场的外资涂料企业,ICI 于 2007 年被阿克苏诺贝尔公司收购。
②③ 李媛. 立邦漆:广告放光彩,中国工商报,2001.01.09,第 B04 版.
④ 立邦漆惹祸的广告 得奖的广告,中国信息报,2000.07.27,第 003 版.

太地区最大的涂料制造商。它所经营的多达上万种的产品中，不仅包括建筑涂料，还有工业涂料和汽车涂料等专业涂料。但一提起立邦漆，至今仍让许多中国消费者记忆犹新的却还是那些肤色各异的小 baby，还是那些涂着各色立邦漆的光屁股。

案例评析　20世纪90年代开始，由于住房政策改变等因素的推动，中国的房地产行业发展蓬勃。私人购房大大增多，这就催生了大量装修住宅的需求，而装修房屋必然要涉及涂料的使用。立邦集团（特别是它的建筑涂料部门）在中国飞速扩张的一幕正是在这样的宏观背景下上演的。

经典之作的路牌广告

立邦《婴孩篇》广告路牌：

画面的主体是八个赤身裸体的婴孩，他们的肤色（黄、白、黑、棕等色皆囊括其中）和发色都各不相同（寓意立邦漆为一国际品牌）。八个孩子，背对着人们，脚踩着青翠的草坪，手扶着白色的栅栏。他们的姿态也不尽相同，有的翘首望着前方，有的脸侧向一边仿佛在打探着什么，有的又像在窃窃私语，总之是极尽儿童的可爱之状。最引人注目的是八个小孩的光腚子上被涂上了各种颜色（从左至右：天蓝色、绿色、红色、金黄色、绛红色、蓝绿色、橘黄色、暗紫色，无一雷同）。广告牌的右下方印着"立邦漆"三个大字，边上是立邦的"n"形 LOGO。

（如图9.17所示）

图9.17　立邦漆户外广告牌

通过以上描述，可知此路牌广告的构图简洁，重点突出（突出了屁股上涂着颜色的八个儿童以及立邦漆的商标），布局符合制作室外广告的一般规律。我们知道因为大多数人经过室外广告时的速度很快（立邦的这块位于机场路入口处的广告牌更是如此），广告暴露在人们眼前的时间短暂，因此广告所能传达的信息十分有限，冗长的诉求对过路人是无效的。

这则路牌广告展现出了形式美。先谈形状美，不同于以往四四方方的广告牌，广告的设计者还在路牌的制作上下了一番工夫。用路盛章先生的话来说就是"路牌广告必须做出悠远的效果，我们就想到让小孩们的脑袋要'冒出来'，于是就想到要做一个异型，那样可能会更有冲击力"[①]。基于这样的考虑，广告才有了最后呈现在人们面前的效果：八个婴孩的头超过了长方形路牌的边幅，齐刷刷地"冒"在外面，层次感、立体感顿时被营造了出来。

除了新颖的造型，鲜亮的色彩也是亮点之一。美籍德国艺术理论家、心理学家鲁道夫·阿恩海姆（Rudolf Arnheim）在他的著作《艺术与视知觉》中赞叹道：说到表情作用，色彩却有胜过形状一筹；那落日的余晖以及地中海的碧蓝色所传达的感情，恐怕是任何确定的形状也望尘莫及。《婴孩篇》路牌广告的画面中，绿油油的青草、雪白雪白的木栅栏以及涂抹着鲜艳颜色的小屁股都非常抢眼。色彩作为表情达意的一种手段，在广告中具有极强的表现力和心理影响作用。色彩的精妙搭配可以创作出独特的境界，增添广告的美感，同时让人们体验到审美上的愉悦感。

置于露天的户外广告依凭别具一格的形状以及巧妙的色彩配搭以达到吸引人们注意力的目的，这种方式有其心理学上的依据。格式塔（Gestalt）心理学派总结过关于图形和背景的关系：在特定的知觉领域，各种对象并非同等重要，有些对象显然有一定的界限，形成一个比较鲜明的轮廓，使之能突现出来并被明显地感知到，从而形成图形，而另一些对象则退居其后，烘云托月般形成背景。[②] 一般来讲，图形与背景区分度越大，图形就越有可能突出成为人们的知觉对象。《婴孩篇》路牌广告之所以能有效地被高速行进中的过路人感知到，就是因为它利用异型和色彩使自身从背景中突显出来。

画龙点睛，尽显"处处放光彩"

《婴孩篇》路牌广告的点睛之笔无疑是八个幼儿屁股上的那几抹鲜艳的色彩。八个幼儿、八种不同的颜色暗指立邦能为消费者提供多种多样的色彩选择，呼应着当年立邦在市场上宣传和推广的主题：处处放光彩。由于受到传统习惯以及思维定式的影响，中国的消费者在选择墙面涂料时，往往趋向于购买白色或其他的单一颜色，很少考虑使用不同颜色的涂料来粉刷墙壁。对立邦而言，丰富多样的色彩选择是它的优势之一，为了改变中国用户的消费习惯，立邦集团不遗余力地向消费者灌输"立邦漆，处处放光彩"的理念。

除了暗示立邦漆的多元色彩外，使用婴孩形象代言涂料产品的这一创造性表现手法本身就在业界独树一帜。国内的学者马谋超先生曾这样评价《婴孩篇》广告：在人类的心理生活中，有一种"移情"的现象。通过它，使得在一个对象上所产生的情感体验迁移到另一个对象上，于是后者也有了类似的情感体验。为了获得情感的迁移，应有一个中介，以便激发人们已有的情感体验。该广告选中了一群天真、可爱的快乐天使——幼儿，作为这个中介无疑是很高明的。因为，在公众眼里，孩童的一切都是美好的。立邦漆广告把油漆涂到每个幼儿的屁股上，一下子就把原本没有情绪色彩的商品显出五彩夺目，既奇特又可爱，更有很强的记忆点。[③]（如图 9.18 所示）

[①] 立邦漆惹祸的广告 得奖的广告，中国信息报，2000.07.27，第 003 版．
[②] 叶浩生．心理学理论精粹 [M]．福州：福建教育出版社，2000；320．
[③] URL：http：//www.cctv.com/tvguide/tvcomment/tyzj/zjwz/4637.shtml．

图 9.18　立邦漆平面广告

此外，在婴孩屁股上涂上立邦漆，更重要的是向消费者暗示产品杰出的品质，这点在当时的中国有着特殊的意义。建筑涂料是建筑材料领域的传统行业，在中国已有多年的发展历史，但其真正的高速发展却是在 20 世纪 80 年代后才开始的。改革开放前的中国涂料工业可以用"散兵游勇"来形容。涂料企业数量众多，可规模甚小，许多还停留于"作坊式生产"的层面上。此时，中国的涂料基本上是以环氧树脂、三聚氰胺甲醛树脂、不饱和聚酯以及醋酸乙烯乳胶漆等为主体的传统涂料。改革开放后，通过学习外国先进的涂料生产技术，逐渐转而生产水性涂料。20 世纪七八十年代中国家庭普遍使用的 107 胶、106 胶等是早期使用的水性涂料，这些家装涂料的缺点是易起皮、粉化、表面粗糙无光泽，且用这些涂料粉刷过房屋后，通常气味刺鼻，几天不散。"这些产品不具备防水，耐污这些基本墙体保护性能，更谈不上色彩，环保等要求了。"一位业界人士在论及当年的国产涂料是如是说。

20 世纪 90 年代初期，据当时资料显示，中国的涂料生产企业多达 5 000 余家，但产品单一、研发能力低下仍是它们的普遍问题。1995 年，立邦集团在中国市场强势推广墙面乳胶漆，较之于中国的传统涂料，乳胶漆最大优点之一就是 VOC（volatile organic compounds，挥发性有机物，它是家庭装修污染的源头）挥发性小，对人身体的危害较小。

《婴孩篇》路牌广告牢牢抓住无毒、无害、环保这一诉求做文章。婴幼儿乃是人之初，是人一生中对外界刺激最为敏感也最为脆弱的阶段。立邦漆都能够和婴儿如此"亲密接触"，而况于成年人乎？消费者追求安全健康的需求在这得到了满足。

创制契合产品特征的广告

为了解决立邦漆产品种类繁多而导致经销商库存压力陡增的问题，1999 年底立邦集团面向它的专卖店推出了"个性配色中心"。一则以"个性配色中心"为主题的电视广告因此播出：

画面 1　年轻的父亲一手拎着一桶油漆，一手拿着一把滚筒刷走进待装修的毛坯房，站在婴儿车中的幼儿兴奋地看着父亲。

画面 2　父亲开始涂刷墙壁，孩子不停地挥动小手招呼父亲过来。父亲理解了儿子的意思，原来是小孩不喜欢涂料的颜色。

画面 3　父亲不断地更换颜色，示意给孩子看。可小孩仍然嘟着嘴无法满意，到后来居然抿起嘴巴哭了起来。此时近景拍摄变为俯拍：地上摆满了不同颜色的涂料桶，父亲则双手摊开，表示无可奈何。（画外音响起：想要更多选择）

画面 4　镜头切换到立邦漆个性配色中心的室内场景，简略地展示了涂料配色和装罐的过程。（画外音：立邦漆，个性配色中心，无穷色彩，精彩调配，即刻创造只属于您的个性色彩）

画面 5　在涂饰一新的房屋内，小孩欢欣不已，父亲则惊叹不已。（画外音：更多色彩，更多选择）

画面 6　镜头又切换到了立邦漆的个性配色中心，画面中出现了个性配色中心正门的特写。（画外音：立邦漆，个性配色中心）

画面 7　（特写镜头）立邦漆的"n"形 LOGO 以及"处处放光彩"的口号。（如图 9.19 所示）

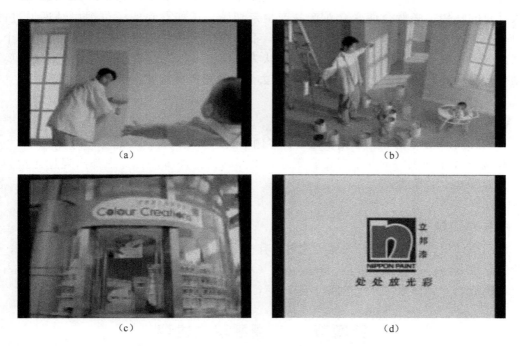

图 9.19　立邦漆"个性配色中心"电视广告截图

值得一提的是，这则广告片的配乐随着小孩情绪的起伏变化而变化，颇有幽默效果。

要知晓这则广告的成功之处，必须先对立邦的"个性配色中心"有所了解。"个性配色中心"的核心是 CCM（Color Creation Machine）调色系统。CCM 是借助电脑，根据消费者个人需求，在销售现场即时配色的一种装置。它能在 5 分钟内完成自动配色，避免了人为因素造成的加料不准，在很大程度上实现了为用户量身定制。在"个性配色中心"消费者能够免费享受实物分析（即消费者可以向立邦提供某一物品，立邦能够为消费者分析出这一物品的颜色）、电脑调试和配色效果预览等服务。

"个性配色中心"最大的特点就是能在短时间内为消费者提供定制化的涂料色彩选择。这个广告短片刻画了一个对颜色极端挑剔的顽童形象，孩子的父亲使尽"万般手段"也不能讨孩子的"欢心"，而立邦的"个性配色中心"却轻而易举地让小孩喜笑颜开。这让人们在轻松幽默的氛围中感知到立邦漆"个性配色中心"的魅力所在——即多元的色彩选择。试想如果在广告片中不使用俏皮可爱的婴孩，其效果肯定要大打折扣。因为只有婴孩的淘气，人们才能够包容甚至是会心一笑。如若是某一成年人也如此挑剔，则很有可能会引发观众的反感，进而使产品的品牌形象受到伤害。

随着时间的推移，诸如PPG、阿克苏诺贝尔等国际涂料界的巨头扎堆蜂拥至中国市场，而以华润①为代表的一些本土涂料企业也在激烈的市场竞争中崛起。立邦集团所处的中国涂料行业的光景早已与20世纪90年代不可同日而语。立邦的宣传口号也从"处处放光彩"转变为"我的灵感，我的立邦"。今天的立邦提倡"色彩是一种生活方式，是一种个性体现，能够给人带来灵感，成就自然、自由、激情、纯洁、时尚的人生梦想"②。

即便如此，我们依然经常能够在立邦的各类广告中找寻到儿童的身影。从这些风格亲切的儿童广告中，我们不难看出立邦背后的逻辑：虽然生产和销售的是工业产品，但若坚持人性化的宣传，必然会使受众对产品产生亲切感。正如立邦的一位销售经理说过的："我们的产品不是玩具，不好玩；不是食品，不好吃；但感受者都一样，都会落到一个个鲜活的人，包括经销商和终端消费者。"他认为，促销（广告也是促销的一种形式）要更多地体现品牌的亲和力，更多地帮助消费者去想象使用产品能够获得的那种"感觉"。

● **思考与讨论**
　1. 请联系营销学的相关理论，试分析案例中立邦两则儿童广告成功的主要原因。
　2. 除了本节所列举的几个广告案例外，立邦的其他许多广告片中都出现过儿童的身影，请解释其中的缘故。

● **相关知识链接**
　涂料小知识　涂料可以分为无机涂料、有机涂料以及有机和无机复合涂料。其中，有机涂料又可分为溶剂型、水溶型、乳胶涂料（水分散型涂料）。乳胶漆（Emulsion Paint），属于有机涂料，又称为"合成树脂乳液涂料"，是一种水性涂料，它的挥发性小。

第四节　3B原则理论述评

在广告界，创意人员经常在广告中使用漂亮女人（Beauty）、动物（Beast）、孩童（Baby）的形象，这便是所谓的3B原则。3B既承载了某种广告信息，同时也被视为一种行之有效的广告创意策略。

使用女性形象从来就是广告的重要表现策略，而美女形象更是备受广告人的宠爱。作为3B原则中运用最为广泛的一条原则，美女在现代广告中屡见不鲜。"有资料证明，通过科学手段调查的1197个电视广告（除无声广告外），在517个女性角色中，87%是年轻漂亮的女性，7.4%是少年儿童，1.5%是中年妇女，3.7%是老年妇女，其余0.4%是混合年

---

① PPG、阿克苏诺贝尔两者是全球化工行业的巨头，华润则为中国较大的涂料生产厂商。
② 龚文．从立邦广告变化看其战略转变，中国建材报，2007.02.12，第B03版．

龄的妇女。年轻女性在女性角色中所占的比例大大高于年轻男性在男性角色中所占的比例（61.4%）。"①

美女广告通过对女性美好姿态的描绘或塑造以达到激发受众并使其产生联想的目的。它通常突出女性身体的某一部位，如脸、眼睛、嘴、皮肤、乳房、胳膊、腿与臀部，用来吸引受众的注意。美国马萨诸塞州中心医院曾经做过这样一次实验：医生们向10名年龄在21~28岁之间的正常男子展示了一些漂亮女人的图片，同时又对他们的大脑活动进行监测，结果发现这些美女照片刺激了大脑的某些区域，而这些区域在男人服用可卡因或拿到钞票后也会出现同样的反应。② 这些感官上的刺激，为人们带来了足够的遐想空间，使受众容易接受来自广告的种种暗示。

从更广泛的意义上讲，Beauty广告是对美女资源的利用，属于时下很红火的"美女经济"的范畴，其实质是注意力经济。注意，从心理学角度来看，属于认知过程的一部分，是一种导致局部刺激的意识水平提高的知觉的选择性的集中。它最大的特点在于它的稀缺性。1997年，美国学者哥德哈勃（Michael H. Goldhaber）为《连线》（Wired）杂志撰写了一篇题为《注意力购买者》（Attention Shopper）的文章。他指出，在这个信息社会中，信息不但不是稀缺的资源，而且还是过剩的，只有一种资源，那就是注意力资源才是稀缺的。

既然美女广告作为注意力经济的一种形式，那么注意力经济的一些通用原则也必然适用于美女广告。美女广告首先要引起受众的注意，即吸引受众的视觉。但仅仅吸引受众的视觉是远远不够的，因为短暂的注意并不能让人们留下多少印象，且人们不能无限地支出注意力。接下来所要做的是触动受众的信息加工机制，努力使受众自觉地对接收到的信息进行加工。即让受众看完广告后有所思、有所想，使其在信息加工过程中加深对产品或品牌信息的印象。

松下洗衣机《浴女篇》是一则平面广告。该广告获得了2005年龙玺平面广告金奖。广告的创意来源于法国久负盛名的画家安格尔（Jean Auguste Dominique Ingres）于19世纪60年代绘制的著名画作《土耳其浴场》（The Turkish Bath）。整幅平面广告几乎是《土耳其浴场》的翻版，只有局部稍微进行了些许艺术加工。画面的主体是一大群裸露的女人，她们神情安详、姿态各异，或站立、或斜倚、或相互偎依、或茕茕孑立、或凝眸远方、或彼此对视。女性所独有的婉转的线条美以及她们的"肉感"与媚态展露无遗，却不带有丝毫的低级趣味。画面的左下方是松下惯有的品牌宣言"Ideas for life"（创意让生活更多彩）。右下方是一个洗衣机的小图标，让人豁然明白此广告的宣传对象和用意。而洗衣机图标所配的说明文字更是耐人寻味——"超大容量"。再看看满画面美丽女人的胴体，人们不禁要问"女人们的衣服都到哪去了?"，这与"超大容量"暗合，并含有丰富的戏剧性效果。这则唯美的平面广告，用"美色"诱惑受众，激发他们的好奇心，将世界名画与洗衣机这两者看起来风马牛不相及的东西联系在一起，表达了企业创意生活的理念。（如图9.20所示）

美女广告中的美女形象随着时代的变迁以及社会审美风尚的改变等因素而不断地演变

---

① 赵彦. 对大众传媒中女性文化与女性观的透视, 学术交流, 1997（05）.
② 丁楠. 美女经济, 经营与管理, 2003（05）.

着。她们的着装、打扮乃至形体都深深地打上了所处时代的烙印。以中国为例,改革开放之初,国人的穿衣给人留下的印象往往脱离不开诸如单调、乏味等形容词,颜色不外乎蓝、灰等色,款式也是千人一面。当时广告中,女性角色的塑造是十分保守的。时至今日,那个年代的禁锢大部分都不复存在,广告中的美女也随之开放得多,得以更自然大方地表现女性独有的美丽,而人们对此也乐于接受。"美国广告学者詹姆斯·特威切尔(James B. Twitchell)谈到女性的乳房变化与社会政治、审美的关系在广告中的表现时说'女人的脸作为商品由来已久。不然如何解释关于克娄巴特拉和特洛伊的海伦的神话诗的力量呢?一张能使船只扬帆远航的脸——广告人梦寐以求的标题。海伦理想化的身材时而变大,时而缩小。尤其是乳房来来回回不断变化,20世纪50年代,当女性主要是家庭主妇时,乳房相对大些。20和60年代,当选举权和解放运动成为社会的中心问题时,乳房相对小些。'"①

尽管 Beauty 原则一直是广告创作者屡试不爽的法宝。但美女广告也一直受到批判学者的诟病。他们痛心女性成为"物语的祭品"、"被看的主体",认为女性在广告中被物化、商品化、对象化。他们指出在此类广告中,天生丽质成了女人的唯一特性:她没有皱纹,没有疤痕,没有粗大的毛孔;她往往体形清瘦、身材高挑,更重要的是她全身上下都焕发出青春的气息(如图 9.21 所示)。这些批判或多或少地反映了广告行业某些不良的习气,因此在广告中使用美女形象需要注意的是对度的把握,并要尊重当地的风俗习惯。

图 9.20　松下洗衣机平面广告

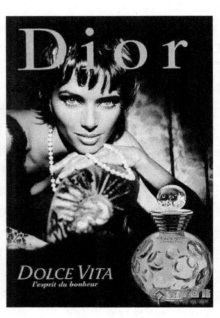

图 9.21　迪奥香水广告

3B 原则中的 Beast 指的是在广告中采用动物形象或融入与之相关的元素。动物形象或表现为照片,或表现为动态的影像,也就是说此时它们已经被符号化,与实体动物之间只具有"类像"关系。

---

① 何平华. 视觉饕餮的秘密[M]. 上海:上海文化出版社,2008:191-192.

在人类漫长的历史发展过程中，动物和人类之间形成了密不可分的关系，而动物也被人类赋予了诸多象征意义和图腾意义。例如，在中国老黄牛代表着"辛勤工作、任劳任怨"，而狐狸则意味着"奸佞狡诈、为人阴险"。"有则杜蕾斯（Durex）安全套电视广告用的是两只野外相遇的兔子，它们一见钟情，相继跑到洞内寻欢，只见洞口尘土飞扬，最后叠映字幕：忘情时刻，勿忘安全。"① 之所以选用兔子作为广告的主角是因为兔子在国外的视觉文化中是一种鲜明的性符号象征（如图9.22所示）。德国的宝马公司（BWM, Bavarian Motor Works）有则广告以马厩为场景，马厩里面是一匹匹鬃毛油光发亮的骏马。良驹宝马在生活中是速度与激情的化身，这无疑暗示着宝马的优良性能。

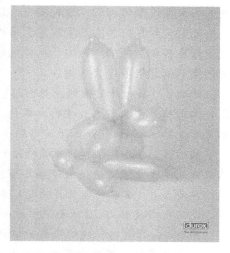

图9.22　杜蕾斯"兔子篇"平面广告

以上两则广告都是利用了动物在日常生活中的原始意义，其实在更多的广告作品中动物的符号意义是通过文本自身的指向以及互文性而重新获得的。动物有其独特的表现领域，许多场合往往是人类的禁忌或者不适合由人类来表演，而若使用动物则有可能打破这层禁忌，甚至平添几分幽默与情趣。

这是一则德国动画风哥公益广告：②

画面1　海面，一块浮冰上站着企鹅一家。一个大人、三个孩子，三个孩子不停地吵嚷着。

画面2　大人被小孩的声音烦透了，一脚将身边的一个企鹅撂到海里。

画面3　这时一只鲨鱼从眼前经过。

画面4　剩下的两个企鹅吓呆了，一声不吭，怔怔地望着怒气冲冲的大人。

叠映字幕：73％的父母压力过大（73％ of all parents are stressed）。

这则广告直接将企鹅一家暗喻为人的一家。直接意指是老企鹅不满小企鹅的吵闹，控制不住情绪，愤怒地将一只小企鹅踢进大海；含蓄地表明有一大半父母存在生活压力，呼吁政府应赶快正视这一现状，提出对策。

除了动物的符号意义外，人类的动物审美心理也是广告中动物元素得以流行的原因。"传统美学理论认为，美的对象一般分为崇高、优美、悲剧、喜剧，自然界的江、河、湖、海、雷、电、风、云，动物界的狮、狼、虎、豹、怪兽、猛禽，这些对象一般在人们心理上产生巨大震撼和极度恐惧感，而构成崇高的审美范畴。"③ 人类对动物所含的情感还包括爱，与对庞大而可怕的对象所产生的崇敬之情不同，爱总是发生在小而惹人喜欢的对象上。英国美学家帕克在他的著作《关于崇高与美的观念的根源的哲学探究》中如是说："我们屈服于我们所崇敬的东西，但我们却爱屈服于我们的东西；在前一场合，我们被迫依从，而在后一场合我们则因受奉承而依从。"

在人类眼中，动物还具有趣味性。人类总是对外部世界充满了好奇，动物的自然举动

---

①②③　何平华．视觉饕餮的秘密［M］．上海：上海文化出版社，2008；225，226，223．

在人看来或许是奇特的。这种猎奇心理也是动物广告盛行于世的一个重要因素。

动物符号在广告中的表现形态多种多样，最常见的便是动物作为广告创意的主角，直接出现在各种类型的广告中。这样的动物广告也是人们在日常生活中接触最为广泛的，以美的空调的北极熊广告为例：

画面1　（一片嘈杂的声音响起）在一处施工地点，机器轰鸣。一张木床搁在工地中间，上面躺着两头憨态可掬的北极熊。可爱的北极熊显然经受不了周围巨大的噪响，不停地用双手捂住耳朵。（画面下方出现一行字：工地噪音90分贝）

画面2　（汽车疾驰的声音响起）场景切换为过往车辆川流不息的马路。床上的两头北极熊还是无法入睡，一直手摇足摆。（画面下方的小字变成：街道噪音65分贝）

画面3　（书本的翻页声响起）木床摆到图书馆来了。床上的北极熊比之前安定了许多，还不时窃窃私语。（画面下方的小字显示为：图书馆45分贝）

画面4　（虫鸣和蛙响从画面中传出）这次木床放到了夜晚的乡间，四周有葱葱青草和点点萤火萦绕。不远处是恬静的湖水和起伏的群山，可两头熊仿佛仍然没静下来，双手在全身挠来挠去。（画面下方的小字显示为：乡间夜晚35分贝）

画面5　（一切声音都戛然而止）木床这次安放在卧室内，两盏床头灯散发出微微的黄光，看起来格外温馨。床的上方装着一台空调，这回两头北极熊终于心满意足地相依入眠。特别有意思的是这两位北极来客居然还盖着被子。（一行字从屏幕上缓缓出现：美的空调'冷静心'33分贝）

画面6　镜头切换为一台美的空调的特写。（画外音响起：美的空调，原来生活可以更美的）

画面7　一头熊响起了如雷的鼾声，另一头熊只好无奈地拿枕头去捂住它的鼻子。（屏幕下方出现一行小字：打呼噜85分贝）

（如图9.23所示）

至此广告结束。30秒下来，仿佛是在看一出有趣的动画短剧。现实中的北极熊是陆地上最为庞大的食肉猛兽之一，可以说人们并不容易亲近它。但在人们印象中，熊往往是憨头憨脑的，可爱的泰迪熊（Teddy Bear）便是一例。在这则广告中，美的聘请两位卡通北极熊担纲其主角可谓是恰到好处。通过一幕幕场景的变更，美的空调安静的特点在两头北极熊幽默的表演中得到了充分的表现。此外，人们见到生活在冰天雪地中的北极熊，自然而然地会想起天寒地冻的北极，进而由此产生对空调制冷功能的联想。

随着北极熊广告的播出，美的空调在国内的销售量由行业中的第六位升为第二位。甚至有人打趣道："巩俐千金一笑，没有笑开市场，没想到让北极熊拱开了市场大门。"（巩俐之前曾经出演过美的空调广告片中的主角）

动物形象不单出现在形形色色的广告中，不少企业还采用动物或卡通化的动物形象作为企业的形象标识，如埃克森美孚集团用红色的飞马作为公司的LOGO，圣象地板的LOGO则是一头在草地上行走的大象。更有些企业直接以动物的名称为企业或产品命名，其中最广为人知的有美国雷诺烟草控股公司（R. J. Reynolds Tobacco Holding, Inc.）旗下的骆驼（Camel）牌香烟。公司的创始人雷诺先生（Richard Joshua Reynolds）在1913年推出骆驼牌卷烟，并以一头驻足沙海、昂首天外的单峰驼作为该香烟的商标。在国内则如上海冠生园集团的大白兔奶糖，那只作奔跑状的白兔如今已经深入中国消费者的人心。

图 9.23　美的空调电视广告截图

　　在创作动物广告时,特别要注意的是必须考虑到当地的文化背景,以免触犯文化禁忌。例如在澳大利亚需要谨慎地使用兔子的形象(作为外来物种的兔子,给澳大利亚带来了严重的生态危机,在当地人心中的形象不佳),而在伊斯兰国家则切忌在广告中使用类似于猪的形象。

　　Baby,3B 原则中的最后一条,是指在广告中将儿童作为主要的形象符号而加以表现。儿童广告可谓是由来已久:"18、19 世纪的美国广告中,我们能看到不少肥皂等洗涤产品使用儿童形象做广告。如 19 世纪 80 年代的伍尔肥皂广告(wool soap)画面中的是两个女孩形象;同期 80 年代末有金粉孪生兄弟洗涤粉广告(gold dust),画面上是两个黑人孪生兄弟,1891 年象牙肥皂广告的形象是一个黑人小孩注视着漂浮在水面的肥皂;19 世纪皮尔斯香皂广告(pears' soap)是一个白人裸体小孩形象。"[1]

　　最初的儿童广告是为了销售儿童产品或服务而产生的,这样的广告大都以儿童或儿童的监护人为说服的目标群体。

　　Baby 的形象不仅在儿童用品的广告宣传中得到了广泛的运用,它还成为许多并非以儿童为目标市场的产品或服务的广告素材。有学者将其称为广告的"恋童癖",它是建立在儿童符号的伦理隐喻功能的基础之上。(如图 9.24 所示)

　　相较于充斥着"伪善"和"装腔作势"的成人世界而言,象征着纯洁、真与善的童

---

[1] 何平华.视觉饕餮的秘密[M].上海:上海文化出版社,2008:209.

图 9.24　意大利国际服装品牌贝纳通
"天使与魔鬼篇"平面广告

孩,其符号的含义在某种程度上具备着普世价值。这点从中国古代众多思想家的著述中就可以发现。秉持"性善论"的先贤孟子在《孟子·尽心上》中有这样的论述:"孩提之童,无不知爱其亲者;及其长也,无不知敬其兄也。亲亲,仁也。敬长,义也。无他,达之天下也。"再如明朝末年的异端哲学家李贽的"童心说",李贽在《焚书》卷三中的《童心说》文中写道:"夫童心者,真心也……夫童心者,绝假纯真,最初一念之本心也。若失却童心,便失却真心;失却真心,便失却真人;人而非真,全不复有初矣。童子者,人之初也;童心者,心之初也……"可以说正是儿童形象有了这些与成人世界截然不同的内涵,许多儿童广告的叙事才得以进行。

　　以索尼的一则手提摄影机电视广告为例。广告讲述了这样一个故事:在床上睡觉的孩子被另一间房子里父母做爱的声音惊醒。于是孩子爬起来,笨拙又可爱的小手握着索尼摄影机,开始拍摄他的父母。(画外音:自从有了 sony,家庭录像变得容易起来,有自动对焦和清晰的音响效果。)之后孩子将摄影机的电缆一头插到电视机上,(画外音:只要直接连接到电视机上。)接着便回到床上装睡。此时,一对夫妻朋友造访,其中女的问道:"怎么样,还好吗?"孩子的母亲回答道:"好,我只是坐在沙发上。"这时,孩子按动遥控器,电视里开始播出他刚刚拍摄的影像。孩子母亲见此情状,顿觉尴尬万分。而小孩则兀自睡在床上偷着乐。(画外音、字幕:只是天使的淘气。)

　　这则电影情景式的广告"极具戏剧幽默效果,产品以植入形式作为叙事道具而自然呈现"。孩子恶作剧式的真诚,与其母亲的谎言形成了鲜明的对比,给人们留下深刻的印象。而索尼手提摄影机简易操作、音效清晰等优点也通过生动的情节很好地展示在受众面前。

　　拍摄儿童广告时,"大部分广告商喜欢在广告中设置家庭情境,借助于儿童符号来指称人类伦理中的真与善,从而对成人世界构成微妙的讽喻。但这不是走向一种真正的反成人、反体制、反现状的政治和伦理行为,相反,广告的商业本性规定,这终究是创意者的一种策略性姿态,一种自嘲式幽默。这种幽默美学的心理机制建立在审美主体对审美客体具有绝对优势的地位上。从策略上和文本角度上讲,它使人们先以一个假定的被贬抑身份进入广告设计的叙事情境中,但最终广告情节的叙事指向一个产品或品牌,从而轻易地将先前由真和善所构成的崇高伦理符号加以解构。从接受角度讲,这种幽默美学的效果取得正是赖于人们的知识优势参与的结果,通过对崇高的消解,人们由此获得智力与知识的优越感,以及对自我现状的把握感和安全感。人们在自嘲中获得快感,产品或品牌信息便在一种陶醉状态中随机而入。"①

　　有学者曾经如此归纳道:3B 原则都不约而同地指向了人类关注自身生命的天性。3B,一是指向人本能的欲望;二是人对大自然亲近的渴望;三是人类一种与生俱来的母爱。这

---

① 何平华. 视觉饕餮的秘密[M]. 上海:上海文化出版社,2008:221-222.

个宽泛的解释也许是 3B 风靡于广告界的最佳注脚。

● **思考与讨论**

1. 试分析在广告中使用 3B 元素时，应遵循哪些普遍性的原则？
2. 请结合实例探讨如何在制作 3B 广告的过程中不逾越伦理道德的底线？

● **相关知识链接**

注意力经济与注意力　它又称做视觉经济，是指实现注意力这种有限的主观资源与信息这种相对无限的客观资源的最佳配置的过程。1978 年诺贝尔经济学奖的获得者赫伯特·西蒙（Herbert Simon）曾指出，随着信息的发展，有价值的不是信息，而是注意力。注意力指的是人们对一个事件、一种信息等进行关注的持久程度。它具有天然的稀缺性，由于大脑会对注意力自动产生抑制，人们不能无限支出注意力。

■ **本章回顾**

本章第一节讲述了力士的系列美女广告，重点分析了其美女策略之所以奏效的原因。第二节介绍了百威啤酒的动物广告，着重探讨了其蜥蜴系列广告取得成功的社会文化背景。第三节分别选取了立邦漆的一幅路牌广告和一则电视广告，并从审美、消费者心理等角度对其加以分析。第四节则以具体的广告案例结合心理学的某些理论分析了广告创作中 3B 原则存在的根据。

■ **关键概念**

力士　智威汤逊　百威　"立邦漆，处处放光彩"　3B 原则

■ **案例实训一**

香奈儿——极简的奢华

双 "C" LOGO、山茶花、斜纹软呢、菱格纹皮包、黑色小礼服、玛丽莲·梦露唯一的睡衣——Chanel 5 号香水……说到香奈儿，人们脑海中不断闪现出的是这些专属于她的"图腾"。由一个传奇女性（即嘉柏丽尔·香奈儿，香奈儿的创始人）打造的传奇品牌，自 1910 年诞生至今，历久弥新，在传统中革新，在时尚中永恒。

……

在香奈儿的香水故事中，最为著名的莫过于 5 号香水的传奇：一瓶以香奈儿女士幸运数字 "5" 来命名的香水；1921 年，在当时巴黎香水界的"第一只鼻子"恩尼斯（Ernest Beaux）研制的样品中排列第 5 瓶的香水；发布会举办于 5 月 25 日，又恰与 Chanel 第 5 场时装发布会同时举行……于是，在 5 号香水的广告作品中人们不时与"5"相遇。

正如香奈儿女士对产品的要求："把所有最漂亮的好东西都放进去，不必考虑价钱。"香奈儿对于 5 号香水的广告投入历来保持不减的热情：从玛丽莲·梦露到安迪·沃霍尔，香奈儿 5 号自诞生以来就一直是名流和艺术家追捧的时尚偶像，而香奈儿 5 号也不断从这

些大家中精挑细选出每一个时代最伟大的偶像来不断提升品牌的内涵（如图9.25所示）。被香奈儿5号记录在案的大师有为其留下不朽平面作品的摄影大师理查德·艾维登（Richard Avedon）、伊文·潘（Irving Penn）、帕特里科·德马切雷（Patrick Demarchelier）；在各个时期拍摄经典TVC的赫尔穆特·牛顿（Helmut Newton）、雷德利·斯科特（Ridley Scott）、吕克·贝松（Luc Besson）、尚-保罗·高德（Jean-Paul Goude）、巴兹·鲁曼（Baz Luhrman）等；当然还有每部片子中当红的性感女星：阿丽·迈克格劳（Ali MacGraw）、劳伦·赫顿（Lauren Hutton）、凯瑟琳·丹妮芙（Catherine Deneuve）、卡洛·波桂（Carole Bouquet），直到如今的妮可·基德曼（Nicole Kidman）——她们不仅是性感美女，更是具有智慧灵性的女性，她们成为香奈儿品牌的触角，用可感的魅人身段、迷人微笑、优雅眼神吸引着世人的争相追逐和崇拜。

图 9.25　国际影星可可·马蒂姆斯代言香奈儿

　　1930年，Chanel特邀当时的著名摄影师Horst为N°5的瓶身拍照；1953年，5号香水成为第一个使用电视打广告的商品。之后，每隔一段时日，香奈儿N°5就会采取拍摄全新的平面或电视广告以及更换代言人的方式，重新诠释"5号"经典又摩登的香奈儿精神。

　　例如，由卡洛·波桂主演的Chanel 5号香水的影视广告，以20世纪40年代的风格拍摄：镜头里年轻女子面向大海若有所思，男子缓缓出现，并给予她深深一吻，此时画面转切为浪涛拍岸，同时乐声响起……音乐伴随着浪花的更迭，然后出现年轻女子轻轻微笑的画面。短短的片段却耐人寻味，潮起潮落，斗转星移，时光飞逝，人与人转瞬间擦肩而过，唯有5号香水的神秘幽香弥漫时空，久而不散。

　　又如2001年由法国著名导演吕克·贝松执导N°5"小红帽"篇，同样令人记忆犹新。故事叙述了一个身着红衣的"女贼"潜入"博物馆"窃取N°5香水，当她拿到香水忍不住涂抹于耳根处时，诱人的幽香引来了看门的猎狗，此时女主人公不慌不忙走向门外，面对尾随而来的狗，她回眸轻嘘，然后继续沉着离开，凶恶的狗竟然听话地没有追逐。是女性的魅力还是香水的魅力,此刻已经很难分辨,画面结束时透过开启的博物馆大门,我们隐约可见远处的埃菲尔铁塔,既说明了 N°5 香水的民族情怀,又暗喻了 N°5 香水如铁塔般的经典地位。整个广告色彩鲜明:金碧辉煌的布景对应奢华的产品,与女主人公身上的鲜红裙装形成强烈对比,使观众受到视觉上的冲击力。

2004 年对于 5 号香水来说,又开启了一个新的代言人时代。面对竞争激烈的香水市场,为了让这款经典香水更加现代时尚,香奈儿请来了电影《红磨坊》的导演巴兹·鲁曼与以饰演《时时刻刻》夺得奥斯卡影后的澳洲女星妮可·基德曼联袂合作,缔造了一部两分钟的广告(确切地说是电影短片),这也是到目前为止香奈儿品牌投入最大的一部影视广告。

……

广告的主要拍摄地在澳洲,剧中场景全部是搭建而成的,影片中没有出现有关 N°5 瓶身镜头,只是演绎了关于明星和凡人的动人爱情。由妮可·基德曼扮演的女星为躲避狗仔队的追逐,无意间冲进一辆已经载人的出租车中,并与车上那位带有波西米亚艺术家气息的男子一见钟情。于是,他们暂时忘却了世俗的烦恼,置身如同《红磨坊》电影中的巴黎屋顶上谈情说爱。但女星终究是要回归现实人生,在状如奥斯卡颁奖典礼的林肯中心红地毯阶梯前,女星被簇拥在光鲜的星光大道中,她回眸远眺那个拥有回忆的屋顶,深情微笑;而远处的他也同样注视着她的美丽身影。画面的最后一个镜头聚焦在女主人公深 V 剪裁的雪白背脊上摇曳着的 N°5 钻石项链上,从而带出了品牌名。神秘而梦幻的结尾将香奈儿 5 号的传奇色彩弥漫在整个氛围中。(如图 9.26 所示)

图 9.26 国际影星妮可·基德曼代言香奈儿

……

"愿我的传奇昌盛繁茂;祝她绵延不绝,永远快乐。"香奈儿女士如是说。

(材料引自《十大品牌广告经典评析》,学林出版社出版)

● **思考题**

试析为何女性角色特别是其中的娱乐明星能够成为香奈儿广告的宠儿?

■ **案例实训二**

美国旅行者与《大猩猩》

美国旅行者（American Tourister）是至今仍留存于世的最老的箱包品牌之一。它以其质量过硬、价格合算而为人所知。伴随它一路走来的还有一只大名鼎鼎的"大猩猩"。

20世纪20年代，它的缔造者锡德·科夫勒（Sid Koffler）在箱包厂工作期间发现当时的旅行包质量普遍偏差。1933年，科夫勒在罗德岛（Rhode Island，美国州名）的普罗维登斯（Providence）利用一家闲置的杂货店成立了美国箱包工厂（American Luggage Works）。

不久后，科夫勒设计出一种箱内空间大、异常结实的手提箱，并开始以美国旅行者为品牌名进行销售。科夫勒十分重视品牌的宣传和推广。在20世纪40年代末，他就投资1.2万美元展开了一场全国性的广告运动。考虑到当时公司的规模，1.2万美元对科夫勒的公司来说是一笔巨额开支。

20世纪50年代初期，科夫勒在市面上发现了一种新的材料，并将它率先用于箱包外壳的制造。1954年，科夫勒进一步改进了这款产品，使之几乎牢不可破。20世纪60年代末，为了扩大品牌的知名度，DDB（Doyle Dane Bernbach）广告公司被请来为美国旅行者"出谋划策"。此时，美国旅行者公司不断收到各地消费者寄来的感谢信。他们不约而同地称赞公司生产的箱包经久耐用。DDB从这里找到创作灵感，由此发起了围绕着"大猩猩"的广告战役。下面是其中的一则经典电视广告。

画面1　一名侍者模样的年轻男子把一个红色的手提箱随意地扔进铁笼子里，然后迅速关上笼门。

画面2　一只低吼着的大猩猩一蹦一跳地从后门蹿进笼子。

画面3　大猩猩好奇地走到红箱子边上，开始任意摆弄箱子。（画外音响起：笨手笨脚的侍者，粗鲁的出租车司机）

画面4　大猩猩将箱子举起，向上抛。接着又用力地往地上掷。（画外音：马马虎虎的门房，冷酷的搬运工，野蛮的行李负责人）

画面5　尖叫着的大猩猩站在箱子上又踩又踩。（画外音继续：以及世界各地所有冒冒失失的行李操作者们）

画面6　大猩猩拖着大箱子，又一蹦一跳地从后面钻出笼子。（画外音：我们是否有合适的手提箱供您使用）

画面7　屏幕闪出一行字：美国旅行者，从20美元起价。

（如图9.27所示）

这部广告片在向消费者传达幽默信息之余，还让他们切实感受到美国旅行者手提箱优良的品质。广告播出之后，产品的销量节节攀升。颇有趣味的是这只名叫Oofi的大猩猩并非真实的灵长类动物，而是由人套上"大猩猩装"扮演的。据说这件为拍摄广告而特制的"大猩猩装"造价高达2万美元。

（a） （b）

图 9.27 美国旅行者电视广告截图

《大猩猩》广告战役一直持续到 1982 年。1981 年，《大猩猩》广告赢得克里奥广告奖（Clio Awards）。1997 年，美国《娱乐周刊》（*Entertainment Weekly*）评出 50 个最佳的商业广告，它位列第三。21 世纪初，《大猩猩》广告又被美国《广告时代》（*Advertising Age*）选为 "20 世纪美国最伟大的 100 个广告战役" 之一。

虽然《大猩猩》广告战役已经结束了，但"大猩猩"作为一个经典的符号形象仍然时常出现在美国旅行者箱包的广告中。1993 年，美国旅行者公司被美国另一家大型的箱包制造商新秀丽（Samsonite）兼并。之后有一段时间传奇式的大猩猩在市场上销声匿迹。经历了一系列的挫败后，新秀丽的经营者认识到了所犯的错误，现在又将大猩猩请了回来。

● 思考题

请查阅相关资料，结合美国旅行者在美国本土市场的目标消费者，谈谈为何《大猩猩》广告能有效地拉升产品的销量。

■ 案例实训三

一股浓香，一缕温馨

在 20 世纪 90 年代初期，一则古朴的黑芝麻糊电视广告撩拨起当时许多观众的怀旧之心，即便到了今天，仍然有众多消费者以及广告界人士对这部经典的影视广告赞不绝口。

广告片的广告主是广西南方儿童食品厂（在 1994 年更名为广西黑五类食品集团）。1989 年，该厂研制出黑芝麻糊，投放市场后，以其香嫩独特的口感受到消费者的青睐。为了进一步拓展市场，1990 年，南方厂与广州盛邦德广告有限公司合作推出了这则专题广告片。片子在电视台播映后，南方黑芝麻糊的销售量激增。

下面是这则以儿童为主要角色的《南方黑芝麻糊》广告影片的文案：[1]

黄昏，麻石小巷，挑担的母女走进幽深的陋巷，一盏油灯挂在担子上摇摇晃晃；

小男孩挤出深宅，吸着飘飘而来的香气，伴着木屐声、叫卖声和民谣似的音乐；

画外音："小时候，听见芝麻糊的叫卖声，我就再也坐不住了……"

---

[1] 何平华. 视觉饕餮的秘密[M]. 上海：上海文化出版社，2008：220-221.

小男孩搓着双手，神情迫不及待，看看大锅里浓稠的芝麻糊，垂涎三尺；
卖糊母亲的铜勺提得老高，往碗里倒芝麻糊；
小男孩埋头猛吃，碗几乎盖住脸，研磨芝麻糊的小姑娘新奇地看着他；
小男孩站在大人身后，大模大样地将碗舔得干干净净，小姑娘捂着嘴笑；
卖糊母亲爱怜地又给他添上一勺，轻轻抹去他脸上的残糊；
小男孩抬起头，露出羞涩的感激。
画外音："一股浓香，一缕温暖。"
（如图 9.28 所示）

图 9.28 《南方黑芝麻糊》电视广告截图

这则广告影片出现在我国的电视荧屏上，引起较大的反响。不仅仅在于该影片的制作精良、电影式视觉风格在当时给人耳目一新之感，更在于该影片童年式、怀旧式的抒情风格深深打动人心。严格地说，"南方黑芝麻糊"产品的销售定位并不限于一种儿童食品，而是一种适应不同层次人群需要的类似于饮料的低卷入度食品。影片的情感诉求点针对的不是儿童，而是成人。广告的主角是儿童，但其叙事方式显然是从成人的视角出发。广告的高明之处在于利用儿童勾起成年消费者的怀旧心绪，并使得消费者对品牌产生类似的情感，从而达到促进销售的目的。

依凭出色的制作和良好的销售效果，《南方黑芝麻糊》电视广告获得了全国第三届优秀广告作品一等奖、"花都杯"首届全国电视广告大奖赛金塔大奖。

2008年，由汉狮影视广告公司制作的《叫卖》篇广告上市，这则被定位为经典重拍的30秒电视广告沿袭了之前的音乐和旁白，甚至连画面和演员都几乎一模一样。那恍如隔世的悠长的叫卖声再度萦绕于人们耳边，带给人们无尽遐想。

● 思考题

结合3B原则，试分析《南方黑芝麻糊》广告取得成功的原因。

参 考 文 献

[1] (美)罗瑟·瑞夫斯．实效的广告[M]．张冰梅译．呼和浩特：内蒙古人民出版社，1999．
[2] (美)詹姆斯·B·特威切尔．震撼世界的20例广告．傅新营,蔚然译．上海：上海人民美术出版社，2003．
[3] (美)阿尔伯特·拉斯克尔．拉斯克尔的广告历程．焦向军,韩骏译．北京：新华出版社，1998．
[4] (美)克劳德·霍普金斯．我的广告生涯·科学的广告．丘凯生译．北京：新华出版社，1998．
[5] (美)杰克逊·李尔斯．丰裕的寓言——美国广告文化史．任海龙译．上海：上海人民出版社，2005．
[6] 张金海．20世纪广告传播理论研究．武汉：武汉大学出版社，2002．
[7] 魏炬．世界广告巨擘．北京：中国人民大学出版社，2006．
[8] 胡晓云．世界广告经典案例．高等教育出版社，2004．
[9] 徐小娟．100个成功的广告策划．机械工业出版社，2002．
[10] 余明阳,姜炜．广告经典案例．安徽人民出版社，2003．
[11] 何佳讯．广告案例教程．复旦大学出版社，2007．
[12] 中国企划网 http://www.cnqihua.com
[13] 中国广告人网 http://www.chinaadren.com
[14] 中国营销咨询网 http:// www.51cmc.com
[15] 中国营销传播网 http://Emke.com.cn
[16] (美)大卫·奥格威．一个广告人的自白．林桦译．中国友谊出版公司，1991．
[17] 何佳讯．广告案例教程：趋势与战略．复旦大学出版社，2002．
[18] 张家平．十大品牌广告经典评析．学林出版社，2006．
[19] 吕巍．广告学．北京师范大学出版社，2006．
[20] 耐克官方网站 http://www.nike.com.cn/.
[21] 娃哈哈官方网站 http://www.wahaha.com.cn/.
[22] 百度百科 http://baike.baidu.com/.
[23] TOM财经 http://finance.tom.com/.
[24] 何平华．视觉饕餮的秘密．上海文化出版社，2002．
[25] 张继焦,帅建淮．成功的品牌管理．中国物价出版社，1998．
[26] 陈祝平．品牌管理．中国发展出版社，2005．
[27] (美)大卫·艾格．创建强势品牌．中国劳动出版社,吕一林译，2004．
[28] (美)里斯,特劳特．定位．王恩冕等译．中国财经出版社，2002．
[29] (美)特劳特,瑞维金．新定位．李正栓,贾纪芳译．中国财经出版社，2002．
[30] (英)阿雷恩·鲍尔德温等．文化研究导论．陶东风等译．高等教育出版社，2004．
[31] 郭庆光．传播学教程．中国人民大学出版社，1999．

[32] 王受之．世界平面设计史．中国青年出版社，2002年9月第一．
[33] 彭秀钊．CIS理论与实务．黄河出版社，1997年10月第1．
[34] 许俊基等．CIS发展与国别模式．黑龙江科学技术出版社，2002年04月第1．
[35] 郑继芳．CIS：企业形象设计与文化营销．石油工业出版社，1995年10月第1．
[36] 罗萍．广告视觉设计基础．厦门大学出版社，2008年12月．
[37] 后现代研究所．中国南方企业的CI战略．湖南美术出版社，1994．
[38] 陈炳岐．麦当劳与肯德基．2006年01月第1版，中国经济出版社，2006．
[39] 肖建中．麦当劳大学——标准化执行的66个细节．经济科学出版社，2007．
[40] （美）艾里克·施洛瑟．快餐国家：发迹史、黑幕和暴富之路．社会科学文献出版社，2006．
[41] 董恩博，赵向标．高位竞争——企业形象管理艺术．人民中国出版社，1998
[42] （美）舒尔茨等．整合营销传播．何西军等译．北京：中国财政经济出版社，2005
[43] （美）舒尔茨等．全球整合营销传播．何西军等译．北京：中国财政经济出版社，2004
[44] （美）汤姆·邓肯．整合营销传播：利用广告和促销建树品牌．周洁如译．北京：中国财政经济出版社，2004．
[45] 卫军英．整合营销传播典例．杭州：浙江大学出版社，2008．
[46] 金小科等．《IBM品牌的发展战略蓝色巨人传奇》，《广告大观》．2004.1.
[47] 黄鹂等．《美国"整合营销传播"的研究现状》，《中国广告》．2008.3.
[48] 李艳．中国电影整合营销策略研究，郑州航空工业管理学院学报，2006.6：25（3）
[49] 余玉熙．"英雄"的商业成功与有效的市场策划[J]，电影艺术．2003.2
[50] 于文雨．蒙牛之"超级女声"整合营销沟通策略研究．对外经济贸易大学MBA学位论文，2007.4.
[51] 疯狂广告网：http://www.mad26.com/
[52] 中华广告网：http://www.a.com.cn/
[53] 吕迪格·容布卢特（德）．宜家创业史．机械工业出版社，张千婷译．2007．
[54] 阿尔温·托夫勒（美）．未来的冲击．中国对外翻译出版公司，孟广均，吴宣豪，黄炎林译．1985．
[55] 伯恩·施密特（美）．体验营销．清华大学出版社，刘银娜，高靖，梁丽娟译．2004．
[56] 约瑟夫·派恩二世和詹姆斯·基尔摩（美）．体验经济（修订版）．夏业良，鲁炜译．机械工业出版社，2008．
[57] 苏特·杰哈利（美）．广告符码．马姗姗译．中国人民大学出版社，2004．
[58] Joe Cappo（美）．广告革命．清华大学出版社，樊曦译．2005．
[59] 莫梅锋，刘漾榴．体验时代呼唤体验媒介[J]，新闻界．2005（5）：56-57．
[60] 互动营销新论．
http://hi.baidu.com/leeforce/blog/item/c79cb05169cb961c377abe3a.html
[61] 王慧雁．市场营销案例新编．清华大学出版社，2004．
[62] 余虹，邓正强．中国当代广告史．湖南科技出版社，1999．
[63] 丁家永．广告心理学．第2版．暨南大学出版社，2005．
[64] 马谋超．广告心理．中国物价出版社，2002．

[65] 乔治·贝尔奇,迈克尔·贝尔奇.广告与促销.张红霞,庞隽译.中国人民大学出版社,2006.

[66] 金晓岚,刘晓.缝隙营销.中华工商联合出版社,2006.

[67] George E. Belch, Michael A. Belch, *Advertising and Promotion*, McGraw-HILL

[68] Jodi Sandford, David Massey, *Bridges-English for Communication Sciences*, Morlacchi Editore

[69] Julian Lewis Watkins, *The 100 Greatest Advertisements 1852-1958*, Courier Dover Publications, 1993.

[70] 叶茂中.一杯孔府家万里——孔府家品牌复苏推广纪,企业研究,2001:(11).

[71] 周象贤,金志成.《情感广告的传播效果及作用机制》,《心理科学进展》,2006:(01).

[72] 周象贤,金志成.《性诉求广告及其传播效果探微》,《中国广告》,2008:(05).

[73] 周象贤.《幽默广告及其传播效果》,《心理科学进展》,2008:(06).

[74] 金志成,周象贤.《受众卷入及其对广告传播效果的影响》,《心理科学进展》,2007:(01).

[75] 卫军英.《乐百氏与娃哈哈:回眸纯净水广告战》,《中国品牌》,2009:(01).

[76] 秦宏斌.《感受戴比尔斯系列之——创造经典的戴比尔斯》,《中国黄金珠宝》,2006:(01).

[77] 朱融.《戴比尔斯:树立品牌形象 创造消费需求》,《中国矿业报》,2005-06-15,第003版.

[78] 陈素白.《中国电视广告30年:价值重塑和分化的推手》,《中国广播电视学刊》,2009:(01).

[79] 凯纳策划机构.《复兴于文化巨人的肩头——文化名酒"孔府家"二次崛起实录》,《中国广告》,2009:(03).

[80] 王怀明.《理性广告和情感广告对消费者品牌态度的影响》,《心理学动态》,1999:(01).

[81] 沃尔特·D·斯科特(美).广告心理学.李旭大译.中国发展出版社,2004.

[82] 《投资万里行:狮诚商家立足中国经验谈》,玲子传媒,2003.

[83] Gordon Boyce, *Co-operative structures in global business: communicating, transferring, knowledge, and learning across the corporate frontier*, Routledge, 2001.

[84] Michael H. Anderson, *Madison Avenue in Asia: politics and transnational advertising*, Fairleigh Dickinson Univ Press, 1984.

[85] Carol Horton Tremblay, *The U. S. brewing industry: data and economic analysis*, MIT Press, 2005.

[86] Bernice Kanner, *The Super Bowl of advertising: how the commercials won the game*, Bloomberg Press, 2004.

[87] 党芳莉,朱瑾.《20世纪上半叶月份牌广告画中的女性形象及其消费文化》,《海南师范学院学报》,(社会科学版)2005:(03).

[88] 张帆,刘浩.《市场营销中的晕轮效应分析》,《商业研究》,2004:(20).

[89] 赵彦.《对大众传媒中女性文化与女性观的透视》,《学术交流》,1997:(05).

[90] 饶素芳.《试析广告中的动物符号》,《读与写》(教育教学刊),2007:(09).

[91] 夏琳.《浅谈广告创意中的3B原则》,《科教文汇》(上半月),2006:(12).

[92] 李媛.《立邦漆:广告放光彩》,《中国工商报》,2001-01-09,第B04版.

[93] 《立邦漆惹祸的广告 得奖的广告》,《中国信息报》,2000-07-27,第003版.

[94] 龚文.《从立邦广告变化看其战略转变》,《中国建材报》,2007-02-12,第B03版.

[95] The Sydney Morning Herald. Sep 10, 1953, URL:http://news.google.com/newspapers? id = Iv8SAAAAIBAJ&sjid = g7YDAAAAIBAJ&pg = 1983,1360725&dq=lux+soap+marilyn.

[96] 力士新品上市,智威汤逊首映电影短片,URL:http://www.adquan.com/article.php? id=2099.

[97] 百威"蚂蚁"广告穿越大洋传递春节气息,URL:http://www.niangzao.net/news/698/69817.html.

[98] 专家文章(马谋超),URL:http://www.cctv.com/tvguide/tvcomment/tyzj/zjwz/4637.shtml.

后记

案例教学最负盛名的是美国哈佛大学商学院。改革开放30年来，我国高等教育日益融入世界教育体系中，这种普遍流行于欧美国家中的案例教学法也被广泛运用到我国高等教育课程教学体系中。如今，我国许多知名综合性大学的商学院、管理学院大都开设了此类课程，也是最受学生欢迎的一门课。广告案例教学则是借鉴管理科学案例教学法而派生的一门新兴课程，我国较早开设广告专业的几所知名高校均开设了类似课程。而广告案例教学教材的建设也是最近几年才得到相关教学单位和出版单位的重视，图书市场上相比其他课程教材出版的繁盛景象，广告案例教材则相对滞后。

2004年，我在华东师范大学广告专业开始涉足广告案例的教学。当时，在国内出版市场上可见的广告案例教学教材仅有一两种。其编写体例仅按照产品属性分类，这种依照当时书市上流行的广告通俗读物编纂方法依然不脱离案例汇编式。此类教材，以案例材料丰富见长，但难以一窥案例背后的逻辑关系和理论发展背景。

另有一类教材则将广告案例评析置于管理营销学的理论框架内，实际上典型地反映了广告学的"营销本位论"。我国高等广告教育发展，经历了从早期的"艺术本位论"到中期的"营销本位论"和今天的"传播本位论"的历程。

还有一类广告案例评析方面的读物，实际上主要涉及的是广告作品的赏析，偏重于广告创意、广告创作和广告美学的分析。广告作品构成广告运动的一部分，是案例的一个环节。

广告学科的性质归属传播学范畴，今天已成共识。我在广告案例教学之初,即有意识地将案例评析置于广告传播学理论分析框架内,试图通过中外经典案例的评析,历史地展示广告传播理论的发展演变及其规律,通过案例的路演,揭示案例之间的逻辑关系及其演化。在案例撰写中,企望向读者和学生明示编选者所遵循的基本原则、意图和创新之处。

其一,在编写体例上首次将广告案例分析和广告传播发展理论相融合。以理论发展史为线,具体的案例评析为点;以理论策略介绍为经,以案例点评为纬;以理论发展为史,以案例评析为论,点线结合,经纬交织,史论互见。从20世纪早期的USP理论(独特销售主张)及代表性案例,到本世纪初的ME理论(体验营销)及其经典案例的释读,我们发现世界广告实践运动表明:广告传播理论策略的时代嬗变——从重物质承诺到重心理承诺;从重功能诉求到重视觉诉求;从重一般认知记忆到重个性心理记忆;从重大众传播到重分众传播;从重单一单向传播到重整合互动传播;从重物质现实体验到重精神虚拟体验;从重视大众化一般心理诉求到重视人类独特的文化心理传播。

其二,案例评析时坚持以传播学属性为主的原则。导致商业案例的成功因素多种多样,因此分析的视角也各不相同,如市场发展的阶段、市场的特殊环境、产品的属性和发展阶段、营销环境和手段、媒介环境和投放、政治与文化因素等。本教材的案例甄选坚持以广告传播学理论为选编原则,大多数案例的成功甚至成为经典,其广告传播的运用成为关键因素之一。案例的分析也据传播学理论而展开,避免成为营销案例分析、广告作品的美学分析和文化学分析,使教材阅读对象的定位相对明晰,教材的学科属性也相对清楚。

其三,案例遴选时坚持中外广告平衡的原则。在编选案例的过程中,我们避免市面上大多数广告案例教程一味编选国外经典案例为评析对象,而采取平衡适中原则,每一个大章下,中外案例各取一个。这样做的目的是真正使案例教学密切结合我国当代广告运动的实际,也通过中国案例的评析,展示改革开放30年来,我国广告传播运动的历史轨迹。当然,有些学者对国内广告案例的选择持审慎态度。其理由:一是我国改革开放历程短,案例的经典性因没有接受历史长河的洗礼,而令人质疑;二是有诸多在当时情景下堪称成功的广告,但今天它服务过的品牌,却因各种因素而退出了市场,其案例的经典性也大打折扣。在本书中,其编选原则坚持历史唯物主义的观点,将案例的评析置于具体的政治、文化和市场环境中,凸显案例事实的历史合理性。

以上愿望能否达成,尚待该书付梓后,接受读者诸君和同行专家的评判。本书的编选思想和原则大体上是依据我的课程教案。其框架体系、

后　记

章节分布、案例选择以及最后的文字和图片统筹均由本人承担。在编选过程中参考吸收了中外诸多专家的思想、理论和相关材料，在此一并致谢！其中中国广告教育研究会会长、武汉大学广告学系张金海教授所著的《20世纪广告传播理论研究》一书受益尤多，特表谢意！感谢华东师范大学传播学院院长严三九教授的支持和帮助！最后华中科技大学出版社肖海欧编辑为本书的策划也付出诸多心血，一并致谢！

全书章节撰述分工情况如下：除第一章由我本人执笔外，其他章节分别由我的研究生担纲。第二章由张鸽萍执笔，第三章由冷东红执笔，第四章由何颖晗执笔，第五章由刘晶执笔，第六章由李纬明执笔，第七章由中国传媒大学广告学院研究生俄秦钰执笔，第八章和第九章由李骅执笔。

何平华

2009 年 12 月于华东师范大学

图书在版编目(CIP)数据

中外广告案例选讲/何平华主编. —武汉:华中科技大学出版社,2010.9(2025.1重印)
ISBN 978-7-5609-6303-7

Ⅰ.①中… Ⅱ.①何… Ⅲ.①广告-案例-分析-世界-高等学校-教材 Ⅳ.①F713.8

中国版本图书馆 CIP 数据核字(2010)第 113399 号

中外广告案例选讲

何平华 主编

策划编辑:肖海欧
责任编辑:肖海欧
封面设计:旻昊图文空间
责任校对:朱 玢
责任监印:朱 玢

出版发行:华中科技大学出版社(中国·武汉)　　电话:(027)81321913
　　　　　武汉市东湖新技术开发区华工科技园　　邮编:430223
录　　排:华中科技大学惠友文印中心
印　　刷:广东虎彩云印刷有限公司
开　　本:787 mm×1092 mm　1/16
印　　张:19.5　插页:2
字　　数:471 千字
版　　次:2025 年 1 月第 1 版第 13 次印刷
定　　价:48.00 元

本书若有印装质量问题,请向出版社营销中心调换
全国免费服务热线:400-6679-118　竭诚为您服务
版权所有　侵权必究